# Preschool

# 學前教育簡史

主編 龐釗珺 楊進紅 李玉芳

財經錢線

# 前言

鑒於學前教育在整個教育體系中的基礎作用,近年來,隨著國家對學前教育師資力量的培養越發重視,學前教育專業在全國各大院校發展迅速,招生人數逐年提升。學前教育專業的迅速發展對相應的學前教育課程設置和教材質量提出了更高的要求。

學前教育簡史是教育史的一個重要分支,也是高職高專學前教育專業的主要課程之一。本課程旨在使學生通過對古今中外學前教育史的學習,初步瞭解學前教育事業發展的歷程和相關教育家的學前教育思想,為學習學前教育基本理論打下基礎。通過學習學前教育簡史,學生不僅可以瞭解古往今來學前教育的曲折歷程,汲取以往的優良經驗,還可以避免重走以往的彎路。

本書介紹了中外古代、近代、現代的學前教育狀況,以及中外同時期的學前教育思想。

本書擬授課72學時,具體學時分配建議如下:

| 內　　容 | 學　　時 |
| --- | --- |
| 第一章　中國古代學前教育 | 4 |
| 第二章　中國古代學前教育思想 | 4 |
| 第三章　中國近代學前教育 | 6 |
| 第四章　中國近代學前教育思想 | 6 |
| 第五章　中國現代學前教育 | 4 |
| 第六章　中國現代學前教育思想 | 6 |
| 第七章　外國古代學前教育 | 4 |
| 第八章　外國古代學前教育思想 | 6 |
| 第九章　外國近代學前教育 | 8 |
| 第十章　外國近代學前教育思想 | 8 |
| 第十一章　外國現代學前教育 | 8 |
| 第十二章　外國現代學前教育思想 | 8 |
| 總學時 | 72 |

本書編寫力求體現如下特色:

(1)尊重史實,客觀公正。在敘述古今中外各歷史階段學前教育的發展過程時,站在歷史發展全局的角度,根據史實進行實事求是的分析和評論,避免偏見和歷史局限性。

(2)實踐與理論相結合。古今中外有許多著名的教育家在實踐和理論方面都做出了卓有成效的探索和研究,為學前教育學科的建立和發展奠定了堅實的基礎。教材充分肯定了其實踐貢獻,同時專門介紹了其理論成果。

(3)內容完整,脈絡清晰,重點突出。學前教育的歷史存在於人類社會發展的歷史中,其過程漫長而曲折,涉及的人物、歷史事件、經濟社會發展狀況、宗教、觀念、習俗、政策、法規紛繁複雜。基於此,本書的編寫經過精心梳理,在漫漫歷史長河中選取學前教育這一主線,整理出與學前教育相關的主要過程、發展狀況、重要思想論著以及相關法律法規,並經過篩選和整合,使其形成一個完整的體系。

本書由龐釗珺、楊進紅、李玉芳擔任主編,錢偉偉、錢相如擔任副主編。各單元編寫分工如下:單元1、單元2由李玉芳編寫,單元3、單元5、單元7由楊進紅編寫,單元4、單元6、單元9由龐釗珺編寫,單元8、單元10由錢偉偉編寫,單元11、單元12由錢相如編寫,全書由李玉芳負責統稿。

本書適合高職高專學前教育專業學生使用,也可作為學前教育專業職後進修培訓教材,還可作為學前教育研究人員參考用書。

在編寫本書的過程中,編者參考和借鑑了大量學界前輩的研究成果,在此向其作者表示誠摯的謝意!由於編者水平所限,書中難免出現錯誤或者紕漏,懇請廣大讀者和同仁批評指正,以利於我們進一步改進。

編　者

# 目錄

## 單元 1　中國古代學前教育　　1
學習目標　　1
第一課　中國原始社會的學前教育　　1
第二課　中國奴隸社會的學前教育　　4
第三課　中國封建社會的學前教育　　8
思考與練習　　17

## 單元 2　中國古代學前教育思想　　18
學習目標　　18
第一課　賈誼的早期教育思想　　18
第二課　顏之推的家庭教育思想　　21
第三課　朱熹的兒童教育思想　　26
第四課　王守仁的兒童教育思想　　29
思考與練習　　33

## 單元 3　中國近代學前教育　　34
學習目標　　34
第一課　清末學前教育機構的產生與教育實踐　　34
第二課　民國時期的學前教育　　41
第三課　老解放區的學前教育　　47
思考與練習　　52

## 單元 4　中國近代學前教育思想　　53
學習目標　　53
第一課　蔡元培的學前教育思想　　53
第二課　陶行知的學前教育思想　　57
思考與練習　　62

## 單元 5　中國現代學前教育　　63
學習目標　　63
第一課　中華人民共和國成立初期的學前教育　　63
第二課　改革開放以來的學前教育　　70
思考與練習　　76

## 單元 6　中國現代學前教育思想　　77

學習目標　　77
第一課　張雪門的學前教育思想　　77
第二課　陳鶴琴的學前教育思想　　84
第三課　張宗麟的學前教育思想　　97
思考與練習　　102

## 單元 7　外國古代學前教育　　103

學習目標　　103
第一課　古代東方國家的學前教育　　103
第二課　古代西方國家的學前教育　　107
第三課　西歐中世紀的學前教育　　111
第四課　文藝復興時期歐洲的學前教育　　114
思考與練習　　117

## 單元 8　外國古代學前教育思想　　119

學習目標　　119
第一課　柏拉圖的學前教育思想　　119
第二課　亞里士多德的學前教育思想　　123
第三課　昆體良的學前教育思想　　126
思考與練習　　131

## 單元 9　外國近代學前教育　　132

學習目標　　132
第一課　德國的近代學前教育　　132
第二課　英國的近代學前教育　　135
第三課　法國的近代學前教育　　140
第四課　美國的近代學前教育　　144
第五課　俄國的近代學前教育　　148
第六課　日本的近代學前教育　　152
思考與練習　　155

## 單元 10　外國近代學前教育思想　　156

學習目標　　156
第一課　誇美紐斯的學前教育思想　　156
第二課　洛克的學前教育思想　　164
第三課　盧梭的學前教育思想　　169
第四課　裴斯泰洛齊的學前教育思想　　174

第五課　福祿培爾的學前教育思想　　178
第六課　歐文的學前教育思想　　185
思考與練習　　188

## 單元 11　外國現代學前教育　　189

學習目標　　189
第一課　英國的現代學前教育　　189
第二課　法國的現代學前教育　　195
第三課　德國的現代學前教育　　198
第四課　美國的現代學前教育　　202
第五課　蘇聯和俄羅斯的現代學前教育　　207
第六課　日本的現代學前教育　　215
思考與練習　　219

## 單元 12　外國現代學前教育思想　　220

學習目標　　220
第一課　杜威的學前教育思想　　220
第二課　蒙臺梭利的學前教育思想　　224
第三課　馬卡連柯的學前教育思想　　232
第四課　皮亞杰的學前教育思想　　236
思考與練習　　241

# 單元 1　中國古代學前教育

**學習目標**

- 瞭解原始社會兒童社會公育的實施形式和教育內容；
- 掌握原始社會學前教育的特點；
- 瞭解奴隸社會學前教育和宮廷學前教育的內容；
- 掌握奴隸社會學前教育的特點；
- 瞭解封建社會學前家庭教育的目的和內容；
- 掌握封建社會學前教育的特點。

　　本章主要介紹原始社會、奴隸社會和封建社會學前教育的基本形式、教育內容及特點。原始社會實施公養公教的教育形式；奴隸社會出現了宮廷教育並開始注重胎教，學前教育與學校教育已有了較明確的年齡劃分；封建社會重視學前教育，打破了過去奴隸主貴族壟斷學前教育的局面，使學前教育成為普通平民家庭教育的重要組成部分。

## 第一課　中國原始社會的學前教育

　　學前教育是相對於學校教育而言的，從廣義上說，凡以學齡前兒童為對象的教育活動均屬學前教育範疇；從狹義上說，學前教育是指在專門的學前教育場所進行的教育活動，即在托兒所、幼兒園及其他社會性的幼教機構中所進行的教育活動，又稱學前社會教育。在原始社會，學校尚未產生，自然也不可能有學前教育，但是這並不意味著此時沒有對兒童實施教育，在原始社會中一直存在著以社會公育形式進行的兒童教育。

　　中國的原始社會，從原始人群開始，經過母系氏族公社、父系氏族公社，約到公元前21世紀的夏王朝建立時止，歷時100多萬年。經科學測定，中國170萬年前的元謀人、70萬年前的藍田人、60萬年前的北京猿人都處於原始人群時期。以北京猿人為例，他們已經能把石頭打制成多種石器，已經懂得用火。為抵禦洪水、毒蛇、猛獸的襲擊，他們十幾個人甚至幾十個人結成群體，集體進行生產勞動，集體教育子女。約10萬年前到二三萬年前，中國的原始社會發展到母系氏族公社時期。這一時期的教育活動，比較明顯地反應出原始社會教育的狀況。著名子書《管子》描繪當時的社會現狀說：「古者未有君臣上下之別，未有夫婦妃匹

之合,獸處群居,以力相爭。於是智者詐愚,強者凌弱,老幼孤獨不得其所。」這是對古老社會的一種描述。人與自然界面臨著十分殘酷的生物競爭,個體只有依靠群體的力量,才能克服複雜自然環境帶來的險惡競爭而維持生命,繼續生存。這就要求人與人之間結成夥伴,形成一定的聯繫。有了人類就有了社會的存在。當時的人類雖處於最初的原始社會形態,但無論這種社會多麼蒙昧和野蠻,它都需要教育為物質生產和人的再生產服務。因此,在原始人群的生活中,教育活動普遍存在。

## 一、原始社會兒童社會公育的實施

### (一) 社會公育的產生

在原始社會,由於社會資料公有、沒有階級、沒有家庭,所有的成員在以血緣關係為紐帶組成的一定集團內,在平等互助的基礎上進行著集體的生產與生活活動。因此,對兒童的教育是由整個原始人群或氏族部落共同承擔的。對兒童實施公育成為原始社會兒童教育的基本形式,即公養公育。

《禮記・禮運》記載:「大道之行也,天下為公。選賢與能,講信修睦。故人不獨親其親,不獨子其子,使老有所終,壯有所用,幼有所長,矜、寡、孤、獨、廢疾者皆有所養。男有分,女有歸。貨惡其棄於地也,不必藏於己;力惡其不出於身也,不必為己。是故謀閉而不興,盜竊亂賊而不作,故外戶而不閉,是謂大同。」它反應了當時並不注重父母與子女的關係,是對遠古時期社會與兒童教育形式的追憶與描述,即「大同之世,人不獨子其子」。

### (二) 社會公育的內容

1. 生活和勞動教育

原始社會對兒童實施公育,其教育內容均與兒童今後將要參加的集團內共同的生產與生活密切相關。長輩將簡單勞動工具的製造、取火的技術、漁獵的經驗、採集和農作物栽培的經驗,以及原始手工業如捻麻線以制衣和造土、調土以制陶器等技術傳授給後代,使他們從小就愛勞動、會勞動。比如,北京猿人教孩子製造石器,告訴孩子要選擇堅硬的石料,敲擊刃口、錐尖,使普通的大石塊變成可以襲擊野獸的尖銳、鋒利的石器。大人還教孩子用火,給孩子講解火的用處、取火和保存火種的方法。現代民族學也證明了這一點,如對中國少數民族鄂溫克族人(中華人民共和國成立前仍處於父系氏族社會)和基諾族人(中華人民共和國成立前尚處於原始社會農村公社階段)的調查報告就顯示了對兒童的生活教育。

2. 思想教育

思想教育主要包括道德教育和宗教教育。對於兒童,從小就要讓他們懂得不能損人利己,不能侵犯氏族公共利益,否則就要受到公眾的譴責;教育他們要尊敬長輩,聽從指導,照顧老人,愛護幼小,團結互助。大人帶領孩子進行集體採集,告訴孩子要勇敢地同毒蛇、猛獸及各種自然災害做鬥爭,只有這樣才能保證生存。氏族公社時期,原始宗教活動普遍存在,主要有自然崇拜、圖騰崇拜、鬼魂崇拜、祖先崇拜、巫術占卜等形式。在這些活動中,兒童接受了原始宗教的熏陶。

3. 審美意識教育

《尚書・舜典》記載:「帝曰:『夔!命汝典樂,教胄子(稚,亦作稚,幼兒;胄子,泛指小

兒)。』夔曰：『於！予擊石拊石，百獸率舞。』」歌舞反應了當時人們生活的各個方面，在與成人同舞的過程中，兒童不但能學到簡單的歌詞、曲調、舞蹈動作，調節了精神，而且能學到生產、生活知識，它還是形象化的、兒童喜歡的軍事、體育訓練。

### 4. 軍事教育

因為當時環境惡劣，所有的成員都要參與對自然的鬥爭，兒童要接受艱苦環境的磨煉，所以長輩要對孩子進行體格訓練。因為部落之間有爭鬥，所以孩子從小就要接受軍事訓練，五六歲的男孩要學用弓箭、木槍，七八歲的男孩要練習騎馬、遛馬等。

## 二、原始社會後期兒童公育機構的產生

原始社會後期，大約在五帝時期(約前3076—約前2029)，中國進入了部落聯盟和軍事民主制階段。歷史即將跨入階級社會的門檻，這時產生了名為「庠」的教育機構。據史籍記載，「庠」是虞舜時代的學校名稱，如《三禮義宗》說：「虞氏之學名庠。」但從嚴格意義上講，「庠」只能說是學校的雛形，是原始社會養老和實施兒童公育的機構或場所。

「庠」這種機構的形成是經過一定過程的。「庠」的原義是養羊的地方。《禮記・明堂位》記載：「米廩，有虞氏之庠也。」這裡的「庠」由家畜飼養場所變成了糧食倉庫。《孟子》提到：「庠者，養也。」《說文解字》提到：「庠，禮官養老。」《禮記・王制》記載：「有虞氏養國老於上庠，養庶老於下庠。」這裡的「庠」已經由糧食倉庫演變成養育孩子的場所。

## 三、原始社會學前教育的特點

### 1. 教育無社會性和階級性

原始社會是沒有私有制的社會，是沒有階級壓迫與階級剝削的社會，這就決定了原始社會的教育是沒有階級性的。不管什麼人都有享受教育的平等權利，即每個社會成員都可以受到平等的教育。原始社會是用平等的精神教育青少年一代的，即教育的內容充分體現了平等互助、團結友愛的精神。因此，原始社會的教育，除在年齡及社會分工方面有所不同外，沒有任何其他差別，完全是人人平等的。

### 2. 教育為生產勞動服務

當時的社會生產力發展水平很低，人們為了滿足最低限度的物質生活，不得不把全部精力用在生產勞動上。因此，生產活動幾乎成為原始社會唯一的活動。這就決定了原始社會的教育只能為生產勞動服務，圍繞生產勞動進行，也就是說，教育活動與社會生產勞動融為一體。

### 3. 教育手段是言傳身教

原始社會對兒童的教育，主要是通過口耳相傳、在實踐活動中結合實際的示範和模仿來進行的。生產、生活經驗的傳授，公共生活規範的培養，都是通過口耳相傳，並結合實際動作的示範和模仿，在有關實踐活動中傳授的。儘管原始社會後期出現了歌謠、諺語等傳遞間接經驗的形式，但言傳身教仍是當時最主要的教育手段。

### 4. 教育活動沒有專職教育者和專門場所

原始群落的老人是原始社會兒童教育工作的主要承擔者，體現了「長者為師」。教育還

沒有從生產和生活中分化出來，採取隨時隨地、分散進行的教育形式。由於生產力發展水平低下、科學文化知識落後，原始社會的教育還僅僅處於一種萌芽狀態。這一時期的教育沒有專門的教師，沒有專門的機構，也沒有文字和書本。

# 第二課　中國奴隸社會的學前教育

從夏朝開始，中國進入奴隸社會。夏朝(前 21 世紀—前 16 世紀)，是奴隸制形成的初期，也是第一個奴隸制國家，經歷了 400 多年。商朝(前 16 世紀—前 11 世紀)，是奴隸制發展的時期，經歷了 600 年左右。西周(前 1066—前 771)，是奴隸制全盛的時期，經歷了近 300 年。春秋(前 770—前 476)，是奴隸制逐漸走向瓦解的時期，經歷了近 300 年。在社會發展的這一歷史階段，由於生產力的發展和國家機構的建立以及文字的出現，學校開始產生。隨著學校教育的產生，與此相對應的學前教育開始出現。

## 一、奴隸社會學前教育概況

夏部落的首領禹為廢除禪讓制創造了條件，他的兒子啟則建立了世襲的、中國歷史上第一個奴隸制王朝——夏朝。

商朝文字的成熟化，不僅使知識的記錄和積累成為可能，還為知識的積累和傳播突破時空的限制提供了基本的條件，從而為正規的、專業化的學校教育的確立奠定了基礎。

西周是中國奴隸制鼎盛的歷史時期。西周的教育制度已遠較夏、商兩代發達和成熟。中央官學分為小學和大學兩級，地方官學有閭塾、黨庠、州序和鄉校。這些學校在入學年齡、教育對象、教師任職、教育內容、教學活動及考核與獎懲等方面，都有較嚴格的管理，表現出一定的目的性、計劃性和科學性。然而，由於「學在官府」，官師合一，教師並未成為專門的職業，說明其教育發展的程度還比較低，尚未達到教育專業化的水平。

春秋時期是中國奴隸制逐漸走向瓦解並向封建制轉變的重大歷史變革時期。鐵器和牛耕逐步得到普遍運用，使大規模開墾私田成為可能，私田的增多使私門富於公室，導致政治權力的下移，甚至造成「政逮大夫」和「陪臣執國命」的局面。經濟與政治的重大變革必然在文化教育上引起相應反應，「學在官府」既然不能適應時代的要求，學術下移和教育下移就已不可避免。「天子失官」意味著「學」走出官府而下移民間，使私學的產生成為可能。

縱觀整個奴隸社會，學前教育系統性增強，制訂了專門的學前教育計劃。《禮記·內則》中記載的學前教育計劃作為中國教育史上最早的關於學前教育的記錄，不但是當時學前教育發展的一個標志，而且對封建社會的學前教育實施產生過一定的影響。但在古代，學前教育計劃仍然沒有形成嚴格地按年齡分期與知識深淺劃分階段的學校教育體系。另外，奴隸社會出現了私有制和階級，學前教育由原始社會的公育轉變為各親其子。

## 二、學前家庭教育的計劃

公元前 11 世紀是中國奴隸社會鼎盛的西周時期，當時人們已經能夠按照嬰幼兒的年齡大小來循序漸進、有條不紊地實施學前教育計劃。《禮記·內則》記載:「子能食食，教以右手。能言，男唯女俞。男鞶革，女鞶絲。六年，教之數與方名。七年，男女不同席，不共食。

八年，出入門戶及即席飲食，必後長者，始教之讓。九年，教之數日。十年，出就外傅，居宿於外，學書計。」這是一個比較系統的家庭教育計劃。《禮記·內則》中記載的學前教育計劃作為中國教育史上最早的關於學前教育的記錄，不僅是當時學前教育發展的一個標誌，而且對後來的封建社會學前教育的實施產生了一定的影響。

### 三、宮廷學前教育

#### （一）宮廷學前教育的重要意義

在古代君主專制制度的統治下，君主是天下唯一的主宰者，有「普天之下，莫非王土；率土之濱，莫非王臣」之說。君主的意志就是最高的法令，臣民必須服從。在這種情況下，君主本人的素質如何，是決定國計民生的首要因素。在一個「明主」的統治下，可以出現「太平盛世」的繁榮昌盛局面；相反，一個暴君或昏君，則可能導致政治腐敗、民不聊生甚至國家滅亡。因此，古代的儒學者，在提倡以德治國的宗旨下，尤其重視君主教育，特別是君主接班人——太子的教育。在這種情形下，由朝廷派人加強對未來王權繼承人進行早期的學前教育，使其德行趨向完善，就成為至關重要的大事。由此可見，加強宮廷學前教育具有政治與教育的雙重意義。

#### （二）保傅制度

保傅制度是指朝廷內設有專門的師官、保官、傅官以對君主、太子進行教諭的制度。

賈誼在《新書·保傅》一文中說：「古之王者，太子初生，固舉以禮。……故自為赤子，而教固已行矣。昔者，周成王幼在襁褓之中，召公為太保，周公為太傅，太公為太師。保，保其身體；傅，傅之德義；師，道之教訓。三公之職也。於是為置三少，皆上大夫也，曰少保、少傅、少師，是與太子燕也。」

這就是說，繼胎教之後，太子一出生即受禮的熏陶。各種保傅之官在太子還在襁褓之時就任命了，且有明確的分工。保，負責太子身體保育方面；傅，負責太子道德培養方面；師，負責太子知識教育方面。這三個方面分工合作，全面負責太子的教育和培養，可見西周宮廷對於太子的教育是頗有計劃的。保傅之官因承擔教育培養太子的重任，所以選拔和任命極為慎重。周成王的「三公」——「太公」「周公」「召公」，都是歷史上卓著盛名的賢臣。後代選拔保傅之官，也都注重在「天下之端士、孝悌、博聞有術者」中選拔。保傅既授以重托，就要對太子的行為全面負責。賈誼認為西周之所以國運長久，正是因為君主有良好的保傅之官進行輔佐。如周成王，前有周公「導之道」，左有太公「輔之善」，右有召公「拂之過」，後有史佚「承之遺忘」，在這些正人君子的教育培養之下，因而「虛無失什，而舉無過事」，即思慮和行為均可以避免失誤和過錯。

保傅之官的職責並不僅限於太子幼年階段，更主要的任務在於青少年、成人階段，甚至於在太子即位之後仍有扶持、勸誡、教誨的重要任務。西周時代保傅之官既輔佐君主，又兼教諭太子。秦漢以後，則專為太子另設師、傅、保的正副官職，而與君主的「三公」「三少」分開。保傅之官地位顯貴，尤其是「三公」，官居極品，位在丞相之上。由此可見，保傅制度的傳統對整個古代的君主教育起了相當大的作用。為太子選師保傅，選左右，就是為了使太子通過師保傅的教育、影響而潛移默化，成為言行端正、道德高尚、有統治法術的人。所以，《魏書·李彪傳》說：「訓導正則太子正，太子正則皇家慶，皇家慶則人幸甚矣。」

## 案例

### 伊尹放太甲

伊尹為商湯之右相，名摯，是商湯至太甲時期商朝的一位元老。太甲，商湯之孫。伊尹在商湯滅夏中立下了不朽功勛，商朝建立後，商湯以伊尹為卿士，料理商朝政務。商湯的長子太丁死在商湯之前，商湯死後，按照兄終弟及制，由太丁的弟弟外丙、仲壬先後繼任商王。但是，外丙、仲壬繼位不久就死去。伊尹只好立太丁長子太甲為王。商初連喪三王，政治出現危機。伊尹受商湯重托，深感任重道遠，他把振興商朝的希望寄托在太甲身上。

然而太甲為王三年，不修德政，昏暗暴虐，破壞了商湯法制。伊尹十分憂慮，多次規勸，太甲根本聽不進去。為使太甲成為有作為的君主，伊尹斷然採取措施：在商湯墓所在地桐建了一座宮室，稱為桐宮。他把太甲送入桐宮反省。桐宮地處商湯墓地，氣氛莊嚴肅穆，除了守墓人，尋常人不得進入。在這樣的環境裡，太甲見到的是祖父的陵墓，想到的是祖父艱苦創業、替天行道的功績，讀的是伊尹專為他寫的教材《伊訓》《肆命》《徂後》，其中，《伊訓》是伊尹對他的告誡，《肆命》是教他怎樣理政，《徂後》是商湯的法律制度。太甲面對祖父之墓，緬懷祖父功績，對照自己的惡性劣行，日日想，夜夜思，終於意識到自己錯誤的根源和被放逐的原因，從迷途中覺醒過來。他一邊讀書，一邊打掃陵墓，日久天長，逐漸變成了另外一個人：行動謹慎、言語謙遜、思想沉穩、勤勞不息。在太甲閉門思過期間，伊尹代他行政，日理萬機，還不斷瞭解他的情況，抽空來桐宮看望。轉眼間，時間過了三年，太甲已經悔過自新，重新做人。

伊尹見放逐太甲的目的已經達到，於是親自到桐宮迎接，恢復太甲王位，自己退為臣。太甲二次即位，勤修德政，以身作則，諸侯歸服，百姓安寧。

伊尹特作《太甲訓》三篇褒獎太甲。太甲終成有為之君，為後來的中興局面打下了基礎。伊尹連輔商初數王，既為帝師，又代帝王行政，功高蓋世，前無古人。伊尹死後，商王沃丁以天子之禮葬之。

### （三）「備三母」制度

保傅之官為宮廷大官，其職責是培養君主或太子在政治和社會生活中所必須具備的品德、知識和才干。在後宮內，挑選適宜的女子來承擔保育和教導太子的生活事宜，也有專設之職，這就是「備三母」制。

據《禮記·內則》記載，西周國君世子（太子）出生之後，就要從後宮妃妾之中挑選「其寬裕、慈惠、溫良、恭敬、慎而寡言者，使為子師，其次為慈母，其次為保姆，皆居子室。他人無事不往。」這就是說，擔任世子（太子）的子師、慈母、保姆居於「後宮」，分擔母後的部分職責，統稱為「三母」，與出入宮廷的師、傅、保正相對應。據鄭玄解釋，「三母」的職責分工是：「子師，教示以善道者；慈母，知其嗜欲者；保姆，安其居處者。」這就是說，子師負責世子行為規範的教育，慈母負責世子衣食及其他生活需要的供給，保姆負責世子居室的安置料理。「三母」均陪同世子居住在專門的宮室中，承擔培育世子生活管理的全部事務，他人無事不往。鄭玄認為，《禮記·內則》中已表明，世子九歲之前的教育，皆由子師、慈母、保姆擔任。

除「三母」之外，還要從大夫之妾或士之妻中選擇乳母以哺育世子。被選中的乳母，一般都得離開自己的丈夫，不能與丈夫同居，因為同居會使乳量減少，不能滿足乳兒吃奶的需要。乳母哺育世子至三歲斷奶，然後出宮，國君要給予厚賞、封贈，有的被封為君、夫人，其待遇十分優厚。

宮廷中擇「三母」教養世子的做法也影響到士大夫家庭，只是規格逐次下降。據鄭玄註曰，士大夫家「但以庶母為慈母，而兼子師、保姆之事」。庶母即父之諸妾，兼「三母」之職而不再分工。士以下的家庭，則「妻自養其子」。如同胎教一樣，中國古代也重視「乳母之教」的重要性。清代張伯行輯《小學集解》說：「凡生男女，自赤子以至長大，皆當隨時教訓。而教從母始，乳母之教，所系尤切。」張伯行認為乳母是否賢德，關係甚大，因此古代對選擇乳母十分謹慎，他提出古人選擇乳母的原則是：寬、裕、慈、惠、溫、良、恭、敬等，這實際上是《禮記·內則》所述的擇「三母」的標準，即將「備三母」的目的和要求集於乳母之身，這也對西周宮廷教育產生了深遠影響。

### 四、早期胎教的實施

中國是世界上最早提出胎教的國家。在兩千多年前的《黃帝內經》中，就有關於「胎病」的論述。《大戴禮記·保傅》對於胎教更做出了明確規定：「古者胎教，王後腹之七月，而就宴室。太史持銅而御戶左，太宰持門而御戶右。比及三月者，王後所求聲音非禮樂，則太師瑟而稱不習；所求滋味者非正味，則太宰倚門而言曰：不敢以待王太子。」據《史記》記載，中國古代第一個對孩子進行胎教的是周文王的母親太任，效果似乎還不錯，周文王生下來非常聰明。文王的孫子周成王也是接受過胎教之後而生，長大後智力超常。周朝就是這樣用胎教的方法來培養一代代的理想接班人。早期的胎教雖然大多數是針對君主而言的，但也有普遍的意義。

### 五、奴隸社會學前兒童教育的特點

奴隸社會是中國古代學前教育的奠基時期，這一時期的學前教育有以下特點：

(1) 由於家庭的出現，原始社會的兒童社會公育已經消失，而代之以家庭承擔教育學前兒童的任務。

(2) 由於奴隸主貴族居於統治地位，壟斷著受教育的權利，因而兒童的學前教育也僅限於在奴隸主貴族的家庭中實施。

(3) 學前教育與學校教育已有較明確的年齡劃分。

(4) 對幼兒實施的學前教育不僅有著鮮明的階級性，而且已經注意到隨著兒童年齡的增長制訂相應的學前教育計劃。

(5) 奴隸社會的最高統治者對學前教育尤為重視，不僅建立了針對君主教育的保傅教育制度與乳保教育制度，還提出了實施胎教的要求。

# 第三課　中國封建社會的學前教育

　　春秋末年,中國開始進入封建社會。由於奴隸制度的瓦解,新興地主階級登上政治舞臺,士階層的壯大、私學的大興,擴大了教育對象,使得更多的人掌握了原來為貴族所壟斷的文化與道德等方面的知識,為更多的家庭實施學前教育提供了可能,因此,兒童的學前教育也得到進一步的發展。

## 一、封建社會的學前家庭教育

　　在封建社會,家庭是社會的基本細胞,是子女與社會最早的接觸點,也是中國古代兒童接受學前教育的場所。

### (一)封建社會學前家庭教育的目的

#### 1. 為培養統治人才服務

　　在封建社會,歷代統治者多重視教育,設立學校,他們的目的主要在於通過學校教育為封建社會培養「建國君民」的統治人才。在中國古代最早的一本教育學著作《學記》中曾經說過:「君子如欲化民成俗,其必由學乎。……是故古之王者建國君民,教學為先。」漢代太學的設立也能夠說明這一點。太學是封建社會一種重要的官學機構,它最初的設立動機,就是西漢武帝接受當時著名的教育家董仲舒「養士之大者,莫大乎太學;太學者,賢士之所關也,教化之本源也」的主張,為造就官僚後備軍而設立的。隋唐以後,由於科舉制度的影響,學校日漸成為科舉的附庸,但其最終的目的,仍然是為了培養統治人才。

　　學前教育是學校教育的基礎,它的目的自然與學校教育的目的一致,都是為培養封建社會需要的統治人才服務的,因此封建社會的許多家庭在實施學前家庭教育的過程中,長輩們常以「學而優則仕」的思想教育兒童,以日後求官晉爵的知識啟蒙兒童。同時,統治者亦非常重視學前家庭教育,視其為封建教育的重要組成部分和造就官僚後備軍人才教育的開始。

#### 2. 齊家治國的基礎

　　《禮記・大學》中說:「古之欲明明德於天下者,先治其國;欲治其國者,先齊其家;欲齊其家者,先修其身……心正而後身修,身修而後家齊,家齊而後國治,國治而後天下平。」「其家不可教,而能教人者,無之。」孔子說:「居家理,故治可移於官。」可見,古人十分重視家庭教育,並把它作為今後出仕、治國安邦的基礎與管理才能的一種檢測。同時,由於「天下之事,莫不有其初。家之立教,在子生之初」。故家庭對幼童的學前教育,是家庭教育的基本內容與起點。從這個意義上講,為日後能夠齊家治國奠定基礎,是學前家庭教育的目的之一。

　　家教與治國的邏輯聯繫為紐帶的宗法政治統治,皇位實行嫡長繼承制,百姓以血緣關係親疏、家庭內部以父權實施家長制管理,國家最高統治者則以君權實施「家天下」的統治,父權與君權名異實同。秦以後雖實行郡縣制,但仍以家庭(家族)為國家對臣民進行統治的仲介。中國封建社會歷代的地方行政,一般都以縣為最下級的行政單位,然而縣境廣闊,人口眾多,要實行有效統治,還必須依靠地方自治性質的鄉村組織。由於中國農村社會聚族而居的特點,家族成為鄉村組織的基礎。鄉村組織對百姓實行的是族權與政權的聯合統治,因

此，國家的統治歸根究柢是要依靠家庭組織的力量。「家之不寧，國難得安。」由此，許多政治家、思想家提出國之本在家，欲治其國，須先齊家的觀點，並賦予家庭人口生產、物質生產、教育三重職能，使中國傳統的家庭具有特殊的意義。

3. 光耀門楣

如果說齊家治國是政治家為古代學前家庭教育制定的終極目標，那麼光耀門楣則是普通家庭實施學前教育的實質動機與最切近實際的目的。將個體的光榮與家庭的榮耀聯繫起來，根源於中國社會的特點。中國古代是個注重血緣關係的社會，歷代統治者制定法律，懲罰罪犯，都不只限於個人，總要牽連整個家族，所謂「一人當災，全家遭殃」，一人犯法，輕者罪及三族，重者株連九族。正是個體與家庭間這種休戚相關、榮辱與共的關係，使得學前家庭教育在封建社會顯得格外重要。家中長輩都視子女為私有財產，希望通過家教早日使子孫「成龍」，以達到振興家業、光宗耀祖的目的，同時，子孫們亦以身許家，把光耀門楣作為自己的奮鬥目標和報答父母養育之恩的最好方式。

(二) 學前家庭教育的內容

縱觀上下兩千多年的封建社會時期的學前家庭教育，其教育內容主要包括思想品德教育、生活常規教育、文化知識教育、身體保健教育等方面。

1. 思想品德教育

孔子說：「行有餘力，則以學文。」行，指品行、德行。這句話的意思是說，在品行、德行修養有餘力時才可以學習文化知識。以品德為先，不僅是數千年封建社會學校教育、社會教育的主旨，而且也成為學前家庭教育的「綱領」。漢時王修曾教育自己的兒子：「未必讀書，並學做人。」南宋教育家朱熹亦說：「自小便教之以德，教之以尚德不尚力之事。」在家庭中對幼兒進行思想品德教育，主要是使兒童形成初步的道德觀念，養成良好的行為習慣。這種德教內容主要包括下面幾個方面：

1) 孝悌

《呂氏春秋・孝行》中說：「夫孝，三皇五帝之本務。」可見，注重孝道在中國有著悠久的歷史。西周以後，孝悌之道更是成為古代道德的根本。因此在封建社會中，培養幼兒的孝悌觀念，就成為學前家庭教育的首要任務。

對幼兒進行「孝」的教育，主要是要求幼兒從小養成不違父母意志，服從父母絕對權威的習慣。如清代學者李毓秀在其所著《弟子規》中曾說：「父母呼，應勿緩；父母命，行勿懶；父母教，須敬聽；父母責，須順承。」北宋史學家司馬光在《居家雜儀》中指出：「凡諸卑幼，事無大小，無得專行，必咨稟於家長。」這些要求均是為了突出父母的絕對權威。

對幼兒進行「孝」的教育，還要求幼兒自小養成敬奉雙親的習慣。《孝經・紀孝行》中說：「孝子之事親也，居則致其敬，養則致其樂。」意思是說，孝子的事親之道，主要是平時對父母的態度應恭敬，不得懈怠，盡己之能侍奉父母並使其得到快樂。《禮記・曲禮》中要求兒子對父母應做到「冬溫而夏清，昏定而晨省」，即冬天應使父母溫暖而不受寒，夏天應使父母涼爽而不受熱，晚上要為父母鋪好床，早晨要向父母請安。東漢時的黃香可以說是實行這種孝行的典範。「香九齡，能溫席。」據說黃香9歲時，對父親非常孝順，寒冬時用自己的身體為父親暖被窩。因此，他被列為古代二十四孝之一，成為封建社會兒童學習的榜樣。

注意從小培養兒童孝順雙親的品德,是中國古代尊老孝親傳統道德意識的體現,同時,以此作為兒童道德意識形成的起步,亦符合兒童道德形成的規律。當然,封建社會的「孝」從本質上說是「借正父子之論,以嚴君臣之分」。突出父權的「孝」,旨在強化對皇權的「忠」,而且這種「忠」「孝」是不問是非的「愚忠」「愚孝」,它完全扼殺了兒童的個性與自由,成為製造奴性和奴才的淵藪,這是我們應當批判的。

如果說「孝」是用以維繫縱的家庭關係,占主導地位,那麼「悌」則是用以強化橫的家庭關係,居輔助地位。對幼兒進行「悌」的教育,主要是要求孩童自幼兄弟友愛,為兄者愛護弟弟,為弟者敬愛兄長。據說東漢時大文學家孔融4歲時,就能把大的梨子讓給兄長吃,而自己取小的。這則「孔融讓梨」的故事在封建社會曾廣為流傳,並在學前家庭教育中作為進行「悌」的教育的典型事例而屢被引用。

家庭教育中強調悌德的培養,目的是為了使兄弟和睦,家族興旺,個人日後能在社會上立身。三國時期向朗曾告誡其子說:「貧非人患,惟和為貴。」「九族和則動得所求,靜得所安。」北齊教育家顏之推則明確指出:「兄弟者,分形連氣之人也……二親既歿,兄弟相顧,當如形之與影,聲之與響。」如果兄弟鬩牆,則子侄亦不相愛,當有外禍來臨之時,還會有何人援手相助?

2)崇儉

中國古代是個農業文明的國家,農村的穩定與否決定著朝廷的安危。農業生產艱辛,豐收得之不易,一如唐詩中所說:「誰知盤中餐,粒粒皆辛苦。」故珍惜糧食、崇尚儉樸就成為中華民族的傳統美德和家庭教育的重要內容。

在封建社會中,父輩創下的家業,小輩坐享其成,難知其中的艱辛。「由儉入奢易,由奢入儉難。」如果不使自己的子弟養成儉樸的生活習慣,他們就有可能成為敗家之子,這也是許多家庭重視對兒童進行崇儉教育的一個重要原因。

為使幼兒樹立崇儉的觀念,封建社會中的一些有識之士在家庭中經常教導兒童儉樸是一種美德,奢侈則是最大的罪惡,如宋代文學家陸遊在《放翁家訓》中曾告誡後輩:「天下之事,常成於困約,而敗於奢靡。」他認為生活的清貧、儉樸,常促人奮進、成才,而專尚奢侈則會使人墮入深淵。明末清初的朱柏廬在其家教名篇《朱子家訓》中曾要求子女:「一粥一飯,當思來之不易;半絲半縷,恒念物力維艱。」

為了培養兒童儉樸的生活習慣,對於幼兒的飲食與衣著,古人主張不能過於講究,如《禮記・曲禮》中曾規定:「童子不衣裘裳。」這不僅是因其過暖不利於兒童發育,更主要的是因其華貴不利於兒童養成崇儉的習性。清代的唐彪對此說得很明白:「童子幼年,不可衣之羅綺裘裳,恐啓其奢侈之心,長大不能改也。」

3)誠信

誠信,就是誠實無欺。明人李贄說:「夫童心者,真心也。」幼兒的天性純潔美好,「絕假純真」,然而由於不正確的影響或幼兒自身因自誇或懼過之故,有時也會說謊,這是日後詐欺之心生長的萌芽,長此以往,其「童心」將逐漸失卻,「若失卻童心,便失卻真心;失卻真心,便失卻真人;人而非真,全不復有初矣」。要衛護此誠實無欺的「童心」,使之不失,長輩首先應該從正面進行教育。由於幼兒年幼無知,難辨是非,長輩應以自身誠實的行為來引導幼兒,《禮記・曲禮》中說:「幼子常視毋誑。」意思是說:「常示之以不可欺誑,所以習其誠。」春秋時期的曾參在這一方面,曾為人們做出了榜樣。據《韓非子・外儲說左上》中記載:有一天,曾

參的妻子要上街去買東西,小兒哭嚷著也要跟媽媽一同去。曾妻便哄孩子說:「你留在家裡,媽媽回來殺豬給你吃。」等到妻子購貨回家後,曾參便要捉豬殺之,其妻趕快制止他說:「我剛才只不過和孩子說著玩罷了,你怎麼真的要殺豬?」曾參則說服妻子:「小孩是不能欺騙的。小孩年幼無知,只會學父母的樣子,聽父母的教誨。如今你說話不算數,哄騙孩子,實際上是在教孩子說謊。為母者欺騙了孩子,其子便會覺得母親的話不可信,以後再對他進行教育,就不會有效果了。」最後,曾參還是把豬殺了。

一旦小孩由於某種原因說了謊,父母就應該及時訓誡,予以糾正,以杜絕此類事情的再度出現。宋代邵博在《聞見後錄》中曾記載史學家司馬光兒時的一件往事:小司馬光有一次剝核桃吃,但不會剝皮,其姐要幫助他,他執意不肯。後來一婢女幫他用熱水把核桃燙一下後,很容易便剝去了皮。等姐姐再來時,見他已將核桃皮剝去,便問是誰幫他剝的,司馬光回答是自己所為。恰好父親在旁邊目睹了此事的經過,聽到司馬光的回答便厲聲訓斥:「你怎麼敢胡說?」司馬光從此再也不敢說謊了。

4)為善

善,在封建社會主要是指合乎道義、合乎禮儀的事。古代學前家庭教育中非常注意使幼兒養成行善去惡的觀念,經常教育幼兒除在家孝順父母、敬愛兄長外,在外凡是合乎道義的利人之事都應為之。由於孩童年幼,不可能做出驚天動地的大善事,故許多家長都非常重視教育幼兒行小善戒小惡,積小善以成大德。如三國時的劉備曾遺詔教訓後主說:「勿以惡小而為之,勿以善小而不為。」清人張履祥在《訓子語》中亦說:「善不積,不足以成名;惡不積,不足以滅身。」西漢賈誼在《新書》中還曾記載了這樣一則古人教子為善的故事:春秋時期的孫叔敖,幼時在外玩耍,見到一條兩頭蛇,回家後向母親哭訴:「我聽說看見兩頭蛇的人必死,今我見到一條兩頭蛇,恐怕我活不了多久了。」母親問他蛇在哪兒,他說:「我怕別人又看見它,已將它打死埋掉了。」母親說:「你不必擔憂,凡積善行善的人,老天爺會予以保護的。」古人重視教育幼兒為善積德,積小德成大德,這無疑是可取的。

2. 生活常規教育

封建社會的家庭對學前兒童實施生活常規教育,主要包括日常生活中禮儀常規的訓練和衛生習慣的養成。

1)禮儀常規的訓練

在封建社會,幼兒的禮儀常規訓練又稱為幼儀教育,它充溢著封建「禮教」的思想和內容。

幼儀教育,首先是合乎禮儀的姿態訓練。《禮記·曲禮》中說:「(童子)立必正方,不傾聽。」即要求兒童站要有「站相」,須直身而立,兩眼平視前方,而不要聳肩駝背和左右傾斜。不但「站相」要正,行走坐臥的姿態同樣要求保持端正,符合幼儀的規定。

其次,對幼兒進行尊老敬長的禮儀常規訓練,是幼儀教育的一項重要內容,這實際上也是一種禮貌知識教育。按照幼儀的規定,幼兒路遇長輩,必須快步上前正立拱手,長者有問則答,無話則退;長輩牽著幼兒走路時,幼兒應以雙手握著長輩的手;長者抱著或挾著幼兒,並偏著頭與幼兒講話時,幼兒應掩口而對,以免氣觸長者;長者召喚幼兒,幼兒須疾步前往;聽長者教訓,幼兒須謙恭起座、低頭聽受,不可頂嘴抗辯;在長者面前,幼兒不要賣弄才華。總之,幼兒對長者必須謙恭、禮讓,不可恣意妄行。

最後,進行初步的待人接物的禮儀常規訓練,也是幼儀教育的重要內容之一。古時家長

們經常教育幼兒與別人同坐時，不應當將雙臂橫撐在席上，以免妨礙鄰座的人；遇父親的朋友來訪，進退要聽從其吩咐，以示恭敬；與客人同進屋時，進門要讓客人先行；在客人面前，不應當叱喝狗；別人讓吃東西時，不要吐唾沫等。

封建社會學前家庭教育中的幼儀訓練，實質上是「禮教」的啟蒙，具有濃厚的封建色彩和束縛兒童個性發展的特徵。但我們亦應看到，某些傳統的禮儀要求還有一些可以借鑒的合理內容，如尊老敬長、禮讓客人等。此外，以具體的操作指導為禮儀常規訓練的主體，也是符合兒童認識發展規律的，至今仍有參考價值。

2）衛生習慣的養成

養成日常生活中的衛生習慣，是幼兒家庭生活常規訓練的一項重要內容。南宋教育家朱熹就曾要求幼兒每日雞鳴時起床後，應自己完成洗臉、漱口、梳頭等事務，並且規定「自冠巾、衣服、鞋襪，皆須收拾、愛護，常令潔淨、整齊」。清人李毓秀亦要求幼兒「冠必正，紐必結，襪與履，俱緊切（指都要穿好）。置冠服，有定位，勿亂頓（放置），致污穢」。除了穿戴要整潔外，飲食衛生也必須講究。許多家庭當孩子能獨立飲食的時候，就教兒童用右手拿筷子和湯匙；大小便後，要求幼兒把手洗乾淨；吃飯的時候，教育兒童不能食多，喝湯時不要讓湯流出嘴角，不要把吃過的魚、肉再放回菜盤中去，等等。

幼兒不僅要注意個人衛生習慣的養成，還要為家庭的環境衛生做一些力所能及的「灑掃」小事。如朱熹要求小孩應經常把住所的地面打掃乾淨，擦幾案上的灰塵，使其時時保持潔淨。清人朱柏廬要求其子弟「黎明即起，灑掃庭除，要內外整潔」。這不僅能培養幼兒愛清潔的習慣，對於兒童勤勞習性的養成亦不無裨益。

3. 文化知識教育

由於中國封建社會的文官選拔是與文化考試緊密相連的，它促使人們異常重視文化知識（主要是儒家經典）的學習。於是在「萬般皆下品，唯有讀書高」的思想支配下，文化知識教育便成為眾多家庭幼兒教育的主要內容。

封建社會家庭對幼兒實施的文化知識教育，主要是教他們識字、學書、聽解四書，以及學習一些名詩、名賦、格言等。

識字教育是文化知識教育的重點與起步，在有條件的家庭中，幼兒的識字教育一般在三四歲時便已開始，並且有的家庭還很注意研究識字教學的方法，如清代學者蔣士銓四歲時，其母「鏤竹枝為絲斷之，詰屈作波（即撇）、磔（即捺）、點、畫，合而成字，抱銓坐膝上教之。既識，即拆去。日訓十字，明日令銓持竹絲合所識字，無誤乃已」。以竹絲代筆合成字，不僅能引起兒童的興趣，而且對於兒童清楚字的筆畫結構亦有益處，此外，她的教學方法還運用了教學中的鞏固性原則。又如清代學者崔學古撰寫的《幼訓》一書中，也探討了識字教育中的方法問題，他說：「凡訓蒙，勿輕易教書，先截紙骨（即紙牌），方廣一寸二分，將所讀書中字，楷書紙骨上，紙背再書同音，如『文』之與『聞』，『張』之與『章』之類，一一識之。……識後，用線穿之，每日溫理十字，或數十字，周而復始……」此外，如清代學者唐彪、王筠都曾對幼童識字教育進行過研究。

封建社會對於用作幼兒識字啟蒙教育的字書教材的編寫頗為重視，秦時李斯著有《倉頡篇》，趙高作《愛歷篇》；漢時司馬相如撰《凡將篇》，史遊作《急就篇》；南朝周興嗣的《千字文》與宋代王應麟的《三字經》，以及無名氏的《百家姓》，簡稱「三百千」，則是古代蒙學字書編寫的代表作，它們流傳極廣，甚至為朝鮮、日本所學習。這些字書雖不是專為家庭幼兒教

育而編,但實際上許多家庭已將它們作為家教識字課本,原因在於這些教材編得生動活潑,而且均採用韻語,或三言句,或四言句,句短合仄,讀來朗朗上口,便於幼兒記誦。此外,它們雖都按集中識字編排,但並非字的機械組合,而是把它們巧妙地組成富於思想意義的句子,由此介紹日常生活常規、自然科學知識和進行思想教育等。可見,從嚴格意義上講,它是分散與集中識字相結合的教材,這種編寫方法很值得我們借鑑。

古代家庭教育中,由於人們普遍認為幼兒因手骨沒有發育完全,執筆有一定困難,故識字教學與習字教學常常是分開進行的。一般的家庭在幼兒六七歲時才開始教他用毛筆在紙上練習寫字。教幼兒習字的程序大致是先教幼兒把筆,「蓋蒙童無知,與講筆法,懵然未解。口教不如手教,輕重轉折,粗粗具體,方脫手自書」。其次是教幼兒描紅,再次則是教幼兒臨摹名家碑帖,最後才是脫離碑帖習字。不過,古時也有出於種種原因,在幼兒四五歲時即以蘆荻或木棒代筆在地上教其學書的,如南朝的道教思想家、醫學家陶弘景,「幼有異操,年四五歲,恒以荻為筆,畫灰中學書」。又如北宋文學家歐陽修4歲時喪父,母親鄭氏督教很嚴。因家貧買不起紙筆,即以荻畫地教子習字,後因以「畫荻」為稱頌母教的典故。

及早教幼兒識字、習字是為了使幼兒能及早閱讀儒家典籍。在某些家庭中,或出於父母「望子成龍」心切,或由於幼兒特別聰慧,當幼兒四五歲已能識得一些字後,便開始教授《四書》《孝經》等,北齊的顏之推曾說:「士大夫子弟,數歲已上,莫不被教,多者或至《禮》《傳》,少者不失《詩》《論》。」可見當時的士大夫家庭對幼兒進行儒家經典的教學已很普遍。

由於詩賦是科舉考試中的一項重要內容,故在家庭中亦極為重視對幼兒進行詩賦知識的啟蒙。當時在家庭中主要是選擇漢賦中的某些名篇、唐宋詩中的某些名家作品讓幼兒背誦。最為常用的教材有《唐詩三百首》《千家詩》和北宋汪洙的《神童詩》等。

在學前家庭教育中,當時除重視對幼兒進行文化知識的傳授外,還著意於使幼兒養成樂學、勤學的學風。為此,他們常常鼓勵幼兒要從小立下大志,以此作為勤學苦讀的目標和動力。如三國時的諸葛亮在《誡子書》中曾說:「非學無以廣才,非志無以成學。」他視志向為成才的前提與保障。顏之推認為:「有志尚者,遂能磨礪,以就素業;無履立者,自茲墮慢,便為凡人。」同時,他們還經常用許多古今學者珍惜光陰、勤勉學習的範例激勵幼兒勤學、苦學,如顏之推在家訓中就曾引古時蘇秦刺股苦讀、孫康映雪讀書、車武子囊螢照書等事跡教育子孫後代勤奮學習,從小養成踏實勤奮的求學作風。

4. 身體保健教育

古代學前兒童的教育內容是以思想教育與文化知識教育為主,但同時許多家庭也注意到教養結合的問題,強調注重對嬰幼兒的身體保健工作。明代醫師萬全在《育嬰家秘·鞠養以慎其疾》中認為:「(小兒)能坐、能行,則扶持之,勿使傾跌也。」明人徐春甫要求童僕、婢妾「不可訓其手舞足蹈,無禮罵人,高舉放倒,猛推閃避」。為了提高嬰幼兒抗御疾病的能力,許多中醫學者反對嬰幼兒過飽過暖。明時許相卿說:「嬰孩懷抱,毋太飽暖,寧稍饑寒,則肋骨堅凝,氣岸精爽。」民間有「若要小兒安,常帶三分饑與寒」的諺語,元代的張從政甚至主張:「兒未坐時,臥以赤地,及天寒時,不與厚衣,布而不綿。」

游戲是學前兒童喜愛的活動,也是古代家庭中加強幼兒身體鍛煉的一種重要方法。早在戰國時期,《韓非子·外儲說左上》中就有小孩玩「過家家」游戲的記載:「夫嬰兒相與戲也,以塵(土)為飯,以塗(泥)為羹,以木為胾(肉塊)。」古時能起到鍛煉身體作用的幼兒游戲主要有拔河、跳繩、放風箏、踢毽子、踢球等,許多游戲至今仍為幼兒們所喜愛。

封建社會學前家庭教育的内容是非常豐富的,它涵蓋了德育、智育、體育等諸方面,與學校教育和社會教育的内容在本質上是一致的,體現了教育的連貫性。但古代學前家庭教育的内容是偏頗的,它過於突出德育與智育,而且許多繁雜的教育内容過於成人化與教條化,使幼兒難以接受,在很大程度上扼殺了兒童的天性。

## 拓展閱讀

### 「三百千」

《三字經》《百家姓》《千字文》合稱「三百千」,又叫「三家村」,是中國傳統開蒙教育的第一書,知名度極高,可以說是家喻户曉,無人不知。「三百千」之中以《三字經》為首,稱為「經」;以《千字文》墊底,稱為「文」。當然,在文字難度、知識水平、文學素養等諸方面,《千字文》要求高。沒有一定的文字學基礎和文化素養,對《千字文》是既讀不懂,也欣賞不了的。從時間上來說,《千字文》成文於六朝時期,出現得最早;《三字經》成文於南宋末年,直到元朝才開始面世,明清時期才流傳開。

在教學的順序上是《三字經》第一,《千字文》最末。其中的道理,一是先簡後繁,這很好理解;二就是「經」與「文」的根本區別。經者經典大道,是天下車馬行人經行的必由之路,引申義就是規律、原理、原則與方法。自古以來,聖人的書叫作經典,因其講述的是恒常不變的宇宙真相,是放之四海而皆準的真理,所以四書、五經等為經典。《三字經》既敢稱為經,而且被千古傳頌,這就非常耐人尋味了。

《千字文》是用一千個不重複的漢字編纂而成的一篇韻文,辭藻華麗,語言優美,文學價值極高,歷來受到文人墨客的喜愛。《三字經》則不然,它「字有重複,辭無藻彩」,既不講究對仗,語言也不甚優美。但《三字經》樸實無華,用極簡潔通俗的白話講出了亙古不變的大道理,這就非常難能可貴了。因此,「三百千」中最難理解的是《三字經》,最難講的也是《三字經》,沒有豐富的學識、沒有自己的感悟和體會,僅僅憑藉文字是絕對無法理解經義的。相反,隨著閱歷的增加與人生經驗的積累,對《三字經》的理解會越來越深,以至於越到晚年越喜歡《三字經》,這也是為什麼來聽《三字經》講座的老年人很多的原因。

與《千字文》同理,《三字經》也是一部高度濃縮的中國文化史,但《三字經》不受文字限制,用通俗的文字將經史子集等各部類的知識糅合在一起,真正是「淹貫三才,出入經史」,全文用典極多,全篇充滿了積極向上的樂觀精神。清人王晉升稱《三字經》是「蒙求之津逮,大學之濫觴」;清人賀興思稱其是「一部袖裡《通鑒綱目》也」;近人章太炎稱讚《三字經》「其啓人知識,過之《急就章》與《凡將篇》之比矣……今之教科書,固勿如《三字經》遠甚也」。

在《三字經》出現之前,幾乎所有的蒙學讀物都是四言的,也就是四個字一句,如《千字文》《百家姓》都是四言,四個字讀起來不上口,小孩子不容易唱頌。《三字經》則以三言形式出現,三個字一句,四句一組,讀起來輕鬆愉快,更符合兒歌的特點,所以明朝趙南星稱其「句短而易讀,殊便於開蒙」,故此為蒙學第一書。

## 二、封建社會胎教的發展

封建社會的學前教育繼承了奴隸社會實施胎教的傳統,並進一步向前發展,這主要體現

在中醫學理論的介入，使得人們對胎教的認識與實施更加科學。

《黃帝内經》是中國古代最早的中醫學著作，成書於秦漢時期。該書結合氣一元論與陰陽五行學說，對生命的成因、疾病的起源等做了唯物主義的解釋，指出人的某些疾病起因在胎兒時期，稱為「胎病」，如「癲病」就是「得之在母腹中時，其母有所大驚，氣上而不下，精氣並居，故令子發為癲疾也」。為避免「胎病」發生，保證胎兒健康發育，提高新生兒的天然素質，有必要對孕婦的日常生活進行指導，通過母教實施胎教。這是中國最早從醫學角度探討胎教問題的論述。

隋唐以後，中國醫學處於迅速發展時期，與胎教有關的兒科、婦科日漸分化出來成為獨立科目。大批醫學家介入對胎教的研究與提倡，他們一方面繼承和總結了前人實施胎教的經驗，一方面從醫學角度進行闡明和論證，進一步提出養胎與服教相結合的主張，不僅豐富了古代胎教實施的內涵，也增強了古代胎教學說的科學性。

唐代醫學家孫思邈在總結前人胎教理論與自己臨床經驗的基礎上，明確提出了古代胎教學說的基本觀點——「外象内感」，意思是說母親所接觸的外界物象會直接感應到體內胎兒。他說「妊娠三月名始胞，當此之時未有定象，見物而化」，即認為3個月的胎兒還未完全成形，很容易受到外界環境的影響而變化。為此他提出孕婦在妊娠3個月以後，應特別注意外界環境對胎兒的影響。他認為為了生子健美，就必須常視犀象猛獸、珠玉寶物，以此接受孔武有力、容貌佼美的感應。同樣，欲使子孫道德賢良，聰慧無疾，必須多「見賢人君子、盛德大師，觀禮樂、鐘鼓、俎豆、軍旅、陳設、焚燒名香，口誦詩書、古今箴言，居處簡靜」等。孫思邈對孕婦提出的上述要求雖然還不免夾雜有臆想的成分，但從總體上說，他強調孕婦必須注意外界環境對胎兒的影響這一基本思想是正確的。

重視孕婦精神狀態的調節一向是古代胎教的重要內容之一。在這方面，明代醫學家萬全曾從醫學角度對情緒給胎兒的影響做了較為科學的解釋，他說：「受胎之後，喜怒哀樂，莫敢不慎。蓋過喜則傷心而氣散，怒則傷肝而氣上，思則傷脾而氣鬱，憂則傷肺而氣結，恐則傷腎而氣下。母氣既傷，子氣應之，未有不傷者也。其母傷則胎易墮，其子傷則臟氣不和，病斯多矣。盲、聾、暗啞、痴呆、癲癇，皆禀受不正之故也。」因此，他認為孕婦加強自我心理調節，注意控製情緒的波動是非常必要的。只有孕婦心緒和順，胎兒才能健康成長。

在要求孕婦注意自我心理調節，保持心緒和順的同時，唐宋以後的醫學家們還十分重視孕婦飲食的調攝。如宋代婦產科醫師陳自明在中國較早的婦產科專著《婦人良方》中說：「一受孕之後，切宜忌不可食之物，非惟有感動胎氣之戒，然於物理亦有厭忌者。」元代醫師朱震亨亦認為：「兒之在胎，與母同體。得熱則俱熱，得寒則俱寒，病則俱病，安則俱安。母之飲食起居，尤當縝密。」北齊醫師徐之才則依照胎兒每個月的不同發育狀態，為孕婦制定了一個相應的食譜，他認為：「妊娠一月名始胚，飲食精熟，酸美受御，宜食大麥。……妊娠六月，始受金精，以成其筋……食宜鷙鳥猛獸之肉，是謂變腠理紉筋，以養其力，以堅背膂。」此外，他們還要求孕婦飲食應「饑飽適中」，因為過饑或過飽均會損傷母體和胎兒，同時在生活起居的其他方面也必須注意節制。

總之，封建社會的許多醫學家在論述胎教之道時多持胎養與胎教相結合的觀點，明人許相卿所說的一段話大體上可以代表他們的這種觀點：「古者教導貴豫，今來教子宜自胎教始。婦妊子者，戒過飽，戒多睡，戒暴怒，戒房欲，戒跛倚，戒食辛熱及野味。宜聽古詩，宜聞鼓琴，宜道嘉言善行，宜閱賢孝節義圖書，宜勞逸以節，動止以禮。」在他們看來，只有重視飲食起居

中的避忌，善於調節自己的情緒，並輔之以知識、音樂、道德的陶冶與教育，所生子女才能容貌俊美，氣稟超群，道德良善。這種胎教的養教一體化觀點，不僅發展了前人的胎教思想，豐富了古代胎教的內容，而且揭示了胎教發展的方向，並與現代胎教理論頗相一致。

### 三、封建社會慈幼機構的建立

　　慈幼，即愛護幼兒。人類對嬰幼兒特別保護與鍾愛的意識，早在原始社會即已存在，進入階級社會後，歷代統治者出於人口增殖或點綴政治等目的，曾屢屢制定、發布有關慈幼的政策與法令。如先秦時期，管仲相齊，曾行「九惠之教」，並把慈幼放在工作的首位，專門設置掌幼官員，規定士子平民有幼子者，若因小兒幼弱不堪撫養者，以及一家有3位幼兒者，婦人免賦稅；有4位幼兒的家庭，全家免徵稅；有5位幼孩者，國家還要另派保姆，由官方給予2人的口糧，一直等到幼兒長大能自食其力時，方才停止供應食物。對於父母雙亡的幼弱孤兒，由國家設置的掌孤官員負責；對於那些弱小不能自養者，由政府指派父母原來的親朋好友、鄉里鄰居代為撫養，並規定：「養一孤者，一子無徵；養二孤者，二子無徵；養三孤者，盡家無徵。」掌孤官還必須經常過問孤兒的撫養情況，「必知其食飲饑寒，身之膌勝而哀憐之」。又如唐代貞觀二年（628），山東地區大旱，饑民遍野，為此，唐太宗一方面遣使開倉放糧，賑濟災民；另一方面令官府出資贖還由父母被迫出賣的子女。

　　不過，中國古代建立專門的慈幼機構起步較晚，它開始於處在封建社會中後期的宋代。當時宋朝的慈幼機構主要由官方設辦，其中又可分為由朝廷詔令設置的和由地方官吏自行設立的兩種。慈幼機構的名稱亦各異，當時主要有慈幼局、舉子倉、育嬰社等名稱。

　　宋時慈幼機構大多數為清廉的地方官吏所設辦。南宋高宗紹興年間，朱熹因福建多有棄溺嬰兒的陋俗，上疏朝廷請立舉子倉，由政府供給錢米，統一收養被棄嬰兒。寧宗嘉泰年間，葉筠為南劍州知州時，請立舉子倉以賑濟貧民棄嬰。

　　宋代的慈幼機構雖然只是慈善恤孤性質，但作為較開明的封建君主和較清廉的地方官吏的一種「仁政」措施，客觀上救活了部分饑兒棄嬰。然而，封建制度的腐朽沒落，貪官污吏暗做手腳，使官方供給的錢糧，多半流入私人的腰包，加之許多地方官吏不予重視，辦理不善，致使許多貧兒雖被收養到慈幼機構，但未得善待，多難逃病餓夭殤的命運，「慈幼」徒有虛名。《宋史·黃震傳》說：「常平有慈幼局，為貧而棄子者設，久而名存實亡。」

　　慈幼機構第二次較大規模的建立是在清代。清朝的慈幼機構主要是育嬰堂。康熙元年（1662）始建育嬰堂於京師廣門以內，並制定育嬰條例：凡收養棄孩，其姓名及出生年、月、日、時有可查稽者，須登記在冊，由官方出資雇乳婦哺育；允許他人收為養子養孫；若有本家親戚前來認領，令其歸宗。其後，雍正、嘉慶、道光、光緒時均有育嬰堂的設立，並且最高統治者或賜匾額或撥銀糧以資鼓勵。

　　清朝的慈幼機構與宋代相比，辦理略為良善。首先，清政府已注意加強對慈幼機構的管理，如康熙皇帝制定了京師育嬰堂收養、認領棄兒的條例；嘉慶皇帝在嘉慶四年（1799）曾詔派滿漢御史「監放稽查」，嚴格監督慈幼經費的使用情況。其次，慈幼經費開始有了固定的保障。起初，慈幼機構「尚無常廩」，經費主要倚清官或富戶捐錢資助。雍正八年（1730）規定：京師育嬰堂的每一年支銷款項，均歸順天府查核。這是由政府正式負擔京師育嬰堂經費開支的開始。其後，在道光三年（1823），清政府又批准由朝廷撥給廣西省城育嬰堂經費。最後，清朝除官辦慈幼機構外，還明令允許私人設辦。雍正八年曾諭令：「行文各省督撫轉飭有

司,勸募好善之人,於通都大邑,人烝稠集之處,若可以照京師例推而行之,其於字弱恤孤之道似有裨益,而凡人怵惕惻隱之心,亦可感發而興起矣。」

然而,清朝慈幼機構的辦理仍有不盡如人意的地方。首先,最突出的問題是慈幼經費的流失。清朝的慈幼經費必須經地方官吏的手然後轉入慈幼機構,可就在轉手之間,偷挪現象十分嚴重,朝廷雖曾嚴格「查察」,但實際效果並不顯著。其次,當時的育嬰堂允許他人領養,有的地方甚至明令允許他人領育嬰堂中的幼兒為奴僕,致使大批兒童被人冒領出去做織僕,或被販賣倒手,「縱得偷生旦夕,實乃磨折終身」。此外,清朝大多數慈幼機構與宋代一樣,僅為慈善恤養性質,而不行教育之事。只有極少數的慈幼機構,如著名學者唐鑒在道光年間聯絡同僚籌款在貴州創辦的「及幼堂」,曾實行教養結合,他們選擇幼兒中的聰穎者,教以讀書寫字,對其他兒童則教之打草鞋、打繩索、編竹器等一切有助於自食其力之事,這可以說是中國歷史上最早實施教養合一的慈幼機構。

### 四、封建社會學前教育的特點

兩千多年的封建社會是中國古代學前教育的大發展時期,這個時期兒童學前教育總的特點是:

(1)打破了過去奴隸主貴族壟斷學前教育的局面,使學前教育成為普通平民家庭教育的重要組成部分。

(2)學前教育的內容大為豐富,涵蓋了德育、智育、體育諸方面,並出現了許多專為幼兒編寫的用於思想教育、文化知識教育等方面的教材。

(3)對幼兒的潛能進行了最大限度地挖掘,學前教育內容的難度與廣度均有較大的增加。

(4)學前教育的實施具有濃厚的功利主義色彩,在實施過程中,總體上是重教輕養。

(5)儒家思想規範指導著學前教育的實施。

## 思考與練習

1. 原始社會兒童社會公育的內容是什麼?
2. 原始社會學前教育的特點有哪些?
3. 簡述奴隸社會宮廷學前教育的意義。
4. 簡述保傅制度和「備三母」的內容。
5. 奴隸社會學前教育的特點有哪些?
6. 封建社會學前家庭教育的目的是什麼?
7. 簡述封建社會學前家庭教育的內容。
8. 簡述封建社會胎教的發展過程。
9. 簡述封建社會慈幼機構的建立過程。
10. 封建社會學前教育的特點有哪些?

# 單元 2　中國古代學前教育思想

### 學習目標

- 瞭解賈誼、顏之推、朱熹、王守仁的學前教育思想的內容；
- 能夠對賈誼、顏之推、朱熹、王守仁的學前教育思想做出正確評價。

在古代學前教育發展歷史中，封建社會的教育思想對中國的教育觀念影響頗深，各教育家的教育主張對當時社會的學前教育實踐有著指導性意義。賈誼對於早期教育的論述，主要是從加強中央集權的政治觀點出發，針對皇太子的教育而言的，提出了「早諭教」「選左右」「重儒術」等指導思想；顏之推根據耳聞目睹的現實，為了家族榮耀的延續，探討了家庭教育中的原則和方法；朱熹基於「蒙以養正」的中國傳統教育理念，將兒童教育視為人生教育的基礎，並強調「學事」是該階段教育的主要內容；王守仁從「心即理」的人性理論出發，強調在兒童教育過程中應體現一種自然教育精神。

## 第一課　賈誼的早期教育思想

### 一、賈誼生平

賈誼（前200—前168）（見圖2-1），洛陽人，西漢初期著名的政論家、文學家。18歲時，賈誼已能誦讀詩書、善為文章，稱譽於郡中。20餘歲，廷尉吳公以其頗通諸家之書，薦於漢文帝，召為博士，不久升遷為太中大夫。後他因遭讒言被貶為長沙王太傅，繼又為文帝少子梁懷王劉揖太傅。

賈誼曾數次上疏，批評時政。他認為漢興20餘年，當改正朔，易服色，制法度，定官名，興禮樂。針對當時外有匈奴侵略，內有諸侯王作亂的形勢，他要求統治者應有處積薪之上的危機感。他一方面力主抗擊匈奴貴族的攻略；另一方面建議用「眾建諸侯而少其力」的辦法，削弱諸侯王勢力，鞏固中央集權。

賈誼的著述，今人輯為《賈誼集》，包括《新書》10卷。他關於早期教育的論述，主要見於《新書》的《傅職》《保傅》《勸學》《胎教》諸篇中。

圖 2-1　賈誼

## 二、賈誼學前教育思想概述

### (一) 早諭教

賈誼對於早期教育的論述，主要是從加強中央集權的政治觀點出發，針對皇太子的教育而言的。

《尚書‧呂刑》中曾說：「一人有慶，兆民賴之。」意思是指在專制社會，天下之命懸於天子一人，最高統治者個人的善惡直接影響著天下億萬百姓的命運。

賈誼通過對殷商國祚長久、秦朝二世而亡的史實考察，進一步指出：「天下之命，懸於太子。」因為太子的品行如何，已經預示著、決定著他日後繼承皇位時的道德表現。從這個意義上講，他認為對太子的教育，實乃治亂之機要，如果太子能受到正確的教育，養成善良的品德，則「太子正而天下定矣」。

賈誼認為，對太子的教育應盡早實施，「太子之善，在於早諭教與選左右」。早期教育是教育的最佳期，當嬰幼兒的赤子之心尚未受到外界熏染，先入為主，對他實施教育，就會收到最佳的效果，賈誼說：「心未濫而先諭教，則化易成也。」同時，早期教育也是整個人生教育最重要的階段，一個人幼時接受的教育，往往決定著他日後的成長道路，稍有不慎，就會失之毫厘，謬之千里。因此，他強調「君子慎始」，並指出「殷、周圍之君有道之長，而秦無道之暴」，就是由於前者對太子自幼便實施了良好的早期教育，而後者則不然。

賈誼認為，胎教是早期教育之始端，王室之家應當重視對太子實施胎教，在太子未出生以前要設置專門實施胎教的處所——「蔞室」，安排專人監護孕婦的飲食、視、聽、言、動等，使其合乎禮的規定。孕婦自身亦須有胎教意識，與周妃後懷成王時一樣，「立而不跛，坐而不差，笑而不喧，獨處不倨，雖怒不罵」。賈誼的胎教理論雖無甚新意，只是祖述「古制」，但他卻是漢代最早提倡胎教的教育家。

## (二) 選左右

賈誼認為，慎選左右是對太子進行早期教育成功的保證。為加強對皇太子的早期教育，在宮廷內應設置專門輔導、教諭太子的師、保、傅官，建立保傅教育制度，一如西周時教育成王一樣。當時周成王尚在襁褓中，即以召公為太保，周公為太傅，太公為太師。太師、太傅、太保合稱「三公」，各負其責，「保，保其身體；傅，傅之德義；師，道（導）之教訓」。可見，當成王還是嬰幼兒時，就已由「三公」實施德育、智育、體育三方面的早期教育。「三公」是保傅官的副職，他們常與太子同居處，共出入，起著監護人的作用。

設置「三公」「三少」，目的是在太子周圍形成良善的教育環境。他們一方面以孝、仁、禮、義之道教導太子；另一方面充當衛翼太子的屏障，使太子自幼聞正言、見正事、行正道，同時逐去邪人，不使太子耳聞目睹惡言、惡行、惡事。賈誼認為：「習與正人居之，不能無正也，猶生長於齊之不能不齊言也；習與不正人居之，不能無不正也，猶生長楚之不能不楚言也。」處於良好的教育環境之中的太子，當然也不能不良善。師、保、傅是太子最早、最重要的教育者，他們的品行直接影響著太子德行的形成，最終關係著國運能否長久。為此，賈誼要求統治者必須慎擇師、保、傅官，宜以「天下之端士，孝悌博聞有術者」，即德才兼備者充任「三公」「三少」。賈誼指出，以前周成王時所擇的「三公」均為古代賢士，如太傅周公「篤仁而好學，多聞而道（導）順」，能「道（導）」天子以道」；太師太公「誠立而敢斷」，能夠「輔善而相義」；太保召公清廉而正直，敢於「匡過而諫邪」。由於他們的輔導，周成王即位後才能夠慮無失計、舉無過失，成為古代有名的聖明君主。由此賈誼得出結論：「殷、周之所長久者，其輔翼太子有此具也。」與此相反，秦二世胡亥則由於擇師不當，以宦官趙高為傅，所學盡為獄訟之術，幼時接觸的不是斬、劓（yì，古代割掉鼻子的酷刑）的酷刑，就是夷人三族的嚴律。由於早期教育失當，胡亥即位之後，視殺人若刈草，毫無仁慈之心；是非不分，良莠不辨，「忠諫者謂之誹謗，深為之計者謂之妖言」。如此昏君，國破身死，二世而亡，乃勢所必然。因此，賈誼告誡西漢的統治者：「前車覆而後車戒。」他指出慎選太子的早期教育者，乃存亡、治亂之樞機，「夫教得而左右正，則太子正矣；太子正而天下定矣」。

## (三) 重儒術

賈誼是西漢初期繼叔孫通、陸賈之後又一位向西漢統治者提出以儒術治國的儒家學者。對於皇太子的早期教育，他當然企望以儒家思想統攝其心。為此，他向統治者進言，要求注重儒術，按儒家的理想人格來塑造太子，以儒家學說作為太子早期教育的主要內容。對太子的文化知識教育，賈誼主張應注重《春秋》《禮》《詩》《樂》等儒家經典的傳授。在賈誼看來，儒家經典不僅是古代文化的記載，而且含有豐富的道德涵養價值，他說：「或稱《春秋》，而為之聳善而抑惡，以革勸其心。教之《禮》，使知上下之則。或為之稱《詩》，而廣道顯德，以馴（訓）明其志。教之《樂》，以疏其穢，而填其浮氣。」儒家治學要求「述而不作，信而好古」，治國則提倡效法古聖先王之道。故在學習儒家經典之處，賈誼提倡加強歷史知識的學習，他說：「教之語（治國之善語），使明於上世，而知先王之務德於民也。教之故志（記前世成敗之書），使知廢興者，而戒懼焉。」意思是太子只有接受了古代典傳知識的教育，才能通曉上古先王以德治國的方法，明了歷代興亡的史實，從而產生警誡、畏懼重蹈覆轍的心理。

在道德教育方面，賈誼主張應使太子自幼形成儒家倡導的忠、信、義、禮、孝、仁等道德觀念，在他看來，具有此「聖人之德」的人，就是道德上的完美者，也即具備儒家理想人格者。為

此，他要求對於太子不合上述道德規範的行為，教師應及時予以矯正，如當太子「將學趨讓，進退即席不以禮，登降揖讓無容，視瞻俯仰、周旋無節」時，太保就應當進行勸諭。

對將來君臨天下的太子的教育，傳授「君國畜民」之道自然是絕不可少的。為此，賈誼提出，師、保、傅官應使太子自幼通曉儒家德刑並舉的治國方略，懂得文武之道乃治國之本，知道對臣子應賞罰分明、公正，切忌「賜予僭於左右近臣，吝授於疏遠卑賤」。

此外，關於太子的早期教育，賈誼還提出了教養結合的主張，即除進行道德與知識教育外，須由少保負責健養其身體。一方面，監護太子，注意防止太子有可能傷害身體的過激行為，如暴飲暴食，狂歡無態等；另一方面，照料太子的日常起居，使太子避免「饑而懢(lán，貪)，暑而喝(yè，中暑)，寒而懦，寢而莫宥，坐而莫侍……」正是由於賈誼把保護太子的身體視作師、保、傅官的一項重要職責及教育內容，故當梁懷王墜馬而死後，他引以自責，竟鬱鬱寡歡，英年早逝。

### 三、對賈誼學前教育思想的評價

賈誼作為西漢初期的政治家，他關於早期教育的論述雖然只是針對太子的特殊教育提出來的，而且其列舉的實施方法也大多是祖述文武三代之道，很少有新意，但他畢竟是先秦以來第一位較為全面地論述早期教育問題的教育家，他的思想對封建社會早期教育理論的發展起著不可缺少的津梁作用。

## 第二課　顏之推的家庭教育思想

### 一、顏之推生平

顏之推(531—約595)(見圖2-2)，字介，祖籍山東臨沂。共歷仕南梁、北齊、北周、隋四朝。出身於名儒世家，深得門風教化，在其晚年，他集平生學識、世事見聞，以及謹慎立身處世、嚴格治家教子之經驗，著書《顏氏家訓》，意在訓誡本族子弟，肅正儒家門風，以期後世子孫「務先王之道，紹家世之業」。該書一出，即被後世奉為處世良軌，廣為流傳，成為封建社會家庭教育的經典之作。其後，歷代都相當盛行的家庭教育論著，如宋代司馬光的《家範》、清代朱柏廬的《朱子治家格言》等，大都不脫《顏氏家訓》之旨。《顏氏家訓》共20篇，計4萬餘字，內容宏富。顏之推在其家訓中全面闡發了他關於教育，特別是家庭教育的思想，對於一般的治學方法、處世之道亦有深入論及。其中，顏之推家庭教育思想也包括他對於早期教育的獨到見解和深刻反思。其關於早期教育的闡述主要反應在家訓中的《序致》《教子》《慕賢》《勉學》等篇章中。這些闡述廣泛地涉及早期教育的價值、內容、原則及方法等問題，可以說是中國古代教育史上對於早期教育思想第一次最全面也是最充分的展示。

圖2-2　顏之推

## 二、顏之推的學前教育思想概述

### (一) 及早施教,勿失時機

顏之推的早期教育思想首先是基於他對早期教育必要性及其重要作用的充分認識。他認為成人應該充分利用幼年這個良好的時機,及早對兒童進行教育。早施教可以收到良好的效果,並為一個人一生的發展奠定良好的基礎。他說:「當及嬰稚識人顏色、知人喜怒,便加教誨,使為則為,使止則止。比及數歲,可省笞罰。」他還借用孔子說過的「少成若天性,習慣成自然」,以及諺語「教婦初來,教子嬰孩」的說法來表明這一觀點。顏之推強調早期教育,甚至認為如果條件允許可實行胎教。他提及古代聖王的胎教方法:「懷子三月,出居別宮,目不邪視,耳不妄聽,音聲滋味,以禮貌節之。」

在顏之推看來,兒童早期心理與思維發展的特點決定了早期教育的必要性和重要性。他認為,兒童還處於「體性未定」的發展期,足具可塑性,易於潛移默化。他說:「人在少年,神情未定,所與款狎,熏漬陶染,言笑舉對,無心於學,潛移暗化,自然似之。何況操履藝能,較明易習者也。」對於早施教之所以具有良好的效果,顏之推特別指出:「人生小幼,精神專利。長成以後,思慮散逸。」意思就是說,人在幼年精力集中,而成人之後生活駁雜,思慮分散,所以,成人學習的效果不比幼年時的學習效果。所以,「固須早教,勿失機也」。他還自述自身學習體驗:「昔在齠齔,便蒙誨誘。」「吾七歲時,誦《靈光殿試》。至於今日,十年一理,猶不遺忘。二十之外,所誦經書,一月廢置,便荒蕪矣。」以記憶力在不同年齡階段間的強烈對比來證實早期學習與教育的良好效果。因此,顏之推聲稱,「幼而學者,如日出之光」。

中國古代教育思想素有「早諭教」的理念。顏之推以一種極為樸素的思維與表達方式,對這種傳統教育理念進行了最充分的闡發。他關於古代胎教的闡述暗合了「外象內感」的現代中醫學主張,符合現代胎教的基本原理。特別是顏之推「及早施教」的主張,以及關於早期教育之獨特意義的解釋,已經孕育著關於兒童心理發展規律的科學認識。現代兒童發展與教育的研究結論表明,個體早年時期是其成長與教育的奠基期與最佳期。而且,兒童發展的諸多能力,都會存在一個相應的敏感期的問題。錯過敏感期裡一定能力的培養,便錯過了教育的最佳時期。正如幼兒教育家蒙臺梭利所認為的,能力發展的敏感期的出現是暫時的現象,目的是獲得一種明確的特性。這種特性一旦獲得後,相關的敏感性也就消失了。因此,每一種特性都是借助一種刺激的幫助而獲得的,一種敏感性只能在一個特定的發展時期出現。可以說,正是因為顏之推對於個體成長及教育規律的樸素感知,切合了兒童心理發展的特點與規律,所以,即使是在今天,顏之推所主張的「及早施教,勿失時機」的教育思想對於認識早期教育的功能與地位仍具積極的現實意義。現代教育的理論與實踐也一再證實著幼年成長的關鍵性及其早期教育的必要性與有效性。

### (二) 守道崇德,勤儉自立

堅持「禮為教本」「人倫為重」,強調「守道崇德」以立身處世是《顏氏家訓》治家思想的主旨。顏之推說:「君子當守道崇德,蓄價待時。」自然,他是把道德教育作為兒童早期教育的基本任務和內容。所謂「生子咳啼」即需「明孝仁禮義,導習之矣」。在早期教育階段就需進行道德啟蒙,教給兒童做人的道理。早期的良好品德與行為習慣的養成,可使人一生受益。否則,錯過道德教育在早期的實施,惡習一旦養成,「習若自然,卒難洗蕩」,難能有效矯正。

所謂「至有識知,謂法當爾。驕慢已習,方複製之,捶撻而死無威,忿怒日隆而增怨,逮於成長,終為敗德」。顏之推曾現身說法稱:「吾家風教,素為整密。昔在齠齔,便蒙誨誘。每從兩兄,曉夕溫清;規行矩步,安辭定色,鏘鏘翼翼,若朝嚴君焉。賜以優言,問所好尚,勵短引長,莫不懇篤。」可見,他對於自己早期所受有益教育的感悟是以倫理規範的教育為主的。

對於道德教育的具體內容,顏之推在《顏氏家訓》一書中有著廣泛的闡述。其基本主張是以儒家的孝悌人倫為軸心的,並以研習五經作為獲得立身處世之道的基本途徑。雖然其諸多敘述不是針對早期教育而進行的,但有些涉及道德教育的獨到見解對兒童教育仍頗有啟迪和指導。他提到「聖人之教:箕帚匕箸,咳唾唯諾,執燭沃盥」,即孩子應孝順、勤勞。這裡也蘊含著人在幼年需學會自理勞動的教育要求。他還從「應世經務」的角度,指出做子女的需「知稼穡之艱難」,即懂得生產勞動的艱辛。

顏之推自稱著述家訓的動機是:「非敢軌物範世,業已整齊門內,提撕子孫。」可以說,他守道崇德的兒童教育思想以鞏固父子血緣宗法制度為要旨,以維護封建的家庭倫理與社會秩序為最終歸宿。然而,立足於今天的家庭教育與兒童教育現實,顏之推「自小便教之以德」的教育觀足可借鑑。一個人品德素質的發展是貫其一生的持續累積的過程,而早期的道德啟蒙對於形成兒童良好品質和行為習慣,乃至健全的人格都會打下堅實的基礎,使之終身受益。當然,從幼兒期就重視道德教育,是社會現實與發展的必然要求。

顏之推強調道德素質培養的早期教育觀,以及「知稼穡之難」、視「省約為禮」以求自立生存的生活教育主張,不僅對當時士大夫階層的子孫教化與治家理財是一種真知灼見,而且對於今天已無衣食之憂的兒童教養乃至早期品行意志的磨煉頗具啟發。

(三) 慈嚴相濟,均愛勿偏

對於兒童教育,顏之推主張由情入手,並堅持愛教結合、慈嚴並濟,反對溺愛。首先,他充分地意識到了情感在早期教育中的作用。兒童只有對於那些在情感上親近的人才易於信服,並遵其訓示以行事。正是因為情感在兒童教育中的重要性,才突出了家庭在個體成長中不可替代的獨特地位,所謂「夫同言而信,信其所親;同命而行,行其所服」。

在早期教育中,體現其情感性的墓本要求便是愛教結合、慈嚴並濟。顏之推強調成人對於兒童要愛護,他說:「骨肉之愛,不可以簡,簡則慈孝不接。」同時,他又辯證地看到,單純的愛的投入而無教育的嚴格苛訓,則是不可以的,主張對待兒童應「威嚴而有慈」。他說:「吾見世間,無教育而有愛,每不能然;飲食運為,恣意所欲,宜誡翻獎,應訶反笑,至有識別,謂法當爾。」這裡,他指出,許多父母對孩子從小在生活方面任其所為,不加管束,應訓誡的反而讚賞,應制止的反而戲笑,結果等孩子該懂事時,竟把錯誤當正確的,不明是非。所以,「父子之嚴,不可以狎」「狎則怠慢生焉」,對待兒童必須避免溺愛,需有嚴格的要求。

正是基於愛教結合、慈嚴並濟的原則,顏之推格外強調成人必須正確地對待孩子的優點和缺點。一方面,應採取正面教育和鼓勵教育的方法。所謂「賜以優言,問所好尚,勵短引長,莫不懇篤」。另一方面,需要採取懲戒甚至體罰的教育方法。為人父母者對待兒童切不可「一言之是,偏行於路,終年譽之;一行之非,掩藏文飾,冀其自改」。正是因為一味張揚孩子的優點和長處,遮掩或包庇其過錯,成人的言行就會失於教義,貽誤其一生,甚至招致禍端。在顏之推看來,為嚴格管教,鞭撻應是必要的教育手段。他說:「笞怒廢於家,則豎子之過立見。」「凡人不能教子女者,亦非欲陷其罪惡,但重於訶怒,傷其顏色,不忍楚撻慘其肌膚耳。」

在合理運用情感的原則上，顏之推還提出了均愛教育的主張，即父母對待所有子女應一視同仁地給予同樣的愛護與關注，不可偏寵，「賢俊者自可賞愛，頑魯者亦當矜憐」。如果偏寵偏愛，則客觀上必會助長其驕橫怠慢的習氣，最終會是「雖欲厚之，更所以禍之」。宋代袁採曾就均愛教育的思想做了進一步分析，他在《袁氏世範·父母愛子貴均》中指出，因為不能均愛，則「見愛者意氣日橫，見憎者心不能平，積久之後，遂成深仇。所謂愛之，適所以害之也」，使得受寵者與失寵者關係不睦，心生怨恨，矛盾叢生。

顏之推重視早期教育中的情感滲透，是基於他對兒童言行感性化傾向的認識，也以此揭示出家庭教育因其血緣親情的自然存在而不可為社會機構教育所替代的獨特價值。

顏之推關於「均愛」教育的主張雖然是基於封建大家庭中多子多女的現實而提出的，但這卻是現代公平教育理念在古代家庭教育中的萌芽。對公平與民主的追求是現代兒童教育發展的基本價值取向，教育過程中的公平是體現這一取向的基本內容。「均愛」的教育原則要求成人或教育者給予每一個兒童以同樣充分的關注，並實現於成人與不同兒童之間的關係互動中，因此，它直接指向教育過程中的公平。教育的「均愛」主張對現代幼兒教師如何在園所教育過程中平等地對待不同的兒童，是頗有現實意義和指導價值的。

（四）風化熏染，陶冶品性

顏之推非常重視環境教育對兒童的熏染作用，強調兒童的品性形成於風化熏染的過程中。「人在少年，神情未定。所與款狎，熏漬陶染，言笑舉對，無心於學，潛移暗化，自然似之。」因此，長輩應為兒童營造一個良好的成長氛圍，為其樹立良好德行的榜樣。顏之推說：「夫風化者，自上而行於下者也，自先而施於後者也。是以父不慈則子不孝，兄不友則弟不恭，夫不義則婦不順矣。」他還提出，成人應注意讓兒童接觸社會生活中有益的人與事，說：「是以與善人居，如入芝蘭之室，久而自芳；與惡人居，如入鮑魚之肆，久而自臭也。墨翟悲於染絲，是之謂也。」這裡的「墨翟悲於染絲」，指的是墨子說過的「人性如素絲，環境如染缸」「染於蒼則蒼，染於黃則黃，所入者變，其色亦變」。

把環境作為「無言之教」，重視環境習染與人事交往的教育作用，歷來是中國古代教育的傳統。「孟母三遷」的故事在中國世代流傳。《論語》中載有孔子語：「其身正，不令而行；其身不正，雖令不從。」西漢賈誼在《新書》中亦提倡為兒童創造一個「左右前後皆正人」的生活環境，確保兒童自小「見正事，聞正言，行正道」。可以說，顏之推關於風化教育的闡述與主張是對古代這一教育思想進一步的繼承與發展。這一主張符合現代兒童教育的基本規律。現代兒童心理學認為嬰幼兒的思維尚未自覺化、理性化，因此邏輯性的道理說服不宜成為早期教育教學的基本方法。兒童早期的身心發展更多地實現於自身無意識地與生活環境及人際氛圍的互動中，實現於潛移默化的環境陶冶與對他人的模仿中，而且幼小孩童初入世間，周圍一切的人與事都會勾起他的好奇、好動、觀察、模仿、探索。幼兒教育家蒙臺梭利關於兒童「吸收性心理」理論的解釋，很好地揭示了兒童發展的這種規律。顏之推強調兒童教育必須在風化熏染的過程中陶冶其品性，其給予我們的重要啟示就是：早期教育不應是呆坐的和靜聽的教育，而須為孩子營造一個適宜的環境氛圍，並發揮教育者在兒童面前謹言慎行、率先垂範的榜樣作用；早期教育的內容絕對不是抽象概念式的知識學習和單純某種技能的訓練，而應是滲透於兒童更為廣泛的社會生活與文化生活時空中的。正如中國現代教育家陳鶴琴所說的，大自然與大社會才是早期教育真正的活教材。

### （五）雖在孩稚，便漸督正

顏之推在《顏氏家訓》中不僅充分地論述了兒童道德教育問題，其作為在音韻學方面頗有造詣的學者，還論及了兒童早期的語言教育。他意識到兒童時期是學好語言的關鍵時期，教育兒童學好語言是成人的重要責任。由於「古今言語，時俗不同；著述之人，楚、夏各異州」，所以在兒童時期學習語言不應強調方言，而需重視通用語言，以減少語言在社會交往中出現如「指馬之諭，未知孰是」的狀況。他自己就是這樣做的。他說：「吾家兒女，雖在孩稚，便漸督正之，一言訛替，以為己罪，雲為品物，未考書記，不敢輒名。」教師教給孩童的語言、詞彙及發音需清晰明確而無誤，避免在一開始就以訛傳訛，以致日後難以糾正。

語言的掌握是兒童早期社會化的基本內容。然而，語言存在的普遍性卻使得大多數教育家對於語言的教育沒有給予足夠的關注。在中國古代教育史上，顏之推是為數不多的單獨論述過語言學習及教育的教育家。他對於早期語言教育的規範性要求，可稱是「蒙以養正」的古代教育思想在語言教育中的繼承與發展。它啟示我們，對於兒童最初的教育，需教給孩子正當的、確切的知識與技能。但就兒童語言教育而言，清晰而準確通用的發音尤為關鍵。如若發音不妥當或錯誤，待其語言習慣一旦形成，則難以矯正。應該說顏之推關於「雖在孩稚，便漸督正」的見解，對於當前所謂的幼兒雙語教學及其合格外語師資的培養與選拔，具有重要的指導意義。

### （六）須由天分，娛心暢情

顏之推說：「夫學者，貴能博聞也。」正是基於博習致用的治學思想，他不僅強調了儒家五經的倫理、知識以及習為文章的學習，還深入論述了琴、棋、書、畫等士大夫生活所需要的技藝能力的學習問題，否則便會見聞狹隘，思想僵化。顏之推稱這些教育內容為「雜藝」。他對於「雜藝」學習問題的闡述反應了他的藝術教育主張。顏之推意識到某些方面的早期藝術教育需要基於個體良好的天賦。他自稱幼時學習書法，雖然頗下功夫，但終因缺乏天分，難能長進。對於藝術的學習，顏之推認為「不須過精」，否則「常為人所役」「被公私指令，亦為猥役」，成為累贅或負擔。他主張藝術的學習「可以兼明，不可以專業」，並認為藝術教育的目的或意義在於娛心暢情，「陶冶性靈」。

顏之推關於通過藝術活動以娛心暢情的思想雖然不是針對幼童而言，但這不會影響它對於早期藝術教育的指導意義。藝術領域的早期教育教學是激發和培養兒童審美意識與意識感知能力的基本途徑。現代兒童藝術教育的科學理念，主張兒童在其藝術學習中不能僅拘於技能的單一訓練與學習，而應更關注藝術活動過程中的天性表達、性情體驗，乃至於藝術精神的啟蒙。正所謂「情趣為本，技能為副」。無疑，顏之推關注性情陶冶的藝術學習目的觀與科學的藝術教育理念是一致的。當前，許多孩子在家長的驅使下對於藝術特長學習與技能競賽的熱衷與追逐，往往走入了急功近利和貪慕虛榮的怪圈，這正與顏氏藝術教育思想的背離。顏之推關於藝術學習的精良需有賴於一定的稟賦，是符合客觀事實的。當然，顏之推認為藝術的學習不必過於精湛，否則受制於人，這帶有當時社會的一種職業偏見。

## 三、對顏之推學前教育思想的評價

顏之推的家庭教育思想以及其著作《顏氏家訓》，在中國歷史上產生了深刻的影響。宋人陳振孫曾以「古今家訓，以此為祖」標稱《顏氏家訓》，而清人王鉞在《讀書叢殘》中更是盛

讚道:「北齊黃門顏之推《家訓》二十篇,篇篇藥石,言言龜鑒,凡為人子弟者,可家置一冊,奉為名訓,不獨顏氏。」顏之推的家訓不僅是中國古代家教文化的範本與源頭,其關於早期教育與兒童教育問題比較全面而系統的闡述還開了中國歷史上的先河。研究梳理顏氏的兒童教育理論,並汲取其對於當代早期教育有益的思想精粹,無疑是必要的。當然,不可否認,顏之推關於家庭教育及早期教育的思想必然會有其個人和歷史的局限性。例如,他的「上智不教而成,下愚雖教無益」的主張,重文輕武的自保求全意識,過分推崇體罰的教育方法論,都需要辯證地對待。

## 第三課　朱熹的兒童教育思想

### 一、朱熹生平

朱熹(1130—1200)(見圖2-3),字元晦,一字仲晦,號晦庵,徽州婺源(今江西婺源縣)人,南宋時期著名的客觀唯心主義哲學家、思想家、教育家。

朱熹出身於書香門第,父朱進士出身,曾師從北宋理學家程頤、程顥的再傳弟子羅從彥。朱熹天資聰穎,自幼接受儒學教育與理學啟蒙,奠定了學術和思想基礎。18歲「舉建州鄉貢」,次年考中進士,被授泉州同安縣主簿,開始其政治與教育生涯。然其仕途坎坷,50歲時才被任命為偏僻之地南康軍知軍,以後又做過浙東、漳州、潭州等處的地方官,晚年受宰相趙汝愚推薦,為煥章閣等制兼侍講,遭讒言,僅40餘日即被解職,結束其政治生涯。

朱熹一生熱衷於教育事業,從政僅14年,而專門從事教育活動的時間達40年之久。即使在為官期間,他也重視文教、銳意辦學,未曾間斷教育工作,如為南康知軍時,修復白鹿洞書院,並在其中講學,制定學規,對後世影響很大;為潭州知州時,倡導州學、縣學,親自主持修復岳麓書院,處理政務之餘,仍教誨諸生不倦。

圖2-3　朱熹

朱熹曾師事二程(程顥和程頤)的三傳弟子李侗,他的理學思想直接繼承了二程(特別是程頤)的學術思想,同時吸收了周敦頤、張載的主張,成為宋代理學思想的集大成者。朱熹的教育理論是其理學思想體系的一部分。

朱熹著作頗豐,主要有《詩集傳》《四書集註》《周易本義》《近思錄》等,後人編有《晦庵先生朱文公文集》《朱子語類》等。他的兒童教育思想除散見於一些詩文中,還見於他為兒童編寫的教材《小學》與《童蒙須知》中。

### 二、朱熹學前教育思想概述

(一) 重視蒙養教育

朱熹依據古代的教育經驗,把整個學校教育的過程劃分為小學與大學兩個階段,其中

8～15歲為小學教育段,即蒙養教育段;15歲以後為大學教育段。他認為這是兩個相互獨立又相互聯繫的階段,小學教育是大學教育的基礎,大學教育則是小學教育的擴充和深化。

朱熹特別重視蒙養階段的基礎教育作用,他說:「古人之學,因以致知為先,然其始也,必養之於小學。」他又說:「古人由小學而進於大學,其於灑掃、應對、進退之間,持守堅定,涵養純熟,固已久矣。大學之序,特因小學已成之功。」由此他認為,如果兒童在幼時「不習之於小學,則無以收其放心,養其德性,而為大學之基本」。同時,他從兒童的心理特點和教學的要求出發,指出只有使兒童「講而習之於幼稚之時」,才能使其「習與智長,化與心成,而無扞格不勝之患也」,收到理想的教學效果。為了說明蒙養教育的重要性,他還把小學階段的教育形象地比喻為「打坯模」階段,他說:「古者,小學已自暗養成了,到長來,已自有聖賢坯模,只就上面加光飾。」他說:「而今自小失了,要被填,實是難。」意思是說,倘若自幼失了小學,或坯模沒打好,大了要補填就十分困難。總之,在他看來,蒙養階段的教育非常重要,必須抓緊抓好。

(二) 要求慎擇師友

由於幼兒模仿性強,是非辨別能力弱,周圍的環境對他們的影響很大,即「習與正則正,習與邪則邪」。因此,朱熹與許多古代教育家一樣,強調在幼兒教育中應注意慎擇師友。

朱熹認為,對於普通的士大夫家庭,慎擇幼兒的教師應自慎擇乳母開始。因為乳母與嬰幼兒接觸的時間較長,對嬰幼兒的影響較大,作為嬰幼兒的最初教育者,「乳母之教,所系尤切」。如何選擇乳母呢?朱熹提出的條件是:必選求寬裕慈惠、溫良恭敬、慎而寡言者為子師。這是對乳母的要求,實質上亦是朱熹期望兒童所應具有的品行。

兒童稍長,除須慎擇教師外,還應開始注意培養兒童辨別是非、交遊益友的能力。朱熹曾在《與長子受之》這封家信中教育兒子:「交遊之間,尤當審擇,雖是同學,亦不可無親疏之辨。」至於如何決定交遊的親疏,他指出:「大凡敦厚忠信,能攻吾過者,益友也;其謟諛輕薄,傲慢褻狎,導人為惡者,損友也。」「益友」應近之,「損友」則應遠之。

普通人家的子弟要善擇師友,對太子、皇孫來說,師友的選擇就更為重要。作為晚年曾做過煥章閣等制並兼皇帝的老師的朱熹,對這個問題十分重視,他說:「夫太子,天下之本,其輔翼之不可不謹。」至於皇孫,由於其「德性未定」「聞見未廣」,則「保養之具,尤不可不嚴」。針對當時皇太子、皇孫師友選擇不當的情形,他大膽地指出太子、皇孫左右的宮僚之選,不僅罕有稱其職者,而且多有「邪佞、儇薄、闒冗、庸妄之輩」廁身其間。他認為如此疏略「輔養之具」的擇取,「是猶家有明月之珠、夜光之璧,而委之衢路之側,盜賊之衝也,豈不危哉」,同時勸告統治者,應效仿古之聖王教世子法,選拔端方正直、道術博聞之士為太子師友,並盛讚賈誼在《保傅傳》中所說的「太子之善,在於早諭教與選左右,教得而左右正則太子正,太子正而天下定矣」為天下的至理名言,「萬世不可易之定論」。

(三) 強調學「眼前事」

朱熹認為:「聖賢之學,雖不可以淺意量,然學之者,必自其近而易者始。」同時他還說:「據某看,學問之道只在眼前日用底便是,初無深遠幽妙。」因此,他規定小學的主要任務應當是「學其事」,學習眼前日用的事。他指出:「小學之事,知之淺而行之小者也。」具體言之,它包括「灑掃應對進退之節」「禮樂射御書數之文」和「愛親敬長隆師親友之道」這樣一些內容。朱熹認為,兒童學習這類「眼前事」不僅符合兒童認識的發展水平,而且能夠為大學「學其

理」打下基礎,因為「理在其中」,事事物物之中都存有一個理,「學之大小,固有不同,然其為道,則一而已」。

為使兒童「眼前之事」的學習有章可循,朱熹親自為兒童編寫了《小學》與《童蒙須知》兩部教材。《小學》系將古代童蒙讀物加以選擇、擴充,加上古今聖賢名流的嘉言善行匯集成書,全書共分內外兩篇,內篇有《立教》《明倫》《敬身》《稽古》,外篇有《嘉言》《善行》。《小學》一書對後世所產生的影響極其深遠,其地位相當於四書,「吾敬信如神明,自汝孩提,便令講習,望於此有得,他書雖不治,無憾也。我生平長處,在信此數書,汝當繼我長處,篤行而好之也」。《童蒙須知》是朱熹為兒童制定的學習眼前事的具體標準與要求。它依童蒙習學之序,始於衣服冠履,次及言語步趨,次及灑掃涓潔,「凡盥面,必以巾帨遮護衣服,卷束兩袖,勿令有所濕。凡就勞役,必去上籠衣服,只著短便,愛護勿使損污」,又規定「凡百器用,皆當嚴肅整齊,頓放有常處」等,雖然比較瑣屑,但卻有不少合理成分。

朱熹強調學習「眼前事」,注重道德行為操作的訓練,要求兒童的學習由淺入深、自近及遠,這不僅符合兒童認識發展與道德形成的規律,易為兒童所掌握,而且有助於兒童自幼便培養良好的道德習慣,養成踐履篤實的作風。

### (四) 提倡正面教育為主

朱熹在教育工作中一貫重視和提倡以正面教育為主,他曾說:「嘗謂學校之政,不患法制之不立,而患理義之不足以悅其心。夫理義之不足以悅其心,而區區於法制之末以防之……亦必不勝矣。」他又說:「苟知其理之當然,而責其身以必然,則夫規矩禁防之具,豈待他人設之而後有持循哉?」尤其是對兒童教育他更為強調多積極誘導,少消極限制,要求「多說那恭敬處,少說那防禁處」。他非常重視榜樣的教育作用,在他編寫的《小學》一書中,收錄了大量古今聖賢的「嘉言懿行」,供兒童模仿學習,力求使兒童能從中「學到做人的樣子」。同時在他編寫的《童蒙須知》中,對兒童日常生活行為的規定主要著眼於進行正面的、具體的指導,如他教育兒童「凡著衣服,必先提整衿領,結兩衽、紐帶,不可令有缺落」「凡寫文字,須高執墨錠,端正研磨,勿使墨汁污手」等。

根據以正面教育為主的原則,朱熹還對教師提出指導、示範和適時啟發的要求,他說:「指引者,師之功也。」他又說「師友之功,但能示之於始,而正之於終爾」,並把教師對學生的適時啟發比喻為「時雨之化」,認為「譬如種植之物,人力隨分已加。但正當那時節,欲發生未發生之際,卻欠了些子雨,忽然得這些子雨來,生意豈可御也」。

### 三、對朱熹教育思想的評價

朱熹作為封建社會後期出現的有遠見卓識的思想家和教育家,是繼孔子之後第二個最有影響的傑出的教育實踐家和思想家。他的教育思想是汲取孔、孟等古代教育的思想精粹並融合自己長期的教育實踐經驗,進行深刻的總結並加以理性思考而形成的理論結晶。他從事教育活動的根本目的在於維護封建階級的長遠利益,是為封建統治服務的。

在朱熹的教育思想中,許多富有真知灼見的主張和見解,是符合人類認識規律和教學規律的。其兒童教育思想是他多年教育實踐經驗的總結,在某種程度上反應了他對兒童身心發展規律的直觀理解,從兒童的角度出發,順應其發展,包含了許多有積極意義的內容,在古代學前教育理論發展史上佔有重要的地位,值得後人借鑑,對現代教育亦具有重要的現實指導意義。

# 第四課　王守仁的兒童教育思想

## 一、王守仁生平

　　王守仁(1472—1528)(見圖2-4)生於明憲宗成化八年(1472)。他11歲前在祖父王倫培養下成長,後隨父親王華到北京任所,一度熱心騎射,繼又研習兵法。他18歲時在回餘姚的途中拜訪「程朱派」學者婁諒(1422—1491),婁諒向他介紹了朱熹的「格物致知」說和「聖人可學而至」的思想,使他很受啓發。他21歲中鄉試,遍讀朱熹著作;28歲中進士,任職於工部,後又擔任刑部雲南清吏司主事。

　　正德元年(1506),明武宗朱厚照繼位,太監劉瑾弄權,王守仁因抗疏救援戴銑等人,稱劉等為權奸,被劉瑾廷杖,後系獄,不久貶謫為貴州龍場驛丞。正德三年,他發生重要的思想轉變,以為聖人之道,吾性自足,於是突破朱熹格物窮理的「格物致知」說,認為所謂「理」就是人的心理,並在當地建立龍岡書院。貴州提學副使席書聘其主講貴陽文明書院,他在此首次演講「知行合一」說。

圖2-4　王守仁

　　劉瑾伏誅後,王守仁歷任南京刑部四川清吏司主事、北京吏部驗封清吏司主事、文選清吏司員外郎、考功清吏司郎中等職,後升任南京太僕寺少卿。他與弟子徐愛等人講述他的「大學格物」新說與「知行合一」說,後經徐愛記錄整理,成為《傳習錄》。正德八年,他官至滁州督馬政,講學規模漸大,一度強調靜坐,要求就思慮萌動處省察克治。正德十一年,他升任南贛僉都御史,奉命鎮壓贛南農民起義。在軍事鎮壓取得成功後,他強調思想統治,重視教化,提出「破山中賊易,破心中賊難」的思想,使贛南的統治秩序得到恢復。這期間,他在贛縣修建濂溪書院,刻印古本《大學》,印發《朱子晚年定論》,其弟子薛侃出版了《傳習錄》。正德十四年,他升任都察院右副都御史;六月,他奉旨督兵討伐寧王朱宸濠在南昌發動的叛亂,僅用35日即生擒朱宸濠。他從自己的經歷中,總結了經驗,提出「致良知」的學術宗旨,認為這是從百死千難中得來,若信得這三字,譬之操舟得舵。

　　明世宗繼位後,他被任命為南京兵部尚書參贊,封新建伯。此時,王守仁因遭到反對派的攻擊、排擠,疏乞歸省,從正德十六年到嘉靖六年(1527)過著退隱生活。其間,他續刻增訂《傳習錄》,修建稽山書院,其弟子創建陽明書院。他的「拔本塞源論」和一系列重要書信及《傳習錄》下冊,是這一時期的作品。其弟子還為他刻印《陽明先生文錄》和《居夷集》等。

　　嘉靖六年五月,朝廷起用王守仁鎮壓廣西少數民族起義,造反首領得知王守仁帶兵來討,便乖乖投降。為加強思想統治,王守仁興辦南寧書院,建立思田學校,推行儒學。在出徵廣西之前,他記錄下了全面闡述自己哲學思想的《大學問》。

　　嘉靖七年,王守仁病重,上疏請求回鄉養病,翌年初卒於迴歸途中的江西南安。

## 二、王守仁的學前教育思想概述

### (一)順導性情,鼓舞興趣

關於兒童教育,王守仁的基本思想是:教育兒童應根據兒童生理、心理特點,從積極的方面入手,順導兒童性情,促其自然發展。他說:「大抵童子之情,樂嬉遊而憚拘檢,如草木之始萌芽,舒暢之則條達,摧撓之則衰痿。」意思是說,兒童性情好動,喜歡嬉戲玩耍,而害怕受拘束和禁錮,就像草木剛剛萌芽,順其自然就會使它長得枝葉茂盛,摧撓它則很快會使它衰敗枯萎。因此對兒童進行教育,必須注意順導兒童性情,不宜加以束縛和限制。

王守仁認為,順導兒童性情進行教育,最重要的就是要激發兒童學習的興趣,興趣在提高兒童教育質量方面起著十分重要的積極作用。他說:「今教童子,必使其趨向鼓舞,中心喜悅,則其進自不能已;譬之時雨春風,沾被卉木,莫不萌動發越,自然日長月化。」意思是說,兒童如果對學習興趣盎然,則學習時必然心情愉快,能生動活潑地學習,這樣進步自然不會停止。就像時雨春風滋潤草木花卉,沒有不生機勃發,自然而然地一天天長大的。反之,如果忽視了兒童興趣的培養,則會壓抑兒童學習的積極性,使兒童的學習很難進步,如同遭遇冰霜的花木,「生意蕭索,日就枯槁」。

王守仁對當時的兒童教育提出了尖銳的批評,指出當時的訓蒙稚者,違背了兒童教育規律,「近世之訓蒙稚者,日惟督以句讀課仿,責其檢束,而不知導之以其聰明,而不知養之以善。鞭撻繩縛,若待囚」。他認為這種兒童教育的結果,與施教目的相反。兒童「視學舍如囹獄而不肯入,視師長如寇仇而不欲見」,常常借故逃學,「以肆其頑鄙」「以遂其嬉遊」,即放肆地從事各種頑劣活動,以達到嬉遊的目的。久而久之,「偷薄庸劣,日趨下流」。因而,他深刻地揭露道:「是蓋驅之於惡,而求其為善也,何可得乎!」不顧兒童的身心特點,把他們當作小大人,這是傳統兒童教育的致命弱點。王守仁的揭露和批判可謂入木三分,切中時弊。王守仁從他的「致良知」說出發,認為「樂嬉遊」是心中本體,教學必須引起兒童的樂學情緒,從積極的方面入手,用培養、誘導、順應兒童情緒和鼓舞兒童興趣的方法進行教學。接著他提出要「順導其志意,調理其性情,潛消其鄙吝,默化其粗頑」,以達到「日使之漸於禮義而不苦其難,入於中和而不知其故」的效果。王守仁提倡順導兒童性情,鼓舞兒童興趣的教育方法,是與傳統教育方法根本對立的,在當時具有非常積極的意義。

### (二)循序漸進,量力而施

王守仁認為,對兒童進行教育必須注意「從本原上用力,漸漸盈科而進」。在他看來,任何人的認識水平都有一個由嬰兒到成人的發展過程,譬如「嬰兒在母腹時只是純氣,有何知識?出胎後方始能啼,既後能笑,又既而後能識認其父母兄弟,又既而能立能行,能持能負,卒乃天下之事無不可能」。教育者必須根據兒童這種「精氣日足,筋力日強,聰明日開」的成長過程,循序漸進地進行教育,不可躐等。

在教學程序上,王守仁主張要動靜結合,體腦交叉。為了能夠有條理、有步驟地進行多方面的教育,他還在《社學教條》中擬定了一個比較詳細的日課表,規定「每日工夫,先考德,次背書誦書,次習禮,或作課仿,次復誦書講書,次歌詩」。這樣的課程安排,除了讀書、習禮、歌詩之外還增加了考德和課仿,內容相當全面,同時在順序上注意到動靜交錯,張弛結合,有一定的科學性。此外,王守仁在教學方法方面也有一些創造,如歌詩,他規定「每學量童生多

寡,分為四班,每日輪一班歌詩,其餘皆就席斂容肅聽。每五日則總四班遞歌於本學,每朔望,集各學會歌於書院」。習禮也規定了類似的程序。這種多少帶有比賽性質的教學方法,對於培養學生的學習興趣,無疑具有積極意義。

(三) **因材施教,各成其材**

王守仁認為:「人的資質不同,施教不可躐等,中人以下的人,便與他說性、說命,他也不省得也,須謾謾琢磨他起來。」因此教育者對兒童施教,不僅要考慮兒童認識發展水平的共性特徵,而且還要注意個體發展水平的差異,針對每個人的個性差異,因材施教,就像良醫之治病要對症下藥,他說:「夫良醫之治病,隨其病之虛實、強弱、寒熱、內外,而斟酌、加減、調理、補泄之,要在去病而已。初無一定之方,不問症候之如何,而必使人人服之也。」

王守仁認為,因材施教的目的在於使受教育者「各成其材」,他說:「因人而施之,教也,各成其材矣,而同歸於善。」他認為每個兒童都有其長處,教育者如能就其長處加以培養,就可以使他們某一方面的才能得到發展。他舉例說:譬如有三人習射,「一能步箭,一能馬箭,一能遠箭,射得到俱謂之有力,中處,僅可謂之巧;但步不能馬,馬不能遠,各有所長,便是才力分限有不同處」。這是就才能而言。針對兒童性格方面的不同,他要求教師應根據兒童各自的特性,採取不同方法,分別予以適當的陶冶,各成其長。他說:「聖人教人,不是個束縛他通做一般,只如狂者便從狂處成就他,狷者便從狷處成就他。人之才氣,如何同得?」

王守仁的因材施教、各成其材的思想,承認了發展個性的必要性,對傳統教育抹殺兒童個性的存在,以一個模式培養兒童的教育方法可以說是一個有力的批判,同時也體現了他思想的進步意義。

(四) **全面誘導,不執一偏**

王守仁認為,對兒童進行教育的內容和途徑應當是多方面的。他說:「教人為學,不可執一偏。」為此他對教育者提出了通過習禮、歌詩和讀書對兒童進行全面誘導的要求,並對習禮、歌詩和讀書的教育意義和作用分別做了說明。他說:「故凡誘之歌詩者,非但發其志意而已,亦所以泄其跳號呼嘯於咏歌,宣其幽抑結滯於音節也;導之習禮者,非但肅其威儀而已,亦所以周旋揖讓而動盪其血脈,拜起屈伸而固束其筋骸也;諷之讀書者,非但開其知覺而已,亦所以沉潛反覆而存其心,抑揚諷誦以宣其志也。」意思是說,誘之歌詩,不但可以抒發其志向意願,還可以用歌咏和音節宣洩其跳躍呼嘯和憂鬱積滯的情懷;導之習禮,不但可以養成其莊重的儀容舉止,還可以通過周旋揖讓、拜起屈伸的活動震蕩其血脈,堅強其筋骨;諷之讀書,不但可以開啓其智慧,還可以通過反覆體會和抑揚諷讀存其心志。在他看來,如果能通過上述這幾方面的內容和途徑對兒童進行教育,就可以收到「順導其志意,調理其性情,潛消其鄙吝,默化其粗頑,日使之漸於禮義而不苦其難,入於中和而不知其故」的良好效果。

### 三、對王守仁學前教育思想的評價

王守仁的學前教育思想反對「小大人」式的傳統兒童教育方法和粗暴的體罰等教育方式,要求順應兒童的性情,根據兒童的接受能力施教,具有自然主義教育傾向,實屬難能可貴。

王守仁處在明代中葉,當時政治腐敗,教育上獨尊程朱理學,用科舉考試禁錮人們的思想,因此他對當時的教育狀況甚為不滿,希望通過教育來光復學術,轉變風氣和立政治民。

因此，他非常重視良知被蒙蔽最少的兒童，至今他的學前教育思想仍給我們很大的啟發和借鑑。王守仁始終把「明人倫」作為兒童教育的終極目標，其實質是對「德」的追求，這一思想在當今就是對兒童完滿人格的追求。王守仁的「人倫」的內涵在今天已有很大變化，但他的思想仍然能給我們一些啟示：道德始終是貫穿一切的精神力量。關注兒童的精神世界，關注他們「德」的教育，構建兒童完滿的人格仍是今天教育的重要任務。同時，王守仁通過對兒童「德」的教育與其生活實踐相結合，將學校教育與家庭教育、社會教化結合起來，凝聚三者的力量共同促進兒童形成良好的德行品格和完滿的人格，從而大大提高了德育的教育效果，這是值得我們今天學習的。他的兒童教育思想的核心是順導性情，在安排學生的功課和教學過程中注意兒童年齡和心理特徵，保持兒童「樂嬉遊而憚拘檢」的天性，注重兒童的個性差異，「隨人分所及」，循序漸進，因材施教，這也正是現代教育對教師的要求。另外，他在傳統的教育過程中還涉及對兒童身體的鍛煉，注意到德、智、體、美的全面發展，在那個時代具有很大的先進性。王守仁的兒童教育理論和見解，符合兒童心理的發展規律，對今天的教育實踐仍有其借鑑價值，值得後人珍視。

　　王守仁關於兒童教育的論述，是其整個教育思想的精華，它不僅當時在反對傳統教育方面具有明顯的積極意義，而且在很大程度上符合兒童教育的規律，「與近代進步的教育學說每多一致」。尤其是他的「自然教育論」的提出，比西方最早表達自然教育思想的於1762年出版的名著《愛彌兒》（法國盧梭著）早了200多年，實屬難能可貴。

## 拓展閱讀　中國古代學前教育思想對當今幼兒教育的啟示

　　從中國的古代教育史來看，中國是一個高度重視學前教育的國家。例如，先秦時期的典籍《周易》中就提到「物生必蒙，故受之以蒙。蒙者，蒙也，物之智也。物智不可不養」的早期教育思想。又如，漢代賈誼的早期教育思想，以及宋朝的朱熹、明代的王守仁等從不同角度闡述了幼兒教育等。當然，這也形成了中國古代極具價值的兒童教育思想，為現在的學前教育提供了寶貴的財富。

　　那麼，古代兒童教育到底給了我們哪些啟示？下面主要從四個層次來闡述。

　　首先，古代學前教育讓我們更深刻地理解學前教育的重要意義。《三字經》裡的「人之初，性本善」就告訴我們兒童最初的本性是善良的。因此，我們要「蒙養弗端，長益浮糜」。幼兒時期要給予其及時的、正確的教育，給他們打好基礎，讓他們養成良好的習慣，抵禦不良誘惑，在今後的人生道路上才能有利於自己、集體乃至國家。倘若未給予其正確的教育，今後必會害人害己。因此，學前教育對於一個人的發展十分重要，我們要重視它的重要性。

　　其次，兒童教育要從幼兒的自身特點出發。世界上沒有完全相同的兩片葉子，兒童的自身特點也各有不同，我們要根據兒童的特點發展學前教育。古人很好地做到了這一點，他們強調要「順其自然，寓禮於教」，要「因材施教，循序漸進」，要「寬嚴相濟，誘禁結合」，要「知行並進，培養習慣」，等等。這些教育原則無一不是從兒童自身的特點出發的，它符合兒童發展要求。

再次，兒童教育要全面和諧發展。幼兒教育不僅要讓身體健康發展，而且還要將德、智、體、美等與其結合全面發展。有句話說「有知識，沒道德叫作危險品」，一個沒有道德的人必定會危害他人、集體甚至是國家利益。兒童教育全面發展有一個很重要的關係：身體健康居於首位，但「蒙養以正」，兒童教育「惟以成德為事」，因而德是根本，然而道德教育要以認知為起點，即「以力學為先」，力學則「以讀書為本」，所以智育不可缺，自古以來就有「禮樂相濟」「美善相樂」的思想，故美德更能增強德育效果。因此，只有將德、智、體、美和諧結合，才能使兒童全面發展。

最後，兒童教育形式要多樣化。在現在社會裡，學前教育有五大領域：社會、科學、藝術、健康、語言。它要求幼兒教育要圍繞這五大領域展開。在古代，主要的教育形式大體上有「讀書」「習禮」「歌詩」和「考德」，雖然涉及不廣泛、不全面，但也初步形成了兒童教育形式。因此，我們現在最重要的是要採取靈活多樣的方式去教育幼兒。

中國古代學前教育有精華，也有糟粕，我們要取其精華，剔除糟粕，繼承它的優秀文化，讓現代的教育系統更完善、更有效。

## 思考與練習

1. 簡述賈誼學前教育思想的內容。
2. 簡述顏之推學前教育思想的內容。
3. 簡述朱熹學前教育思想的內容。
4. 簡述王守仁學前教育思想的內容。

# 單元 3　中國近代學前教育

### 學習目標

- 瞭解近代學前教育機構產生的歷史背景；
- 掌握蒙養院制度的確立和實施過程以及蒙養院的特點；
- 瞭解帝國主義在中國的學前教育活動；
- 掌握民國時期蒙養園制度的確立；
- 熟知民國時期幼稚園制度的實施；
- 熟知民國時期學前教育的特點；
- 掌握抗日戰爭和解放戰爭時期的保育院制度；
- 瞭解老解放區的學前教育經驗。

　　本章主要介紹晚清時期、民國時期和老解放區的學前教育的基本形式、教育制度、內容和特點。晚清時期的蒙養院是中國最早的學前教育機構。民國時期，愛國教育家積極探索中國化的辦園方式，辦園主體呈現多元化態勢。老解放區堅持為革命戰爭和生產建設服務的方向辦教育，貫徹依靠群眾和勤儉辦園的原則，實施「保教結合」促進兒童全面發展，以及在「一切為了孩子」的教育理念指導下的幼教隊伍的建設，都為中國的學前教育積累了豐富的經驗。

## 第一課　清末學前教育機構的產生與教育實踐

　　從1840年鴉片戰爭開始，中國逐步淪為半殖民地半封建社會。鴉片戰爭以後，中國社會的政治、經濟、文化教育結構開始改變，進入了近代社會。面對國門被強迫打開後變化的形勢，封建傳統教育已經難以承擔起維護階級統治的重擔，開始了艱難的改革。1904年，清政府頒布《奏定蒙養院章程及家庭教育法章程》，第一次以國家學制的形式將學前教育機構的名稱確定下來，同時也標誌著中國傳統幼兒教育的近代轉型。由此看來，中國近代幼兒教育的產生是這一時期政治、經濟、思想文化變革的必然結果。

## 一、近代學前教育機構產生的歷史背景

### （一）經濟基礎

學前教育是生產力發展到一定階段的產物。縱觀世界學前教育的發展，諸如幼兒學校（1816年歐文所辦）、幼兒園（1837年福祿培爾所辦）之類的學前教育機構都是社會發展到資本主義階段才產生的。中國封建社會歷時兩千多年，封建教育思想和制度在中國根深蒂固，它在學前教育領域的體現是以封建式的家庭教育為基本形式。直到20世紀初期，中國才出現了學前教育機構。19世紀中期以來，帝國主義為掠奪中國資源，在中國領土上大辦工業、開發礦山，清政府的洋務官僚也興辦工業企業，使中國工人階級隊伍開始出現。到19世紀末20世紀初，中國民族資本主義逐漸發展。據統計，1900年完全由民族資本家舉辦的工礦企業，資本在萬元以上的已有122家，資本總數為2,277萬元。民族資本主義的初步發展，又進一步壯大了工人階級的隊伍。一些婦女為生活所迫，開始走出家門、走進工廠、走向社會。這樣，就使近代學前教育的產生有了客觀的需要。

### （二）思想基礎

帝國主義列強的入侵，震驚了中國人民，救亡圖存的聲浪遍及全國。一些思想先進的中國人士紛紛向西方尋求救國真理，企圖找到一條救國救民的道路。西方的教育制度便成了他們重要的學習對象，在維新運動的推動下，效法西洋、倡辦西學很快成為風行一時的潮流。當時，維新運動領導人康有為、梁啓超在學習、介紹西方教育制度時，都曾注意到了學前教育的問題。如康有為在其所著《大同書》中，第一次系統地提出資產階級教育制度，其中就包括了學前教育階段。梁啓超在《教育政策私議》中介紹日本學制時，也提倡設立兩年制的幼稚園，招收5歲以下的幼童。先進思想家們的積極宣傳，為近代學前教育的產生做了輿論和思想準備。但在當時的歷史條件下，他們發展學前教育的願望還不可能實現。

### （三）政治基礎

19世紀末20世紀初，由於帝國主義列強對中國侵略的不斷加深，民族危機更為嚴重，爆發了義和團反帝愛國運動。在義和團運動失敗以後，腐敗的清政府為了維護其行將滅亡的封建統治，一方面向帝國主義屈膝求和，表示要「量中華之物力，結與國之歡心」；另一方面為了欺騙人民不得不附和潮流宣布實行「新政」，進行改革，以便緩和矛盾。他們所提出的「新政」的主要內容，就是在教育方面廢八股、停科舉、興學校、厘定教育宗旨。為此，1902年張百熙奉命草擬了《欽定學堂章程》，即「壬寅學制」，此學制雖經頒布，但並未實施。1904年年初，又頒布了由張之洞、張百熙、榮慶合訂的《奏定學堂章程》，即「癸卯學制」。在癸卯學制中確定了更為詳備的近代學制系統，其中包括蒙養院制度。在這種情況下，中國的近代學前教育才開始產生並逐步發展起來。

## 二、蒙養院制度的確立

中國近代學前教育制度是隨著新教育制度的產生而確立的。蒙養院是中國最早的學前教育機構，它是與新的學校體系同時產生的。

張百熙（見圖3-1）認為，振興教育必須有完整系統的學校體系及其制度。1902年，他以管學大臣的名義「上溯古制，參考列邦」「兼取其長」，擬定了京師大學堂、考選入學、高等學

堂、中學堂、小學堂、蒙學堂等各級學堂共六個章程進呈清政府，被清政府以《欽定學堂章程》之名頒布。這就是中國歷史上第一個近代學制——壬寅學制。張百熙希望朝廷欽定章程頒布之後，「各省督撫責成地方官核實興辦」，以達到「興學育才」的目的。然而，清政府對張百熙存有戒心，加上這一學制本身的不完備，因此並沒有實行。

1903年，清政府又增派榮慶為管學大臣，同時「派張之洞會同張百熙，榮慶將現辦大學堂章程一切事宜，再行切實商定；並將各省學堂章程，一律厘定」。他們在張百熙原定章程基礎上「考求增補」，擬成各級普通學堂、師範學堂、實業學堂和仕學館、譯學館、進士館等各類學堂章程以及《家庭教育法》《任用教員章程》《實業學堂通則》《各學堂管理通則》《學務綱要》等文件上奏。清政府以《奏定學堂章程》之名頒布。這就是後來成為全國興辦各級各類學校的依據，並對中國近代學校教育產生了重大影響的「癸卯學制」。這個學制將學校教育分為三段七級，第一段為初等教育，蒙養院四年、初等小學五年、高等小學四年；第二段為中等教育，中學堂五年；第三段為高等教育，高等學堂或大學預科三年、大學堂三至四年、通儒院五年。與高等小學堂並行的有初等實業學堂，與中學堂並行的有初級師範學堂、中等實業學堂，與高等學堂並行的有高等實業學堂。此外，仕學館、譯學館、進士館都屬於高等教育性質。

圖3-1　張百熙

### 三、蒙養院制度的實施

#### （一）蒙養院的興辦

**1. 湖北武昌蒙養院**

1903年秋，湖北省立幼稚園在武昌成立，為中國設立幼兒教育之始。清末，中國出現了各種各樣的幼兒教育機構，名稱各異。

清末蒙養院發展緩慢，它們星星點點地設在幾個大城市，按其性質可分為公立蒙養院與私立蒙養院兩種。例如，武昌蒙養院是中國最早創辦的公立學前教育機構，1903年秋在武昌成立，稱湖北幼稚園。當時正值兩湖總督張之洞在湖北執掌政務期間，在他的推動下，興起了創辦新式學校的熱潮。1903年秋，湖北巡撫端方在武昌創辦了幼稚園，癸卯學制頒布後湖北幼稚園改名為武昌蒙養院，也稱武昌模範小學蒙養院。

為促進幼稚園的發展，在張之洞的主持下，湖北幼稚園曾附設女子學堂，招收15～35歲的女子，專門學習幼稚師範課程。這是中國幼稚師範的萌芽，但後來又被扼殺了。希望自己培養合格師資的計劃沒有實現，湖北幼稚園教員主要由日本人擔任。當時聘請了戶野美智惠等三名日本保姆，她們是最早來華的日本幼教工作者。1904年，戶野美智惠擬定了《湖北幼稚園開辦章程》。

武昌蒙養院經多年變故，原址現為湖北武昌幼稚師範學校附屬幼兒園。

**2. 湖南蒙養院**

湖南蒙養院於1905年由巡撫端方決定開辦，屬官立。該院聘請日本春山學子、佐藤操子兩名女士為保姆，招收3～7歲之兒童，「以養成異日受教之根據」為宗旨，據《湖南蒙養院

教課說略》記載,該司設立了七門課程,分別是:①談話:分修身話和庶物話兩種,前者示「為人之道」,後者示「事物之名稱」。②行儀:選擇合適而有趣的行為讓幼兒模仿,教師及時地隨事指導。③讀方:指識字。④數方:教幼兒學習單雙數、分解組成、加減等。⑤手技:指通過配插「恩物」使幼兒掌握輕重、大小、長短,並發展其思維。⑥樂歌:伴以歌舞,既培養美感,又涵養性情;配合體操,則可以強健四肢。⑦游戲:開展室內外游戲,以培養兒童生活興趣,調養性情。

《湖南蒙養院教課說略》指出談話、行儀為「德育之始基」,讀方、數方、手技為「智育之始基」,樂歌、游戲為「體育之始基」,並強調各科要有機結合,相互滲透。湖南蒙養院的課程已較全面,並引進了德國幼兒教育家福祿培爾創造的「恩物」,對促進蒙養院課程的發展有重要的意義。

3. 天津嚴氏蒙養院

天津嚴氏蒙養院是一所私立蒙養院,創辦者是嚴修(1860—1929)(見圖3-2)。嚴修曾任清朝翰林院編修、學部侍郎等職。嚴修一貫主張改革舊教育、創辦新式學校,十分重視女子教育和學前教育。1902年,他在自己家中開設嚴氏女塾,1905年創辦嚴氏女子小學,並設蒙養院和保姆講習所。嚴修於1902年、1904年兩度東渡日本考察教育。除了考察師範、實業以及各類私立學校外,他還著重考察了日本幼稚園,從中汲取實施幼兒園教育的理論與實踐經驗。

嚴氏蒙養院開設時曾聘請日本人大野玲子為教師,並從日本購進鋼琴、風琴、兒童桌椅、教具等,開設的課程有手工(編織工、折紙、剪紙、泥工、穿麥秆、圖畫等)、唱歌(有關動植物、自然現象、講禮貌等的歌曲)、游戲(表演游戲、競賽游戲等)、故事(寓言故事和神話故事)等課程。每日上午授課。該蒙養院的招生對象主要是4~6歲的親友子女和附近鄰居子女。

圖3-2 嚴修

除了上述幾所比較典型的蒙養院外,這一時期影響比較大的還有:1904年創辦的上海務本女塾附屬幼稚舍,此舍在1907年改為上海公立幼稚舍;1907年成立的上海私立愛國女學社附設蒙養院;1908年由江蘇金山縣節婦朱氏捐獻田產創辦的懷仁幼稚舍;禮部侍郎曹廣權創辦的北京曹氏家塾幼稚園等。

(二) 蒙養院師資的培訓

清末幼兒教育師資的培訓,經歷了一個從無到有的過程。

最初的幼兒教育師資,因女禁未開,無法創辦正規的學前師資培訓機構,育嬰堂的乳媼和敬節堂的節婦便成為中國第一代幼兒師資。

隨著歷史的前進,中國教育上的女禁終被打破。1844年,英國傳教士愛爾德賽在寧波創辦女塾,這是中國第一個女子學堂,但帶有殖民地性質。而中國人自己辦的女學,是在維新思想的推動下出現的。1898年,上海電報局局長經元善發起創辦了經正女塾。20世紀初,在資產階級革命黨人的推動下出現了一批女子學堂,如上海愛國女校、上海中西醫學校、天津北洋女子師範學校等都是很有影響的女學。

1907年，清政府在各種壓力下，頒布了《女子小學堂章程》和《女子師範學堂章程》，教育上打破了女禁。雖然沒有專設蒙養院師資培訓機構，但女子師範學堂擔負培養女子小學堂教員任務的同時，也兼訓練蒙養院保姆。《女子師範學堂章程》規定：「女子師範學堂，以養成女子小學堂教習，並講習保育幼兒方法，期於裨補家計，有益家庭教育為宗旨。」此外，還規定女子師範學校要設女子小學堂及蒙養院，以供實地練習。這一章程比1904年頒布的《奏定蒙養院章程及家庭教育法章程》在師資問題上已有了進步。按此章程規定，女師範生的教育，以崇尚中國傳統「女德」為最重要，首先要教她們為女、為婦、為母之道，要時時勉勵她們學習貞靜、慈淑、端儉等美德，學校中的教學、生活管理都以不失舊式女子道統為原則，保留了濃厚的封建色彩。儘管如此，女子師範學堂在形式上已屬於新式學堂，具有新的文化知識，又接受了教育兒童的特殊專業訓練，應該說是歷史的進步。

按清政府頒發的章程，尚無明確規定專設訓練保姆的機構，但實際上，也開始出現了專門培訓保姆的機構，如浙江省女子師範學堂設保姆科。1907年，上海公立幼稚舍創設保姆傳習所，由剛從日本歸國的吳朱哲主持，開設保育法、兒童心理學、教育學、修身學、談話、樂歌、圖畫、手工、文法、習字法、理化、博物等課程，招收36人，年終畢業21人。1910年，上海設保姆科。廣東、北京等地也有保姆傳習所設立。它們為數不多，有的也不太穩定，但卻是中國第一批培訓學前教育師資的機構。

### 四、清末蒙養院的特點

從清末蒙養院制度的確立和實施中，不難看出其具有以下特點：

(1)中國學前教育完全由家庭負擔的歷史結束了，在通向學校教育社會化的道路上，邁出了艱難的第一步。

(2)學前社會教育機構在中國產生，既反應了近代大生產的發展要求學前教育與之適應這一規律，又反應了它是一種自上而下被動出現的特點，是隨著近代學制的出現而勉強確定的。

(3)蒙養院辦院的綱領，體現了「中學為體，西學為用」的總原則，既不肯放棄傳統兒童教育的核心——封建倫理道德的灌輸，又要具有近代社會學前教育的形式和內容。

(4)基本照搬日本。清末蒙養院制度，基本上仿照日本明治三十二年(1899)頒行的《幼稚園保育設備規程》；在實施中，較正規的蒙養院，教員由日本人擔任，教法也參照日本，甚至設備也由日本購進，表現出極大的半殖民地半封建教育的特點。

### 五、帝國主義在中國的學前教育活動

(一) 設立學前教育機構，興辦「慈善」事業

1. 設立幼稚園

1)設園宗旨

帝國主義在中國開辦文化事業的宗旨是以基督精神奴化中國人的思想，培養其高級治華代理人。辦學前教育的目的，自然也離不開這一總目標。他們重視對幼兒心靈的薰陶，目的是使其接受基督精神，以培養殖民地國民。歐美國家在中國設立幼稚園，均通過教會來組織，這些幼稚園外國化嚴重，企圖以西方的物質文化生活方式徵服中國兒童。另外，宗教色

彩濃厚，他們希望中國兒童從小就忠於基督，成人以後便可以服服帖帖地受洋人擺布。一位名叫梅因的牧師曾頗有把握地說，如果給他機會訓練兒童一直到7歲，他便可以保證兒童以後對教會一直忠誠。

2）教會幼稚園產生與發展的一般概況

19世紀80年代，外國教會在中國沿海的福州、寧波開始興辦學前教育機構，以後教會幼稚園逐漸增多。傳教士在中國最初開辦的學前教育機構稱為小孩察物學堂，小孩未讀書之前，就要察物，使其對目所能見、手所能撫、耳所能聞之物都能記其名字，識其造法、用法。無疑，這種小孩察物學堂就是幼稚園，實施的是兒童未入小學前的學前教育，用日常兒童生活中耳、目、手等感官所能直接接觸到的事物，予以感性知識的訓練，為進入小學打好基礎。

之後，外國人不僅在福州、寧波，還在上海、北京等地創辦了幼稚園。民國以後，教會幼稚園繼續發展。1913年，基督教全國會議議案中規定，各地教堂都要附設幼稚園。因此，教會幼稚園數目大增。南京一女師在1924年調查，全國有幼稚園190所，其中教會創辦的有156所，占全國總數的80%以上。張雪門於1928年參觀了30所幼稚園，其中傳教士創辦的就有12所，日本式幼稚園有5所，由中國人創辦的普通式幼稚園只有13所。這些外國人開辦的幼稚園還通過各種途徑，對中國人自己創辦的幼稚園施加影響，造成當時中國幼稚園教育「外國化」傾向嚴重。

3）教會幼稚園保教內容和方法

外國人在中國辦的學前教育機構，大致可分為兩種：一種是日本式的幼稚園，另一種是西方宗教式的幼稚園。

日本式的幼稚園興起於清末民初，癸卯學制和壬子癸醜學制都主要借鑒於日本，西方宗教式的幼稚園雖先於日本式的幼稚園在中國出現，但當時中國的學前教育與其他教育一樣，深受日本影響。癸卯學制中的《奏定蒙養院章程及家庭教育法章程》規定，保教內容包括游戲、歌謠、談話、手技，這四項內容基本來自日本的《幼稚園保育設備規程》；在壬子癸醜學制中，規定蒙養園課程仍是四項，只是把「歌謠」改成「唱歌」，該保教內容與日本幼稚園課程完全一致。清末蒙養院與民國初期蒙養園使用的教學方法也是日本式的。他們把游戲、歌謠（唱歌）具體規定在課表上，教師是權威，學生必須服從教師的教導。教師教什麼，學生就學什麼，全部活動不脫離教師的示範管理。這種幼稚園很像小學，也可稱小學式幼稚園。由於受中國傳統兒童觀和兒童教育方法的影響，這種呆板的兒童教育形式很容易被國人接受，因此，蒙養院及蒙養園時期的教育主要仿效這種形式。

當日本式的幼稚教育在中國廣泛流行並發生影響時，西方教會辦的歐美式的或教會式的幼稚教育也存在著，並以「潛在」的方式發展，其名稱多為幼稚園。它的教育活動內容比較豐富，主要有朝會、作業活動（包括恩物、美術、工藝）、批評已成工作、戶外游戲、靜息、音樂（律動、節奏）、故事（兒歌、故事表演）、識字、游戲等。

西方宗教式的幼稚園，無一例外地實行洋化教育，玩外國玩具，唱外國歌曲，孩子不過中國的傳統節日，卻過聖誕節，甚至吃的點心也是外國貨。他們培養的無疑是小基督徒。但是，它的教育內容和教育方法，符合兒童的年齡特點，兒童在幼稚園的生活是天真爛漫的，師幼關係也是比較融洽的。不過，這種幼稚園難以與中國的蒙養院接軌，二者同時並存但卻幾乎不發生關係，與日本式的幼稚教育模式相比較，國人更容易接受和吸收日本式的幼稚教育形式。

2. 興辦「慈善」事業

「慈善」事業是指帝國主義國家在中國創辦的孤兒院、慈幼院、育嬰堂等。這種機構在中國的出現早於幼稚園和幼稚師範學校,有史可查的最早記載是鴉片戰爭以前。19世紀40年代,教會在湖南衡陽開辦了一所慈幼院,以後這種機構增多起來。它們是以「人道」為名的社會救濟機構。其主要目的是收養中國的孤兒或貧兒,使他們在高牆深院中受宗教薰陶,引導他們歸於基督。大多「慈善」事業機構中收養的女童多於男童。

這種「慈善」機構不是教育機構,兒童要承擔繁重的勞動,甚至超過其年齡所及。勞累、饑餓、疾病、體罰曾奪去了許多幼小的生命。因為收養的均是兒童,所以有的育嬰堂也對孩子給以一定的教育。但是,大多數幼兒在育嬰堂還是受到了殘酷的迫害。

中國兒童在育嬰堂的悲慘遭遇不斷激起中國人民的奮起反抗。各地群眾紛紛參加反洋教運動,他們搗毀教堂,救出嬰幼兒。20世紀20年代以後,幼教戰線的進步教育工作者參加收回教育主權的鬥爭,並取得了一些成效。全面收回帝國主義在華攫取的辦理學前教育的特權,則是在中華人民共和國成立後才實現的。

(二)培養師資,興辦幼稚師範學校

為適應在中國開展學前教育的需要,帝國主義還著力於幼稚師資的培養。一方面,他們本身需要教師;另一方面,可以為蒙養院提供師資,更有效地影響中國的學前教育。訓練學前師資的主要途徑有:吸引中國人出國留學,直接接受國外幼稚教育專業的訓練,開辦幼稚師範教育,派師資任教於中國幼教機構,等等。

1. 吸引留學生赴東洋、西洋接受專門的幼教專業訓練

當時,中國人若要出國接受學前教育的專業訓練首先是去日本。1872年日本頒布學制後,便開辦了女子學校。中國女子赴日留學最早是在1901年,到1902年已有留日女生10名。她們最初在日本實踐女子學校附屬中國女子留學生師範工藝速成科就讀。該校師範科課程有教育、心理、理科、歷史、算術、體操、唱歌、日語、漢文、刺繡、編物、圖畫等。

留日女子開始還跟著父兄或夫婿一起赴日,後來便單獨出國,人數也逐漸增加。湖南、奉天(今遼寧省)、江西等省都派出官費女生赴日留學。到1907年,僅日本東京便有中國女留學生近百名。她們回國後不少人從業於幼兒教育一線,同時也著力培養幼兒教育師資。

除日本之外,最先到中國開展教育活動的歐美國家也積極爭取中國留學生。1908年,美國總統羅斯福決定退還一部分庚子賠款,作為中國派遣留美學生的費用。以後,其他西方國家也跟隨美國吸引中國留學生。去西方的中國留學生逐漸多了起來。中國的學前教育,也從學日逐漸轉向學美。從美國學成回國的,如陶行知、陳鶴琴等在中國學前教育的理論建設和實踐改革中都做出了卓越的貢獻。

2. 興辦幼稚師範學校或女學

1892年,美國監理會傳教士海淑德在上海創辦了一個幼稚園教師訓練班,收學生20名,每週六下午上課。這是為教會幼稚園培訓師資服務的。不久,她在上海創辦了中西女塾。1898年,英國長老會在廈門創辦幼稚園師資班,1912年發展成為懷德幼稚師範學校,是教會在中國最早設立的一所獨立幼兒師範學校。該校畢業生分佈於漳泉、汕頭、臺灣、香港一帶,甚至菲律賓、馬來西亞、新加坡等東南亞國家及美國。

1904年,中國頒行癸卯學制後,帝國主義加速在中國開設幼稚師範學校,如蘇州景海女

學幼稚師範科、浙江杭州私立弘道學幼師科等。一些教會大學也開始培養幼教師資,如基督教會於 1905 年在北京開辦了華北教育會協和女書院,內設兩年制的幼師科,至 1911 年並入燕京大學,成為教育學系的幼稚師範專修科。其他大學、女子大學也都分別設立過幼稚教育系科或專業組,培養高層次的學前教育人才。1913 年,基督教會全國大會議案明確提出,教會要設立幼稚園,同時也要設立養成幼稚人才的學校,要招收教外學生,以供官立幼稚園用。

教會辦的幼稚師範學校,重視宗教教育與英文教學。其課程可分為三類。第一類課程是外語、宗教等,是適應外國在華辦教育需要的,其中英語占學分最多;還有社會問題、宗教學、聖道教法等,都是直接為資本主義國家傳布基督精神、培養順民服務的。第二類課程是文化課,如國文、體育、生理及衛生、生物學、音樂等。第三類課程是專業課,如心理學、學校管理法、實習、幼稚教法、啟智用具教法等。五四運動後中國的教育逐漸傾向美國,促使西方教會辦的幼稚師範規模越來越大,中國幼稚教育的師資幾乎都出自其門下,引起了中國幼教界的警覺,提出了「停辦各教會設立的幼稚師範」的口號。

3. 派師資任教於中國的學前教育機構

癸卯學制頒布後,蒙養院制度勉強確立起來,但是缺乏設備、教材,特別是師資。在教育傾向學日本的總趨勢下,蒙養院的合格師資也求助於日本。不少日本教習在中國蒙養院承擔管理和教學工作。例如,湖北武昌蒙養院聘請了戶野美智惠等三名日本保姆,戶野美智惠是最早來華的日本幼教工作者,被聘為院長,親擬《湖北幼稚園開辦章程》。私立的天津嚴氏蒙養院是保姆傳習所學員們的實習場所。1908 年以前,日本大野鈴子被聘於此院,負責在保姆傳習所講課,輔導學員實習。其他如京師第一蒙養院、福州幼稚園、湖北女子師範附屬小學堂幼稚園等都曾聘請日本教員任教。此外,一些女學、女子師範學堂,也都請日本人當教員,由日本教習任教主要文化課和專業課。請外國教員(包括日本的和西方的)在中國學前教育機構任教一直持續到中華人民共和國成立前,這一方面解決了中國幼兒教育師資匱乏的問題,另一方面引入了西方近代學前教育理論、課程、教材、教法,但同時帝國主義借助學前教育滲透奴化思想也是歷史事實。

## 第二課　民國時期的學前教育

### 一、民國時期學前教育的歷史背景

1911 年辛亥革命爆發,孫中山領導的資產階級革命派推翻了清朝統治,1912 年 1 月,成立了南京臨時政府。辛亥革命的勝利,宣告了兩千多年封建帝制在中國的結束,中國民族資本主義得到了一定的發展,社會變化騰挪跌宕,學前的社會教育開始登上中國教育舞臺,成為教育體系的一個組成部分。這一時期,中國的學前教育有了長足的發展,尤其是在五四新文化運動的影響下,學前教育領域掀起了批判封建兒童觀和引進西方學前教育思想的浪潮。孫中山也非常重視教育,主張「凡為社會之人,無論貧賤,皆可入公共學校」,並對教育進行了一系列改革,確立了蒙養園在學制中的地位。

### 二、民國時期學前教育制度的發展

民國時期的教育家及教育工作者們,在廣泛借鑑西方學前教育理論與實踐的基礎上,親

自實驗,試圖探索出中國本土化的學前教育科學體系。民國時期的學前教育從其興起以來,走過了相當長的歷程。

### (一) 蒙養園制度的建立

#### 1. 南京臨時政府的教育改革

1912年1月9日,南京臨時政府教育部成立,著名的民主教育家蔡元培任教育總長。他對封建主義教育進行了全面改革,主要措施有以下幾點:

(1)頒布新的教育宗旨。教育部於1912年9月公布新教育宗旨,其內容是:「注重道德教育,以實利教育、軍國民教育輔之,更以美感教育完成其道德。」它否定了清朝忠君、尊孔、尚公、尚武、尚實的舊教育宗旨。

這一新的教育宗旨,實質是一個資產階級的教育方針。它所注重的道德教育,是指把資產階級自由、平等、博愛的思想灌輸給新一代,取代了忠君、尊孔的舊道德。所稱實利主義教育,是指要量兒童之力,給其有實用價值的知識教育。所稱軍國民教育即體育。它強調德、智、體、美和諧發展,注重美育、體育,這都為學前教育改革奠定了思想基礎。

(2)制定新的學制系統。1912年9月,教育部公布《學校系統令》,稱「壬子學制」。不久,教育部又陸續頒發了各種學校令,與「壬子學制」結合,稱「壬子癸醜學制」(見圖3-3),這一學制實行到1922年。

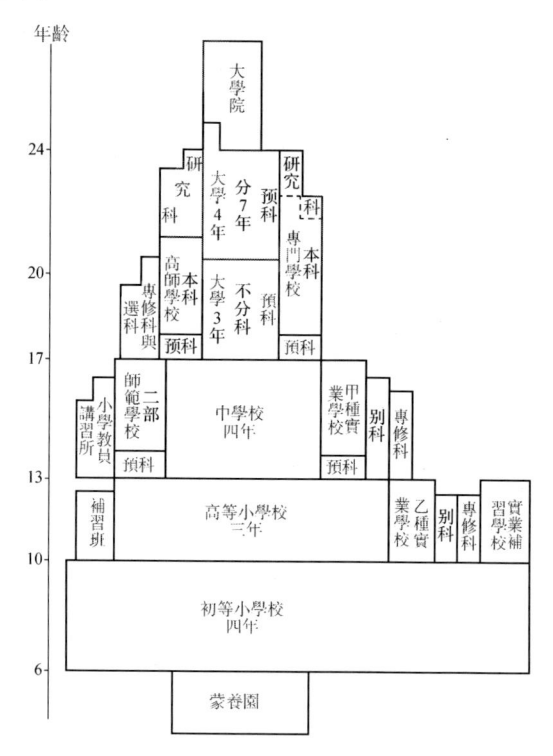

圖3-3 壬子癸醜學制的學制設計

（3）改革課程。改革課程主要是改革中小學課程，廢除讀經，增加自然科學課程和實用課程及美術、音樂等，體現對學生德、智、體、美諸方面的培養。

（4）改革教學原則和方法。它廢除封建專制主義遺毒，強調教學應適應兒童身心發展的特點，不得體罰，注意教育內容與兒童實際生活相聯繫。

2. 蒙養園制度的規定

壬子癸丑學制規定：學前教育機構的名稱為蒙養園，入園年齡為未滿6歲的兒童。「在下面有蒙養園，在上面有大學院，不計年限。」「女子師範學校於附屬小學校外應設蒙養園，女子高等師範學校於附屬小學校外應設附屬女子中學校，並設蒙養園。」從這些規定看，蒙養園是學制體系上的教育機構，但與大學院（即現在的研究生院）一樣，不占學制年限，並未單獨成學制系統中的一級，它的建置是其他教育機構的附屬部分，附屬在小學（國民學校也屬小學）和女子師範學校內。它雖然沒有擺脫附屬的地位，但已不設於育嬰堂、敬節堂內，而被納入了真正的教育機構之中。應該說，這正是學前教育地位有所提高的標誌。

蒙養園在辦園宗旨、課程、設備方面與《奏定蒙養院章程及家庭教育法章程》中的規定基本相同，如課程仍為四項，不過將「歌謠」改成「唱歌」。同時，仍然強調蒙養園要輔助家庭教育。蒙養園在清末至民國期間有了很大的發展，各地都建立了為數不少的蒙養園。同時，幼稚師範院校也有所增加，培養了不少幼兒教育師資。

（二）幼稚園制度的確立

五四運動後，在美國教育的影響下，一批愛國民主教育家推動了改革教育的熱潮。在教育上的主要改革有：恢復民國初年的教育宗旨，廢除讀經科，提倡民主科學的新教育；爭取男女平等教育權；學校採用國語和白話文；大學的改制。改革的綜合體現就是學制改革。在資產階級教育和教育團體的推動下，1922年9月，教育部召開學制會議，通過《學制改革系統案》，11月公布《學校系統改革令》，又稱「壬戌學制」或「新學制」。

新學制根據「七項標準」制定。這七項標準分別是：適應社會進化之需要，發揮平民教育精神，謀個性之發展，注意國民經濟力，注意生活教育，使教育易於普及，留有地方伸縮餘地。

新學制不再採用日本的模式，而是受美國實用主義教育思想影響，採用美國的「六三三」制的框架，即小學六年、初中三年、高中三年。

在學前教育方面，新學制規定在小學下設幼稚園，「幼稚園收受6歲以下之兒童」，並把幼稚園正式列入學校系統，改變了以前蒙養院和蒙養園在學制中沒有獨立地位的狀況，確定了學前教育機構在學制系統中作為國民教育第一階段的地位。

新學制的頒布，促進了中國學前教育的發展。江西、浙江等省率先開設幼稚園，以後全國各省市幼稚園不斷發展，並且不斷向農村發展。1927年，在陶行知領導下南京郊區燕子磯、曉莊、和平門、邁皋橋等地先後創辦了中國第一批鄉村幼稚園。同時，一些實驗幼稚園也成立了，如1923年陳鶴琴在南京創設了中國第一所實驗幼稚園，即私立南京鼓樓幼稚園。

三、民國時期幼稚園制度的實施

（一）幼稚園課程標準的頒布

最初中國學前教育一直沒有關於課程標準的規定，各種學前教育機構在課程設置上各行其是。1922年，幼稚園制度確立後，學前教育有所發展，幼稚園課程和教材的審查編輯問

題就更為突出,伴隨的還有師資、推廣鄉村幼稚園等問題。編訂一個適合中國國情的幼稚園課程標準,就成為幼教戰線一項迫切的任務。同時,國內的很多幼稚園,如南京鼓樓幼稚園、曉莊鄉村幼稚園、南京高師附小附屬幼稚園都在幼稚園課程等方面做了改革實驗,並取得了相當大的成果。因此,制定一個全國通行的課程標準的條件已經成熟。於是,陳鶴琴等11人受教育會議的委託,著手進行幼稚園課程標準的擬定。1929年9月,《幼稚園課程暫行標準》擬定完成,並由教育部令各省市作為暫行標準試驗推行。1932年10月,教育部正式公布《幼稚園課程標準》,1936年修正一次。

1.《幼稚園課程標準》的內容

《幼稚園課程標準》分幼稚教育總目標、課程範圍和教育方法要點三部分。

(1)關於幼稚教育總目標,該標準做出如下規定:① 增進兒童身心的健康;② 力謀兒童應有的快樂和幸福;③ 培養人生基本的優良習慣(包括身體、行為等各方面的習慣);④ 協助家庭教養兒童,並謀家庭教育的改進。

(2)課程範圍規定幼稚園的課程內容有音樂、故事和兒歌、游戲、社會和常識、工作、靜息、餐點,共七項。每項都分別闡述,各項均列目標、內容及最低限度的要求。

(3)教育方法要點共列了17項,說明幼稚園具體的教育方法。其主要內容有:規定幼稚園七項課程不可截然分開,於實際施行時,無所謂科目,而實行課程(作業)中心制的設計教學,以一種需要的材料作為一日或兩三日內作業的中心,一切活動都不離開這一中心。各種作業,可由兒童各從所好,自由活動,但每日必有一次團體作業,故事、游戲、音樂、社會和自然,大部分都可由教師引導,施行團體作業。教師是兒童活動中的引導者、把舵者、裁判者,教師必須做充分的準備,提出引導兒童活動的材料,指導兒童活動的方法,教師應體察兒童的心理,為兒童準備的活動材料和指導兒童活動的方法都要切合兒童的經驗。教師是兒童活動的裁判者,但不是替代者,兒童的問題應由兒童自己解決,兒童確實不能解決時,教師也只可從旁啟發引導。

該標準中規定的幼兒教育的內容,較之前有了較大的變化。促進這種變化的因素主要有五四新文化運動的推動、杜威來華講學、學前教育家掀起了幼兒教育試驗活動等。

2.《幼稚園課程標準》頒布的意義

《幼稚園課程標準》是中國第一個由國家頒布的幼稚園課程標準,它是建立在幼稚園制度確定以後幼稚園數量較大發展和各種實驗活動開展的基礎之上的,是由中國的專家和學者在總結自己實踐經驗基礎上,吸收和借鑑了西方學前教育思想與教育方法而形成的。因此,它既體現了民族性,又體現了洋為中用的精神。

該標準具有中國化、科學化的特點,它要求寓知識於娛樂之中,其教育內容和方法都比較符合兒童的接受能力,符合兒童的年齡特點和教育的要求,因此有較強的科學性。在教育內容上,對兒童進行多方面訓練,不僅開發兒童的智力、身體、德行、美感,還注意了兒童社會化的培養。在教育方法上,靈活多樣,運用團體、分組和個別的方式,組織兒童的各種活動,兒童的活動有相當的自由。教育目標也比較靈活,除一般要求外,還有最低限度的要求,以適應不同地區、不同幼稚園發展不平衡的狀況。同時,該標準產生在半殖民地半封建的社會背景下,也存在一些封建主義的餘毒和西方教會的影響。

(二)各類幼稚園的建立與發展

民國時期,隨著西方幼兒教育思想的傳入,兩次學制改革重視女子教育並兼及學前教

育，使學前教育機構正式納入學制系統，學前教育比清末有了較大的發展。據有關部門調查，上海1911年只有幼稚園2所，幼稚生100餘人；1918年已有幼稚園12所，幼稚生400餘人；1926年則有幼稚園21所，幼稚生800餘人。同時，北京及諸多大中城市也出現了一批學前教育機構。

南京國民政府成立後，1928年第一次全國教育會議通過了陶行知、陳鶴琴等人提出的「幼稚教育案」七件；其中，《各省各縣各市實驗小學設立幼稚園案》規定，從該年度起實驗小學必須創辦幼稚園。1932年，教育部頒布《小學組織法》，規定「小學得設幼稚園」。這些都有力地推動了當時學前教育的發展。到1936年，幼稚園、幼稚生數已分別達到1,283所約8萬人。抗日戰爭期間，中國學前教育遭受重創。抗日戰爭勝利後，中國的學前教育恢復較快。1947年的幼稚園、幼稚生數已超過抗日戰爭前的最高水平，分別為1,301所約13萬人。民國時期最著名的幼稚園是1923年陳鶴琴創辦的南京鼓樓幼稚園和1927年陶行知創辦的南京燕子磯幼稚園。

1. 南京鼓樓幼稚園

南京鼓樓幼稚園由陳鶴琴創辦於1923年春，是一所實驗性質的幼稚園，以研究幼兒心理與教育為中心。陳鶴琴任園長，聘請東南大學教育科畢業的張宗麟為研究員，開展了幼稚園教育改革的全面實驗。該園是東南大學教育科的幼兒教育實驗園地，開創了在大學進行幼兒教育的實驗研究活動。

該園的實驗活動包括課程實驗、行為習慣的培養、技能學習、幼稚生生活歷的安排、幼稚園設備等。實驗總結了音樂、游戲、工作、常識、故事、讀法、數法、餐點、靜息九項課程。這九項課程成為以後教育部制定幼稚園課程標準的基礎。通過對兒童行為習慣的探索，該園總結出了對兒童進行衛生習慣、做人習慣等方面訓練的內容。在技能訓練方面，該園總結出了生活技能、游戲運動技能、表達思想的技能和日常常識等內容。在幼稚生生活歷方面，該園總結了入園兒童一天、一個星期、一個月、一年的生活歷。該園的實踐經驗和出版物在全國頗有影響，於1952年由南京教育局接辦改名為南京市鼓樓幼稚園，現名為南京市鼓樓幼兒園。

2. 南京燕子磯幼稚園

南京燕子磯幼稚園是中國第一個鄉村幼稚園，由人民教育家陶行知於1927年11月11日創辦。其辦園宗旨為建設中國的、省錢的、平民的幼稚園。該園結合農村實際，確定保教內容，選取教學材料。它的實驗活動主要有：①草訂生活綱要，即分年、月、周、日為幼兒制訂活動計劃「幼稚生生活歷」，分節氣、氣候、動物、植物、農事等。每日、每週、每月都有活動主題，都根據兒童興趣或生活環境來訂。②利用農村特有的環境，尋找可加利用的自然物做教育材料。這樣既省錢，又容易讓孩子感興趣。③在教學和管理上，力求適應農村特點。農村孩子從小生活在鄉間田野，所以對他們的保教活動就以戶外活動為主。在教學內容上，力求適應農村孩子的特點，注意讀法教學。

在幼稚師資教育上，南京燕子磯幼稚園用藝友制的辦法訓練藝友成為幼稚園教師。在南京燕子磯幼稚園的影響下，當時很多地方出現了創辦鄉村幼稚園的活動。

上述所舉幼稚園實例，反應了不同類型的學前教育機構的創辦情況。在這些幼稚園中，既有公立的，又有私立的；既有附屬於其他學校的，又有單獨設立的；既有設在城市的，又有

設在農村的。這說明了當時中國學前教育的極大發展。另外,這些幼稚園都不同程度地開展了教育實驗研究,形成了19世紀二三十年代以後幼稚園教育實踐與研究的風氣,帶動了全國幼教工作者的研究興趣,這是中華人民共和國成立前中國學前教育發展的最好時期。

### (三) 幼稚園師資的培訓

民國時期出現了專門培養幼稚園教師與保育員的機構和專門的幼稚教育研究機構。1922年制定了師範學校和女子師範學校可附設幼稚師範科的規定。但在相當長的時間內,幼稚師範教育還沒能得到人們應有的重視。1928年,在全國教育大會上,陶行知、陳鶴琴分別提出開設幼稚師範和在普通師範中設幼師科的提案,經過討論後通過。1932年,國民政府頒布《師範教育法》;1933年,教育部頒布《師範學校規程》,對附設幼稚師範科做了若干規定,規定師範學校要附設幼稚師範科,修業年限三年或兩年,招收初中畢業生。1928年全國教育會議以後,幼稚師範教育得到了一定發展,幼稚教育的師資不斷增加。1929年,全國幼稚園教職員為1,580人,到1936年,增長到2,607人。在此期間,公立幼稚師範科有了一定的發展,私設幼稚師範也不斷出現,還出現了省立實驗幼稚師範和「國立」幼稚師範專科。下面簡要地介紹北平幼稚師範學校和江西省立實驗幼稚師範學校。

1. 北平幼稚師範學校

北平幼稚師範學校是香山慈幼院的一部分,創建於1930年,張雪門為首任校長。該校以培養幼稚師資為己任,以實現全民的幼稚教育為最終目標。學校重視實行「教學做」的方法,實習的內容有:幼稚園實習,實行先參觀、次參與、後實習的制度;家政實習;自然實習;兒童文學實習;手工實習;游戲實習等。學制三年,但可分年結業。一年制為速成科,可任幼稚園教師或助教;兩年制為幼師科,可任幼稚園主任;三年制畢業後,可兼任小學低年級及嬰兒園教師。

2. 江西省立實驗幼稚師範學校

江西省立實驗幼稚師範學校是中國第一所獨立設置的公立師範學校,由陳鶴琴在1940年10月創立於江西省泰和縣,附有小學、幼稚園、嬰兒園;1943年2月改為「國立」幼稚師範學校,並添設幼稚師範專科。其辦學宗旨,一是培養幼稚園的師資,二是開展幼稚教育的理論和教材教法的實驗研究,三是進行陳鶴琴的「活教育」理論的實驗。課程內容分為精神訓練、基本訓練和專業訓練三項,外加人生心理一科。教材和教學方法強調盡量與小學實際、幼稚園實際相聯繫,教學方法強調以「做」為中心,採用陳鶴琴提出的「做中學、做中教、做中求進步」的方法。其基本目標是培養學生「做人,做中國人,做現代中國人」。學校校風優良,自由平等,實行「純愛」教育,培養了一批批幼教戰線的優秀人才。1948年其並入南昌女師,改為幼稚師範科。

## 四、民國時期學前教育的特點

### (一) 政府重視學前教育

南京國民政府成立後,政府重視學前教育,在教育制度上先後進行了兩次學制改革,推動了學前教育制度的發展。

1. 建立了蒙養園制度

1912年,在蔡元培的主持下制定並公布了壬子癸醜學制,將蒙養院改為蒙養園,收未滿

6歲的兒童。同年,教育部還公布了《師範學校令》和《師範學校規程》。隨著民國初年這幾項法規的頒布,蒙養園制度得以確立。

2. 確立了幼稚園制度在學制體系中的地位

1922年11月,教育部通過《學校系統改革案》,即「新學制」,又稱「壬戌學制」。此學制規定:幼稚園招收6歲以下的兒童。至此,正式將幼稚園列入學制系統。

(二) 辦園主體多元化

民國時期,很多愛國教育家在科學的教育觀念指導下紛紛辦園。公立幼稚園和私立幼稚園並存,形成了一個參差多態而又富有彈性的「差序格局」。私立學校與公立學校相比有靈活自由的優點,當時的文化環境足以讓私立學校生存並發展,社會上對於私立學校也沒有偏見,這一方面得益於當時的文化生態,另一方面得益於民國教育家的胸襟。

(三) 積極探索中國化辦園方式

在民國初期大量學習西方學前教育思潮的同時,辦園方式上出現了機械模仿的弊端,不適合中國國情。20世紀二三十年代,陶行知、陳鶴琴等人對已經實施了的幼兒社會公育進行了大量的調查研究,寫出了一批有分量的文章,揭露了當時幼稚教育不適合中國國情、不適合兒童身心發展的情況。這些教育家積極探索學前教育中國化的途徑和方法,開展了一系列的幼稚園教育實驗,並創辦了具有中國特色的幼稚園,在教學方法、教學內容等方面進行了創新。

# 第三課　老解放區的學前教育

1927年「四一二」事變後,第一次國共合作破裂,中國共產黨人隨後舉行了若干次起義,並開闢了革命根據地。1931年11月,中國共產黨在江西瑞金成立了工農民主政府,定名為「中華蘇維埃共和國」。之後,便將共產黨控製區稱為「蘇區」。1936年「西安事變」後,第二次國共合作開始。中國共產黨於1937年9月成立的陝甘寧邊區政府及其所領導的各抗日根據地,統稱為「邊區」,解放戰爭時期則稱解放區,也有人將蘇區和邊區統稱為「老區」(老解放區)。

## 一、革命根據地的托兒所制度

(一) 內務部頒發《托兒所組織條例》

學前教育作為解放婦女的重要措施,在根據地創建初期就受到了中國共產黨的高度重視。1934年2月,蘇區中央人民政府內務部頒布《托兒所組織條例》(以下簡稱《條例》)來推動學前教育的發展。這是紅色政權頒布的第一部關於學前兒童的教育文件,具有指導性、綱領性作用。《條例》對組織托兒所的目的、兒童入托的條件、托兒所的上級領導機構、托兒所的班額、保教人員的編製及標準、環境、設備、經費、托兒所的管理、保教人員的職責、托兒所的作息時間等都做了詳細的規定。《條例》的頒布開創了蘇區的托兒所制度。《條例》的主要內容包括以下幾點:

1. 組織托兒所的目的

組織托兒所的目的是改善家庭的生活,代替婦女擔負嬰兒的一部分教養責任,使勞動婦女能夠參加生產及蘇區各方面的工作;使小孩子得到更好的教育與照顧,在集體生活中養成共產兒童的生活習慣。這一目的從解放婦女和發展兒童兩方面反應了中國共產黨對學前教育的社會功能和內在功能的充分認識。尤其是「解放婦女」這一口號更是在當時社會背景中的一種大膽吶喊,說明中國共產黨早就認識到了婦女解放與學前教育的關係。因此,辦好托兒所不僅使孩子受益,廣大婦女也有更多的機會參與社會生活,為蘇區的建設做貢獻。

2. 托兒所的環境

托兒所應設立在比較清潔、光線充足及空氣好的地方。托兒所的用具由群眾設法購置,在特殊情形之下,蘇維埃政府可補貼一部分。

3. 托兒所的服務對象

凡有選舉權的廣大工農大眾的子女,年齡在1月至5歲無傳染病的孩子,均可以入托兒所。

4. 托兒所的管理

托兒所歸當地政府與婦女代表領導,他們需要經常檢查托兒所的工作。衛生機關要派人檢查托兒所的衛生和兒童的健康情況。

此外,《條例》還規定了托兒所保教人員的崗位職責、保教人員編製及待遇問題。總之,《條例》對托兒所的管理做出了較全面的規定,雖不盡完善,但這是老解放區學前教育制度建設的開端,為學前教育隨後的發展奠定了基礎。

(二) 托兒所機構的建立

老解放區學前教育機構的大量建立是在《條例》頒布後。最早成立的托兒所是江西瑞金下州區下州村的上屋子托兒所和下屋子托兒所。每個托兒所有4名工作人員,由群眾選舉。《條例》頒布後,各類組織,特別是婦女組織做了廣泛的宣傳,一時掀起興辦托兒所之風。設立的托兒所主要有兩種類型:一種是長期托兒所,大多是收紅軍家屬子女;另一種是季節性托兒所,一般在農忙季節開辦,為廣大婦女參加生產創造條件。

總之,《條例》頒布後,蘇區托兒所數量迅速增加。這對廣大婦女的解放起到了積極的促進作用,也為老解放區學前教育的發展積累了經驗。

二、抗日戰爭和解放戰爭時期的保育院制度

(一) 中國戰時兒童保育會及其分會的成立

抗日戰爭的爆發使得許多兒童流離失所,甚至成為失去父母的孤兒。為搶救民族後代,促進無家可歸的難童健康成長,由中國共產黨聯合各黨派與各界知名人士發起,於1938年3月10日在武漢成立了中國戰時兒童保育會。該組織是抗日民族統一戰線下國共兩黨合作的產物。保育會以宋美齡為理事長,並推選出國共兩黨和無黨派的社會知名愛國婦女56人任理事。全國各省市、陝甘寧邊區、香港和南洋群島相繼成立了20多個分會。抗戰八年間先後共建立53所戰時兒童保育所,收容保育3萬多名兒童。

戰時兒童保育院對難童加強愛國主義教育,使他們追求真理、反抗侵略;特別重視勞作

教育,以培養兒童的勞動習慣,樹立勞動創造世界的觀念。保育院還開展各種社會活動,讓兒童在社會實踐中學習,培養工作的自覺性。戰時兒童保育工作是把教育與社會實踐、生產勞動相結合,把兒童培養成追求真理、手腦並用、自覺工作、反抗侵略的德、智、體全面發展的人才。中國戰時兒童保育會在抗日戰爭中是一個有卓越貢獻和深遠影響的團體。

1938年7月4日,宋慶齡、蔡暢、鄧穎超、康克清等在延安成立了中國戰時兒童保育會陝甘寧邊區分會,其宗旨為「保育戰時兒童」。該分會的主要工作是:設立邊區戰時兒童保育院;開設保姆訓練班;改善出生嬰孩處置辦法及母親的生活;組織宣傳團提高邊區兒童衛生教育;設立兒童保育科等。此後,江西、山東等地也相繼建立了戰時兒童保育會分會,竭盡全力保護兒童的生命安全,並給兒童以教育,促進了老解放區學前教育的發展。

(二)陝甘寧邊區政府關於保育兒童的決定

1941年1月,在陝甘寧邊區政府工作報告中,陝甘寧邊區政府將兒童保育作為中心工作;同年又頒發了《陝甘寧邊區政府關於保育兒童的決定》(以下簡稱《決定》)。《決定》的主要內容如下:

1. 管理(保育行政)組織的建立

在邊區民政廳設保育科,各縣市政府第一科添設保育科員一人,區縣政府內添設保育員一人(暫由鄉婦聯兼任),專司孕母、產婦、兒童的調查、登記、統計、衛生獎勵、保護等工作。

2. 保育人員的訓練

邊區民政廳衛生處應協同民政廳保育科於1941年3月前辦保育人員訓練班。抽調文化程度較高的男女60人,給以短期訓練,使他們明了產婦衛生、助產接生、兒童保育等基本知識。他們畢業後,派到各縣設辦短期訓練班,使得1941年內邊區每個鄉均有一個以上脫離生產的保育員。

3. 建所的具體條件

一個機關團體學校有嬰兒5人以上者,應設立托兒所;5人以下者,可和數單位共設托兒所;不足5人又無單位合設者,設窯洞安置嬰兒,並對窯洞的安全、衛生提出要求。

此外,《決定》還對孕婦、產婦的保健待遇,保姆的待遇等做了十分具體的規定。

該《決定》是繼《托兒所組織條例》之後革命根據地的又一重要學前教育法規文件,它對抗日戰爭時期和解放戰爭時期的學前教育都具有極大的推動作用。

(三)多種形式保育機構的建立與發展

抗日戰爭和解放戰爭時期,不僅學前教育機構的數量和規模有所增加,其機構類型也更加多樣,具體有如下幾種:

1. 寄宿制的保育院、托兒所

寄宿制的保育院、托兒所一般設在環境較完備的後方,由邊區政府主辦並承擔費用,設備較完善,也有較嚴格的保教制度,招生對象是前方將士子女和烈士遺孤、難童及部分後方機構幹部子女,如陝甘寧邊區第一保育院。

2. 單位日間托兒所

單位日間托兒所規模小,只收托本單位人員子女,經費由本單位自理,孩子在托時間與母親上班時間相同,如陝甘寧邊區機關托兒所。

3. 母親變工托兒所、哺乳室

母親變工托兒所、哺乳室設在機關、學校、工廠、田間,其不足之處在於缺乏保教人員,只有每日抽調幾名母親負責管理,輪流值班。

4. 化整為零的托幼組織

化整為零的托幼組織一般分佈於敵後解放區。根據形勢的需要,托幼組織化整為零,三三兩兩分散在人民群眾家中。托兒所負責人和保教人員經常化裝成貨郎或親戚,定期到老鄉家探望孩子、送糧、送錢,待情況稍穩定才把孩子集中在一起。

5. 小學附設幼稚班(園)

小學附設幼稚班(園)招收5～6歲的幼兒,實施半年或一年的學前教育,然後入小學一年級,相當於學前班,經費主要由家長負擔。

總之,老解放區的學前教育機構從無到有,不但是數量的發展,而且用靈活多樣的辦園形式實踐著「一切為孩子,把方便留給母親,把困難留給自己」的信念,真正做到瞭解除父母的後顧之憂,保護和培育革命後代。

(四) 老解放區保育院的教育

老解放區的學前教育始終以保育兒童身體、培養兒童良好習慣、發展兒童智力為目的,並且能根據形勢的發展,使教育目的更為明確。

1. 嬰幼兒的保育

保育兒童健康是保育院的首要工作。由於當時的環境、物質狀況及醫療條件的限制,嬰幼兒的生命及健康受到很大威脅。為此,有的保育院還明確提出「保育為主、教育為輔」的方針,要求從各方面保證孩子的健康,具體有以下規定:①盡一切努力保證孩子的營養;②制定合理的作息和管理制度;③貫徹「預防為主、治療為輔」的方針;④開展形式多樣的體育活動。

由於各托幼機構領導的重視和全體保教人員的共同努力,保育院的孩子大都精神飽滿、體格健壯、發育良好,死亡率極低。

2. 嬰幼兒的教育

老解放區學前教育實行保教合一的原則,十分注重對嬰幼兒的教育。教育的內容主要有:①注重品德教育。品德教育的原則有:熱愛兒童;隨機教育,在孩子一日生活中隨機進行;堅持兒童的立場;堅持正面教育。②關注智育發展。老解放區的學前教育不僅重視知識教育,也強調智力發展。在教學內容方面,從孩子的生活中選擇自然、社會、衛生等方面的內容。其科目有常識、唱歌、游戲、故事、手工、自由畫、跳舞、體操、識字、識數等。

### 三、老解放區的學前教育經驗

老解放區的學前教育得到了老一輩無產階級革命家的關懷和重視。在黨和邊區政府親切的關懷和正確方針指引下,老解放區的學前教育取得了令人矚目的成績。其發展歷程蘊藏著豐富的值得挖掘和借鑑的寶貴經驗。

(一) 堅持為革命戰爭和生產建設服務的方向

老解放區學前教育始終堅持正確的服務方向,即為革命戰爭和生產建設服務。這是學

前教育社會功能的最充分體現，主要是通過解放婦女，解除父母的後顧之憂來實現。革命根據地廣大婦女在中國共產黨的號召下熱情地投入社會生產、社會生活、軍事生活、黨政機關和文化教育工作中，成為中國革命的組成力量。只有把婦女從家庭中解放出來，擺脫家務特別是照管幼小子女的負擔，她們才能更好地參與社會生活。由學前教育機構代替廣大老區婦女承擔養育和教育子女的責任是社會發展的必然趨勢。

老解放區的學前教育通過創辦多種不同類型的學前教育機構來滿足支援生產和戰爭的需要。當前我們學習老解放區學前教育堅持為革命戰爭和生產建設服務的方向，有助於端正目前學前教育機構的辦學思想，有助於人們正確認識學前教育機構的價值和功能，使得人們更加關注學前教育。

### (二) 貫徹依靠群眾和勤儉辦園的原則

老解放區的學前教育機構所取得的成績與群眾的熱情支持是密不可分的。他們對學前教育的支持包括房屋、玩具、設備、食物、醫療、人力、師資、掩護等多種不同的方式。老解放區群眾擁有高度的政治覺悟和強烈的熱愛兒童的情感，尤其是廣大婦女，她們像愛自己的孩子一樣去愛托兒所、保育院內的孩子，這種無私的、博大的母愛激發了老解放區學前教育工作者的工作熱情。

老解放區學前教育事業的發展還得益於勤儉辦園的指導思想。老解放區學前教育機構沒有設備就自己或請人製造，沒有條件就因陋就簡，從不因為開辦托幼機構而向財政機關多要開支，而是始終貫徹勤儉辦園的原則，在各方面都注重節約。學前教育事業的發展始終離不開廣大群眾的關心與支持。當前我們也要發揚勤儉節約的光榮傳統，提倡辦節約型幼兒園，因地制宜地開展幼兒園建設。

### (三) 實施「保教結合」，促進兒童全面發展

老解放區學前教育工作者充分認識到了托兒所、保育院是對兒童實施保育和教育的機構，在日常工作中必須堅持保育和教育相結合的原則，對兒童實施全面教育；同時，他們還認識到保育員也是教員，要由幼稚教員教保育員幼稚教學法，供給保育員材料並加以指導。

### (四) 在「一切為了孩子」的教育理念指導下建設幼教隊伍

老解放區學前教育最重要的經驗是建設一支「一切為了孩子」的高素質的保教隊伍。他們把「一切為了孩子，一切為了革命，一切為了前線」「把方便留給媽媽，把愉快留給孩子，把困難留給自己」當作自己工作的基本準則，無私地奉獻著自己的青春甚至生命。老解放區不僅培養了一支有很高思想覺悟的保教隊伍，還特別注意提高他們的文化水平和業務素質。學習的方式靈活多樣，學習的內容聯繫實際。

老解放區保教人員「一切為了孩子」的自我犧牲精神，是我們當前提高幼兒教師職業道德水平的生動教材，有助於廣大幼教工作者樹立正確的兒童觀、教育觀和高度的責任感。

總之，老解放區的學前教育是中國共產黨領導下的，為革命戰爭服務、為生產建設服務、為工農大眾服務的學前教育。它在本質上不同於國民黨統治區的學前教育。它所創造的幼教成績，它對革命事業所做的貢獻，它的崇高精神和它所積累的寶貴經驗，是中國近代學前教育發展史上的輝煌樂章。

### 思考與練習

1. 簡述近代學前教育機構產生的歷史背景。
2. 列舉晚清有代表性的蒙養院。
3. 清末蒙養院的特點是什麼？
4. 清末帝國主義在中國的學前教育活動有哪些？
5. 南京臨時政府對封建主義教育進行改革的主要措施有哪些？
6. 簡述民國時期的蒙養園制度。
7. 民國時期學前教育的特點有哪些？
8. 老解放區的學前教育經驗有哪些？

# 單元 4 中國近代學前教育思想

### 學習目標
- 瞭解蔡元培、陶行知學前教育思想的內容；
- 能夠對蔡元培、陶行知學前教育思想做出正確評價。

本章介紹了近代學前教育家蔡元培和陶行知的學前教育思想和理論。蔡元培提出了「尚自然」「展個性」的兒童教育原則；針對傳統「書本中心」的「死教育」，陶行知提出了「生活教育」等理論。

## 第一課 蔡元培的學前教育思想

### 一、蔡元培生平

蔡元培（1868—1940）（見圖4-1），字鶴卿，又字仲申、民友、孑民，浙江紹興人，民國時期著名的革命家、教育家、政治家。1912年民國成立，蔡元培任南京臨時政府教育總長。任職期間，他廢除了封建舊學制，制定了資產階級性質的教育宗旨和學制。1917年蔡元培任北京大學校長，實行「囊括大典、網羅眾家、思想自由、兼容並包」的辦學方針，對學校進行全面整頓和改革，使北京大學成為五四運動的發祥地、新文化運動的中心、享譽海內外的著名高等學府。1927年蔡元培先後任大學院（教育部）院長、「中央研究院」院長等職務。

蔡元培的教育思想涉及面廣，從教育方針、學制到教學方法，從高等教育到學前教育，從家庭教育到社會教育，他都有過許多論述。他的兒童教育思想主要體現在《新教育與舊教育之歧點》《貧兒院與貧兒教育的關係》《美育的實施方法》《美育》等著名篇章中。

圖4-1 蔡元培

## 二、蔡元培的學前教育思想概述

### （一）「五育」並舉的教育方針論

1912年，蔡元培發表了《對於教育方針之意見》的重要文章。他在批判封建主義教育宗旨的基礎上，根據資產階級的需要，為養成「共和國民健全之人格」，提出了軍國民教育、實利主義教育、公民道德教育、世界觀教育和美育「五育」並舉的教育方針。

從這一理論基礎出發，完全人格教育可以分為五項，屬於現象世界的有軍國民教育、實利主義教育和公民道德教育。軍國民教育，其社會意義是「強兵」，從個人發展的角度來說就是體育，它是養成完全人格的基礎；實利主義教育，從個人發展的角度來說就是智育，其社會意義是「富國」，可以發展經濟，提高社會生產力水平。公民道德教育對個人而言，它是構成人的道德認知、道德情感、道德意志和道德行為的關鍵，它是完全人格的根本，也是造就民族素質的關鍵。

世界觀教育是培養人超乎現世觀念的最高層次的教育，也是知、情、意、德、智、體諸者的統一體。因為實體世界「無以名之」，所以世界觀教育也不是通過一般說教就可以完成的，只能是一種超越型的精神境界的修養，對這種說不出具體方法和內容的教育，最好的途徑是通過美育來實施。所以，五育中可以具體實施的只有德、智、體、美四育。美育，即「應用美學之理論於教育，以陶養感情為目的者也」。美育是引導人由現象世界通向實體世界的橋樑。

蔡元培提出「五育」並舉的思想，強調了德、智、體、美全面和諧發展，擯棄了清末「忠君、尊孔」的教育宗旨，提倡了自由、平等、博愛的理念，順應了中國發展資本主義社會的要求。因此，1912年9月，民國政府在這一思想的基礎上，正式公布了「注重道德教育，以實利主義教育、軍國民教育輔之，更以美感教育完成其道德」的教育方針。「五育」並舉的思想對近代中國學前教育的發展方向具有指導意義。以上「五育」，蔡元培認為儘管它們各自的作用不同，然而均是培養「健全人格」所必需的，是統一整體所缺一不可的。蔡元培「五育」並舉的思想，是以公民道德教育為中心的德、智、體、美和諧發展的思想。它體現了辛亥革命以後資產階級改革封建教育的需要，反應了發展資本主義而對人才提出的要求，順應了當時社會變革的潮流，為中國資產階級創新教育體制提供了思想武器，是改革學前教育的指導方針。

### （二）「尚自然」「展個性」的兒童教育主張

1918年，蔡元培發表了《新教育與舊教育之歧點》。他認為新舊教育的不同在於：昔之教育，使兒童受教育於成人；今之教育，乃使成人受教於兒童。他對違反自然，束約人個性自由發展的教育深惡痛絕。他主張新教育應反其道行之。蔡元培這種崇尚自然、尊重兒童，讓兒童自由發展的主張，也是學前教育領域內批判封建兒童教育觀的思想武器。

### （三）學前兒童公育的理想

蔡元培是中國最早倡導現代平民教育的代表，所稱的「平民教育」，即現代所說的公民教育。

兒童教育是平民教育的重要組成部分。蔡元培認為，社會要設立專門的機構由專業人士對兒童實施教育，如設立胎教院、育嬰院、幼稚園等。1919年，蔡元培在《貧兒院與貧兒教育的關係》演說中，針對封建家庭教育的弊端提出了學前兒童公育的理想。他認為，「教育是專門的事業，不是人人能擔任的」。他主張不論哪個人家，要是婦女有了孕，便進胎教院；生

了子女，便遷到乳兒院；一年以後，小兒斷乳，就送到蒙養園受教育，不用其母親照管。同時，他還提出這些學前教育機構都要由專門的衛生家管理，其設備如飲食、器具、花園、運動場、裝飾的雕刻與圖畫、陳列的書報，也都要有益於孕婦或乳兒的母親的身體與精神。但是，他也清楚地看到當時還沒有這種組織。依據這一事實，他便想先從貧兒院入手，認為要是貧兒院試辦這種事情很有成效，那就可以推廣到不貧的兒童了。可見，蔡元培是試圖通過在貧兒院的試驗和推廣，逐步以學前公共教育代替家庭教育，最終實現他的學前兒童公育的理想，這在當時無疑是辦不到的。

### （四）倡導學前兒童的美育

**1. 美育思想的要點**

蔡元培一生倡導美育，在美育理論和實踐上進行了大量探索。他的美育思想主要有以下幾個要點：

首先，審美活動不同於科學活動，它是建立在人的情感基礎上的，並以審美對象自身的具體形象對審美主體的激發產生感染力量來打動人心。美育是訴諸人的情感活動的，以感情的激發和陶冶的方式進行，與科學活動的理性思考與概念判斷是截然不同的，這也是美育的根本特點。對此蔡先生說道：「哲學之理想，概念也，理想也，皆毗於抽象者也。而美學觀念，以具體者濟之，使吾人意識中，有寧靜之人生觀，而不至於疲於奔命，是謂美學觀念惟一之價值。」在這裡，蔡元培為審美教育尋找了一個情感上的落腳點和依據。審美教育不能用抽象的枯槁簡單地說教，必須通過感情活動的陶養作用才能達到。只有真正關於心靈的學問、訴諸情感的學問，才會完善人格，美化人生。蔡元培把美育叫作「美感教育」也正是基於這個根本特點。

其次，美育的根本宗旨在於拓展主體、完善人格、美化人生。蔡元培針對當時社會不正當娛樂風氣盛行的狀況而提倡以審美活動充實精神生活，完善個體人格。他認為當時社會上盛行的不正當消遣和娛樂是極端有害的，會妨礙健康、消磨意志，以致道德墮落，因此主張把人的精神寄託於審美中，涵養審美情感，塑造健康心靈。他曾說：「所以吾人應急提倡美育，使人生美化，使人的性靈寄託於美，而將憂患忘卻。於學校中可實現者，如音樂、圖畫、旅行、遊戲、演劇等，均可去做，以之代替不好的消遣……大家看看文學書，唱唱詩歌，也可怡情悅性。人是感情動物，感情要好好涵養之，使活潑而得生趣。」這正觸及了審美教育的根本宗旨，通過美育塑造人的健全心靈，怡養超越精神。審美活動有其自身的特殊性，通過在審美過程中情感的激發和自由活動來適情悅性，產生高尚的精神，從而進一步培養審美主體的健全人格，所以進行高尚的審美活動，有助於減少、衝淡私有欲和狹隘的自私觀念，受到真善美的熏陶，提高人的情趣和精神境界，「陶冶活潑敏銳之性靈，養成高尚絕潔之人格」，實現「美育之目的」。

**2. 美育的倡導**

蔡元培幾乎終生都在倡導美育，並身體力行，努力實現著傳統美育的現代性轉換。因此，美育在中國現代教育史上的獨立地位才得以逐步地確立。

蔡元培發現，中國古代的藝術，尤其是民間藝術與美育之間有著密切的關係。中國古代的藝術在近代已經處於日漸衰落的地步。對此，蔡元培認為主要有兩個原因：一是中國缺乏專門的藝術教育機關，二是中國藝術的研究和創造缺少科學的方法。為此，蔡元培非常重視

對現代藝術教育事業的培育扶持,呼籲要吸收西方藝術教育的長處,用科學的方法來研究。

20世紀初,中國的現代藝術教育事業幾乎還是一片空白。對於西洋音樂和繪畫藝術,國內尚處於在黑暗中摸索的階段。現代新的藝術思想由於對傳統保守思想的突破與衝擊,因此遭到了封建衛道士和思想保守者的非議,以至於受到排擠與打擊。在主持北京大學期間,蔡元培為了豐富學生的課外活動,也為了推廣他的美育主張和實踐,在北大發起了各種文藝研究的組織,畫法研究會、書法研究會和音樂研究會都相繼成立。他汲取近代歐洲美育的積極成果,擴大了中國傳統美育實施的範圍。在他多年來的倡導和影響下,許多具有現代美育意義的建設,諸如博物院、展覽會、攝影術、演奏會、戲劇、公園等都從無到有,這為中國未來美育事業的普及與發展立下了開創之功。

蔡元培兼收並蓄,在批判繼承傳統美育思想的基礎上,吸收西方近代教育的優點,揚棄傳統美育思想中偏重倫理教化的弊端,主張啟發和培養學生的主動性、個性和自由創造能力,還美育以獨立的品格。

從本質上講,這是一種以人為本的教育理念的具體體現,是現代教育之道、育人之道的時代張揚。以蔡元培對待孔子為代表的儒家美育思想為例,蔡元培明確反對董仲舒「罷黜百家,獨尊儒術」的主張,但是他對儒家中庸之道所倡導的「和合」精神卻極為讚同:他反對「尊孔」,卻並非反對孔子。他將孔子的精神歸納為仁、智、勇三個方面後,還特別指出,除此之外,孔子的精神還有兩個特點:「一是毫無宗教的迷信;二是利用美術的陶養。」因此,他認為孔子的「以智、仁、勇為範圍,無宗教的迷信而有音樂的陶養,這是完全可以為師法的」。

蔡元培科舉出身,深受中國傳統文化教育的熏陶,又數度赴歐遊學考察,學貫中西,視野開闊,所以他對中西教育的優劣長短看得透徹清楚。他吸收康德的「審美無功利性」觀點,試圖用美的對象的「普遍」和「超脫」特徵,來培育人們純潔而高尚的品性。雖然這帶有明顯的理想色彩,但在很大程度上也是對中國傳統美育主流思想過於功利化傾向的反撥和糾偏。他對近代西洋教育考察後發現,真正的近代西洋教育「無一不取啟發的教授法,處處體貼學生心理作用,用種種方法啟發他的性靈,養成他的自動能力,好叫人類固有的智能,得以自由發展,不像那被動主義、灌輸主義的教育,不顧學生心理的狀態……」,所以他屢次倡導:「教育是幫助被教育的人,給他能發展自己的能力,完成他的人格,於人類文化上能盡一分子的責任;不是把被教育的人,造成一種特別器具,給抱有他種目的的人去應用的。」

3. 美育的實施方法

對於美育,蔡元培不僅從思想上積極宣傳,從理論上反覆闡釋,而且還系統地提出了實施的方法,在美育實踐上取得了很大成果。蔡元培把美育實施的全部內容分為兩個方面:一方面,盡可能多地創造美的對象,包括藝術美、自然美、生活環境美以及審美設施的建設。美的根本標準是真善美的和諧統一,即在美的形式中能充分體現出理性精神,寄託著人生理想,才足以實現美育的崇高目的。徒具美的形式,而沒有多大的社會意義,他是不提倡的。形式粗劣、趣味低下,他是堅決擯棄的。因此,在美育的實施中,他特別重視具有重大社會意義的文學藝術的創造和與人民大眾生活密切相關的城鄉環境的美化,認為這才是實施美育的中心,普及社會美育的關鍵。另一方面,為了提高審美能力而要進行美學知識、理論的普及教育,為此就要創辦學校和學術團體,培養藝術創作人才和普及美育的人才。由此觀之,蔡元培對於美育的實施方案在中國美育發展的早期是較為詳盡的,不僅內容上涵蓋自然美、

現實美和藝術美的三大領域,主張綜合利用一切美的對象實施教育,而且貫穿了個體生命的整個生活歷程,大大拓展了個體的美感教育空間。

### 三、對蔡元培學前教育思想的評價

蔡元培的教育思想和實踐充滿了愛國主義的激情與民主、科學的思想,尤其是他所提倡的教育觀、兒童觀、兒童公育思想及對兒童美育的實施意見,對近代學前教育理論的發展產生了深遠的影響,在反對帝國主義文化教育侵略、反對封建專制主義教育、尋求中國化的學前教育的鬥爭中發揮了重大的作用。

他的思想在當時的社會歷史條件下是超前的,當然也不免帶有某些空想的色彩。但是,隨著時代、歷史的向前推移,他的教育思想的價值和魅力卻更加凸顯出來。今天,當我們以新的教育方針和學前教育的目標體系再次審視他的教育思想時,仍然能夠獲得很多啟示。他的教育思想貫穿著對民主、科學、自由、個性的追求,充滿了愛國主義激情。其教育實踐表現出了他不屈從壓力、銳意改革、堅守信念的品質。如果說他於民國初期改革封建教育、建立資產階級民主教育制度反應的是當時時代對教育的要求,20世紀20年代提倡教育獨立是在教育面臨深重危機下的一次無奈抗爭,那麼他對北京大學的改革,不但包容博大、規模恢宏、影響深遠,而且尤為凸顯了他作為傑出教育改革家的遠大理想和個性品質,塑造了他在一代學人心目中的精神表率和大學靈魂形象,至今光芒不減。

## 第二課　陶行知的學前教育思想

### 一、陶行知生平

陶行知(1891—1946)(見圖4-2),漢族,安徽歙縣人,教育家、思想家,偉大的民主主義戰士,愛國者。他畢業於金陵大學文學系,後留學美國,曾師從實用主義教育家杜威。回國後,其任南京高等師範學校教務主任,繼任中華教育改進社總幹事,推動平民教育運動,最早注意到鄉村教育問題。他的著作有《中國教育改造》《古廟敲鐘錄》《齋夫自由談》《行知書信》《行知詩歌集》。

陶行知自幼十分聰敏好學。1909年,他考入南京匯文書院,次年轉入金陵大學文科,他更加自覺而刻苦努力地學習,以便能更好地實現報效祖國的願望。大學期間,在他倡導並主編的中文版校刊《金陵光》上,他寫了《金陵光出版之宣言》一文,號召全校同學,努力學習和工作,發出自己的光和熱,報效祖國,「使中華放大光明於世界」。辛亥革

圖4-2　陶行知

命爆發時,他曾回鄉投身革命運動。1914年,他以總分第一的成績畢業。

1926年,陶行知起草發表了《中華教育改進社改造全國鄉村教育宣言》。1927年,他創辦了曉莊學校。1932年,他創辦了生活教育社及山海工學團,宣傳生活教育,提倡教學做合

一及小先生制,要求教育與實際結合,為人民大眾服務。他設想以教育為主要手段來改善人民的生活。「一二·九」運動後,在中國共產黨的幫助和影響下,陶行知積極宣傳抗日,參加民主運動,進一步認識到教育應為民族革命和民主革命服務,先後創辦育才學校和社會大學,培養出不少革命人才,並幫助一些進步青年前往革命根據地。1945年陶行知加入中國民主同盟。

## 二、陶行知的學前教育思想概述

### (一) 普及幼稚教育思想

**1. 學前教育為個人終身發展奠定重要基礎**

陶行知在《創設鄉村幼稚園宣言書》中指出:「學前教育實為人生之基礎,不可不趁早給它建立得穩。」他在《論幼稚園應有之改革和進行方法》中指出:「凡人生所需之重要習慣、傾向、態度多半可以在六歲以前培養成功。」由此可見,陶行知認為,學前教育對個體終身發展具有非常重要的意義,可為個體一生的發展打下基礎。如果學前教育得到充分重視,個體接受了科學的、充分的學前教育,對其一生的發展將起到事半功倍的作用。

**2. 積極普及幼稚教育**

陶行知十分重視幼稚教育,認為幼稚教育是人生的基礎教育:「人格教育,端賴六歲以前之培養。凡人生之態度、習慣、傾向,皆可在幼稚時代立一適當基礎。」所以,他主張普及平民教育不僅要普及小學教育,也要普及幼稚教育;不僅是地主、貴族的子女上幼稚園,廣大的勞苦大眾的子女也要上幼稚園。

1926年,陶行知提出讓幼稚教育下鄉的口號。在當時,實現幼稚園下鄉是很難的事,因為當時國內的幼稚園有幾種弊病:一是效仿外國,不合國情;二是灌輸宗教,製造成見;三是費錢太多,非有錢的地方不能辦;四是學費太高,非富貴子弟不能進。陶行知對中華人民共和國成立前的學前教育進行了無情揭露和猛烈抨擊,並提出了一整套為勞苦大眾子女服務的學前教育理論。

1926年10月29日,陶行知在《新教育評論》上發表《創設鄉村幼稚園宣言書》,在批評當時幼稚園弊端的同時,提出了建立一個中國的、省錢的、平民的幼稚園的具體設想。此後,他就著手創辦符合中國的、省錢的、平民精神的試驗鄉村幼稚園,供人參觀、學習、推廣。他選擇燕子磯作為建立第一個鄉村幼稚園的鄉村,定名為「燕子磯鄉村幼稚園」。開辦該園的所有費用全部是由陶行知籌集的。繼燕子磯幼稚園之後,陶行知又帶領曉莊師範的學生,創辦了曉莊幼稚園、和平門幼稚園、邁皋橋幼稚園、新安幼稚園等鄉村幼稚園,主張對工農子女實行「來者不拒,不來者送上門去」的政策。此外,他還積極開展托兒所運動,為大眾服務,解決他們的後顧之憂。

### (二) 生活教育理論

關於什麼是生活教育,陶行知在許多場合表達過其含義。在陶行知看來,生活教育就是以生活為中心的教育,他說:「生活教育是生活所原有,生活所自營,生活所必需的教育。教育的根本意義是生活之變化,生活無時不變,即生活無時不含有教育的意義。」

陶行知的生活教育理論包括三個基本觀點:生活即教育,社會即學校,教學做合一。

1. 生活即教育

「生活即教育」的主旨包括：生活決定教育，有什麼樣的生活便有與之相應的教育，教育是供人生需要、為了生活向前向上的需要的，只有在生活中求得的教育才是真正的教育；實際生活是教育的中心，文字、書本只是生活的工具，不是生活的本身，教育要通過生活才能產生力量而成為真正的教育；教育的意義在於生活的變化，因此生活教育的內容是隨生活的變化而不斷發展的；「生活即教育」是終身教育，是與個人生活共始終的教育。

「生活即教育」是陶行知生活教育理論的核心。陶行知認為，真正的生活教育是「以生活為中心的教育」，是「供給人生需要的教育」，是生活所原有的、生活所必需的教育。教育與生活是同一過程，教育含於生活之中，教育必須和生活結合才能發生作用。教育以生活為前提，不與實際生活相結合的教育不是真正的教育。陶行知堅決反對沒有「生活做中心」的死教育、死學校、死書本。

需要注意的是，陶行知所說的「教育」不是以學校為整體的狹義教育，而是包括學校教育在內的整個社會生活的廣義教育。陶行知所說的「生活」是整個自然界和人類社會生活的總體，是人類一切實踐活動的總稱。「生活即教育」不是說生活等同於教育，而是說教育與生活經歷同一個過程，教育離不開生活，生活離不開教育。

2. 社會即學校

陶行知說：「學校即社會，就好像把一隻活潑的小鳥從天空裡捉來關在籠子裡一樣。它從一個小的學校去把社會所有的一切都吸收進來，所以容易弄假。社會即學校則不然，它是要把籠中的小鳥放到天空中，使它任意翱翔，是要把學校的一切伸展到大自然裡去。」他還說，「到處是生活，即到處是教育；整個的社會是生活的場所，亦即教育之場所。因此，我們又可以說『社會即學校』」。陶行知主張學校教育的範圍不在書本，而應擴大到大自然、大社會和群眾生活中去，向大自然、大社會和群眾學習，使學校教育和改造自然、改造社會緊密相連，形成真正的教育。

從陶行知的論述中，我們可以推知其「社會即學校」的基本主張是：要讓社會的每一個角落、每一個地方、每一個生活單位都擔負起學校的職能，把整個社會作為一個大學校。同時，學校必須突破圍牆之限，要與整個社會聯繫起來，實行開放式辦學，這樣才能充分發揮教育的作用。這種主張真正把學校放到社會大環境中去辦，使學校和社會息息相關，學校不再是生活的附庸，而是成為社會生活的必需。

3. 教學做合一

「教學做合一」是陶行知生活教育理論的教學方法論，是為批判傳統單一的教授法，反對教師「教死書、死教書、教書死」和學生「讀死書、死讀書、讀書死」的傳統教學模式而提出的教學方法論。陶行知說「教學做合一」「是生活現象之說明，即教育現象之說明。在生活裡，對事說是做，對己之長進說是學，對人之影響說是教。教學做只是一種生活之三個方面，而不是三個各不相謀的過程」。「教的方法根據學的方法，學的方法根據做的方法。事情怎樣做便怎樣學、怎樣學便怎樣教。教而不做，不能算是教；學而不做，不能算是學。教與學都以做為中心，在做上教的是先生，在做上學的是學生」。陶行知提出的「教學做合一」是非常具有針對性的。他曾對當時中國教師的教學方法做過調查研究，認為有相當多的教師「只會教授，只會拿一本書要兒童來讀它、記它，把那活潑的小孩子做個書架子、字紙簍」。也就是說，

教育界普遍存在著以教師為中心，以教為中心的現象。陶行知反對以「教」為中心，主張「教學做合一」，這就從教學方法上改變了教、學、做的分離狀態，克服了書本知識與生活實踐脫節、理論與實際分離的弊端，是教學法上的一大改革。

### （三）解放兒童創造力

陶行知認為，要幫助兒童發展，一方面要瞭解兒童的心理和身體發展規律，另一方面要激發兒童的創造力。他針對傳統兒童教育的種種弊端，提出瞭解開束縛兒童發展、挖掘兒童創造力的具體辦法。

1. 解放兒童的大腦

解放兒童的大腦就是把兒童的頭腦從固有的迷信、成見、曲解、幻想中解放出來，讓兒童用自己的大腦去思考問題，分析問題。

2. 解放兒童的雙手

解放兒童的雙手，給孩子以動手的機會，讓兒童自己動手操作，使他們在手腦並用中發展創造力（見圖4-3）。為此，必須打破封建教育不讓兒童動手、摧殘兒童創造力的舊傳統。

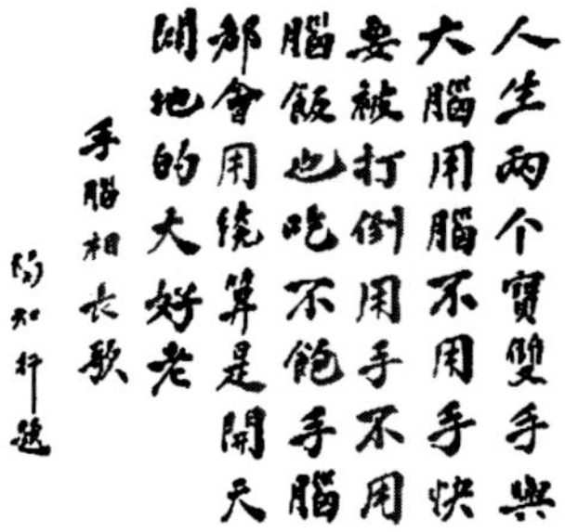

**圖4-3　陶行知題字——手腦相長歌**

3. 解放兒童的雙眼

「解放學生的雙眼，使學生學會觀察。」陶行知先生的這一主張對數學教學有著特別重大的意義。解放兒童的眼睛，就是要摘掉兒童眼睛上的「有色眼鏡，使眼睛能看事實」，要破除封建教育使兒童脫離社會實際生活的做法，應培養兒童對自然和社會進行觀察和分析的能力，培養兒童發現和解決問題的能力，使兒童的性情得到陶冶，意志得到鍛煉。

4. 解放兒童的嘴

解放兒童的嘴，是要讓兒童言論自由，要讓兒童自由發表自己的看法，允許兒童對事情有疑問。疑問是人類發明創造的起點。兒童只有有了問的自由，才能充分發揮其創造力。1924年，陶行知在《每事問》一詩中寫道：「發明千千萬，起點是一問。禽獸不如人，過在不會問。智者問的巧，愚者問的笨。人工勝天工，只有每事問。」

5. 解放兒童的空間

解放兒童的空間，就是給兒童提供廣闊的創造舞臺，為兒童進行創造活動打下基礎。為此，必須反對鳥籠式的學校，反對導致兒童「營養缺乏」的教科書，要讓小孩子「去接觸大自然中的花草、樹木、青山、綠水、日月、星辰以及大社會中之士、農、工、商、三教九流，自由地對

宇宙發問，與萬物為友，並且向古今中外三百六十行學習」，只有「解放了兒童的空間，才能搜集豐富的資料，擴大認識的眼界，以發揮其內在之創造力」。

6. 解放兒童的時間

一般的學校把兒童的時間排得滿滿的。各種考試使得兒童沒有時間去接觸自然和社會，結果就使得兒童失去接觸社會的機會，形成無意創造的傾向，到成人時，即使有時間，也不知道怎樣去發揮其創造力。因此，「創造的兒童教育首先要為兒童爭取時間之解放，時間的解放，可以使兒童有時間從容地消化、思考所學知識，去接受自然和社會的寶貴知識，積極去創造」。

(四)「藝友制」幼兒師範教育理論

1.「藝友制」的含義

「藝友制」是陶行知受中國傳統手工業作坊「藝徒制」培養工匠方法的啟發，根據「教學做合一」的方法論提出的培養幼兒教師的具體方法之一。陶行知在《藝友制師範教育答客問》一文中對藝友制的內涵進行了說明：「藝友制是什麼？藝是藝術，也可做手藝解。友就是朋友。凡用朋友之道教人學做藝術或手藝便是藝友制……凡用朋友之道教人學做教師便是藝友制師範教育。」

藝友制實際上就是學生（藝友）在幼稚園（而非師範學校）中通過學習成長為一名教師。具體來說，學生（藝友）與幼稚園有實踐經驗的教師（導師）交朋友，在教師的指導下，以在幼稚園的實踐為基礎，在實踐中學習和領悟對有關教育理論的認識，掌握有關幼稚園工作的技能，形成保教和管理工作的能力。陶行知在辦曉莊學校時，各中心幼稚園便採用了藝友制的方法培養了一批幼兒教師。

2.「藝友制」的實施步驟

藝友制培養幼兒教師在具體實施上大致有以下四個步驟：

第一，安排藝友實際參加幼稚生的各種活動，主要目的是使其學會如何成為一個兒童領袖。

第二，教給藝友一些具體方法，如怎樣講故事、怎樣帶幼兒玩耍，並學習一些基本技能，如唱歌、布置活動室等。

第三，一方面做各種基本技能訓練，另一方面在幼稚園實地操作。導師指導藝友制訂計劃，組織藝友到其他幼稚園參觀並討論。

第四，兩個藝友一組，在導師的指導下，獨立承擔整個幼稚園工作三個月。

以上四個步驟，一共需用一年半到兩年的時間，經考核合格者，發給結業證書。

藝友制師範教育最大的優點是能有效地克服理論與實踐脫節的現象。同時，在缺乏大量幼兒教師而又無法在短期內通過師範院校培養的情況下，藝友制不失為一種有效的策略。此外，藝友制只需要一年半到兩年的時間就能培養出有質量的幼兒教師，也大大縮減了培養幼兒教師的時間成本。因而，藝友制是對中國「幼稚師範必須根本改造」而「探得的一條新途徑」。

藝友制師範教育雖然有其獨到的優勢，但也是「不得已的師範教育方式」。從長遠來看，全部依賴邊做邊學的方式培養出來的幼兒教師，尤其缺乏相關文化知識和系統的專業理論基礎，其專業發展後勁就難以得到保證。對此，陶行知也曾明確指出，藝友制並非培養幼兒

教師的唯一方法，應當與普通幼兒師範學校相輔相成，共同培養幼兒教師。

### 三、對陶行知學前教育思想的評價

陶行知是中國近代著名的教育家，也是最早致力於中國學前教育實驗與研究的先驅。他在長期實踐研究探索的基礎上，不斷總結經驗，提出了不少既符合學前兒童學習與發展的特點，又適合中國實際情況的理論與思想。他在批判舊的幼稚教育「外國病」「花錢病」「富貴病」的同時，積極創辦省錢的、平民的、適合國情的幼稚園，創造性地提出了「生活即教育」「社會即學校」「教學做合一」的生活教育理論體系，從而在中國教育史上留下了光輝的一頁，對後來創建中國化的學前教育課程體系產生了深遠的影響。陶行知的教育思想不僅簡明深刻地揭示了當時中國社會與教育的客觀規律，還具有較高的現代價值，特別是他對學前教育意義的深刻理解、先進的兒童教育觀、創造教育的思想、生活教育的理念等，仍然值得我們去學習、去研究。

### 思考與練習

1. 簡述蔡元培學前教育思想的內容。
2. 陶行知普及幼稚教育思想的內容有哪些？
3. 簡述陶行知的生活教育理論。
4. 陶行知提出的解放兒童創造力，需要從哪些角度入手？

# 單元 5　中國現代學前教育

**學習目標**

- 掌握新民主主義向社會主義過渡時期的學前教育狀況；
- 掌握全面建設社會主義時期的學前教育狀況；
- 瞭解「文化大革命」時期的學前教育狀況；
- 掌握中華人民共和國成立初期學前教育的特點；
- 掌握改革開放以來學前教育的現狀和特點。

本章介紹了中華人民共和國成立初期、改革開放以來及 21 世紀初中國學前教育的發展狀況及特點。中國的學前教育事業經過近代的移植、模仿，到了現代開始了學前教育制度中國化的初步探索。同時，對外國學前教育制度的學習也開始由歐洲、日本轉向美國。學前教育制度建設的理論也由福祿培爾、蒙臺梭利轉向杜威的實用主義。

## 第一課　中華人民共和國成立初期的學前教育

### 一、中華人民共和國成立初期的學前教育狀況

#### （一）新民主主義向社會主義過渡時期（1949—1956）的學前教育

1949 年 10 月 1 日，中華人民共和國成立，教育也進入了一個全新的發展階段。從 1949 年 10 月至 1956 年 9 月是國民經濟恢復和社會主義改造時期。在此過程中，中華人民共和國的學前教育在改造舊教育的基礎上逐步確立了新的教育制度，並呈現出穩步發展的態勢。

1. 確定學前教育的性質、任務及發展方針

1951 年 10 月 1 日，中央人民政府政務院頒布了《關於改革學制的決定》，這是中華人民共和國成立以來國家頒布的第一個學制。此學制共分為五個部分：第一部分為幼兒教育；第二部分為初等教育；第三部分為中等教育；第四部分為高等教育；第五部分為各級政治訓練班。幼兒教育被列入學制體系之中，成為小學教育的基礎。

新學制規定實施幼兒教育的組織機構為幼兒園，招收 3～7 歲的幼兒，目的是使幼兒的

身心能在上小學前得到健全的發育和全面的發展。新學制指出，幼兒園應在有條件的城市首先建立，然後逐步向其他城市、鄉村推廣。

自1922年壬戌學制確定的學前教育名稱、沿用了30年的「幼稚園」，從此改稱為「幼兒園」，開始了其嶄新的生命。

1951年，教育部制定《幼兒園暫行規程（草案）》（以下簡稱《暫行規程》）和《幼兒園暫行教學綱要（草案）》（以下簡稱《暫行綱要》），並於1952年3月將這兩個暫行的草案頒發至全國開始試行。上述兩個法規對幼兒園的雙重任務、培養目標、教養活動項目、教養原則及招收對象與管理體制都做了具體的規定。

(1)幼兒園的雙重任務：①以新民主主義教育方針教養幼兒，使他們的身心在入小學前獲得健全地發展；②減輕幼兒給母親帶來的負擔，以便母親有時間參加政治活動、生產勞動、文化教育活動等。另外，法規還規定幼兒園應對幼兒進行初步的全面發展的教養工作。

(2)幼兒園的培養目標：①培養幼兒基本的衛生習慣，注意其營養，鍛煉其體格，保證幼兒身體的正常發育和健康；②培養幼兒正確運用感官和語言的基本能力，增進其對環境的認識，以發展幼兒的智力；③培養幼兒具有愛國思想、國民公德和誠實勇敢、團結、友愛、守紀律、有禮貌等優良品質和習慣；④培養幼兒愛美的觀念和興趣，增進其想像力和創造力。

(3)幼兒園的教養活動項目：①體育（包括日常生活衛生習慣、體操、游戲、舞蹈和活動等）；②語言（包括談話、講故事、歌謠、謎語）；③認識環境（包括日常生活環境、社會環境、自然環境）；④圖畫、手工（包括圖畫、紙工、泥工、其他材料作業等）；⑤音樂（包括唱歌、表情唱歌、聽音樂、樂器表演）；⑥計算（包括認識數目、心算、度量）。

(4)幼兒園的教養原則：①使幼兒全面發展；②教養內容和幼兒生活實際相結合；③幼兒有獨立活動完成簡單任務的機會；④讓幼兒習慣於集體生活；⑤必修作業、選修作業及戶外活動配合進行；⑥幼兒的家庭教育與幼兒園教育建立密切合作關係。

(5)幼兒園的招收對象與管理體制：①幼兒園招收對象為3周歲以上未滿7周歲的幼兒；②以整日制為原則，幼兒每日在園時間以8～12小時為準；③根據需要可辦理寄宿制和季節性幼兒園；④開學、放假比照小學校歷，但為了便於婦女工作，以不放寒暑假為原則；⑤幼兒園園長應兼任教員，教員應對幼兒負全面的教養責任（從此，幼兒園教師的稱謂便更名為「教養員」）；⑥與此同時，還有設班、編班原則，園長責任制和教養員責任制的相關規定等。

中華人民共和國成立初期，中國學前教育確定了公辦和民辦並舉的發展方針，依靠群眾動員社會各方面的力量，採取多種形式興辦幼兒園，逐步解決廣大人民群眾的需要，從而有力地促進了中國幼兒教育事業的發展。

2. 學習蘇聯學前教育的理論和經驗

繼戈林娜專家之後，學前兒童心理學專家馬努依連柯於1954年來華任教，使幼兒教育界掀起了學習兒童心理學的熱潮。從1953年起，他陸續翻譯出版了蘇羅金娜的《學前教育學》、查包洛塞茲的《幼兒心理學》、沙巴也娃的《教育史》、維特羅金娜的《幼兒園音樂教學法》、薩古林娜的《幼兒園繪畫教學法》，以及有關幼兒衛生學、語言和認識環境、游戲、體育鍛煉、3歲前集體教養等幾十種書籍，它們成為中國師範院校學前教育專業的主要教學用書，對中國學前教育界影響極大。

在蘇聯專家的指導下，教育部幼兒教育處於1954年10月召開了中華人民共和國成立

以來的第一次幼兒教育經驗交流會——北京、天津兩市幼兒園教養員工作經驗交流會。會後,教育部發出《關於組織幼兒教育工作者收集和總結經驗的通知》。自此,各地幼兒教育工作者普遍開展了總結經驗的活動。可見,這一時期在學習蘇聯的教育思想方面,不僅從教育學學科向心理學學科發展,而且注意與中國實際相結合,指導中國幼兒園總結經驗,提高教育質量。儘管20世紀50年代末60年代初由於中蘇兩國的分歧和矛盾,「學蘇」逐漸淡化,但是蘇聯的教育理論和經驗對中國學前教育的發展影響是深刻的。

3. 教育管理體制的建立

1956年2月,內務部、教育部、衛生部聯合發出《關於托兒所、幼兒園幾個問題的聯合通知》(以下簡稱《聯合通知》),對中國的學前教育事業發展方針、領導關係及培養幹部問題都做了規定,明確了對各類型托兒所、幼兒園的領導職責,以統一領導、分級管理為原則。

《聯合通知》指出:各類型托兒所、幼兒園的經費、人事、房屋設備和日常行政事宜,均由主辦單位(包括教育行政部門、廠礦、機關、團體、部隊、學校、群眾、私人等)各自負責管理;有關方針、政策、規章、制度、法令、教育計劃、教育內容、教育方法、兒童保健等業務,在托兒所方面,則統一由衛生行政部門領導;幼兒園統一由教育行政部門領導。主辦單位應向當地衛生或教育行政部門報告工作,主辦單位對所辦園所應定期檢查,幫助解決存在的問題。衛生、教育行政部門應分別對托兒所和幼兒園實行經常監督及重點檢查,還應辦好幾個托兒所和幼兒園,使它們起示範作用。

這一通知明確了托兒所和幼兒園的領導管理體系,有力地加強了對托兒所和幼兒園的領導和管理,保證了托幼事業的健康發展。

4. 教育事業的蓬勃發展

1) 幼兒師範學校的發展

1951年8月27日—9月11日,第一次全國師範教育會議與第一次全國初等教育會議合併召開,會議通過了《師範學校暫行規程》《關於高等師範學校的規定》。在1952年的院系調整中,以發展工科院系和師範院系為重點。通過院系調整,中國將過去附設在普通大學內的教育學院、師範學院獨立設置為師範學院;附設在大學內的教育系,全部歸並於師範學院。同時,結合中學的教學計劃,調整了師範院校的系科。

在中等師範教育方面,1952年7月教育部頒布《師範學校暫行規程(草案)》,規定了中等師範學校的任務是培養初等教育和幼兒教育的師資,學制三年,招收初中畢業生或同等學力者,學生一律享受人民助學金,畢業生至少服務教育工作三年方可升學或擔任其他職務。

1953年7月,教育部頒發《幼兒師範學校教學計劃(修訂草案)》,並對大綱、教材、課程安排做了規定。

1955年,教育部決定幼兒園師資由地方教育行政部門設立幼兒師範學校負責培養,在全國範圍內增設了初級和中級幼兒師範學校,增加了幼兒園教師的培養基地。

1956年5月,教育部正式頒發《幼兒師範學校教學計劃》,調整了部分課程的教學時數。同年6月,教育部又頒發了《初級幼兒師範學校的教學計劃(草案)》。除正規幼兒師範學校培養新師資外,教育部還通過多種渠道,採用多種形式培訓、提高在職教師的教學技能。

2) 高等師範院校設置學前教育專業

1952年,教育部頒發並試行的《關於高等師範學校的規定》指出,高等師範學校設置的

教育系分設學前教育組,培養中等幼兒師範學校的專業課教師。根據教育部關於高等學校院系調整的精神,應將分散於一些高校的有關專業適當合併,調整為學前教育專業或幼兒教育系,以利於集中力量切實形成幼兒師範學校師資培養基地。其具體措施為:將分散於南京金陵大學(金陵女子文理學院已於1951年並入該校)、廣東嶺南大學、上海復旦大學的兒童福利組及托兒專修班與南京大學師範學院幼兒教育系(「國立」上海幼稚教育專科學校已於1949年9月並入該校)合併成為南京師範學院幼兒教育系;將燕京大學、輔仁大學的家政系與北京師範大學的學前教育專業合併成為北京師範大學教育系學前教育專業。這樣,高等師範院校學前教育專業的力量相對集中,目標較明確,擔負著為全國培養幼兒師範學校師資力量的任務。

### (二) 全面建設社會主義時期(1956—1965)的學前教育

1956年9月,中國共產黨第八次全國代表大會在北京召開。會議宣布,新民主主義革命勝利結束,今後的主要任務是大力發展生產力,逐步滿足人民群眾日益增長的物質和文化需要。從此,中國進入了全面建設社會主義時期。

進入全面建設社會主義時期,幼兒教育事業得到了進一步發展。隨著國家工農業生產「大躍進」,農村幼兒教育機構一度出現發展失控現象,這也是學前教育盲目發展與調整鞏固階段。1961年,黨中央提出國民經濟「調整、鞏固、充實、提高」的方針,幼兒教育事業發展逐步恢復正常。

1. 幼教機構穩步發展,幼教質量不斷提高

教育部門主辦的幼兒園,1953年為3,900所,1957年增加到4,400所;工礦、企業、機關等部門主辦的幼兒園,1953年為500所,1957年增加到3,400所;民辦幼兒園,1953年為1,100所,1957年增加到8,600所。在多種類型幼兒園同時增長的情況下,工礦、企業、機關等部門主辦的幼兒園的增長最為明顯,這反應了《關於托兒所幼兒園幾個問題的聯合通知》(以下簡稱《聯合通知》)中關於「全面規劃,加強領導」和「在城市中由廠礦、企業、機關、團體舉辦」幼兒園的方針符合當時中國經濟發展與幼兒教育發展相適應的現實需要。

教育部門主辦的幼兒園,1956年為4,500所,1957年減少至4,400所;民辦幼兒園,1956年為11,500所,1957年減少至8,600所。這說明《聯合通知》中按年齡劃清托兒所與幼兒園的界限和有關「主辦單位應採取有效辦法對不合格的幼兒園進行檢查和整頓」的規定發揮了作用。至於工礦、企業、機關等部門主辦的幼兒園,1956年為2,500所,1957年為3,400所,一年內增長了36%,則反應了《聯合通知》中將城市幼兒園的發展重點放在工礦、企業區的方針符合當時國家經濟發展特點。

1956年11月6日,教育部頒發《關於幼兒園幼兒的作息制度和各項活動的規定》(以下簡稱《規定》),要求幼兒園「嚴格執行」,以利於「貫徹全面發展的幼兒教育方針」。《規定》的某些具體要求至今仍應是幼兒園努力遵守的。但是,由於當時將「作業」闡釋為「在同一時間內對全班幼兒進行教學或復習」,較少注意因兒童個體差異施以不同的教育組織形式,以致幼兒園在較長時間內存在「偏重課堂教學」和「千園一面」的現象。

1956年11月,教育部頒發了《關於組織幼兒教育義務視導員進行視導工作的辦法》,提出要「廣泛就地組織有經驗的幼兒園園長和教師擔任義務視導員,在教育行政部門幼教科(組)的領導下,進行視導工作」,義務視導員「有責任傳播優良的工作經驗,幫助各園提高工

作質量」。這在當時不失為一種提高幼兒教育質量的有效措施。

教育部幼兒教育處主辦的季刊《學前教育》於1957年9月1日正式公開發行,這是中華人民共和國成立後的第一個幼兒教育刊物。中央人民廣播電臺從1956年9月開始為學前兒童舉辦《小喇叭》專題節目,孫敬修、曹燦等專家播講故事,不少幼兒園將該節目作為每日固定的幼兒活動內容。上述傳播媒介對提高幼兒園教師水平、豐富幼兒活動內容和促進幼兒發展,均起到了良好的作用。

2. 幼兒教育機構發展「大躍進」

1958年9月19日,中共中央、國務院在《關於教育工作的指示》中對幼兒教育的發展提出,全國應在三年到五年的時間內基本完成「使學齡前兒童大多數都能入托兒所、幼兒園的任務」。1958年12月,中共八屆六中全會通過的《關於人民公社若干問題的決議》還提出公社「要辦好托兒所和幼兒園,使每一個孩子比在家裡生活得好,教育得好……父母可以決定孩子是否需要寄宿……公社必須大量培養托兒所和幼兒園的合格的保育員和教養員」。

全國幼兒園數量1958年比1957年增加了41.4倍,雖然1959年比1958年下降了23.44%,但1960年比1959年增加了47.47%,總數超過了1958年。

在當時強調數量發展的形勢下,「三天托兒化」「一夜托兒化」「實行寄宿制,消滅三大差別」等口號和行動,在農村紛紛出現,將全村幼兒集中同吃、同住,對中央指示中「要辦好托兒所和幼兒園」的質量要求不管不顧。這樣的發展速度超越了中國當時農村經濟的發展水平,違背了幼教事業發展的客觀規律。在這種情況下,教育部對有的地區適應現實條件和幼教特點的比較理智的措施頗為重視,並將有關文件原文轉發至全國各地,力圖對發展失控地區產生積極影響。1958年7月22日,教育部頒布的《轉發江蘇等省關於辦農村幼兒園的四個文件的通知》是當時具有代表性的一個文件。但是,這類文件未能從根本上改變農村幼教機構發展失控的狀況。

3. 幼兒教育學術進展受阻

1958年8月,教育部主辦的雜誌《學前教育》和報紙《教師報》《人民教育》同時停刊。同月,北京師範大學邀請京津兩地有關學校和科研機關研究人員舉行座談會批判心理學教學中的「資產階級方向」,指責心理學以心理分析代替階級分析。《光明日報》則發表《拔掉資產階級教育科學中的一面白旗》的社論,對心理學教學予以批判。12月,教育部頒發《關於〈幼兒園教育工作指南(初稿)〉不要按正式文件使用的通知》(以下簡稱《指南(初稿)》),聲明「《指南(初稿)》系教育部委託北京師範大學學前教研室起草的,尚未經起草委員會及教育部審查」。北京師範大學教育系學前教育專業學生給《指南(初稿)》羅列了「篡改黨的教育方針」「醜化勞動人民」「反動的兒童中心主義」等罪名,橫加批判。1961—1962年,雖然教育部對《指南(初稿)》重新做了評價,認為應該重新認識根據兒童年齡特點進行教育的必要性,但批判時所出現的大量口號化、形式化、成人化的錯誤,對幼兒教育學術研究的影響則是長遠的。

4. 幼兒教育恢復正常秩序

1960年12月15日,楊秀峰同志在全國文教工作會議上發言,在談到1961年教育事業計劃問題時指出「要繼續重視和加強幼兒教育」。

1961年1月,中國共產黨第八屆中央委員會第九次全體會議決定對國民經濟實行「調

整、鞏固、充實、提高」的方針。在此方針指引下，幼兒教育機構根據經濟、師資等實際條件採取了保留、撤銷、充實等手段，朝著鞏固和提高的目標逐步恢復正常發展秩序。

1）幼兒園發展情況逐步穩定

全國 1960 年有幼兒園 785,000 所，1961 年減至 60,300 所。其中，教育部門主辦的幼兒園減少並不顯著，大量減少的是其他部門開辦及民辦集體類型幼兒園。在中央八字方針指引下，農村幼兒園的發展逐步恢復正常和穩定。

2）幼兒師範學校重新受到重視

1961 年 10 月 25 日—11 月 2 日，教育部召開全國師範工作會議。1962 年 1 月，《教育部黨組關於全國師範教育會議的報告》（以下簡稱《報告》）明確指出要重視幼兒園師資培養。《報告》提到「三年制的幼兒師範，主要是培養大、中城市重點幼兒園的教養員，目前不能多辦」「應該多辦初級幼兒師範，招收相當於高小畢業程度的青年，培養成為城鎮和農村幼兒園內教養員，學習時間的長短，可以因地制宜」。《報告》還明確提出「幼兒師範的教材，教育部準備組織力量分工編寫，積極解決」「幼兒師範，以政治、語文、數學、幼兒教育學為主要學科，同時各年級都要安排教育見習和實習」。幼兒師範學校由 1952 年的 2 所增加到 1957 年的 20 所，在校學生數由 2,100 人增加到 15,287 人。「大躍進」時期的 1960 年，幼兒師範學校增加到 89 所，在校學生增加到 69,278 人。經過調整整頓，1963—1965 年，中級幼兒師範學校穩定在 19 所，每年在校生也穩定在 5,000 人左右。從此，培養幼兒園教師由初級幼兒師範轉為以中級幼兒師範為主（1958 年初級幼師生占在校生總數的 62.2%，這一比例在 1959 年下降為 45%，1962 年下降至 3%），幼兒園教師的水平逐步得到提高。

3）地方教育行政部門採取措施恢復幼兒園工作秩序

為使幼兒園教育工作盡快趨向穩定，從 1962 年開始，一些地方教育行政部門採取了積極措施。例如，北京市制定了《培養幼兒衛生習慣和獨立生活能力》，上海市制定了《幼兒園工作條例 30 條》和《幼兒園品德教育提綱》，江蘇省常州市制定了《幼兒園工作條例》等。

5. 全國幼兒教育領導力量削弱

恢復整頓時期，教育部精簡機構，幼兒教育處被撤銷，僅保留一名原幼教處幹部在普通教育司綜合處處理有關日常事務。此後相當長的一段時間內，教育部基本上沒有對幼兒教育工作下發文件指示，使幼兒教育的發展與提高受到相當程度的影響。

（三）「文化大革命」時期（1966—1976）的學前教育

「文化大革命」時期，整個國家全面遭受浩劫，學前教育也不例外，遭受了嚴重的破壞，出現了混亂的局面，致使學前教育停滯不前，甚至倒退。

「文化大革命」的十年使中國幼兒教育事業受到較大影響。不過，值得欣慰的是，有的地區在重重困難之中，仍然本著對幼兒事業的忠誠，堅持著正確的辦園道路。隨著計劃生育政策的執行，優生優育同幼兒教育事業聯繫了起來，促進了幼兒教育事業的回升。1975 年，衛生部婦幼局在江蘇省如東縣召開了關於婦幼保健、優生優育的幼兒教育座談會。此後，江蘇省乃至全國推廣了如東縣三項工作一齊抓的工作經驗。江蘇省委宣傳部委派南京師範學院幼教系教師赴如東縣輔導和培訓幼教師資。有的地方逐漸恢復或重建幼師範學校，北京市幼兒師範學校在 1975 年恢復。

（四）撥亂反正時期（1976—1978）的學前教育

1976 年 10 月，江青反革命集團被粉碎，「文化大革命」宣告結束，十年混亂的動盪局面

被終結。教育戰線經過撥亂反正，學前教育工作也開始走向正軌。從此，中國進入社會主義現代化建設新時期。但是，由於「兩個凡是」錯誤方針的影響，整個教育工作包括學前教育仍存在「左」的錯誤。

## 二、中華人民共和國成立初期學前教育的特點

中華人民共和國成立以來至改革開放前的學前教育共經歷了四個階段，每個階段都有其自身特點。現按照階段將該時期學前教育的特點總結如下：

1. 從新民主主義向社會主義過渡時期的學前教育處於平穩發展狀態

1949年以後，中國共產黨取得全國政權，作為一個以馬克思主義為指導思想的黨，此時開始自覺或不自覺地運用自己的政治理論改變之前各個領域的思想、觀點。作為教育伊始的學前教育領域也同樣開始了變化，以葉聖陶先生為代表的教育思想，包括學前教育思想，在1949年之前側重於在少兒階段讓兒童有美的粗淺的認識、體會，主要以童話、短篇散文及新舊體詩歌去引導兒童對於美、善良、公序良俗的最初體驗。這一時期的學前教育可以說沒有太多政府主導下的意識形態的灌輸，更多地是由教師自由安排學前教學的各個環節，以提高兒童興趣作為教學的動力，辦學模式靈活，有公立學堂，也有老式的私塾；同時，1949年以前的學前教育對實際生活的基本常識具有最基本的瞭解。

1949年以後，雖然官方的意識形態發生巨變，但是這一時期政治上的民主協商緩解了馬克思主義對學前教育的改變，以葉聖陶為代表的舊式學前教育思想方式仍在大多數地區繼續適用，出現了新舊兩種教育模式並存的特殊現象；舊教育保證了傳統價值在彌合內戰引發的社會巨變方面起到積極作用，這對於穩定新政權是有一定意義的。

2. 全面建設社會主義時期的學前教育具有「左」的錯誤，盲目大發展

20世紀50年代末，隨著公私合營等改造的深入，一部分高級領導人對於社會主義前景盲目樂觀，並制定出了一些脫離中國現實的激進社會主義方針、政策，這反應到學前教育領域表現為：刪除大量民國政府時期的教材內容；馬克思主義的灌輸開始進入學前教育領域，開始出現一些違背教育原理、規律的做法；1949年以前的教學骨幹被以「國民黨反動派的教學師爺」的名義清理出學前教師的隊伍，給新人讓路，給馬克思主義的「紅心」讓路，教師隊伍開始出現動盪。

3. 「文化大革命」時期的學前教育處於停滯狀態

「文化大革命」期間，作為當時教育的最高階段——大學教育幾乎停辦。幸運的是，當時有人提出大學還是要辦的；但學前教育就不那麼幸運了，本來基礎就相當薄弱的學前教育，此時更是「破屋偏逢連陰雨」。各地很多類似學前教育的私塾被扣上反動的帽子，紛紛被撤銷，責令關閉；很多優秀的兒童啟蒙讀物被定性為「大毒草」或「四舊」而不再出版，有的甚至被焚毀；各地由工宣隊、造反派掌權，學前教育被打入「冷宮」，各地的幼兒園、托兒所不再具有教育職能，僅僅作為兒童活動場所存在。

4. 「撥亂反正」時期的學前教育從混亂轉向正常

在經歷了30多年的政治動盪後，中國終於迎來一個穩定發展時期，學前教育得到了一定恢復，在拋棄極「左」思想後，學前教育領域開始理性看待中國傳統與外國的優秀教育資源。

總體來講,中華人民共和國成立初期的學前教育處於停滯甚至滯後的狀態,一段歷史時期的國情與制度造成了當時的教育現狀,只有從思想與制度上改變,才能真正帶動與促進學前教育向前發展。

# 第二課　　改革開放以來的學前教育

## 一、改革開放以來的學前教育現狀

### (一) 20 世紀 80 年代至 90 年代的學前教育

1978 年 12 月,黨的十一屆三中全會的召開,標志著中國改革開放的來臨,中國從此進入了建設中國特色社會主義的新時期,學前教育也迎來了改革開放的春天。

1. 制定政策性文件,指導不同時期幼兒教育事業的發展

教育部於 1979 年 11 月 8 日頒發了《城市幼兒園工作條例(試行草案)》(以下簡稱《城市條例》)。《城市條例》對幼兒教育的方針、目標、內容和制度所做的詳盡規定,有助於幼兒園工作人員把握方向,較為迅速地恢復幼兒園的正常工作秩序。

1981 年 10 月 31 日,教育部發出《關於試行幼兒園教育綱要(試行草案)的通知》(以下簡稱《教育綱要》),作為「各類幼兒園進行教育工作的依據」,要求各地幼兒園結合實際試行。《教育綱要》繼承了 20 世紀 50 年代《教學綱要》的主要精神,並將教育觀念提到了新的高度。

1988 年 8 月 15 日,國務院辦公廳轉發國家教委、國家計委等八個部門《關於加強幼兒教育工作的意見》。1989 年 8 月 20 日,國務院批准了中華人民共和國成立後的第一個幼兒教育行政法規——《幼兒園管理條例》(以下簡稱《條例》),於 1989 年 9 月 11 日以國家教育委員會第 4 號令發布。《條例》對幼兒園的基本條件、行政管理、保教工作等做了規定。

1990 年,時任國務院總理李鵬簽署了世界兒童問題首腦會議通過的《兒童生存、保護、發展世界宣言》。1991 年,經全國人民代表大會常務委員會批准,中國政府參加簽署的聯合國制定的《兒童權利公約》自 1992 年 4 月 1 日起在中國生效。

1991 年 9 月,全國人民代表大會常務委員會頒布了《中華人民共和國未成年人保護法》。1992 年 2 月,國務院發布婦女兒童工作協調委員會編製的《九十年代中國兒童發展規劃綱要》。

1996 年 9 月,全國婦聯、國家教委頒布《全國家庭教育工作「九五」計劃》,提出「到 2000 年,使 90% 兒童(14 歲以下)的家長不同程度地掌握保育、教育兒童的知識,掌握科學的教育方法,提高家長素質;使家庭、學校、社會協調配合」。

1997 年 7 月 17 日,國家教委印發了《全國幼兒教育事業「九五」發展目標實施意見》(以下簡稱《實施意見》),為實現《全國教育事業「九五」計劃和 2010 年發展規劃》對幼兒教育事業提出的目標奠定了堅實的基礎。《實施意見》提出,2000 年全國學前三年幼兒入園(班)率達到 45% 以上,大、中城市基本解決適齡幼兒入園問題,農村學前一年幼兒入園(班)率達到 60% 以上,並按「普九」情況和經濟發展水平提出分區實施要求。

2. 學前教育機構穩步發展

隨著國家學前教育政策的頒布,依靠政府和社會各方面的力量,學前教育機構出現了有計劃、有步驟的穩步發展局面,特別是廠礦、企業、機關、學校和農村的幼兒園發展較快。

20世紀90年代的幼兒園數量仍維持在17萬所左右。幼兒園數量雖然從1995年起提高到18萬所,但從1996年起開始逐年下降。這固然有實行計劃生育這一基本國策後總出生率下降的因素,也有規範辦園政策後收縮的因素,更與體制轉軌後對幼兒園的關、停、轉、並等因素直接相關。不過,從總體走勢來看,學前教育機構趨於穩定發展狀態。

3. 適應時代要求提高師資水平

1)幼兒園教師地位得到提高

1978年12月7日,教育部、國家計委下達《關於評選特級教師的通知》,將「幼兒園的教養員」和「長期從事幼兒教育工作、領導教學工作有特長的幼兒園主任」列為評選對象。

1980年4月14日,教育部、全國總工會發出《關於組織優秀教師暑期休養的聯合通知》,包括幼兒園優秀教師在內的108名代表被選派至青島休養。1981年2月5日,中共中央書記處在中南海懷仁堂召開首都中小學、幼兒園教師春節座談會,時任中共中央副主席陳雲到會講話。幼兒園教師像其他各級各類學校的教師一樣,獲得國家空前的尊重和愛護。

2)幼兒教育師資培養受到重視

1978年10月,教育部頒發《關於加強和發展師範教育的意見》,要求「認真辦好現有師範學院(師範大學)」「努力辦好中等師範學校」「積極辦好幼兒師範學校,為幼兒教育培養骨幹師資」「在1980年前,要做到每一個地區有一所幼兒師範,或在有條件的中等師範學校舉辦幼師班。原有學前教育專業的師範院校,應積極辦好這個專業,擴大招生名額,為各地幼兒師範培養師資」。

1980年8月22日,教育部頒發《關於辦好中等師範教育的意見(試行草案)》(以下簡稱《意見》)。《意見》將「積極辦好幼兒師範教育」作為一個單獨部分加以闡述,指出「幼兒教育是整個學校教育的基礎」「要做好幼兒師範學校的發展規劃。各省、市、自治區在1982年前,至少要辦好一所幼兒師範學校,並列為省級重點學校」「1985年前,在原來的大行政區範圍內,應有一所高等師範院校開設學前教育專業」。全國通用的幼兒師範學校的專業教材將由教育部審定出版。

1985年5月6日,教育部頒發《幼兒師範學校教學計劃》,對1980年頒發的《幼兒師範學校教學計劃(試行草案)》做了修改。經過修改的《幼兒師範學校教學計劃》增加了教育課和教育實習時間,對於理論與實際的結合是有益的。

1988年8月15日,國務院辦公廳轉發國家教委、國家計委、財政部、人事部、勞動部、建設部、衛生部、物價局《關於加強幼兒教育工作的意見》,指出「必須積極發展幼兒師範教育,同時抓緊在職教師的培訓工作」,要求「各級教育行政部門要會同有關部門研究制訂幼兒師範教育發展規劃,合理設置幼兒師範學校、中等師範學校幼師班、職業高中幼教專業和幼兒師資培訓中心等」。

全國中等幼兒師範學校從1982年的33所增至1992年的68所。幼師在校生從1982年的21,798人增至1992年的37,795人。專任教師從1982年的1,592人增至1992年的4,003人。

3)幼兒教育師資素質的重要性被提到新的高度

1993年10月31日,第八屆全國人民代表大會常務委員會第九次會議通過的《中華人民共和國教師法》規定「取得幼兒園教師資格應該具備幼兒師範學校畢業及其以上學歷」。1995年1月27日,國家教委發布《三年制中等幼兒師範學校教學方案(試行)》,提出了幼兒師範學校的培養目標與規格。

1997年10月29日,國家教委頒發《關於組織實施〈高等師範教育面向21世紀教學內容和課程體系改革計劃〉的通知》,指出世紀之交的高等師範教育改革計劃「起點高、立意新、針對性強」「具有鮮明的時代特徵」,高等師範教育需「用現代文化、科技發展新成果充實和更新教育內容」,要「採取科學立項的辦法,把研究過程和改革實踐緊密結合起來」。

通過職前和在職培訓,幼教師資水平進一步得到提高。1996年,全國幼兒師範學校在校生達到8.43萬人(1989年為3.65萬人)。1981年,在全國43萬名幼兒園教師中,文化業務水平為中等師範和高中畢業者占教師總數的35.5%;到了1996年,在全國96.2萬名幼兒園教師中,中等師範和職業高中畢業以上者占幼兒園教師總數的58.8%,已經取得專業合格證書的占幼兒園教師總數的12.55%。此外,還有5,070名高等師範畢業的幼兒園教師,占幼兒園教師總數的5.3%。1996年,國家教委提出全國幼兒園園長任職資格、職責和崗位要求後,各地均採取多種形式開展培訓工作。

4. 開展科學研究,促進學前教育改革

1978年7月4日,國務院批准《教育部關於重建中央教育科學研究所的請示報告》。同年10月,國家重建了在「文化大革命」時期被解散的中央教育科學研究所,幼兒教育研究室於恢復建所初期設立。

《1979—1985年教育科學發展規劃綱要(草案)》指出,需「加強教育科學各門類基礎理論研究,為編寫教育學、心理學、中外教育史、各科教材教法、幼兒教育學等打下科學基礎,並為研究各種教育的實際問題提供基礎理論的指導」。

中央教科所幼教室經批准設立了題為「適應中國國情,提高幼兒素質的調查研究」的「七五」規劃國家教委重點項目。此後,這一奠定幼兒素質教育基礎的項目由診斷性的調查研究進入治療性的實驗研究,成為「八五」規劃中華哲學社會科學基金項目——「適應中國國情提高幼兒素質實驗研究」。

在幼兒園教育教學改革方面影響較大的課題有:國家教委在全國十個省、市進行的《幼兒園工作規程》試驗;北京市教科所與北京市幼兒師範學校合作進行的「幼兒玩具系列化促進幼兒智力發展的實驗研究」;北京師範大學教育系學前教育專業進行的「幼兒園教育大綱實驗研究」(為此後國家教委辦公廳頒發的《關於在幼兒園加強愛家鄉、愛祖國教育意見》做了貫徹落實的思想認識和教育行動的準備);南京師範大學幼兒教育系主持的「幼兒園科學教育活動設計的研究」,等等。

經全國教育科學研究規劃組批准的幼教科研課題,其項目數量由「七五」時期的兩項發展到「八五」時期的七項和「九五」時期的九項;研究領域從幼教機構擴展至家庭,從城市擴展至農村,從幼兒發展擴展至幼兒園師資水平提高;研究內容從單一走向綜合;研究方法從側重調查研究發展至實驗研究為主;研究結論的獲取從重視定量分析發展至定量和定性分析兼顧;研究主持者從專職研究人員發展至各層面的幼教工作者,從以中老年為主擴展為中青年占多數。

各地根據地區特點確立研究項目。例如，北京市教育科學「九五」規劃重點研究課題「北京市幼兒園課程方案實驗研究」，為指導北京市幼教界貫徹《規程》的基本精神，提供了具有本地區特色的指導教育實踐活動的依據；上海市教委於 1999 年頒發的《上海市學前教育綱要》，是由市教委、市教科所、華東師範大學、長寧區實驗幼兒園等單位共同組成的上海市中小學課程教材審查委員會學前教育分會的科研產物；江蘇省教委於 1996 年經研究頒發《江蘇省基本實現現代幼兒園評估細則（試行）》，對重視教育質量、提高幼兒發展水平的教育思想的確立，起到了導向作用。

幼兒園工作人員根據本園工作需要、個人專長特點和時代要求，獨自立題研究的現象近年來也已屢見不鮮。

5. 與國際接軌的學前教育事業

改革開放政策將中國幼教界推向了世界。自 20 世紀 80 年代中期開始，中國幼教界經常參加國際合作幼教研究項目，舉辦國際學術研討會，參加國際會議等。20 世紀 90 年代以後，中國則更加注意此類行動對世界兒童發展事業的推動作用。

1993 年 5 月 18 日—22 日，聯合國兒童基金會和國家教委聯合舉辦「幼兒的教育發展——向 90 年代挑戰國際研討會」，參加會議的有澳大利亞、美國和中國香港、中國澳門等國家和地區的專家、代表共 200 餘人。

1996 年 4 月 23 日—25 日，在北京師範大學舉行了國家教委和聯合國教科文組織聯合主辦的中國履行《兒童權利公約》研討會。會上，聯合國兒童權利委員會副主席漢姆伯格介紹了《兒童權利公約》精神。時任國家教委法規司副司長李連寧做了《中國兒童受教育權的法律保護》的報告。時任國家教委基礎教育司幼教處處長朱慕菊以「幼兒受教育權利的保護與國家政策」為題做了講話，指出「中國幼兒教育事業的發展政策始終圍繞著為更多的兒童提供學前教育的機會這一核心」進行。另有高等師範院校教師和教育科研機構的研究人員做了有關報告。

（二）21 世紀初的學前教育

1. 幼兒教育改革的目標與政策

1）幼兒教育改革的總目標

2003 年，教育部等部門頒布了《關於幼兒教育改革與發展的指導意見》，提出 21 世紀中國幼兒教育改革的總目標是形成以公辦幼兒園為骨幹和示範，以社會力量興辦幼兒園為主體，公辦與民辦、正規與非正規教育相結合的發展格局。

「十五」期間，中國幼教事業的發展目標是：到 2005 年，全國學前三年幼兒受教育率達到 55%，學前一年受教育率達到 80%；大面積提高 3 歲以下和 3～6 歲兒童家長及看護人員的科學育兒能力。

2）進一步完善幼兒教育管理體制和機制

(1) 堅持實行地方負責、分級管理和有關部門分工負責的幼兒教育管理體制。

① 國家制定有關幼兒教育的法規、方針、政策及發展規劃。

② 省級和地(市)級人民政府負責本行政區域幼兒教育工作，統籌制訂幼兒教育的發展規劃，因地制宜地制定相關政策並組織實施，促進幼兒教育事業均衡發展。

③ 縣級人民政府負責本行政區域幼兒教育的規劃、佈局調整、公辦幼兒園的建設和各

類幼兒園的管理,負責管理幼兒園園長、教師,指導教育教學工作。

④ 城市街道辦事處配合有關部門制訂本轄區幼兒教育的發展計劃,負責宣傳科學育兒知識,指導家庭幼兒教育,提供活動場所和設備、設施,籌措經費,組織志願者開展義務服務。

⑤ 鄉鎮人民政府承擔發展農村幼兒教育的責任,負責舉辦鄉鎮中心幼兒園,籌措經費,改善辦園條件;發揮村民自治組織在發展幼兒教育中的作用,開展多種形式的早期教育和對家庭幼兒教育的指導。

⑥ 各部門職責:建立和完善政府領導統籌、教育部門主管、有關部門協調配合、社區內各類幼兒園和家長共同參與的幼兒教育管理機制。

(2)加強管理,保證幼兒教育事業健康發展。

① 地方各級人民政府要加強公辦幼兒園建設。

② 積極鼓勵和提倡社會各方面力量採取多種形式舉辦幼兒園。

③ 加強對企事業單位幼兒園的管理。

2.《幼兒園教育指導綱要(試行)》和《中國兒童發展綱要(2001—2010年)》的頒布

2001年9月,教育部頒布了《幼兒園教育指導綱要(試行)》(以下簡稱《新綱要》)。這是為進一步貫徹第三次全國教育工作會議精神,落實《國務院關於基礎教育改革與發展的決定》,推進幼兒園實施素質教育而頒布的全國學前教育綱領性指導文件。《新綱要》是在總結近些年來中國幼兒園教育改革的經驗,並充分吸納了世界範圍內早期教育優秀思想與研究成果的基礎上制定的。

《中國兒童發展綱要(2001—2010年)》是國務院按照《中華人民共和國國民經濟和社會發展第十個五年計劃綱要》的總體要求,根據中國兒童發展的實際情況,以促進兒童發展為主題,以提高兒童身心素質為重點,以培養和造就21世紀社會主義現代化建設人才為目標,從兒童與健康、兒童與教育、兒童與法律保護、兒童與環境四個領域,提出了2001—2010年的目標和策略措施。

《中國兒童發展綱要(2001—2010年)》的總目標是堅持「兒童優先」原則,保障兒童生存、發展、受保護和參與的權利,提高兒童整體素質,促進兒童身心健康發展。

3. 幼兒教育課程的改革

21世紀初的幼兒教育課程改革,是在20世紀80年代和90年代幼兒教育課程改革基礎上的進一步研究。它的精神集中體現在2001年頒布的《新綱要》中,它為21世紀的幼兒教育課程改革奠定了理論基礎,為廣大幼兒教育的理論和實踐工作者在21世紀進行幼兒教育課程改革指明了方向。

21世紀初的課程理論研究呈現出一片欣欣向榮的景象,具體表現在以下幾個方面:

(1)研究在各種新觀點(或舊觀點新看法)指導下的幼兒教育課程的目標、內容和實施等問題。

(2)對瑞吉歐課程的學習與探討。

(3)對「園本」課程理論的探討。

(4)對幼兒教育課程生活化的討論。

在課程的實踐研究方面,研究者和廣大幼兒教師形成一定的合力,繼續對課程的各個領域進行研究。

總之，中國20世紀80年代以來的幼兒教育課程的改革，在世界幼兒教育課程改革的推動下，經歷了20世紀80年代的改革熱潮和90年代的逐漸深化到21世紀初的初見成效的過程，儘管才走過了短短的30多年，但在廣大理論工作者和幼兒教師的共同努力下，已經取得了很大的成績。當然，中國的幼兒教育課程改革還在繼續，在如何將國外的經驗很好地理解和吸收，如何探索適合中國幼兒教育的課程體系，建立適合各地發展的課程模式，如何更好地學習、探討和完善《新綱要》中有關幼兒教育課程的目標、內容、組織、實施和教育評價，並將之靈活運用到實踐等方面，還有大量的研究工作要做，還需要幼教理論和實踐工作者的進一步努力。

21世紀初，中國幼兒教育課程改革的指導思想出現了一些新的觀點，如終身教育、以人為本、新的知識觀和學習觀等。

## 二、改革開放以來學前教育的特點

改革開放以後，學前教育的發展開始攀升，這一時期可分為兩個歷史階段，現將這一時期學前教育的特點總結如下：

1. 學前教育政策趨於法制化

進入20世紀80年代後，由於中國改革開放政策的推行，幼教領域改革的呼聲日益高漲。1989年6月，國家教委制定並頒發了《幼兒園工作規程（試行）》；同年9月11日，國家教委發布了《幼兒園管理條例》，它是中華人民共和國成立以來第一個經國務院批准頒發的有關幼兒教育的行政法規；1996年正式頒發了《幼兒園工作規程》；2001年頒布了《幼兒園教育指導綱要（試行）》。1989年《幼兒園管理條例》的頒發標誌著中國幼兒教育開始走向法制化建設的道路，而此後一系列相關法律法規開始頒布實施。從學前教育發展的角度來看，各種政策的頒發更加有利於學前教育的法制化發展，更加有利於從不同程度和不同層面對中國學前教育政策做進一步的規範，使其健康而快速地發展。

2. 重視幼兒教育科學研究，幼兒教育水平明顯提升

(1) 學前教育科學研究機構紛紛建立，例如，1978年7月，經國務院批准重建的中央教育科學研究所，其中設有幼兒教育研究室。此外，全國先後建立了36個省、自治區及直轄市的教育科學研究所，學校還附設學前教育科學研究機構。

(2) 學前教育科研碩果累累，例如，總結中國幼兒教育歷史經驗的研究，對中國現代教育家陶行知、陳鶴琴等教育思想的研究，對幼兒體、智、德、美教育方面的研究，農村幼兒教育調查和實驗研究，幼兒園課程結構的實驗研究等。

3. 中國幼兒教育走向世界，幼兒教育與國際接軌

1991年，時任國務院總理李鵬代表中國政府簽署了兩個文件並做出了莊嚴承諾，履行《兒童權利公約》；與此同時，開展多個國際合作項目和國際交流活動。這使得中國的幼兒教育開始慢慢與國際接軌。

4. 幼兒教育課程具有「中國化」「科學化」「現代化」和「終身化」的特點

「中國化」是指中國的幼兒教育課程具有本土化特點。

「科學化」是指幼兒教育課程的制定要符合幼兒的身心發展特點，並且內容要十分準確。

「現代化」是指幼兒教育的課程內容要隨著時代的變化不斷更新，與新時代產物結合，為

幼兒輸送最新的能量。

「終身化」是指幼兒教育課程要具有終身化的特點。幼兒時期的發展具有延續性,早期教育可影響幼兒的一生。

總體來說,這一時期的幼兒教育終於擺脫停滯而向前邁進。只要我們把眼界放開,教育必當飛躍前行。

## 思考與練習

1. 簡述新民主主義向社會主義過渡時期的學前教育狀況。
2. 簡述全面建設社會主義時期的學前教育狀況。
3. 中華人民共和國成立初期學前教育的特點有哪些?
4. 簡述中國20世紀80年代至90年代的學前教育狀況。
5. 簡述改革開放以來中國學前教育的特點。

# 單元 6　中國現代學前教育思想

### 學習目標

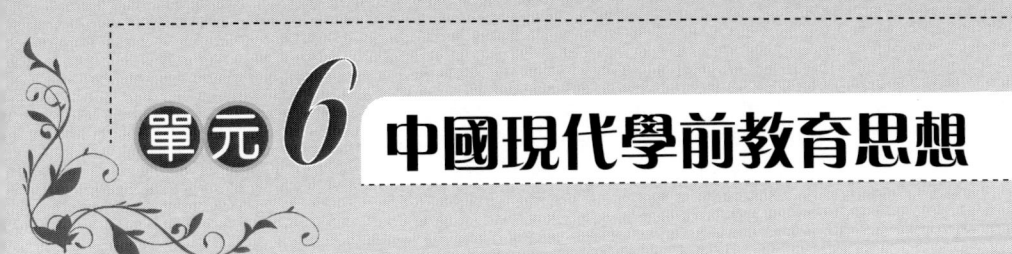

- 瞭解張雪門、陳鶴琴、張宗麟學前教育思想的內容；
- 能夠對張雪門、陳鶴琴、張宗麟學前教育思想做出正確評價。

在改造舊中國半殖民地半封建的教育和建設民族的學前教育的過程中，在 20 世紀初的美國現代教育家杜威的實用主義教育思想的影響下，中國逐漸形成了現代學前教育思潮，產生了一批學前教育專家。其中，張雪門、陳鶴琴和張宗麟的學前教育思想更是在中國現代學前教育實踐的基礎上發展和完善的。

## 第一課　張雪門的學前教育思想

### 一、張雪門生平

張雪門（1891—1973）（見圖 6-1），浙江鄞縣人，著名幼兒教育家。20 世紀三四十年代中國幼教界有「南陳北張」之說，「北張」即張雪門，其在中國北方和臺灣地區的幼教界有重大影響。

張雪門致力於幼稚教育 60 年，一生淡泊名利，熱愛兒童教育事業，始終堅持在幼稚園、幼稚師範最基層的崗位上辛勤工作。他自青年時期就對幼教產生興趣，在家鄉創辦了當地第一所中國人辦的早期幼稚園和幼稚師範學校，20 年代初到北平大學任職員，同時在教育系學習，考察天津幼稚教育，研究福祿培爾、蒙臺梭利等幼稚教育學家的思想。張雪門反對以培植士大夫和宗教信徒為目標的幼稚教育，主張以發展兒童個性和以改造中華民族為目標的幼稚教育。他研究幼稚教育是從幼稚園的課程入手的。他主張實施「幼稚園行為課程」，認為：「課程是經驗，是人類的經驗。」「生活就是教育，五六歲的孩子

圖 6-1　張雪門

們在幼稚園生活的實踐,就是行為課程。」1946年,張雪門受聘到臺灣,主持臺北育幼院,繼續致力於幼稚園課程的研究,1966年出版了《增訂幼稚園行為課程》,形成了他的「行為課程」理論和實踐體系。

張雪門一貫正視幼稚園師資的培訓和師範教育。他曾主持孔德幼稚師範,任北平幼師範學校校長,主張「騎馬者應從馬背上學」,實施一年級看、二年級做、三年級管的教育方法,加強學生見習和實習。他編著了《幼稚園行政》《兒童保育》等書,編譯了《福祿培爾游戲輯要》《蒙臺梭利及其教育》,著有《幼稚園的研究》《幼稚園教育概論》《小國幼稚園課程研究》。他一生撰寫了200多萬字的幼教文稿,其中的重要論著已收入由戴自俺主編的《張雪門幼兒教育文集》。

## 二、張雪門的學前教育思想概述

### (一) 論幼稚教育的目的

20世紀30年代,張雪門在對當時學前教育進行廣泛調查的基礎上,根據教育目的的不同,將中國當時的幼稚教育分為以下四類:

1. 以培植士大夫為目的的幼稚教育

張雪門認為,清末仿效日本創辦的蒙養院就屬於這一類。為了造就士大夫,這類蒙養院以「陳腐的學問,忠孝的道德,嚴格的管理,再加上勞心而不勞力的培養」對幼兒進行教育。在其1933年發表的《中國三十年來幼稚教育的回顧》一文中,張雪門對這類日式蒙養院做了這樣的描述:「他們將談話、排板、唱歌、識字、積木等科目,一個時間一個時間規定在功課表上,不會混亂而且也不許混亂的,教師高高地坐在上面,蒙養生很端正地坐在下面。教師教一樣,學生學一樣,全部活動不脫離教師的示範,兒童不能自己別出心裁,也不許其別出心裁。至於各種工具和材料,如果教師不給兒童,自然不能自由取用,且放置的地方很高,兒童雖欲取而不得……在這種教育底下……兒童是被動的,雙方都充滿了壓迫的苦悶。所學的全是零零碎碎的知識技能,都是浮面的、虛偽的,日子稍久就立刻忘懷了。」他指出了以培養士大夫為教育目的的蒙養院在管理、課程和教學上存在的諸多弊端。

2. 以培養宗教信徒為目的的幼稚教育

張雪門認為,外國教會在中國所辦幼稚園屬於此類。教會幼稚園主要以培養宗教信徒為目的。他對教會幼稚園教育進行了深刻的批判。他指出,教會幼稚園雖然有「美麗的教室,小巧的設備」,可兒童「所受的材料都是從西洋直接翻譯過來的,是已經經過了多少教育者的匠心精選……教法,也是向西洋局部的模擬。這種教育多半操於一知半解西洋傳教士的太太們,並利用國內教會出身年輕的女子」。張雪門認為,這類幼稚園教育都是以宗教為本位,以培養宗教信徒和帝國主義溫順的奴僕為目的,它們的保姆只是為教會盡職,她們關心的是宗教而不是孩子,她們根本不顧兒童的天性,只是把兒童當作宗教信徒來培養。對此,張雪門在其許多著作中都抨擊了這種奴化教育,並尖銳地指出教會幼稚園作為帝國主義文化侵略的工具,它所起的作用「消極的是在減弱中華民族的反抗,積極的是在製造各國的洋奴」。

3. 以發展兒童個性為目的的幼稚教育

張雪門認為,當時中國受義大利蒙臺梭利和美國杜威教育思想影響的幼稚園就屬於此

類。他說:「我們幼稚教育的目的,應完全以兒童為本位,成就兒童在該時期內身心的發展,並培養其獲得經驗的根本習慣,以適應環境。」他認為,這類幼稚園是通過教具對兒童進行生活、感官、知識的訓練,利用生活環境中的事物作為教學的素材,按照時令、季節、兒童的動機和需要設計、編製課程,並給兒童一定的思考機會,可以促進兒童個體的發展。後來,他逐漸認識到兒童本位的思想不適合中國當時的國情和時代的需要,認為幼稚教育就應該考慮社會、國家和民族的需要,而不僅僅是注重兒童的個性本身。

4. 以改造中華民族為目的的幼稚教育

20世紀30年代,隨著日本帝國主義入侵的加劇,民族危亡日益加深。張雪門逐漸意識到「中國社會的貧、弱、愚、私則在於國內封建的勢力未曾鏟除,而國際上帝國主義的侵略日益加甚」,要改變這種狀況,應通過教育「培養國民生產的習慣與興趣、團結的能力、客觀的態度、自動的精神,並喚起民族的意識及反帝國主義的情緒」。教育是改造國家的關鍵,教育可以喚起國民的民族意識,激發國民的反帝國主義情緒,因此,要加強對幼稚階段兒童的教育。因為兒童是民族未來的棟樑,凡現時代中華民族應負的使命,兒童雖小,也絕不例外。他還提出了改造民族幼稚教育的四項具體目標:鏟除民族的劣根性;喚起民族的自信心;養成勞動與客觀的習慣態度;鍛鍊民族為爭中華之自由平等而向帝國主義做奮鬥之決心與實力。在此基礎上,張雪門主張幼稚教育必須遵循三條原則:一是中國的傳統文化;二是國家民族的需要;三是兒童的心理發展。這樣才能培養兒童的倫理觀念、民主生活和科學頭腦。他認為,要創造中國自己的幼稚教育,就應適應國家和民族的需要,隨著時代的前進而改變幼稚教育的目標、課程內容和組織方法。

(二)論幼稚園的行為課程

早在20世紀30年代初,原南京高等師範學校的教授董任堅就翻譯了《行為課程》一書,當時正值行為主義學說在中國傳播。張雪門也在此時開始了他對幼稚園行為課程的研究,曾先後在《幼稚教育概論》《幼稚教育新論》《新幼稚教育》等著作中對幼稚園的課程問題進行了專門的探討。1946年去臺灣以後,他繼續致力於幼稚園課程的研究,於1966年出版了《增訂幼稚園行為課程》一書,初步形成了他的「行為課程」理論體系。隨後在20世紀70年代初他又出版了《中國幼稚園課程研究》一書,對幼稚園的課程問題做了進一步探討。

1. 幼稚園行為課程的含義

早在1929年,張雪門在《幼稚園的研究》一書中就提出:「課程是什麼?課程是經驗,是人類的經驗,用最經濟的手段,按有組織的調制,用各種的方法,以引起孩子的反應和活動。」同時他明確指出:「幼稚園的課程是什麼?這是給三足歲到六足歲的孩子所能夠做而且歡喜做的經驗的預備。」此後不久,他在《幼稚教育概論》一書中又指出:「課程源於人類的經驗,只為這些經驗對於人生(個人和社會)有絕大的幫助,有特殊的價值;所以人類要想滿足自己的需求,充實自己的生活,便不得不想學得這些經驗,學得了一些又想學得多些,而且把學得的再傳給後人。」因此,他認為不應當把課程僅視為「知識的積體」,而應當是把「技能知識、興趣、道德、體力、風俗、禮節種種的經驗,都包括在課程裡。換一句話來說,課程是適應生長的有價值的材料」。不過這時他還沒有明確提出「行為課程」的概念。直到1966年他出版的《增訂幼稚園行為課程》一書,才明確提出什麼叫行為課程的問題。他說:「生活就是教育,五六歲的孩子們在幼稚園生活的實踐,就是行為課程。」他認為這種課程「完全根據於生

活,它從生活而來,從生活而開展,也從生活而結束,不像一般的完全限於教材的活動」。它首先應注意的是實際行為,凡掃地、抹桌、熬糖、爆米花以及養雞、養蠶、種玉蜀黍和各種小花等,能夠讓幼兒實際行動的,都應該讓他們實際去行動。因為「從行為中所得的知識,才是真實的知識;從行動中所發生的困難,才是真實的問題;從行動中所獲得的勝利,才是真實的制馭環境的能力」。同時幼兒只有通過這種實際行為,才能使個體與環境接觸,從而產生直接經驗,這種經驗也可以說是人生的基本經驗。他還特別說明,「幼童一定先有了直接經驗,然後才可以補充想像」。至於游戲、故事、唱歌等教材,雖然也可以給予幼兒模仿和表演的機會,然而並不能代表人類實際的行為。所以,他要求教師一定要注意兒童的實際行為,要「常常運用自然和社會的環境,以喚起其生活的需要,擴充其生活的經驗,培養其生活的能力」。他認為「若教師真能做到這樣,這便是行為課程了」。

2. 幼稚園行為課程的組織

如何按照上述行為課程的要求組織幼稚園的課程呢?他認為幼稚園課程的組織與小學、中學和大學各級學校的課程不同,它有自己的特點和要求,其特點有三:第一,「幼稚生對於自然界和人事界沒有分明的界限,他看宇宙間一切的一切,都是整個兒的」。所以編製課程時如果分得太清楚、太有系統了,反不能引起兒童的反應。第二,「當幼稚生的時期中,滿足個體的需要,實甚於社會的希求」。所以編製課程時,應兼顧社會和個體兩方面的需求。第三,「幼稚園的課程,須根據於兒童自己直接的經驗」。雖然這種經驗不如傳授式的經濟和整齊,但對於幼兒來說,意義重大。

此後他於20世紀70年代初出版的《中國幼稚園課程研究》一書中,又在總結40多年研究經驗的基礎上,進一步提出了組織幼稚園課程的一些標準和要求,例如,「課程須和兒童的生活聯絡,是有目的有計劃的活動。事前應有準備,應估量環境,應有相當的組織,且需要有遠大的目標。各種動作和材料全須合乎兒童的經驗能力和興趣。動作中須使兒童有自由發展創作的機會。各種知識、技能、興趣、習慣等全由兒童直接的經驗中獲得」。在這裡他不僅提出課程要與兒童生活聯繫,須合乎兒童的能力、興趣和自由發展的需要,還特別強調了課程須有目的、有計劃、有遠大的目標。他在實踐中還曾指導幼師生具體根據上述標準,擬定了《各月活動估量表》,即全年的課程表。這些估量表都將活動分為自然環境、社會環境和兒童三大類:自然環境類包括節氣、動物、植物和自然現象;社會環境類包括節令、紀念日、農作、家庭、店鋪、職業、風俗、公共機關、學校;兒童類包括游戲和疾病,並規定了每月的中心活動。

3. 幼稚園行為課程的教學方法

他指出行為課程的要旨是以行為為中心,以設計為過程。只有行為沒有計劃、實行和檢討的設計步驟,算不得有價值的行為;只有設計沒有實踐的行為又是空中樓閣。所以行為課程的教學方法應當是起於活動而終於活動的有計劃的設計。行為課程既經設計,則應根據設計精選有助於幼兒生長進步的自然良好行為,指導進行。同時行為課程在進行中須把握住遠大而客觀的標準,並注意勞動中亦須勞心的原則。由於行為課程的教學方法系採取單元教學,它一般是先根據幼兒的學習動機,決定學習目的,再根據目的估量行為的內容。行為課程的內容可以包括幼兒的工作、游戲、音樂、故事、兒歌,以及常識等科的教材。但在實施時,則應徹底打破各學科的界限。在活動進行中,教師應在各科教材中選擇與學習單元有關的材料,加以運用,適當配合幼兒實際行為的發展,使各科教材自然地融會在幼兒生活

中,力求做到從生活中來,從生活而發展,也從生活而結束。採用行為課程教學法,教師在課程進行前要準備教材、布置環境、詳擬計劃;在課程進行中,教師要隨時巡視指導,不重講解,而著重指導幼兒行為的實踐,使幼兒在活動中養成負責守法、友愛互助等基本習慣。行為課程的教學結束後,評量與檢討也是重要的一環,教師可以此瞭解幼兒的知識、思考、習慣、技能、態度、理想、興趣等方面的成就,作為改進教學的參考。至於單元的選擇,則須配合教育宗旨、教育政策、社會需要及幼兒的能力。

(三) 論教材與教法

張雪門關於幼兒園教材與教法的思想,是與他「行為課程」的理論緊緊相連的。

課程是經過選擇的有價值的經驗,是兒童直接的、實際的行為和活動。而兒童不僅是自然人,也是社會人。因此,為兒童發展所選擇的經驗,必須具有社會意義,同時又必須適合兒童發展的需要,但首先應從兒童的生活環境中搜集材料。張雪門認為,可以構成兒童課程來源的直接的活動有如下四種:兒童自發活動;兒童與自然界接觸而生的活動;兒童與人事界接觸而生成的活動;人類聰明所產生的經驗,而合於兒童的需要者。

教材是課程的支柱,是課程目標的具體實現手段。張雪門認為真正適合兒童發展的教材,應該符合以下四個條件:

1. 教材必須合於現實社會生活的需要

兒童必須學習人類積累下來的經驗。但是,由於社會的發展變化,人類積累經驗的價值也是變化的。從古代遺傳下來的有價值的經驗,不一定符現實生活的需要,有的甚至會阻礙社會的發展。而兒童是現實生活中的兒童,他們是要在現實生活中學習和發展的。因此,為兒童選擇的經驗,應該適合現實生活的需要。

2. 教材必須合於社會普遍生活的標準

由於中國幅員遼闊,從城市到農村,從沿海到內地,從北到南,各地差異比較大,所編寫的教材,不能把全國各地的所有情況都照顧到,而各地的情況是時刻在變化的。因此,教材應該符合社會普遍生活的標準,只能注意大多數的普遍要求。

3. 教材必須合於兒童目前生長階段的需要

進幼稚園的兒童,他們非動作無以促進生活的健全,也非動作無以滿足好奇的慾望。動作是整個的,其流轉演變,無痕跡可分,知識技能僅為動作的結果而已。所以教材要適合兒童生長現階段中的需要,就得看能不能拋開分類的抽象知識,變成直接的、具體的行動。

4. 教材必須合於兒童目前的學習能力

教材應適合兒童的學習能力,諸如搖船、盪秋千等,可以用來練習兒童的平衡感;用拋球可以發展兒童的投擲;用堆積木、修鐵道、蓋樓房、種玉米等,可以培養兒童的合作精神與能力;等等。

上述四種標準不是各自分裂的,而是互相聯繫的。選擇教材時,應該進行全面的思考。

(四) 論幼稚師範的見習和實習

幼稚師範教育思想是張雪門幼稚教育思想的重要組成部分。他認為研究幼稚教育如僅限於研究幼稚園教育,拋棄了師範教育,這無異於「清溪流者不清水源,整枝葉者不整樹木,絕不是徹底的辦法」。張雪門的幼稚師範教育思想和實踐有一個十分鮮明的特點,就是他非

常注意實踐,從一開始就從「騎馬者應從馬背上學」這一基本指導思想出發把見習和實習放在突出的重要地位。對於幼稚師範的見習和實習,張雪門做了以下系統的論述:

1. 關於見習、實習的場所

幼稚師範生的實習場所應有以下四種單位:

(1)中心幼稚園。幼稚師範設立的中心幼稚園是供幼師生獲得教育幼兒的實際經驗的重要實習基地。中心幼稚園的教師,既是幼兒的教師,也是幼師生的導師。幼師生通過在中心幼稚園的實踐,可以奠定學習幼稚教育、從事幼稚教育、熱愛幼稚教育事業的基礎。

(2)平民幼稚園。這是幼師生第二學年實踐的主要場所。當時北平幼稚師範校內外共有平民幼稚園五六個之多。它們均是借用正規幼稚園的園舍設立的,於是幼師生的實習活動便從商借園舍開始,然後進行生源的社會調查,宣傳動員經濟貧困的家長送幼兒入園來免費接受教育。在幼兒入園後,幼師生則在園內輪流擔任園長、教師、會計、採購等工作,通過這種實習可以使幼師生具有獨立從事幼稚園各種工作的能力。

(3)嬰兒教保園。當時香山慈幼院的嬰兒教保園,收托初生到4周歲的兒童,規模較大、設備講究,對嬰兒的保健、營養、教育都很重視。在這裡幼師生通過衛生保健、兒童營養、膳食烹飪、嬰幼兒服裝裁剪製作等方面的實習,可以瞭解嬰幼兒的身心特點及嬰兒保教的基本常識。

(4)小學。通過在小學的參觀和實習,幼師生可以瞭解幼兒在入小學前在知識、行為、興趣、態度等方面應如何做好準備,為入學打好基礎。

除以上幾種實習和見習之外,他還主張組織學生下鄉舉辦鄉村幼稚園,使學生瞭解農村迫切需要幼稚教育的情況,進一步體會幼稚教育的社會價值,從而堅定其要百折不撓地為幼稚教育事業獻身的決心。

2. 關於見習、實習的時間安排

在三年的學習中,他規定第一學年每週實習為9學時,分3次進行。首先,參觀本校中心園的園址、園舍、設備、教具、教學設計、各科教學、游戲,以及教師的態度、技能、興趣、習慣、儀表和教師對幼兒發生問題的處理等,使幼師生對幼稚園有個基本概念。其次,參觀各類型的幼稚園,使師範生開闊眼界、擴充知識,研究、比較、探討適合中國國情的幼稚教育。最後,參與實習,每週有三個上午到中心園參加教育教學活動,以形成幼師生的基本觀念和鍛煉教學能力。第二學年的實習時間則主要由學生自己支配。在平民幼稚園裡,從建園到管理,都讓幼師生獨立完成。第三學年的第一學期,一半時間在嬰兒園實習,另一半時間到小學實習,使幼師生對幼稚園的兩端都有所瞭解,知道如何使各階段教育相互銜接;第二學期則全班下鄉,開辦農村幼稚園,使幼師生樹立為城市平民及鄉村農民的幼稚教育而獻身的志向,忠誠於貧苦的勞動人民的教育事業。

3. 關於實習的組織

張雪門把上述這種實習計劃,稱為「有系統組織的實習」,他認為這種有系統組織的實習必須符合以下條件:「第一,須有步驟;第二,須有範圍;第三,須有相當時間;第四,更須有適合的導師與方法。」同時,他指出這種實習的進行步驟大體上可分為以下四個階段:

1)參觀階段

參觀,是培養學生對幼稚園的基本觀念和總體認識。他把參觀分為兩個階段:第一階段是第一學年第一學期,活動地點主要在自己的中心幼稚園,原因是這樣可以使學生所學的知

識更好地結合於理念一致的幼稚園。第二階段是第二學年第二學期,但是時間不能超過這一學期的2/5。在學生對幼稚園有了基本觀念後,為了使之更堅定、更充實,所以要擴大活動範圍。參觀的範圍主要分為兩部分:一是對於幼稚園行政及教學的參觀,應當包括設備、教師與兒童、兒童與習慣、各科教學的過程、整個的設計以及行政等,其中每一項都詳細地列舉了具體內容;二是對小學、托兒所及其他機關的參觀。他認為「師範生更應該參觀社會……以增進社會的知識,明白社會的真相,喚起改造(或建設)社會的興趣與決心」。

2)見習階段

見習,設在第一學年的第二學期。如果說參觀主要是「看」和「記」,那麼見習主要就是「做」,但是也會包括一些參觀。其主要是要把參觀中所記的一切都可以應用在見習中,這樣會使得師範生的認識更加清楚,觀念更加堅定。他強調對見習的準備,認為見習必須有步驟地進行。見習地點仍然以自己的中心幼稚園或者附屬幼稚園為宜。見習內容具體分為兩大部分:幼稚園行政和事務的見習以及教導見習。行政與事務見習的時間多選擇師範生自習的時間。在見習中最重要的應該是教導見習,也就是做實習老師。在這個環節中,幼師生可以深刻體會到選材及預備的必要、兒童的個性及學習能力、教學的技能,同時還能獲得兒童的敬愛,為將來試教打下一個穩固的基礎。

3)試教階段

試教,設在第二學年。這一階段是幫助他們的學識發展到更高一層的階段,也是給他們一個較長時間來獨立負責的機會。同時,他特別提倡師範生辦不收費的平民幼稚園,不僅對師範生自身有利,也使平民有了受教育權。平民幼稚園的一切工作由師範生承擔,讓學生獨立管理和負責,教師起一些指導和監督的作用。試教的活動事項包括招生、開學、編製課程、課程實施、月終報告、學期終了,並下設有具體安排。

4)輔導階段

輔導,設在第三學年。前三個階段都是為這一階段打基礎。但是他認為,這個基礎是脆弱的:教育情感不高,教育態度不夠積極,所以只有經歷輔導這一階段,輔導社會後,才能使理論變成徹底的實踐,瞭解教育真正的價值,才能促使社會進步。輔導的範圍可大可小,他提到的有婦孺保健、親職教育等。不論活動大小,都是從研究兒童出發向廣大社會展開的一條路。輔導在縱的方面是由兒童隊伍出發,向兒童家庭、親職教育深入;從橫的方面看,是與廣大社會相聯繫,包括社區調查、營養站、衛生站等。在這一階段,師範生不僅要瞭解兒童,更要瞭解社會,從事整體的社會活動。從中可以看出,輔導階段的設立反應了張雪門把幼兒教育事業與社會生活聯繫在一起的大幼兒教育思想,反應了其對師範生用自己的專業知識服務社會的殷切期望。

### 三、對張雪門學前教育思想的評價

張雪門先生致力於幼稚教育前後長達60年,為中國幼教事業的發展奉獻了畢生的精力。他在幼稚教育目的、課程和師資培養方面的研究和實踐卓有成效。

他的學前教育思想和實踐曾對中國,尤其是中國北方和臺灣地區產生過很大的影響。同時,他一生不為名利,熱愛幼教事業,熱愛兒童,為幼教事業鞠躬盡瘁的獻身精神和他注重實踐,幾十年如一日始終在幼稚園、幼稚師範最基層的崗位上辛勤工作,孜孜不倦地進行學習和研究的嚴謹、求實的治學態度和工作作風,都是值得我們學習的。

# 第二課　陳鶴琴的學前教育思想

## 一、陳鶴琴生平

陳鶴琴(1892—1982)(見圖6-2),浙江上虞人,中國著名的兒童心理學家和幼兒教育家。20世紀三四十年代中國幼教界「南陳北張」之說中的「南陳」即陳鶴琴,他是「活教育」理論體系的創建者,中國現代幼兒教育的奠基人。

陳鶴琴早年留學美國,獲文學學士和教育碩士學位。其創辦了中國第一個幼教實驗中心——南京鼓樓幼稚園,第一所公立幼稚師範學校——江西省立幼稚師範學校,以及「國立」幼稚師範專科學校、上海兒童福利促進會和特殊兒童輔導院。中華人民共和國成立後其先後擔任南京師範學院院長、全國政協委員、中國人民保衛兒童全國委員會委員、全國文字改革委員會委員、中國教育學會和幼兒教育研究會名譽理事長等職。

陳鶴琴熱愛祖國、熱愛兒童,畢生致力於兒童教育事業。他開創了中國兒童心理和學前教育的科學研究工作,

圖6-2　陳鶴琴

並促使家庭教育科學化和幼兒師範教育系列化,是研究中國兒童心理的第一人,著有《兒童心理之研究》等。他撰寫的《家庭教育》,可以說是具有中國特色的兒童家庭教育的「百科全書」。他在鼓樓幼稚園的研究形成了「中心制課程」(即單元教學),奠定了中國第一個《幼稚園課程標準》的基礎。他結合實踐研究,創辦了《幼稚教育》《兒童教育》《新兒童教育》等刊物。

陳鶴琴主張培養幼稚師範學生具有敬業、樂業、專業、創業的精神,並組織群眾性的幼稚教育和兒童教育學術團體,加強教師的學習和交流,促進教師成長。

陳鶴琴一生發表約400萬字的著作,大多已收入《陳鶴琴教育文集》《陳鶴琴全集》。

## 二、陳鶴琴的學前教育思想概述

### (一)「活教育」理論

陳鶴琴的「活教育」思想有比較完整的理論體系,這個理論體系主要由三大綱領、十七條教學原則和十三條訓育原則組成。

1.「活教育」的三大綱領

「活教育」的三大綱領主要是指活教育的目的論、課程論和方法論。

1)活教育的目的論

「活教育」的目的論,是活教育理論的基本出發點。陳鶴琴明確指出:「『活教育』的目的就是教育幼兒做人,做中國人,做現代中國人。」

「活教育」理論認為,「做人」是每個人都面臨的問題,也是真正的教育首先必須解決的問題。與傳統教育「以獲得知識、預備升學為目的」不同,「活教育」注重「培養兒童適應環境,控制環境,利用環境;怎樣做人,怎樣接待事物,接待人」。但人並不是抽象存在物,人總是處於一定的時空之中,生活在特定的社會歷史環境之中。所以,教育具有民族性,不僅要做人,而且要做中國人。陳鶴琴認為,由於中國社會有其發展特質,中國人的生活內容和意義自然也受這一特質規定。在當時的歷史背景下,做現代中國人就必須負荷這樣的任務:「對外反對帝國主義的干涉,爭取民族獨立;對內肅清封建殘餘,建樹科學民主。」為了擔當起這樣的任務,必須具備以下幾個條件:

(1)健全的身體。身體的好壞,對於一個人一生的生活事業及其抱負都有極大的影響。只有健康的人,才能有理想、樂觀、積極、有毅力,才能擔負起現代中國與世界給予的任務。

(2)創造的能力。兒童蘊藏著豐富的創造潛力,只要加以適當的訓練,就不難養成他們的這種創造的能力。而培養這種創造力的方法,就是用科學武裝兒童的頭腦,讓他們從做中學,從做中求創造,以手腦並用的方式去勞動、去創造。

(3)服務的精神。如果我們培養的人「只有知識技能而不服務,只知自私自利,就失去了教育的目的」,動物與人的區別也正是在此。所以,「活教育」主張培養兒童的服務精神,指導兒童去幫助別人,去瞭解大我的意義。

(4)合作的態度。「活教育」理論主張通過教育努力矯正中國社會和國民性中缺乏合作精神的態度,改變「一盤散沙」的形象。在教育中應注意培養合作的態度,讓學生養成合作分工、互相容讓和互相商量的習慣。

(5)世界的眼光。不僅要做中國人,而且要做世界人,要以宇宙為學校。「世界人」的提出,標誌著「活教育」理論已跳出民族的圈子,並試圖站在更高的層次論述教育目的問題。而具備世界的眼光,是做世界人的前提條件。陳鶴琴指出:「所謂世界的眼光,就是對世界的看法,我們要有對世界的正確的看法,必須要瞭解世界的事事物物,大自然是怎樣在運動著,大社會是怎樣在發展著。大自然大社會是與人生息息相關的。我們不能不去認識它,瞭解它,惟其認識世界,才能使眼光遠大,不斤兩於個人的利害得失。」做世界人有三個條件,即「愛國家,愛人類,愛真理」。

①「愛國家」。「愛國家」就是要愛國家的光榮歷史,愛國家的前途,愛國家的人民,從而擔負起歷史的重任,使國家進步繁榮,日新月異。同時,要反對民族壓迫,爭取民族獨立,不讓國家任人宰割。

②「愛人類」。「愛人類」就是要愛全世界站在真理一邊的勞苦大眾,而恨那些「為少數人的利益而奴役大多數人危害大多數人生存的人」。陳鶴琴寫道:「全體人類的幸福,就必然地將由這正在受著苦難的大多數勞苦大眾建造起來,人類的歷史,就將因他們而輝煌起來。我們要愛這大多數人,我們應該瞭解他們,同情他們,幫助他們,與他們聯合起來,共同為世界的光明前途而獻出我們的力量,以實現我們『世界大同』或『天下一家』的人類最高的理想。」

③「愛真理」。「愛真理」就是要養成求真求實的態度,腳踏實地,實事求是,「真理所在,哪怕要犧牲性命都在所不惜」。「活教育」理論認為,真理是不會泯滅的,真理是我們做人、做中國人、做世界人的最高準則,所以必須「認識真理,追求真理,用全心全力來愛真理」。

2)「活教育」的課程論

「活教育」的課程論認為,傳統教育把學校與社會、課堂與自然隔離開來,把學校變成了「知識的牢獄」。這種做法,「把一本教科書攤開來,遮住了兒童的兩只眼睛,兒童所看見的世界,不過是一本6寸高8寸闊的書本世界而已。一天到晚要兒童在這個渺小的書本世界裡面去求知識,去求學問,去學做人,豈不是等於夢想嗎」。所以,「活教育」的課程論明確宣布:「我們要利用大自然、大社會做我們的活教材。」

　　陳鶴琴認為,大自然、大社會是活的知識寶庫,教育的主要任務就是要讓兒童從這個知識寶庫中汲取營養。他指出,直接經驗是「學習中的唯一門徑」。以直接經驗為主導,才是真正的「讀活書」「教活書」。至於書本知識、間接經驗,只能作為學習的副工具和參考資料,即「著重於室外的活動,著重於生活的體驗,以實物作研究對象,以書籍作輔佐參考」。陳鶴琴指出,世上那些不辨菽麥、不分妍媸的書呆子,並不是因為讀了書才變成呆子,而是因為他們「只曉得一味讀書,而不去和真正的書——大自然、大社會接觸,才變成呆子的」。所以,只有拋棄「書本萬能」的錯誤觀念,去向活的、直接的「知識寶庫」探討研究,才能學有所獲,學有所成。

　　由於直接經驗是兒童在大自然、大社會之中,通過各種活動獲得的,所以「活教育」的課程論本質上是一種活動課程論。陳鶴琴曾經把活教育的內容概括為五大方面,即所謂「五指活動」,其主要內容與目的如下:

　　(1)兒童健康活動。通過體育活動、個人衛生、公共衛生、心理衛生等方面來培養兒童健全的身心。

　　(2)兒童社會活動。通過公民、歷史、地理、時事等項活動,使兒童明了個人與社會的關係,使兒童參加社會活動以培養其技能和興趣,使兒童瞭解鄉、鎮、縣、省和全國的關係及中國與世界的相互影響,激發起愛國、愛群及民族精神。根據時事的演變探求今後世界的新趨勢。

　　(3)兒童科學活動。以生物、論理、工業及生產勞動為範圍,增進兒童科學知識,培養兒童實驗興趣,啟迪兒童創造能力。

　　(4)兒童藝術活動。其包括音樂、美術、工藝、戲劇等項內容,用以陶冶兒童的情感,啟迪兒童的審美感,發展兒童的欣賞力,培養兒童的創造力。

　　(5)兒童文學活動。其包括童話、詩歌、謎語、故事、劇本、演說、辯論、兒童應用文和書法。其目的在於培養兒童對於文學的欣賞能力和發表能力,培養兒童對於中國文字的認識與運用,培養兒童對於文法修辭的研究興趣,培養兒童對於文學的創造能力。

　　為了使「五指活動」順利進行,陳鶴琴還制定了具體的實施大綱,詳細規定了目標、性質、教師、組織、集會、教學及經費等事項,具有很強的可操作性。「五指活動」是以活動(「做」)為中心組織教材的,這就打破了傳統的壁壘森嚴、分門別類的科目。他認為傳統的課程設置與學科分類的最大問題在於它「不合教育原理,是四分五裂的,是違反兒童的生活的,是違反兒童的心理的」。而「五指活動」則避免了這種錯誤,它從兒童的完整生活出發,強調課程的整體性、連貫性和滲透性,具有一定的積極意義。

　　3)「活教育」的方法論

　　「活教育」的方法論是與以活動為中心的課程論相一致的,是以強調「做」為基調的。陳鶴琴在1941年為《活教育》雜志撰寫的發刊詞中明確提出了活教育的方法論:「做中教,做中學,做中求進步。」

　　「活教育」的方法論脫胎於杜威「寓學於做」的主張,但比杜威的主張進了一大步,因為

它不但要在「做」中學,還要在「做」中教;不但要在「做」中教與學,還要不斷地在「做」中爭取進步。

「活教育」理論認為,「做」是兒童獲得真知的基本途徑,也是兒童學習的真諦。陳鶴琴說:「兒童的世界,是兒童自己去探討,去發現的。他自己所求來的知識,才是真知識;他自己所發現的世界,才是他的真世界。」他認為,如果不讓兒童去做他所能做的事,不讓兒童去想他所能想的事,就會阻礙兒童的身心發展,限制兒童最寶貴的自動研究精神。

「活教育」所主張的「做」,並不是簡單的游戲、勞動或學習,不是嘗試錯誤,而是把動手與動腦結合起來的「做」,是在思想參與下的「做」。正如陳鶴琴所說:「一切教學,不僅僅在做上打基礎,也應當在思想上做功夫。」「思想是行動之母,思想沒有受過鍛煉,行動就等於盲動,流於妄動。」所以,對兒童來說,「做」是身心協調發展的條件。

「活教育」理論認為,「學生要做中學,教師也要在做中教,不應該只是片面的學習」。教師的「做中教」關鍵是教會學生「做中學」,為學生「做中學」創造良好的環境與條件。而要做到這一點,關鍵是與學生共同「做」。陳鶴琴曾以教學生學游泳為例:「你要兒童遊水,你一定要在水裡教他學;而且要他自己也實地到水裡去,否則光是教游泳給他看是沒有用處的。」在「做中教」的過程中,教師要指導學生正確地掌握知識與技能,使他們運用科學方法做事,運用科學方法求知。他指出:「倘使不教而讓兒童自己去瞎摸,那是太不經濟了。我們人類所有的經驗,是應當利用的。」但這種指導並不是越俎代庖,而是在學生主動積極性得到充分發揮基礎上的教,是所謂的「做中教」。

「活教育」理論為此把教學過程分為四個步驟。

第一步是實驗觀察。學生主要是通過觀察與實驗,來獲得直接經驗。教師在引導學生觀察時要注意:全面觀察,概括全體;比較觀察,精密分析;系統觀察,有明確目標;五官俱到,使各種感覺互相補充。這是教學的感性階段,應盡力促使學生發現問題,提出問題。

第二步是閱讀參考。「活教育」理論認為,許多知識是不可能拿來實驗觀察的,單憑經驗也不易徹底瞭解事物。所以,在「做中學」的過程中發現了問題,就要大量閱讀參考,擇去疑竇。這樣,既能彌補學生感性經驗的不足,又可以防止他們「陷入主觀主義、經驗主義的偏向」。

第三步是發表創作。在這個階段,要求學生把觀察參考所得加以整理,融會貫通,變為自己的經驗、自己的學習成果。學生可就此機會充分發揮自己的創造力,用故事、報告、演講等各種形式表現出來。

第四步是批評檢討。在這個階段,教師和學生一起共同檢驗學習的成果,互相學習,互相批評,總結經驗,吸取教訓,既要把總結所得應用到生活實踐中去,又把它作為新的學習過程開始的基礎。

上述四步是教學的完整過程。每經過這樣一個過程,學生的知識和能力都會前進一步,教師的學識與能力也會有所進步。而「教的進步,也是學的進步,那便是『做中求進步』」。

2.「活教育」的十七條教學原則

陳鶴琴根據兒童心理學的研究成果和他自己的教學經驗,對「活教育」的教學原則做了系統的闡述。「活教育」的教學原則主要有以下內容:

1) 凡是兒童自己能夠做的,應當讓他自己做

「活教育」理論認為,「做」是教學的基本原則,一切的學習,無論是肌肉的、感覺的、還是

神經的,都要靠「做」才能成功。只有「做」,才能讓學生直接與事物接觸,才能得到直接經驗,才能知道做事之困難,才能認識事物的性質。愈做興趣愈濃,愈做能力愈強。所以,必須盡可能讓學生做他們所能做的任何事。

2）凡是兒童自己能夠想的,應當讓他自己想

「活教育」理論認為,學校教育中「最危險的,就是兒童沒有思想的機會」。所以,教師必須培養學生善於思考、獨立思考的能力。教師不必對學生說明種種結果,而應讓他們自己去試驗,去思想,去求結果。做教師的責任,是「從旁指導兒童,怎樣研究,怎樣思想」,啟發他們探究事物的發生與發展,從而得到解決問題的正確方法。

3）你要兒童怎樣做,就應當教兒童怎樣學

「活教育」理論反對理論與實際相脫節的教學,強調在實際生活中實幹,在實幹中求知。陳鶴琴以游泳為例,說明在陸地上學游泳是沒有多大用處的,到水裡還要溺死;又以燒飯為例,說明單單在教室裡講飯怎樣煮,菜怎樣燒,魚怎樣煎,肉怎樣煨,學生也還是不會燒。所以,一定要使學生「在適當的環境之內,得到相當的學習」。

4）鼓勵兒童去發現他自己的世界

「活教育」理論認為,兒童的世界非常大,有偉大的自然,如四季鮮豔奪目的花草樹木、光怪陸離的蟲魚禽獸、變幻莫測的風霜雨雪、奇妙偉大的日月星辰;有廣博的社會,如家庭的組織、鄉鎮的管理、風俗習慣的形成、國家的富強、世界的進化等。這些都是兒童的知識寶庫,都是他們的「活教材」。教師必須激發學生的求知欲,讓他們自己去探究、去發現。

5）積極的鼓勵勝於消極的制裁

「活教育」理論認為,消極的制裁並沒有多大的教育效果,只會引起學生的反感,使他們產生退縮行為。所以,必須多表揚、少批評,「用鼓勵的方法來控製兒童的行為,來督促兒童的求學」。

6）大自然、大社會是我們的活教材

「活教育」理論認為,書本上的知識都是間接的知識,要獲得直接的知識,應該從大自然、大社會中去追求、去探討。陳鶴琴以當時的歷史、地理為例說:「我們何必一定要把一部活地理四分五裂,呆呆板板地教小孩子死記死讀;我們何必一定要把一部中華民族進化史支離破碎,一朝一朝呆呆板板地教小孩子死記死讀呢?」如果以抗戰來做研究史地的中心和出發點,教師的「教」就會生動而深刻,學生的「學」也會興奮而有趣。

7）比較教學法

「活教育」理論認為,比較的教學法是讓學生鑑別事物最有效、最簡易的方法,它能夠使學生對於所學的事物,「認識得格外正確,印刻得格外深切,記憶得格外持久」。

8）用比賽的方法來增進學習的效率

「活教育」理論認為,兒童大多是喜歡比賽、喜歡競爭的。做教師的要利用這種心理去教導兒童,去增加兒童的興趣,去促進學習的效率。所以,學校裡可以進行作文比賽、演講比賽、閱讀比賽、圖畫比賽、球類比賽、科學比賽、健康比賽等,並通過比賽培養「做人做事的美德」,如合作、犧牲、互助等,做到勝者不驕,敗者不餒。

9）積極的暗示勝於消極的命令

「活教育」理論認為,兒童具有較強的受暗示性,無論是語言的暗示、文字的暗示、圖畫的暗示,還是動作的暗示,都較消極的命令更容易為兒童所接受。教師要注意以身作則,注意

給學生施加積極的暗示影響。

10）替代教學法

「活教育」理論認為，兒童具有很強的好奇心與探究欲。兒童是好動的，「他喜歡做這樣，做那樣，你沒有東西給他做，他要破壞，就要搗亂。所以我們要他做，要他建設，要他創造」；兒童是喜歡合群的，就應讓他們有一種正式的組織來發展他們的能力，以養成他們的群性。總之，我們可以利用各種替代的方法，來滿足兒童的慾望，發展他們的個性，培養他們的人格。

11）注意環境，利用環境

「活教育」理論認為，在大自然、大社會中，可以找到許多活教材、活教具。要想成為一名成功的教師，就一定要注意環境、利用環境。陳鶴琴說：「環境中有許許多多的東西，初看與你所教的沒有關係，仔細研究研究看，也可以變成很好的教材、很好的教具。」他所發明的兒童玩具與教具，就是從生活中的賭具、娛樂工具改造過來的。

12）分組學習，共同研究

「活教育」理論認為，集體學習是教學的主要形式。這是由於一個人的思想，需要有刺激，有了刺激，思維就活躍，就進步。集體學習既有分組討論，也有課堂講授，而以分組研究、共同討論的方式為主。

13）教學游戲化

「活教育」理論認為，游戲是人生不可缺少的活動，不管年齡、性別，人們總是喜歡游戲的。所以，如果我們能把學習活動化為游戲，就會使學習變得「更有趣、更快樂、更能有進步」。在教學游戲化的過程中，教師要注意方法與目的的配合，不能為游戲而游戲。同時，教師要注意給大多數兒童提供活動的機會，「要使個個小朋友都能參加為準」。

14）教學故事化

「活教育」理論認為，故事是兒童的一種重要的精神食糧。故事與兒童的情感有交流作用，能使兒童的情感投射到故事之中；故事情節的神奇，能滿足兒童的好奇心；故事能激起兒童的想像力，把兒童導入無限推論的境界之中；故事組織的完整，適合於兒童的學習心理。所以，教學中應盡可能做到「教材故事化」。用故事的體裁來編排教材，運用教材；做到「教法故事化」，利用故事激發和引起兒童的學習動機。

15）教師教教師

「活教育」理論認為，在職教師如何充實自己，如何提高自己，是最值得重視的問題。而舉行教學演示或組織巡迴教學輔導團等形式，用教師教教師，是提高教師水平的有效方法。

16）兒童教兒童

「活教育」理論認為，兒童教兒童比成人教兒童有明顯的優勢：兒童瞭解兒童的程度比成人所能瞭解的更為深刻，兒童鼓勵兒童的效果更為明顯，兒童教兒童可以做到教學相長。陶行知的「小先生」制，就是以兒童教兒童為原則的。

17）精密觀察

「活教育」理論認為，觀察是獲得知識的基本方法，而精密觀察則是開啓真理寶庫的鑰匙。握著這把鑰匙，我們便能接近科學的真理。在教學中採用觀察的方法，如通過實地觀察來施行教學，通過實際研究來培養兒童善用觀察的學習態度，將有助於提高教學效果。

「活教育」理論的17條教學原則，是現代中國教育思想史上體系比較完整、影響比較深

遠的兒童教育理論。這17條原則都貫徹著「做」的精神，在一定程度上符合理論聯繫實際的原則。

3.「活教育」的十三條訓育原則

「活教育」理論認為，訓育工作在整個教育工作中可以說是最繁重、最重要的。擬定訓育工作的基本原則，「猶如旅行有了向導，航海有了指南。因為這樣才有所根據，不致茫無頭緒，無所適從」。陳鶴琴提出了以下13條「活教育」的訓育原則：

1）從小到大

「活教育」理論認為，教育一個人必須從小抓起。如「講話怎樣講，批評怎樣批評，做人的態度，對人的禮貌，以及一切的一切都要從小養起」。「慎始則善終」，從小及早加以訓練與教育，養成良好的行為習慣，可達到事半功倍的效果。

2）從人治到法治

「活教育」理論認為，人治與法治的最大差別在於：人治易受環境變遷的影響，法治則對於人事權衡有一定的準尺。如孩子為了教師才洗手，這是人治觀念的支配；為了健康而必須洗手，則是法治觀念的支配。

3）從法治到心理

「活教育」理論認為，從人治到法治雖然是一個飛躍、一個進步，但「徒循法理，尚不能完全解決訓育上的種種問題」。要使學生從服從到自覺，從消極接受到積極內化，就必須在心理上下功夫。所以，陳鶴琴說：「做一個教師一定要懂得心理。小學教師一定要懂得兒童心理，中學、大學教師一定要懂得青年心理和群眾心理。不瞭解心理的人，從事訓導工作是一定會失敗的。」

4）從對立到一體

「活教育」理論認為，必須消除隔在教師和學生中間的鴻溝，教師和學生應當是站在同一條戰線的朋友。大家共同向學問進攻，學習為人處世的道理。「教師把學生看作自己的子弟，學生把教師當作自己的父兄。大家在學校中共同生活，共同研究，共同學做人。」

5）從不覺到自覺

「活教育」理論認為，每個人的心中都有一頭「獅子」，這頭「獅子」就是極大的潛在力量。許多人心中的「獅子」是沉睡著的，所以縱有極大的潛在力量，也不能發揮出來。訓育的任務，就是把這種糊糊塗塗、渾渾噩噩的「不覺」轉變為「自覺」，喚醒學生心中的「獅子」，使他獲得力量。

6）從被動到自動

「活教育」理論認為，學生在訓育過程中一般經歷了三個階段：完全由教師管理的階段、由團體管理的階段和自己管理的階段。第一階段是被動的，第二階段也是被動的，第三階段則是自動的。從被動到自動，就是讓學生學會自我管理，如考試不用監考，而讓學生以自己的人格與榮譽來監視自己。

7）從自我到互助

「活教育」理論認為，人和動物的重要區別在於，動物的自私是不可克制的，人的自私卻可以用崇高的道德觀念來克制。「舍己為人」是做人的最高理想。在訓育過程中，教師要教育學生從自我到互助，並逐步向最高理想邁進。

8）從知到行

「活教育」理論認為,知而不行,單是「理論」而無「實踐」,就會一事無成。「不斷地做,習慣養成了,然後可以持續不斷,表現出成績來」。所以,訓育工作的重要使命,就是讓學生知而且行,理論聯繫實際。

9) 從形式到精神

「活教育」理論認為,只有表面而沒有精神的訓育是失敗的訓育,訓育工作不能停留於形式。「比如,有些教師要學生對他表示尊敬,見面的時候要行禮和問候;至於學生對他是否真正樂意這樣,說不定學生在向他行禮的時候,心中卻在惡毒地咒他,這些他都不管的。這種只求表面而不顧精神的,試問有何益處呢?」因此,訓育的最高境界是使學生「誠於中而形於外」,從形式到精神。

10) 從分家到合一

「活教育」理論認為,訓育與教學(德育與智育)本來應是一體化的,訓教脫節只能是兩敗俱傷。所以,「學校裡專門負責訓導的人可以管訓育上的計劃及各種施行辦法,實際去訓導學生的應當是全體教職員,把分家了的訓教兩部分工作重新聯結在一起」。

11) 從隔閡到聯絡

「活教育」理論認為,如果學校與家庭間的關係過於隔閡,不能採取有效的共同步驟,就會削弱訓育的效果。所以,擔任訓育工作的教師,應常常進行家庭訪問,或邀請家長們到學校參加各種活動,把家庭和學校聯絡在一起。

12) 從消極到積極

「活教育」理論認為,學生犯了錯誤或有不正當行為,應積極消除引起他犯錯誤或做不正當事的動機,而不能只是做消極的防止或制裁。陳鶴琴曾以教育孩子不許打架為例說:「我們要研究為什麼小孩子那麼喜歡打架呢?因為小孩子是好動的,他們的精力是要有地方發泄的,所以學校應當多添些運動器具和娛樂設備,來滿足孩子們的合理要求,增進他們的身心健康。」所以,訓育應盡可能地採用積極的鼓勵,而避免消極的制裁。

13) 從「空口說教」到「以身作則」

「活教育」理論認為,訓育工作的關鍵是要建立起學生對教師的信仰。這種信仰是由於學生對教師的道德和學識的欽敬所產生的,絕不是用欺騙或權威所可以獲得的。如果教師道德品行有缺陷,「即使他每天唇焦舌敝向學生演講一大篇做人的道理,也是毫無用處的」。所以,擔任訓育工作的人,必須具有高尚的道德,處處以身作則。

**(二) 學前兒童心理特點**

陳鶴琴從1920年冬開始,以其長子陳一鳴為對象,從他出生時起,就兒童的動作、能力、情緒、言語、游戲、學習、美感等方面的發展,逐日對其身心發展變化和各種刺激反應進行周密的觀察和實驗,寫下詳細的文字記錄和用攝影記錄,寫成了《兒童心理之研究》。他在書中闡述了兒童心理發展的一般規律與年齡特徵,揭示了兒童形成心理特徵和道德品質、掌握知識與技能,以及發展智力和體力的心理過程。正是由於他對兒童身心發展進行了縝密的研究,才為中國兒童教育的科學化提供了堅實的基礎。

陳鶴琴通過揭示兒童的心理特點來提出教育教學原則。他認為,兒童不是「小人」「兒童的心理與成人的心理不同,兒童時期不僅作為成人之預備,亦具有他本身的價值,我們應當尊敬兒童的人格,愛護他的爛漫天真」。他認為,如能根據兒童的心理施行教育必有良好的效果。兒童心理主要具有以下特點:

1. 好游戲

小孩子生來是好動的,是以游戲為生命的。要知多運動,多強健;多游戲,多快樂;多經驗,多學識,多思想。所以做父母的不得不注意小孩子的動作和游戲。第一,做父母的應有良好的設備使小孩子得著充分的運動;第二,做父母的應有適宜的伴侶使小孩子得著優美的影響。有此二者,小孩子的身體就容易強健,心境就常常快樂,知識就容易增進,思想就容易啟發。

2. 好模仿

小孩子是好模仿的,而且模仿沒有選擇性,家中人之舉動、言語他大概都要模仿。若家中人之舉動文雅,他的舉動大概也會文雅;若家中人之言語粗陋,他的言語大概也是粗陋。所以做父母的不得不事事謹慎,務使己身堪有作則之價值。

3. 好奇

柏拉圖說:「好奇者,知識之門。」這句話很對。若小孩子不好奇,那就不去與事物相接觸了;不與事物相接觸,那他就不能明了事物的性質和狀況了。好奇是小孩子獲得知識的一個最緊要的門徑。

4. 喜歡成功

小孩子固然喜歡動作,但是更喜歡動作有成就的。小孩子很喜歡做事情,而且很喜歡其成功,因為事情成功,一方面固然是自己覺得很有趣,另一方面是可以得到父母或教師的讚許。不過,叫小孩子做的事情不要太難,若太難,就不能有所成就,若沒成就,小孩子可能要灰心而下次不肯再做了。反之,若所做的不甚難,小孩子能夠勝任而有成就的,一有成就,小孩子就很高興,就有自信力,所成就者愈多,自信力也愈大,自信力愈大,事情就愈容易成功。自信力與成功因此互相為用了。

5. 喜歡野外生活

大多數小孩子都喜歡野外生活,到戶外去就歡喜,終日在家裡就不十分高興。凡天氣晴和的時候,家長就帶小孩子到外邊去遊玩。他們在曠野裡跑來跑去,看見野花就採,看見池塘就拋石子入水以取樂。這種郊遊於小孩的身體、知識、行為都有很好的影響。

6. 喜歡合群

凡人都喜歡群居,嬰兒離群獨居,就要哭喊。孩子2歲時就要與同伴遊玩,到了五六歲,這個樂群心更加強了。假如此時沒有伴侶遊玩,他一定會覺得孤苦不堪了。有時候還要發生想像的伴侶。他同這個想像的伴侶一同遊玩,一同起居,一同飲食,這樣就不致孤單了。

7. 喜歡稱讚

二三歲的小孩子就喜歡「聽好話」,喜歡旁人稱讚他,比如今天他穿一件新衣服,就要給他父親看;著了一雙新鞋子,就要給他同伴看。到了四五歲的時候,這種喜歡嘉許的心理還要來得濃厚。陳鶴琴認為,兒童喜歡被誇讚的心理是普遍存在的,但是也要合理利用誇讚語言,不可濫用,否則將會適得其反。

(三)學前兒童的發展階段與教育重點

為了研究人生的整個過程和進行教育,需把人生過程分成幾個階段來考察。陳鶴琴根

據自己多年的觀察和實驗的研究成果,主張把學前兒童時期分成四個階段,即新生嬰兒期(新生)、乳兒時期(出生後到 1 歲左右)、步兒時期(1 歲左右到 3 歲半左右)、幼兒時期(3 歲半左右到 6 歲左右)。

陳鶴琴按照兒童發展的有序性揭示了每個階段的發展特點,並確定了與各發展階段相適應的教育重點。陳鶴琴一貫重視對兒童生理和心理發展特點的研究,要求把教育建立在科學的基礎上。

1. 發展特點

(1)思想活動方面。陳鶴琴指出,兒童的思想與成人不同:數量不如成人多,準確性比成人差,內容限於游戲方面。但是,兒童的思想是逐漸發展起來的。

(2)社會性的發展。陳鶴琴認為,所謂兒童的社會性,不僅是指兒童與兒童或兒童與成人的個別關係,還在於社會的組織性活動的建立。兒童社會性的發展也有其進程。

(3)情緒的轉變。陳鶴琴說:「在兒童的初期,他們情緒的表現大都是由自身生理上的要求所激起的。」但是,到了幼兒時期,隨著兒童身心的發展、生活範圍的擴大,兒童與環境之間的關係也表現得空前的繁復。這時,兒童情緒的激起,由於社會環境的刺激而與日俱增。

2. 教育重點

陳鶴琴說:「無論在生理方面或心理方面,幼兒期的教育都是非常重要的。兒童對社會適應是否健全,兒童生理方面或心理發展的程度是否表現著常態的前進,兒童對於衛生習慣有否養成,以及兒童身體是否得到健美的發展,幼兒期的教育都該負擔相當的責任。」根據幼兒思想的活動、社會性的發展及情緒的轉變,實施教育時尤其應注意以下幾點:

(1)以積極代替消極。可用暗示、啓發和鼓勵積極發展兒童的才能和興趣,切勿消極地批評和抑制他們。

(2)不姑息,不嚴厲。既反對過分溺愛子女而姑息遷就,也反對處處用成人的意志要求兒童,用成人的道德規範兒童。

(3)讓兒童使用自己的手腦。主張讓兒童自己去做,讓兒童自己去想。

(4)讓兒童自己有活動的園地。主張兒童要有適當的游戲場所和適當的夥伴。

(5)發展兒童的好問心。應當重視啓發兒童,利用兒童的發問來進行教育工作。

(6)父母和教師要以身作則。父母和教師是否以身作則,對於兒童優良習慣的養成關係重大。所以,父母和教師的行為舉止必須謹慎。

(四)論家庭教育

陳鶴琴所著的《家庭教育》以及 20 世紀 30 年代後陸續發表的《兒童應有良好的環境》《怎樣做父母》等論文,體現了他的家庭教育思想。論家庭教育主要有以下內容:

1. 要把家庭教育作為關係到國家前途、命運的大事

陳鶴琴認為,家庭教育同社會的進步和國家的強盛密切相關。

陳鶴琴在《家庭教育》自序中寫道:「幼稚期(出生至七歲)是人生最重要的一個時期,什麼習慣、言語、技能、思想、態度、情緒都要在此時期打一個基礎,若基礎打得不穩固,那健全人格就不容易形成了。」陳鶴琴充分肯定了幼稚期教育對未來良好國民的奠基作用,進而指出:「知識之豐富與否,思想之發展與否,良好習慣之養成與否,家庭教育實應負完全的責任。」

《家庭教育》1981年重版序中,陳鶴琴進一步論述了兒童教育與國家命運的關係。他說:「兒童是振興中華的希望。兒童教育是整個教育的基礎,關係到我們偉大祖國的命運……社會主義現代化建設需要人才,培育人才要從小開始。」他認為「家長是子女的第一個老師,父母應盡到教育好孩子的責任……幼兒在父母那裡學說話,認識周圍事物,模仿父母言行,在父母影響下形成性格。因此,必須十分重視對幼兒的家庭教育。」

2. 要把科學地瞭解兒童作為實施家庭教育的依據

在《家庭教育》中,陳鶴琴首先略述了兒童之心理與學習性質及原則,以此為家庭教育之基礎。

1)學習的性質

陳鶴琴認為,兒童生來有三種基本能力,即感覺、聯念和動作。學習就是先感覺外界的刺激,後把所感覺的事物與所有的感覺聯合起來,再發生相當的動作去反應外界的刺激。刺激與反應是可見的,聯念卻相反。

2)學習的原則

關於學習的原則,陳鶴琴認為有三點:一是刺激的原則;二是聯念的原則;三是動作的原則。

3. 要把教育功能自然地滲透於家庭生活的各個方面

陳鶴琴認為,家庭教育應融化和滲透於日常生活之中,通過家長的言傳身教、親子間的交往和家庭生活的實踐,隨機地、個別地、面對面地進行。他是從家庭生活的需要和兒童在家庭中的主要學習內容來闡述家庭教育的各項原則的。

1)衛生教育方面

陳鶴琴從一般家庭的現實條件出發,詳盡地闡述了培養良好衛生習慣的內容,共計25條,涵蓋了吃、喝、拉、撒、睡以及相應的設備。

2)情緒教育和群育方面

陳鶴琴非常重視教會孩子待人接物,特別強調要從小教育孩子心中有他人,學會考慮別人的安寧和幸福,鼓勵孩子每天做件好事,使人得到快樂;尊敬長者,敬愛父母;親人有病時,能表示同情;樂意幫助父母做事,養成愛勞動和愛惜物品的習慣等。陳鶴琴重視保護兒童的心理健康,注重創造溫暖、寬鬆、愉快的精神環境。他告誡父母要及時緩解和解除孩子的痛苦和精神上的壓抑。陳鶴琴十分反對父母對孩子的溺愛和放任,他指出賞罰分明和嚴格要求正是克服任性和依賴的有效良方。

3)智育方面

陳鶴琴強調通過多種途徑讓兒童獲得並積累早期經驗,他提倡讓孩子做自己能做的事情,讓孩子自己去試探物質。他強調要為孩子創造良好的環境,包括游戲的、藝術的、閱讀的環境,以開拓兒童的視野,增強其適應能力。

此外,陳鶴琴認為全面提高父母的素質和教育能力,是保證家庭教育質量的前提條件。20世紀70年代末,陳鶴琴建議「要重視幼兒家庭教育的科學實驗,對幼兒的家庭教育應作為一門科學來研究和推廣」。

(五)論幼稚園教育

針對中國的幼稚教育存在「全盤西化」的傾向,陳鶴琴撰寫了《現代幼稚教育之弊病》

《我們的主張》《幼稚教育之新趨勢》等論文揭露其弊端，提出主張，指明改革的方向。通過創辦鼓樓幼稚園，實驗研究有關幼稚園的教育、教學及教材、設備等，探索中國化幼稚教育的道路。

1. 辦好幼稚園的 15 條主張

幼稚園關係到兒童終生的事業與幸福，關係到國家社會，為此，陳鶴琴提出辦好幼稚園的 15 條主張：

（1）幼稚園是要適應國情的。

（2）兒童教育是幼稚園與家庭共同的責任。

（3）凡兒童能夠學的而又應當學的，我們都應當教他。陳鶴琴指出，給孩子學的東西有三條標準：一是「凡兒童能夠學的東西就有可能作為幼稚園的教材」；二是「凡教材須以兒童的經驗為根據」；三是「凡能使兒童適應社會的，就可取為教材」。

（4）幼稚園的課程可以以自然、社會為中心。

（5）幼稚園的課程須預先擬定，但臨時可以變更。

（6）幼稚園第一要注意的是兒童的健康。陳鶴琴強調，強國必先強種，強種先要強身，強身先要注意兒童。

（7）幼稚園要使兒童養成良好的習慣。

（8）幼稚園應當特別注重音樂。幼稚園應該有音樂的環境，以培養兒童對音樂的興趣，發展兒童的欣賞能力和音樂技能。

（9）幼稚園應當有充分而適當的設備。

（10）幼稚園應當採用遊戲式的教學法去教導兒童。兒童生來就喜歡遊戲，兒童的生活可以說就是遊戲。用遊戲方式教育幼兒，兒童不但學得快、效果好，而且印象深刻。

（11）幼稚生的戶外生活要多。

（12）幼稚園多採取小團體的教學法。

（13）幼稚園的教師應當是兒童的朋友。

（14）幼稚園的教師應當有充分的訓練。

（15）幼稚園應當有種種標準，可以隨時考查兒童的成績，對幼稚生在園應當養成的德行、習慣、技能、知識，都應有考查標準。

可見，15 條主張闡明了中國幼稚園教育的方向和任務、課程的中心和組織、教學的方式和方法、教師和幼稚生的關係、幼稚園和家庭的關係以及環境設備等。15 條主張不僅使 20 世紀 20 年代末中國的幼稚園有了辦園的標準，其基本精神對當代幼兒園的教育仍有借鑑作用。

2. 幼稚園的課程理論

陳鶴琴研究出適合幼兒身心發展特點的幼稚園課程。其課程思想的主要內容有：

1）課程應為目標服務

① 做怎樣的人。兒童應有合作的精神，同情心，服務的精神。

② 有怎樣的身體。兒童應有健康的體格，養成講衛生的習慣，並有相當的運動功能。

③ 怎樣開發兒的智力。兒童應有研究的態度，充分的知識，表意的能力。

④ 怎樣培養情緒。兒童應能欣賞自然美和藝術美，養成歡天喜地的快樂精神，消弭懼怕情緒。

可見,陳鶴琴在20世紀20年代就提出了符合幼兒身心特點和適應未來社會需要的全面發展的培養目標。

2) 課程應以自然和社會為中心

自然和社會這兩種環境是兒童天天接觸到的,應當成為幼稚園課程的中心。

3) 課程應實驗「整個教學法」

陳鶴琴提倡的「整個教學法」,就是把兒童所應該學的東西整個地、有系統地去教兒童學。因為兒童生活是整個的,教材也必然是整個的,互相連接,不能四分五裂的。

4) 課程應當採用游戲式、小團體式等的教學方法

陳鶴琴認為,幼稚園的課程是很容易游戲化的,兒童在游戲中、活動中學習,會有事半功倍的效果。陳鶴琴主張多採用小團體式的教學方法,他認為幼稚生的年齡不齊、智力不同、興趣不一,應當區別對待、分組施教,以使處於不同發展水平的幼稚生都有所進。以後,陳鶴琴又繼續提出比較法、比賽法、替代法、觀察法等。通過多樣化的方法,生動、形象、具體地對幼兒進行教育,既可以增強教育效果,又使幼兒的興趣格外濃厚。

5) 課程應當有考查兒童成績的標準

陳鶴琴等編製了《幼稚生應有的習慣和技能表》,計185項,開創了中國幼稚園教育的評估工作。

從以上簡介中可知,課程中心制是編製課程的一種方式,是指幼兒在幼稚園一天的所有活動,包括教育教學的各種教材、內容、範圍和方法等的安排運用,都圍繞自然和社會這個中心,組成一個個單元來實施。這種以兒童生活、兒童經驗、兒童活動為中心的課程,基本上屬於活動課程模式。

20世紀50年代初,陳鶴琴結合當時的社會背景,逐步形成新的教育思想。他提出了編製幼稚園課程的十大原則、九項內容、五指活動及三種編製課程的方法,使其課程論更趨全面、系統。他在1951年發表的《幼稚園的課程》一文中,批判了歐美國家實行單元教學的弊端(完全從兒童出發,不系統),提出了中國單元教學與編製課程應遵循的原則:

① 是民族的,不是歐美的。
② 是科學的,不是封建迷信的。
③ 是大眾的,不是資產階級的。
④ 是兒童化的,不是成人的。
⑤ 是連續發展的,而不是孤立的。
⑥ 是配合形勢實際的需要,而不是脫離現實的。
⑦ 是適合兒童心身發展,促進兒童健康的。
⑧ 是培養「五愛」國民公德和團結、勇敢等優良品質的。
⑨ 是陶冶兒童性情,培養兒童情感的。
⑩ 是培養兒童說話技能,以表達自己的情感和思想的。

根據這十大原則,陳鶴琴修訂了原來所定的單元,加入了「五愛」教育,共九項內容,包括節日、五愛教育、氣候、動物、植物、工業、農業、兒童玩具、兒童衛生。

五指活動是:健康活動、社會活動、科學活動、藝術活動和語言活動。陳鶴琴指出:「幼稚園的課程全部包括在五指活動中,並採用單元制,各項活動都圍繞著單元進行教學。」

關於幼稚園課程的編製,陳鶴琴提出了三種方法:①圓周法。圓周法即各班課題相同而

要求由淺入深。②直進法。直進法即各班的課題和要求均不相同。③混合法。混合法即課題和要求有相同或不同。在編製課程時,通常運用混合法最多。

### 三、對陳鶴琴學前教育思想的評價

陳鶴琴對幼稚園的教育和玩具、教材及設備等都進行過實驗研究,建樹頗多。20 世紀 70 年代末,陳鶴琴建議對幼兒園的教育應進行系統、深入的科學實驗與研究,要辦好示範性幼兒園。他認為,應根據兒童的特點多給兒童感性的知識,創造各種環境和條件,多讓兒童接觸大自然和社會,多觀察,多活動,擴大他們的眼界,增進他們的科學常識,發展他們的智力。他還認為,應一分為二地總結五四運動及新中國成立以來這方面中國自己的經驗,繼續前進;外國有許多經驗,也有許多好的經驗,但不能不加分析地照抄照搬,要結合中國實際情況以實踐來檢驗哪些是成功的、切實可行的,哪些是不可取的。此外,他還提出了必須重視和解決幼教玩具、教具的教學實驗和製造,認為這是一個極為迫切的重大問題。

## 第三課　張宗麟的學前教育思想

### 一、張宗麟生平

張宗麟(1899—1976)(見圖 6-3),浙江紹興人,中國著名幼兒教育家,為中國現代學前教育的發展做出了重要貢獻。張宗麟畢業於東南大學教育系。他曾任南京市鼓樓幼稚園教師、曉莊師範指導員主任、福建集美鄉村師範校長、湖北教育學院教育系主任等職。抗戰期間他擔任上海文化界救亡協會理事、延安大學教育系副主任,1947 年後任華北大學教育研究室主任等職。新中國成立後,張宗麟歷任教育部高等教育司副司長、司長等職。他為中國教育事業特別是學前教育的發展做出了重要貢獻。

張宗麟一生經歷坎坷,但對教育事業的熱愛始終不渝。1925 年畢業時,他謝絕了多位教授選他當助手的好意,毅然決定追隨陳鶴琴研究幼兒教育,成為中國男性大學生當幼稚園教師的第一人。他協助陳鶴琴進行了課程、設備等項的研究,創辦了《幼稚教育》月刊,發起組織了幼稚教育研究會等。後他又協助陶行知擔任曉莊第二院(幼稚師範)的指導員,辦起了鄉村幼稚園。他非常重視幼兒教育,認為「幼兒教育是一切教育的基礎」,並一針見血地指出了當時中國幼稚教育存在的弊病,呼籲停辦外人設立的幼稚師範及幼稚園,提出了「明日的幼稚教育必定是普及的」「必定是『教』與『養』並重」「必定與家庭溝通」等九點設想。張宗麟認為幼稚園為誰服務的方向問題至關重要,要使「幼稚教育運動轉向勞苦大眾的隊伍裡去」,幫助「農家婦」「貧民區」及職業婦女等最需要幫助的母親。通過對南京鼓樓幼稚園和曉莊鄉村幼稚園的實驗研究,他撰寫了大量關於幼稚園課程的論文,指出課程乃指幼兒「在幼稚園一切之活動」,認為「幼稚園的課程應是社會化的幼稚園課程」。他還關注教師的培

圖 6-3　張宗麟

訓問題,認為幼稚園教師的任務實際上重於小學教師,提出「中國急需有富於國家精神的幼稚園教師,所以急需設立完美的、富於研究試驗精神的幼稚師範」,並對幼稚師範的課程設置提出了許多建議。他的實驗研究成果和理論論著在中國幼教界產生了廣泛而深遠的影響。其主要著作《幼稚教育概論》《幼稚園的社會》等已收入《張宗麟幼兒教育論集》。

## 二、張宗麟的學前教育思想概述

### (一) 幼稚教育的地位和作用

張宗麟非常重視幼稚教育的地位和作用。

首先,他認為幼稚教育之重要是由兒童對人生、對社會國家的重要性所決定的。兒童在人生中之重要,表現在:「在生理上,此期兒童最易蹈危險,正如初放之芽,最易被蟲蝕;在心理上則所有影響最深,幾乎一生不消。」因此,對兒童如果沒有良好的教育就將影響到他的一生。兒童對國家社會之重要,則表現在:為國效勞之壯年國民或為國家敗類之壯年國民,追溯其根源,「莫不如童年時代造之」;同時他指出,「據人口調查,兒童自三歲至六歲死亡率最大……倘能有良好的保護與教育,使嬰兒皆長為成人,更能表現其個性,則國家社會之進步,必速於今日。」他還指出:「吾人愛國熱忱,發於理智者少,而發於情感者多。然而永久的情感,非一時所能造成,必日浸月潤,然後根深蒂固,虔心不改。吾人倘以國民為必須愛國者,必須為社會服務者,則其教育當自最初級之教育開始,此教育為何? 即幼稚教育也。」總之,在他看來,不論從兒童個人發展的角度,還是從國家社會利益的角度來說,幼稚教育都是十分重要的。

其次,他認為幼稚教育之所以重要,也是由它在學制上的地位和作用決定的。幼稚教育「為學制上一切教育之起點也」。它不但與小學低年級關係最為密切,是「小學教育之基礎」,而且對中學和大學教育也有重要的影響,他說:「非獨小學生,即中學生、大學生許多習慣、性情,亦可以幼稚園養成之,如研究的態度、對人的品性等,皆奠基於此。」

最後,他還從幼稚園與家庭之關係方面指出幼稚園是家庭托付兒童之第一場所,最能與父母接觸之第一種教育事業。有許多家庭由於父母各有職業,又各有其他事務,不能負子女教育之責,於是便把子女托付於幼稚園;也有許多家庭父母雖然有閒暇的時間,但因學識關係,對於子女往往愛而不知教,也需要幼稚園的幫助。因為幼稚園有專門人才,只有在幼稚園才能使兒童受到良好的教育。同時幼稚園不但直接擔負著教育兒童的責任,還可以通過發起組織母親會等形式對家長進行教育方法方面的輔導。

可見,張宗麟對作為最初級教育的幼稚教育非常重視,他根據多方面的分析對幼稚教育的地位和作用做了充分肯定。

### (二) 幼稚教育的服務對象和發展方向

#### 1. 幼稚教育的服務對象

張宗麟認為,幼稚園為誰服務的方向性問題至關重要。他指出,「世界上第一個幼稚園是產生在窮鄉的,世界上幼稚園的發達也是在貧民窟裡」。但是,在社會變遷過程中,本為貧兒來的幼稚園,反被富人用了。中國的幼稚教育也一樣,幼稚生也都是來源於比較富裕的家庭。他認為這極不合理,因為作為富人的太太們每天衣來伸手、飯來張口,本就有時間教自己的孩子。而窮人的母親們,「每天不是進工廠做工,便是到田裡去做活」,反而她們的孩子

卻與幼兒園無緣。若幼稚教育一直這樣發展下去,「幼稚園將變成富貴孩子的樂園……這種幼稚教育必定漸歸消滅」。為此,他指出,「幼稚園若是為著整個民族的教育之一,那麼非轉移方向,從都會轉到鄉村與工廠區去不可」。對此,張宗麟還對幼稚教育的服務對象做了細緻的分析,認為農家婦、工廠女工、貧民區家庭、較好職業者等,由於忙於生計,沒有時間照顧孩子,應該有人替她們照顧孩子。在這一思想指導下,張宗麟非常擁護陶行知提出的幼稚園下鄉進廠運動。1927年11月,他與徐世璧、王荊璞一起協助陶行知創辦鄉村幼稚園。

2. 幼稚教育的發展方向

1925年10月,在對南京、蘇州、杭州、寧波等地的幼稚園進行考察後,張宗麟指出,中國當時的幼稚教育存在教會壟斷和社會漠視的癥結,並針對這些問題提出了四個補救辦法:一是「停辦外人設立之幼稚師範及幼稚園」。政府應該依據國家教育法令限期停辦外國人設立的幼稚師範及幼稚園。二是「嚴定幼稚師範及幼稚園之標準」。他認為在停辦外國人所設幼稚師範及幼稚園之後,為免除未來的弊端和創設獨立國家的教育精神,要嚴定幼稚教育的標準。三是「籌設幼稚師範並檢定幼稚教師」。停辦外國人所設幼稚師範後,籌設本國的幼稚師範,並使「從前受過非正式幼稚師範教育之幼稚園教師,皆須受國家檢定,方許其從事職業」。四是「鼓起社會之注意」。他認為這是根本方法。張宗麟認為,只有通過以上這些措施,才能克服當時中國幼稚教育的頑疾,充分發揮幼稚教育培養人才的奠基作用。

在揭露中國幼稚教育存在的弊端的同時,張宗麟對學前教育的本質和發展方向進行了探討。他指出,未來的幼稚教育「是普及的」「是必定為某個集團(國家或其他)或某種思想訓練幼稚兒童的」「是『教』與『養』並重的」「是與家庭溝通的」「是與小學聯繫的」「必定訓練兒童有集體工作的精神,免去個人單獨行動的散漫行為」「必定引用科學的養護法」「必定有它的一貫主張」「幼稚教師除了為著維持自己的生活外,最重要的任務還是為著實現理想」。

(三)幼稚園課程思想

幼稚園課程思想是張宗麟幼兒教育思想的重要組成部分。

1. 課程的本質是活動

與陳鶴琴、張雪門的課程本質觀相比,張宗麟對課程本質的理解更為寬泛。他指出,「幼稚園課程者,由廣義地說之,乃幼稚生在幼稚園一切之活動也」。它包括「一切教材,科目,幼稚生之活動」。關於幼稚園課程的劃分,他認為有兩種情況:一是按照兒童的活動劃分,課程包括五個方面:①開始的活動,即幼稚生初入園時必須養成的習慣,也就是人生最基本的習慣,如放手巾、認識教師和同學,以及初步的禮節等;②身體活動,即強健身體的習慣與技能,如各種衛生習慣、跑步、跳、爬等;③家庭的活動,如反應家人之間的關係、禮儀,以及家庭事務的活動;④社會活動,即養成公民素質的教育活動,包括各種節日、同伴關係的活動等;⑤技能活動,即培養兒童適當表現自己的活動。另一種是按學科劃分課程,具體可劃分為音樂、遊戲、故事、談話、圖畫、手工、自然、常識、讀法、識數十個科目。其中每一個科目又包括一些小項目。例如,音樂包括聽琴、唱歌、節奏動作、彈奏樂器,遊戲包括個人遊戲和團體遊戲,故事包括聽、講和表演,圖畫包括自由畫、寫生畫和臨摹畫,手工包括紙工、泥工、縫紉及竹木,讀法包括認字、短句故事等。「總之,無論以兒童活動分類或以科目為課程之單位,教師決不可拘泥於某時當教何種課程,致使貽削足適履之譏也。」

2. 幼稚園課程的來源及其厘定和編製要點

幼稚園課程的設置,是為了滿足幼稚生的需要及社會的希望。但由於 6 歲以下的幼稚生與社會發生的關係比較少,滿足其自身的需要則更為重要。對幼稚生來說,「在身體上各種動作,大致能做,而心理上之發展尤為迅速,求知、想像、模仿……諸般活動,件件勃發,幼稚園課程即可循此而得其端倪」。

幼稚園課程內容來源有四個:一是兒童自發的活動;二是兒童與自然界接觸而產生的活動;三是兒童與人事界接觸產生的活動;四是人類流傳下來的經驗,合乎兒童需要的部分。

這四個方面的活動共同構成一個整體,具有完整的目的,形成合理的課程。

張宗麟認為:「生活便是教育,整個的社會便是學校。」這是厘定一切學校課程的總綱領。幼稚園課程的厘定要根據一般的課程標準,但是,由於幼稚生的生理與心理還不成熟,厘定課程時還應注意:①多注意動的工作,為兒童提供充分的動的機會;②鼓勵幼稚生多與自然界接觸,保持他們對大自然的濃厚興趣;③要多注意兒童個體的小社會,為兒童提供充分的「自我表現」的機會;④多注意兒童的直接經驗。

根據以上原則,編製課程時應注意:①幼稚園的課程不能用科目來編製;②教師對幼稚園的課程要有一個通盤計劃,在充分觀察自然界和人事界的基礎上,決定課程內容;③每一個課程單元,長短不拘,但要段落分明;④教師的責任是擬定大綱,預備教材,指導兒童進行活動,不是強迫兒童去做,更不是代替兒童去做。

3. 社會化的幼稚園課程思想

張宗麟先生在 20 世紀 30 年代出版的《幼稚園的社會》一書中,提出了他的社會化的幼稚園課程思想。他認為,幼稚園課程中應增加「社會」科目,因為幼稚園的一切活動都具有社會性,幼稚園的兒童之間也進行社會性交往。而且,「幼稚園的一切活動,由廣義來說,都是『社會』。其中最有獨立性的只有『自然』,但是幼稚園的『自然』決不是『純粹的自然研究』,必定是『與人生有密切關係的自然元件』,涉及人生也就是『社會』了」。

那麼,確立幼稚園社會化課程的根據是什麼?張宗麟指出,「無論哪級教育的課程,只有兩個根據,好像人類只生了兩隻腳。這兩個根據,一個是成人的生活——社會,一個是孩子的生活」。社會是極其複雜的,整個的社會有三個方面:一是過去的歷史的關係;二是現代的各方面關係;三是影響於未來的情形。學校課程也就要包括這三個方面。但是,幼稚生年齡還小,對於社會的經驗還很少,幼稚園要把整個社會課程都做完是不可能的。不過,孩子們對小團體的生活卻是能領悟的,並且能做到單純的「互助」「合作」等。這些需要孩子的直接經驗。在直接經驗的基礎上兒童能夠「領悟任何人生的、物質的,以及社會集團的、現代狀況的一切,這種種領悟的能力,只有他自己的經驗所能給予」。因此,設計幼稚園課程的社會科目,需要瞭解幼稚生的社會。

那麼,幼稚園兒童的「社會」是怎樣的一種社會呢?張宗麟指出,幼稚園兒童的社會不同於成人的社會,它實際上是幼稚生的「生活狀況」。幼稚生的生活狀況是由直接經驗組成的社會,脫離了兒童的具體的生活經驗和其周圍的社會環境,是難以理解兒童的「生活狀況」的。然而,幼稚生的生活彼此之間的差異實在是太大了。課程設計者只能根據普遍的情況,來制定富有彈性的社會課程。

社會化課程的內容主要包括 7 類:①關於生活衛生、家庭鄰里、商店郵局以及其他公共

設施和名勝古跡等方面;②日常禮儀的學習和演習;③節日和紀念日活動;④身體的認識活動和基本衛生活動;⑤健康和清潔活動;⑥認識黨旗、國旗和總理形象的活動;⑦各種集會和社團活動。

為了能充分保證社會課程對兒童的教育作用,實施社會活動時應做到:①注重培養兒童互助與合作的精神;②培養兒童對他人的愛憐情感;③培養兒童具有照顧他人的品質;④使兒童明了生活的根源;⑤使兒童瞭解人類生活具有縱橫兩個方面。

課程內容確定之後,如何實施就成為十分關鍵的一環。張宗麟從教育學、心理學方面尋找理論根據,提出了應遵循的教育學原則和心理學原則:①將學校生活與實際生活打成一片;②既注意兒童的個別學習,又注意兒童之間的互助與合作;③教師要做兒童的朋友;④使兒童獲得成功;⑤通過繼續不斷地學習養成良好的習慣;⑥激發兒童進行良好社會性行為的興趣,達到教育目的;⑦要注意對兒童社會性行為的交替培養。

除了上述幾點原則之外,張宗麟還就開展社會性活動之前和與兒童共同開展社會性活動時的具體做法提出了自己的觀點。他認為,在開展社會性活動之前,教師要留心兒童的動作,相機予以幫助和指導;注意兒童臨時的遭遇;必須兒童領會的事情,教師要通過有目的有計劃的活動,向兒童提供有意地刺激,促進兒童的社會性發展。在與兒童開展活動時,教師要為兒童準備豐富的原材料和適當的工具,原材料比現成的玩具有用,不必多買現成的玩具;鼓勵兒童積極自由地活動,但教師要適當指導,引導兒童思考;教師要掌握好活動的過程,適時地結束和總結活動。

(四) 論幼稚園教師的培訓

1. 幼稚園教師的任務

張宗麟十分重視教師的培養和訓練。他認為幼稚園教師的任務,實際上重於小學教師。它包括養護兒童,發展兒童身體,養成兒童相當之習慣,養成兒童有相當之知識與技能,與家庭聯絡並謀家庭教育改良之方,研究兒童等。其中尤以養護兒童為幼稚園教師最重要的責任。為此,必須對幼稚園教師進行專門的培養和訓練。

2. 幼稚園教師的培養

幼稚園教師的培養主要是通過幼稚師範學校進行的。為了使幼稚師範學校能夠培養出健全的幼稚園教師,他對幼稚園的設置、招生條件、課程安排都提出了明確的要求。

首先,他認為師範教育為國家事業,絕對不能容許外國人、教會或私人包辦,國家對師範教育應負完全責任,幼稚師範自然也不例外。因此,對外國教會所辦的幼稚師範,政府急宜令其立即停辦,同時在各省宜從速籌設幼稚師範。

其次,他認為幼稚師範應以培養健全的幼稚園教師為目的,招收初中畢業以上之學生,年齡在16歲以上,身體健康,富有愛國心,真誠愛兒童,有優良基礎知識和善能變換之思維者,對他們進行三年或二年之專門師範教育。同時他還特別指出,幼稚園教師非為女子之專業,必須有男子加入。這在當時無疑是一種富有創見的主張。

張宗麟還認為,幼稚師範為了培養健全的幼稚園教師,絕不能搬用教會設立的幼稚師範那種養成牧師式之教師的課程。為此,他對幼稚師範的課程設置提出了以下標準:

(1) 公民訓練組。含本國史、本國地理、世界史概要、社會學、最近世界概況,占15%。
(2) 普通科學組。含科學入門、應用科學、生物學、應用數學、簿記,占15%。

(3)語文組。含國文、國語、英文(非必要)，占10%。

(4)藝術組。含圖畫、手工、烹飪、家事學、音樂，占15%。

(5)普通教育組。含教育學、教育心理、教育史、普通教學法，占10%。

(6)專門教育組。含幼稚教育概論、兒童心理、兒童保育法、幼稚園各科教學法、幼稚園各科教材討論、幼稚園實習、幼稚教育之歷史及其最新趨勢、小學低年齡教學法，占35%。

3. 幼稚園教師的進修

張宗麟指出，要成為一名優秀的幼稚園教師，只靠在學校中幾年的學習是不夠的，還必須隨時修養，以謀合於潮流，以求其業之進步。幼稚園教師的修養包括許多方面，有品性上的，有學問上的，也有能力、技術和其他方面的。

他認為幼稚園教師在品性上應繼續如求學時代之樸素誠篤；在知識上須多讀書，每日規定讀普通書報幾種、教育書報幾種、幼稚教育書報幾種；同時要與本區幼稚教育聯絡，如參加研究會、俱樂部，定期討論最近幼教趨勢，交流心得；可以利用暑假集中一段時間進行學習；此外，還應當正確處理家庭與事業的關係。

### 三、對張宗麟學前教育思想的評價

張宗麟作為陳鶴琴和陶行知的學生和助手，他積極參與了兩位師長的學前教育方面的許多實驗研究，對學前教育的基本理論進行了深入的探討。他的實驗研究成果和他的學前教育論著都曾在中國幼教界產生廣泛和積極的影響，對中國學前教育的發展做出了重要的貢獻。他主張尊重兒童和解放兒童，主張從中國國情出發，吸收和借鑑國外先進的教育思想，反對理論脫離實際，主張學以致用，崇尚親身感知、親自實踐。他在學前教育領域的獻身精神和創業精神值得後人繼承和發揚。

### 思考與練習

1. 張雪門認為幼稚教育的目的是什麼？
2. 張雪門認為真正適合兒童發展的教材應該符合哪些條件？
3. 簡述陳鶴琴的「活教育」理論的內容。
4. 陳鶴琴認為學前兒童心理的特點有哪些？
5. 陳鶴琴的家庭教育理論的內容有哪些？
6. 張宗麟認為幼稚教育的地位和作用有哪些？
7. 張宗麟認為幼稚教育的服務對象和發展方向分別是什麼？

# 單元 7　外國古代學前教育

### 學習目標

- 瞭解古埃及、古希伯來、古印度的學前教育概況；
- 掌握古希臘、古羅馬的學前教育狀況；
- 瞭解中世紀的兒童觀；
- 瞭解教會和世俗封建主的學前教育；
- 掌握文藝復興時期的學前教育概況。

　　本章介紹了古代東方國家、古代西方國家、中世紀和文藝復興時期歐洲國家學前教育產生、發展和演變的歷史過程。古代東方是世界文明的發祥地，也是世界學前教育的搖籃。隨著東方古國進入奴隸社會，學前教育也發生了本質性改變。古希臘和古羅馬的教育是西方古代教育的典型代表，促進了整個歐洲學前教育的發展。中世紀漫長的時間裡，學前教育也有一定程度的發展。文藝復興在意識形態領域掀起了一場反封建、反教會的思想文化解放運動。

## 第一課　古代東方國家的學前教育

### 一、古代埃及的學前教育

　　古代埃及位於非洲北部的尼羅河流域，約在公元前 3500 年進入奴隸社會。當時埃及分為上埃及和下埃及兩個王國。經過長期戰爭，上埃及大約於公元前 3200 年統一了埃及，建立了「提尼斯王朝」，這也是古代埃及歷史上第一個王朝。古埃及在文化、藝術、建築、雕塑、天文、曆法、數學、醫學等方面都取得了輝煌的成果，令世人為之驚嘆。文化的繁榮、科學的發達促進了教育的興起。根據古代埃及文獻記載，公元前 2500 年左右古埃及出現了宮廷學校，公元前 2200 年左右開設了職官學校、寺廟學校、文士學校等。當然，這些學校都招收統治階級的子女為教育對象。古埃及的教育體現了鮮明的階級性和等級性。

#### （一）古埃及學前教育的形式

　　家庭教育及宮廷教育是古埃及學前教育的主要形式，傳統的等級觀念是造成教育形式

差異的主要原因。在古王國時期,教育事業尚處於萌芽階段,對兒童的早期教育是在家庭中實現的,父母就是孩子的老師,家庭就是學校。到了古王國末期和中王國時期,貧富差距加大,使得階級對立也進一步強化,導致學前教育也開始產生了明顯的等級差別。

皇族子弟年幼時專有乳母、奶娘、保姆等精心餵養,稍大一點,就要進入專門為他們設立的宮廷學校,為將來繼承王權做準備。宮廷學校是融學前教育和初等教育為一體的一種教育形式,是由國王(法老)在宮廷中專門開設的,邀請富有經驗的僧侶、官吏、文人、學者任教,有時法老親自傳授。宮廷學校裡兒童除了做游戲、聽故事、習字、學習初步知識外,從小就被灌輸敬畏日神、忠誠國君的說教,還要模仿成人試行宮廷的禮儀,以便養成未來統治者所應具備的言談舉止。宮廷學校對這些皇室後代的要求是相當嚴格的,懲戒和鞭打是常用的懲罰方法。

官吏子弟的學前教育主要在家庭中進行,母親照顧孩子的飲食起居。另外,母親還負責教育女孩,父親則負責教育男孩。教育形式除了做游戲、鍛鍊身體和聽故事外,男孩還要學習宗教歌曲、初步的社交禮儀,以及舞蹈和讀寫。這些教育要求對他們將來在政府機關謀職至關重要,所以他們必須從小以父為師進行學習。只有較好地完成了家庭教育的貴族或官吏子弟,才有資格進入政府機關開辦的職官學校學習。

(二) 古埃及學前教育的內容和方法

古代埃及學前教育的內容主要是祭司、醫學、建築、軍事、農務等。古埃及家庭裡的孩子,幾乎都要重走父輩的從業道路,世代相傳。他們從小就在家庭中接受父輩的教誨,逐步瞭解和掌握父輩職業的祕傳手藝。這種學徒式的訓練,既沒有專門的教材、教學方式和時間,也沒有年齡的限定,男童從稍懂事起就要開始學習,女童則僅限於母親教會其縫紉、烹飪等家務勞動,不得參加任何技藝的學習。

古埃及的學前教育尚處於萌芽階段,學前教育與初等教育並沒有嚴格的年齡界限,常融為一體,教育形式以家庭為主,年齡稍長的統治階級子弟可以進入學校學習,教學內容的基本特點是實踐性和職業性。

以現在人的眼光來看,古代埃及的學前教育水平低下,內容簡單,但在其所處的時代,關注學前兒童教育的意識、教育內容和實用性、教育形式的多樣性,都是領先於時代的,為後世的學前兒童教育留下了寶貴的經驗。

## 二、古代希伯來的學前教育

古代希伯來位於現在的西亞巴勒斯坦地區,為現代猶太人祖先的居住之地。約在公元前1400年,猶太人因躲避洪水和尋找穀物而向外遷移,先進入波斯地區,而後又移居埃及,淪為埃及法老的奴隸。約在前1220年,在其酋長摩西的帶領下,逃離埃及返回西亞,定居於巴勒斯坦地區。公元前1010年,由大奴隸主大衛建立統一的希伯來王國,由於民族矛盾,其後不久就分裂為北部的以色列和南部的猶太國。公元前722年,以色列亡於亞述。公元前586年,猶太國被巴比倫所滅,猶太人成為「巴比倫之囚」。公元前538年,波斯王居魯士滅巴比倫後,希伯來人才得以返回家園,重建國家。公元70年,希伯來被羅馬帝國所滅。

古代希伯來人長期生活在動盪不安的社會環境中,把宗教看作維繫種族的靈魂,把教育看作維繫民族統一和復興、生存、發展的神聖事業。希伯來人信奉猶太教,其經典為《聖經》(《舊約全書》),其是希伯來人從小就開始學習的教育經典和核心內容。希伯來人將婦女生孩

子視為上帝的恩賜，他們盼望生孩子，尤其是生男孩，因為男孩長大可以增加財富，擴大家族的規模，並能繼承遺產。按照希伯來的習俗，嬰兒出生後要用鹽水擦洗，還習慣於將嬰兒置於襁褓之中。孩子一般由母親哺乳，3歲時才開始斷奶。男孩在出生的第8天有進行割禮的習俗。

古代希伯來的學前教育發展分為兩個歷史時期：一是公元前1300年—公元前586年猶太人亡於巴比倫，以家庭教育為主；二是公元前586年—公元70年希伯來滅於羅馬帝國，以會堂教育為主。

### （一）家庭教育時期

在公元前586年以前，希伯來人長期處於戰亂之中，家庭在人們心目中佔有非常重要的地位。在希伯來家庭中，父親擁有絕對的權威，是一家之主。家庭作為培養教育年輕一代的主要場所，父親也就理所當然地對教育子女承擔著主要的責任和義務。在子女心目中，父親就是自己的老師，父親的要求和命令就是法律，自己的言談舉止要符合父親的要求，必須聽命於父親，不能有所質疑。父輩尊奉上述誡命對子女進行教育，所以在教育中時刻不忘進行宗教思想的灌輸，通過自身的言傳身教，使子女產生對上帝的無比信仰和敬畏之情。

這種充滿宗教意識的家庭教育，凝聚了家庭的人心，使每個希伯來家庭在共同信仰的引領下構建成一個個信仰基地，精神上的歸屬和內心強大的信仰也帶領猶太民族雖屢遭戰禍而散居各地，但仍能保持民族繁衍至今，從未消亡。

誦讀經典和參加宗教節日活動是希伯來人對兒童教育的主要方式。在日常家庭生活中，父親要求子女圍坐在身邊，跟隨自己誦讀《律法》等宗教經典，反覆強調經文是上帝旨意的體現，子民無權更改，必須牢牢記住。同時，鼓勵孩子發問有關上帝、《聖經》、教義等方面的問題，父親則要耐心地解釋，還要努力按照典籍的教誨注意改進自己的教育態度。所以，希伯來人的父母在家庭教育中比較注意尊重兒童，傾聽兒童的意見。兒童能在家庭中佔有一席之地，這為希伯來嚴酷的家長制增添了一些溫和的色彩。除此之外，猶太教的經典中多處提到母親在家庭教育中的重要地位，明確強調女兒的教育應由母親負責，母親應在敬重上帝、遵守律規和勤勞持家方面做出榜樣。同樣，經典中也要求每個子女從小就要逐步養成尊奉教規、服從父母的習慣。

### （二）會堂教育時期

公元前586年—公元前538年的近半個世紀中，希伯來人被巴比倫徵服並作為囚徒流放，流放時期的希伯來人開始接觸一種更為先進的巴比倫文化，並逐步地由一個主要從事農業的民族演變為城鎮的居民，這在一定程度上有利於希伯來文明的進步。然而，在流放過程中，希伯來文化卻面臨著被外族文化吞並與兼併的危險，尤其是年輕一代，對本民族的歷史和家鄉一無所知，並且甘願讓本民族文化成為新式文明的一部分。希伯來人的首領意識到這是民族存亡的關鍵時刻，應當把大家團結起來，使他們懷念過去，設法回到故鄉。於是，在巴比倫國土出現了猶太會堂，從此猶太會堂的教育打破了家庭教育的一統局面。不論大人還是小孩，經常在會堂聚會，做禮拜，傾聽教士宣讀《聖經》和上帝的教誨，這使每一個兒童和成人都要銘記自己是希伯來人，故鄉在巴勒斯坦，要和巴比倫人保持距離。

從巴比倫回到巴勒斯坦後，猶太會堂顯得更重要了，它成了進行教育和禮拜活動的中心。當時政權不復存在，由最高祭司受波斯政府支配來組織希伯來人的活動，並以《聖經》為工具來統一人們的思想、意識和行為規範。但此時的社會政治形勢已有了變化，文化教育也

· 105 ·

要隨之進行相應的改進。單純依靠家庭教育和教會教育已不能滿足社會實際的需要,只有在保存希伯來民族傳統教育的基礎上吸收外來教育因素來發展學校教育事業,才是唯一的選擇。因此,希伯來人在猶太會堂內設立了學校,兒童們在這裡讀書、寫字和理解一些簡單的法律知識。這種學校通常融幼兒教育和小學教育為一體,教師以口授方式摘讀《摩西五書》的若干詞句,指導兒童朗讀和背誦。教師還經常給幼兒印刻有字句的聖餅,讓他們邊吃、邊讀、邊記,並組織他們互相競賽,提倡互幫互學。教師還鼓勵兒童動腦筋想問題,認為凡是善於提問的孩子,就是善於學習的孩子。儘管如此,當時通常採用的教育方法仍主要是家長制加神諭。但相對於家庭教育時期來看,兒童的地位得到了很大的提升。希伯來人的兒童觀認為:兒童生來就是粗野的、固執的、愚笨的,甚至是壞的,因此要不斷地訓誡他們,直到他們懂得服從和尊敬為止。對希伯來人來講,教育就意味著嚴酷的紀律,只有這種紀律才能保證家庭和宗教教育的成功。

### 三、古印度的學前教育

古代印度位於亞洲南部的印度半島上,包括南亞次大陸上的所有國家,有記載的文明開始於公元前20世紀。公元前1500年左右,一個自稱為雅利安人的外來遊牧部落,徵服了土著居民並建立了最原始形態的國家。印度古代典籍《吠陀經》記述了這一歷史時期的情形,故稱這一歷史時期為古代印度的「吠陀時期」,對印度影響巨大的種姓制度和宗教信仰就是在這個時期形成的。

種姓制度為印度所特有,這是一種等級森嚴的階級壓迫制度。它依據社會分工把人劃分為4個等級,也就是構成4種種姓。第一等級婆羅門主要是僧侶、貴族,擁有解釋宗教經典和祭神的特權;第二等級剎帝利是軍事貴族和行政貴族,他們擁有徵收各種賦稅的特權;第三等級吠舍是雅利安人自由平民階層,他們從事農、牧、漁、獵等,政治上沒有特權,必須以布施和納稅的形式來供養前兩個等級;第四等級首陀羅絕大多數是被徵服的土著居民,屬於非雅利安人,他們從事農、牧、漁、獵等業以及當時被認為低賤的職業。前兩種種姓為高級種姓,婆羅門權力高於一切。高低種姓之間尊卑懸殊,不能相互通婚,甚至不能共食,並且這種地位世襲相傳不能改變。種姓制度和宗教信仰對印度的政治、經濟、文化、教育都產生了深遠影響。公元前6世紀,佛教興起,宣揚眾生平等,逐漸取代了婆羅門教而成為印度國教。

古代印度的婆羅門教和佛教,都深刻地影響著印度人的社會生活和文化教育,學前教育也完全是為了培養宗教意識而開展的。

#### (一)婆羅門教時期的學前教育

婆羅門教在古代印度有著悠久的歷史,它源於公元前2000年的吠陀教,約形成於公元前700年,是現在流行的印度教的古代形式。婆羅門教以《吠陀經》為主要經典,因崇拜梵天及由婆羅門種姓擔任祭司而得名,信奉梵天、毗濕奴和濕婆神,主張吠陀天啓、祭祀萬能、婆羅門至上三大綱領,把人分為4種種姓。婆羅門教的學前教育是以上述的宗教信條為主導思想進行的。

古代印度盛行家長制,父親是一家之主,控製著家庭生活的全部。家庭不僅是全家論事論政之所,也是父輩教育子女之地。父親在家庭中權力極大,有決定子女生死、買賣的大權,也有教誨、培養兒童的義務。尤其是婆羅門種姓家庭,為了保持種姓的尊嚴和世襲,父親在家庭中除傳授生活知識、基本技能、行為習慣和風俗習慣外,最主要的是悉心指導子女傳誦

《吠陀經》。儘管《吠陀經》均由梵文寫成，對於幼兒來講詞意晦澀、艱深難懂，但是傳授時不允許兒童作抄寫筆錄，更不準提問，而全憑口耳相傳、死記硬背。這種神學色彩極濃的家庭教育，一般要經過十年的時間才能學完四部《吠陀經》中的一部，這對於婆羅門家族的兒童來說，實在是一項繁重的苦役。

### （二）佛教興起時期的學前教育

隨著奴隸制的發展和奴隸制大國的崛起，公元前6世紀—公元前5世紀，古印度進入「列國時代」。因掌握軍事力量而日益強盛的剎帝利和上層大商人吠舍，不滿婆羅門的特權地位，婆羅門勢力日益削弱，佛教應運而生。

佛教作為當時反婆羅門的思潮之一，主張善惡報應、生死輪迴；反對婆羅門教的特權地位，強調信仰平等、普度眾生，追求大徹大悟。隨著佛教的廣泛發展，佛教教育也隨之發展起來。佛教在教育方面的改革主要表現為：主張四種姓平等；廣泛傳播了人民群眾接受初等教育的願望；強調用方言代替梵文進行教學。

佛教的幼兒教育一般在家庭中進行，也有信仰虔誠者在子女五六歲時把他們提前送入寺廟出家修行。教育內容除重視道德品格教育和言行舉止的訓練外，主要是學習佛教經典。學習12年並經檢驗合格者，則可留在寺廟充當比丘（和尚）、比丘尼（尼姑）。普通家庭的孩子從懂事起就在父母的言傳身教和日常生活中接受早期的教育，要定期跟隨父母參加宗教儀式，誦讀簡易經文，還要養成一種樂於助人、慷慨施捨的心態。這些都是為了實現在信仰方面、公德意識的養成方面和良好行為習慣的培養等方面的教育目的而提出的要求。

總之，古印度的學前教育是與種姓制度和宗教神學密切相關的，不論是婆羅門教育還是佛教教育，它們的教育目的都主張培養幼兒的宗教意識。其中，婆羅門教育是以維繫種族壓迫為核心目的的，佛教教育則以主張吃苦修行、消極厭世、追求來生為基本特徵。

## 第二課　古代西方國家的學前教育

### 一、古希臘的學前教育

人類最初的文明在西亞的兩河流域和埃及的尼羅河流域形成以後，地中海東部地區便在這兩大文明的照耀下熠熠生輝，其中愛琴文明尤為傑出。愛琴文明形成以後，愛琴海地區與希臘組成統一的文化區，即世界歷史上著名的古希臘文化區，它是西方文明的源泉。

希臘是希臘人對他們所生活居住地區的通稱，在古代不是一個國家的名稱。通過對東方先進文化遺產的吸收，希臘文明得以在巨人的肩上創造出更加卓越的成就。從公元前8世紀開始，古希臘在奴隸制形成的過程中出現了數以百計的城邦國家，其中最強大並最具有代表性的兩個城邦是斯巴達和雅典。由於具體的政治、經濟和地理條件等不同，其學前教育也表現出不同的特徵。

### （一）斯巴達的學前教育

斯巴達地處伯羅奔尼撒半島的最南端，北靠崇山峻嶺，南臨礁石海岸，中部為平原。這裡雖與外界交往不便，但土地肥沃，適宜農業經濟發展，是古代希臘最大的農業城邦。屬於

奴隸主階層的斯巴達人原系外來的入侵者，只有大約3萬人。倚仗強大的軍事力量，他們成為斯巴達的農業軍事貴族。他們強迫25萬人以上的奴隸耕種土地，實行殘酷的民族壓迫和經濟掠奪，由此造成奴隸們的頻繁起義。為了鎮壓奴隸的鬥爭和反抗，全體斯巴達人都被編入軍隊。這種社會狀況，決定了斯巴達人從幼兒開始，整個教育就具有明顯的軍事體育的特點。其教育目的就是培養性格堅強、英勇善戰的軍人，以確保對奴隸與平民的統治，並支持對外的掠奪或防禦戰爭。

在斯巴達，兒童歸國家所有，是國家的財富，對他們進行教育是國家的職責。為了確保新生一代體格強健，國家只准許身體和情緒正常的成年男女結婚並生育。嬰兒的生命和養育權並不取決於父母的意志，而要受到兩次嚴格的檢驗。首先是父母要用烈酒替嬰兒洗澡，以此來對新生兒的體質做初步的考驗；接著就要送到長老那裡接受檢查，發現有身體畸形、殘疾的孩子即不準養育，只有健壯的新生兒才能被保留下來，暫由父母撫養至7歲。凡是經受不住考驗或被長老認為是虛弱的，就被拋在棄嬰場。在此期間，嬰幼兒就開始接受斯巴達式的家庭教養和教育。具體實施主要由母親負責，培養孩子從小不哭不鬧、聽話順從的性格。

兒童稍大些時，要求他們不計較食物的品種和好壞，不挑剔衣服的顏色和樣式，經受艱難生活、吃苦耐勞和鍛煉身體的種種考驗，提高適應性。此外，在品德和性格方面，需要孩子始終保持知足和愉快，不怕孤獨和黑暗，並經常帶他們到公共娛樂場所去觀察和聆聽關於英雄事跡的演出和講解，學習英雄們的偉大言行，給孩子們灌輸斯巴達人的人生理想和道德，以使他們逐步形成勇敢、堅韌、順從和愛國的思想品德，並為7歲後進入正規的國家教育、接受嚴格訓練打下基礎。

7歲的男孩進入國家的訓練所，經受心魄和筋骨的磨煉，以形成堅韌、勇猛、凶頑、殘暴、機警和服從的品質。訓練的主要形式是格鬥。任何一個兒童每年都必須經受一次嚴厲的鞭撻，只有那些咬緊牙關、面無懼色的人才能成為合格者。除軍事體育訓練外，音樂和舞蹈也是斯巴達人的教育方式。他們認為，音樂可以陶冶敬神尚武的情操，舞蹈可以訓練和協調身體活動的節奏。男孩還要經常接受奴隸主的道德教育。文化知識不被重視。

在斯巴達對女孩也同樣採取軍事體育訓練。當男孩在軍營裡接受訓練時，女孩就在家中或附近的村落接受專門的訓練，如競走、擲鐵餅、投標槍、格鬥等。對女孩來說，這樣的訓練有著重要的意義：一是必要時承擔保衛國家之責；二是經過訓練，女孩往往身體強壯，結婚後才能生出健壯的孩子。因此，斯巴達的婦女作為國家的「保姆」，也具有堅毅的性格。

（二）雅典的學前教育

雅典位於巴爾干半島南端，公元前8世紀已是古希臘的一個強大城邦。它擁有優良的海港、豐富的自然資源，農工商業發達，與古埃及等國接觸頻繁，吸收了先進的東方文化並促進了其科學文化的發展。

雅典的教育與其民主政體及社會需要相適應，不僅要訓練身強力壯的軍人，更要培養具有多種才能、能說會辯、善於通商交往的公民。因此，雅典的教育除了軍事、體育以外，還具有較多的智育成分。因此，雅典教育無論在組織形式上還是在內容、方法上，都比斯巴達的教育更具有廣泛性、靈活性和多樣性，並由此奠定了西方教育發展的基礎。

雅典的兒童出生後，也要經過嚴格的挑選，由父親決定是否撫養，殘疾或不健康者棄置野外任其死去，或交給奴隸們撫養並被視為奴隸的後代，只有健壯者才會被留下由家庭養

育。雅典兒童7歲以前在家庭接受教育。一般來講,母親是孩子天然的教師,但處於雅典上層社會的母親不親自哺育孩子,而是聘用身體健壯的斯巴達保姆來負責;父母也不對孩子的教育負責,而是雇用年長的女奴隸擔任家庭教師,照管幼兒的飲食起居,並進行初級的教育等。

在學前家庭教育中,雅典人比較重視玩具的作用,兒童享有許多玩具,如娃娃、皮球、小馬、小狼、鐵環、陀螺、玩具車、撥浪鼓等。聽搖籃曲,唱歌,聽寓言、童話或神話故事都是重要的學前教育內容。其中,《伊索寓言》等童話故事更是深受兒童喜愛,長盛不衰。好的行為習慣的培養在雅典的幼兒教育中也佔有一席之地。7歲之前,男女兒童在家庭中享受同樣的教育。7歲後,女孩仍留在家中過著幽居的生活,男孩則先後進入文法學校、弦琴學校、體操學校等各類學校學習,獲得智、德、體、美和諧發展的教育。

綜上所述,古希臘學前教育形成了斯巴達和雅典兩種不同的教育模式,前者注重軍體及相應的性格訓練,後者注重和諧發展教育。但從總體上來看,古希臘人非常重視幼兒的體質,對新生兒實行優存劣汰;母親在學前教育中發揮著重要作用。

## 二、古羅馬時期的學前教育

在西方教育史上,古羅馬的教育也佔有相當重要的地位。這是因為古羅馬在吸收古希臘文明的過程中,根據自己的國情需要做出一些重要的調整和補充,形成了自己的特色;更重要的是因為古希臘文明正是通過古羅馬的繼承和發展才得以對後世歐洲產生巨大影響。

古羅馬是古希臘之後的又一個典型的西方奴隸制國家,它最初為義大利中部臺伯河畔的一個小城邦,由於戰爭得利而迅速擴張為一個地跨歐、亞、非三洲的大帝國。古羅馬的歷史一般分為三個時期:王政時期(前753—前509)、共和時期(前509—前30)和帝國時期(前30—476)。王政時期的古羅馬正處在從農村公社向奴隸制社會過渡的時期,其間的教育發展情況難覓歷史資料,因此對古羅馬的學前教育情況的研究,一般從有史記載的共和時期開始。共和時期是古羅馬正式確立奴隸制並逐漸發展繁榮的時期,其間的教育事業有了很大的發展。帝國時期的古羅馬由共和時期的繁榮逐漸走向衰敗,其間的教育也因此具有了相應的特點。由於古羅馬的教育深受古希臘教育的影響,因此其學前教育明顯帶有古希臘學前教育的特徵。

### (一) 王政時期(前8世紀—前6世紀)的學前教育

王政時期是地中海亞平寧半島中部的一些拉丁原始氏族部落建立羅馬城、實行王政的時代,也是早期古羅馬由原始社會向階級社會過渡的時期。

王政時期學校尚未出現,家庭教育是主要的教育形式。父親在家庭中有著絕對權威,甚至有權決定子女的生死。在兒童的早期教育中,母親扮演了重要角色。

7歲以後,女孩繼續跟隨母親學習家務,男孩則跟隨父親學習耕作技術、騎馬、角力、游泳及使用武器等。家庭教育的中心是道德教育,當然也有簡單的讀、寫、算方面的知識,目的是把兒童培養成為一個合格的羅馬公民,忠於國家,為以後的實際生活做準備。

### (二) 共和時期(前6世紀—前1世紀)的學前教育

1. 共和早期的學前教育

共和早期,古羅馬以農業作為城邦經濟基礎,與鄰邦的戰爭頻繁。因此,這一時期教育

的目標是培養農夫及軍人。家庭是撫養和教育幼兒的主要場所,古羅馬以父權家長制著稱。在公元前451年—公元前450年頒布的羅馬第一部成文法《十二銅表法》的第四條「父權法」中規定:子女乃父母的私有財產,父親對子女(包括除婚嫁外的成年兒女)有生殺予奪之權;尤其對殘疾兒童,出生後應「立即滅絕」。孩子出生後,與雅典習俗一樣,也要放到父親腳下,由父親決定是留養或拋棄。母親亦須順從父親的意志並承擔撫育子女(7歲以前)的義務。與雅典上層社會家庭教育一般交由保姆或奴隸不同,即使在最顯赫的古羅馬家庭,母親也以親自撫養自己的孩子為榮。

男孩滿7歲,父親成為其真正的教師,男孩在跟隨父親外出工作或參加社會活動中受教育。有些男孩進入學校學習文化知識,女孩則繼續留在家裡跟隨母親學習紡織羊毛及做家務活。古羅馬有早婚習俗,女孩14歲即可嫁人並生育後代。據史書記載,在古羅馬,祖父母等長輩也可承擔幼兒教養的義務。父母去世,幼兒教養的義務則可由祖父母等來承擔。

在幼兒教育內容上,古羅馬家庭注重德行、禮貌及宗教色彩的知識,母親教授孩子敬畏神明、孝敬父母、忠於國家、遵紀守法,教授過程常以格言、歌謠等遊戲的形式呈現。加圖為教子而編寫的《道德格言》流傳甚廣,不僅當時家喻戶曉,而且對中世紀乃至近代幼兒教育都產生過重要影響。

2. 共和後期的學前教育

共和後期,受古希臘教育影響,古羅馬學前教育還增加了希臘語初步知識、簡單字母書寫等內容,為幼兒進一步學習做準備。在對古希臘文化和教育吸收和消化的過程中,古羅馬的學前教育也有自己的特點。除父母須承擔子女的教育任務外,每個家族都要選出一位品行端正的長輩主管幼兒教育。在其指導下,孩子們的學習、工作、娛樂都得到適當的安排。

(三) 帝國時期(前1世紀—5世紀)的學前教育

隨著橫跨歐、亞、非三大洲的強盛帝國的建立,滾滾財富流入了羅馬,經濟達到空前繁榮。奴隸主貴族階級開始向往東方的奢華,養成崇尚文明和鄙視體力勞動的習慣,過去精神上的單調和嚴酷都消失了。隨著以上這些變化,家庭幼兒教育的性質、內容和方法也發生了變化。以前是由父母自己教育子女,而此時,貴族們忙於追求驕奢淫逸的生活,無暇照顧子女,家庭中便出現了乳母和希臘保姆及希臘教僕(系被俘的有文化知識的奴隸),他們共同照管孩子。

在對兒童實施教育的過程中,對不同階級的兒童灌輸不同的思想意識,奴隸主貴族的子弟從小就被培養成自命不凡、好逸惡勞、貪圖享受、道德墮落的未來統治者,勞動群眾的後代則被訓練成麻木不仁的帝國順民。這也可以說是雙軌制教育模式的開端。

此外,在帝國時期由於統治階級對人民的殘酷壓迫,勞苦人民無力反抗,便飯依宗教神靈,尋求精神上的解脫。1世紀,基督教在古羅馬帝國的屬地巴勒斯坦產生並迅速傳播。統治階級便利用宗教麻痺人民,緩和階級矛盾,313年古羅馬頒布敕令,將基督教批准為合法宗教,392年宣布基督教為國教。基督教為宣傳教義也廣設教會學校,從此教會教育成為學校教育的主要組織形式。其中涉及對兒童及幼兒的養育與教誨問題,對學前教育產生了重大的影響。

早期基督教哲學家依據基督教教義及經典將新生嬰兒視為有靈魂的人,應該加以保護,譴責殺嬰行為。此觀點有力地改變了以往殺嬰或棄嬰的陋習。318年,信奉基督教的古羅

馬皇帝君士坦丁曾發布文書,嚴禁父母殺嬰。325 年,基督教成為古羅馬國教,得到廣泛傳播。400 年,古羅馬尼森宗教會議決定了基督教會建立收養棄嬰與孤兒的機構——「鄉村之家」,開創了歷史上收養遺棄兒童的福利機構的先河。此後,遍及全球開設的育嬰堂、孤兒院等皆出於此。

但是,基督教教義中的原罪論、贖罪論、禁欲主義等,也對當時及歐洲中世紀的學前教育產生了消極的影響,認為在上帝面前沒有人是純淨無瑕的,即便是剛剛出生的嬰兒也不例外。

總之,古羅馬的學前教育是古希臘學前教育的繼續。古羅馬人一方面保持了早期重視家庭教育的傳統,另一方面在古希臘文化時期學校教育的影響下,日益重視學前兒童的讀書、寫字等文化教育。由於社會文化背景的差異,古羅馬學前教育帶有濃厚的拉丁文化色彩。

## 第三課　西歐中世紀的學前教育

15 世紀後期,義大利人文主義者最先使用「中世紀」這個詞,他們認為古代已經隨著西羅馬帝國的滅亡而結束了,在他們自己所處的時代和古典時代之間的 1,000 年時間裡,是兩個文化高峰時期的低谷,這個時代是野蠻、愚昧、專制和未開化的「黑暗時代」。18 世紀以來,雖然歷史學家不斷在駁斥這種偏見,但是「中世紀」這個詞卻保留了下來,人們習慣上仍將這漫長的時期視為一個獨立的歷史階段。

### 一、中世紀的兒童觀

在中世紀,基督教會的宗教觀成為維護封建社會形態的精神支柱。基督教會在思想意識上大力提倡「原罪說」及「禁欲主義」。教會宣布「肉體是靈魂的監獄」,要求禁絕或控制一切成為萬惡之源的慾望(包括犯上作亂的念頭以及飲食男女等人本能的要求)。在中世紀,禁欲主義成為基督教會所提倡的世界觀的主要特徵。教育是為了使禁欲主義的荒唐說教為人們所相信並接受。為了把上帝的神話變成人們的信仰,教會還公開宣揚蒙昧主義。其實質是禁止文化教育的傳播,並禁絕一切獨立思考。教會鼓吹一切認識都來自「神啟」,一切真理都已經在《聖經》中提出來了,迫使科學和哲學成為教會恭順的奴僕。具有代表性的兒童觀有「性惡論」和「預成論」。

#### (一) 性惡論

基督教會在獲得了教育的壟斷權後,將奧古斯丁提倡的「性惡論」兒童觀進一步強化,鼓吹由於兒童是帶有原罪來到人世的,故生來性惡,必須歷經苦難,不斷贖罪,才能淨化靈魂。為了得到未來升天堂的幸福,人人應當聽從教會訓誡,實行禁欲。因此,應當從幼年起就抑制兒童嬉笑歡鬧、游戲娛樂的願望,並採取嚴厲措施來制止這種表現。在這種兒童觀的影響下,教會要求摧殘兒童的肉體,以使靈魂得救,聲稱「不可不管教孩童,你要用杖打他就可以救他的靈魂免下地獄」。中世紀教育盛行體罰,取消體育,要求兒童從小盲信盲從聖書及講解人的權威,不允許有任何自主及獨立思考。這種教育與古希臘崇尚和諧發展的教育傳統大相徑庭。

### (二) 預成論

中世紀前期，歐洲在基督教宗教蒙昧主義的統治下，自然科學的發展長期停滯，教育理論亦徘徊不前，幼兒教育的研究更是成為被人遺忘的角落。在此狀況下，一種沿襲自古代的、人們稱之為「預成論」的兒童觀，與上述教會所宣傳的「性惡論」的兒童觀並存，在社會中占據著統治地位。有的學者提出：「胚胎學的預成論至少可以追溯到前 5 世紀，而且在以後的若干年代中一直支配著科學思想。」預成論認為：當婦女受孕時，一個極小的、完全成形的人就被植於精子或卵子中，人在創造的一瞬間就形成了。兒童（或新生嬰兒）是作為一個已經製造好了的小型成年人降生到世界上來的，兒童與成人的區別僅是身體大小及知識多少的不同而已。故在社會上，兒童被看成「小大人」，一旦他們能行走和說話，就可以加入成人社會，玩同樣的游戲，穿同樣的服飾，要求有與成人同樣的行為舉止。總之，按照預成論的觀點，兒童與成人不應有重要區別，從幼兒開始，兒童的身體和個性已經成人化了。由於受預成論的影響，歐洲 14 世紀以前的繪畫，總是不變地以成年人的身體比例和面部特點來畫兒童肖像。顯然，預成論否認兒童與成人在身心（尤其是後者）特點上的差異，也否認了兒童身心發展的規律性、階段性。預成論的形成與流行除與古代自然科學（尤其是與人身心有關的醫學、生物學、生理學）的落後或滯後有關外，還有兩種原因：一是由於古代兒童死亡率高，因此，人們不願意對兒童的特點給予較多的關注；二是與成人的自我中心主義有關。

由於受預成論的影響，人們無論是在社會教育（包括學校教育）還是在家庭教育中，都忽視兒童的身心特點，忽視兒童的愛好及需要，對兒童的要求整齊劃一，方法簡單粗暴。預成論的影響一直延續到近代。比如，從中世紀一直到 18 世紀，由於受傳統風氣的影響，在法國的貴族家庭中保留著這樣一種習慣：小男孩要求穿騎士服，佩帶寶劍，猶如成年男子的裝束；小女孩則要求濃妝豔抹，穿拖地長裙，打扮得像貴婦人。有人稱這樣的小孩為「小大人」。近代法國著名啟蒙思想家及教育家盧梭曾與這種理論及社會現象進行了堅決的鬥爭。

## 二、教會的學前教育

基督教在 1 世紀誕生後，逐漸採取了一系列措施來建立教會的教育體系。他們對世俗教育採取敵視的態度，迫使世俗教育逐漸消亡，教會逐漸壟斷了教育大權。

### (一) 學前教育的目的

中世紀時期，基督教會壟斷了教育，一般的世俗學校不允許存在，教堂是唯一珍藏知識經典的地方，教士是唯一掌握知識的階層，教會所有教育的主要目的就是使受教育者虔信上帝，熟讀《聖經》，做一名合格的基督徒。學前教育的目的也不例外，即從小就把兒童訓練成為篤信上帝、服從教會的聖童，從而為培養一個真正的基督徒奠定堅實的基礎。

### (二) 學前教育的內容和方法

基督教會領域的學前教育主要是通過基督教徒對子女進行宗教意識的熏陶，幼兒跟隨家長參加眾多的聖事禮儀和節日活動來進行的。比如，當孩子稍懂事時，基督教徒就向他們灌輸諸如兒童生下來就是個犯有原罪的人，人生就要準備經受無窮的苦難，要學會如何忍耐服從，逆來順受；宣揚天下老少都是上帝的子民，人人必須履行參加教會規定的宗教儀式和聖事活動的職責，從出生到死亡，要伴隨終生。對幼兒來說，出生後的第一件事就是要參加由神父主持的「洗禮」或「浸禮」。此後幼兒就跟隨家長到教堂或在家裡歡度各種宗教節日，

如聖誕節、復活節、萬聖節等,從中萌生對宗教的好感,確信人的最大幸福就是愛上帝、愛世人,領受所謂聖靈無所不為、無所不能、全智、全能的神祕感。此外,幼兒還要更多地參加教會組織的聖事活動。有時教會還組織兒童欣賞教會音樂,以陶冶其宗教情感,增強其對上帝的信仰。

### 三、世俗封建主的學前教育

西歐封建社會的基礎是土地所有制。世俗封建主佔有大量的土地。在封建主階級的內部存在著嚴格而明顯的主從關係,形成了不同的等級。國王是最高的封建主,下有各級爵位的貴族,其中最低的一個等級是騎士。所有封建主的土地和爵位都是世襲的。基督教會內部也仿照世俗封建主的等級關係,建立起了教會內部的教階制度,形成了一個以教皇為最高首領,下麵包括大主教、主教、修道院院長、神父、修士(修女)的巨大封建堡壘。人民生活在世俗封建主和教會的雙重壓迫下,教育也體現出嚴格的等級特徵。封建貴族的學前教育一般按等級分為以下兩類:

#### (一) 宮廷學校的教育

宮廷學校的教育是一類專為王室兒童實施的教育。早在查理·馬德時期,為了培養王室後代,專門在王宮內開設了一所教育王室兒童(包括幼兒在內)的學校。這是西歐進入封建社會後的第一所世俗宮廷學校,其教育方法多採用問答法,王室兒童在這裡學到不少作為未來統治者所必需的知識及粗淺的哲理。

#### (二) 騎士早期教育

西歐封建統治者除了利用宗教對廣大人民進行精神奴役外,還倚仗武力鎮壓來維持其政權。在武器裝備落後的年代,戰爭的勝負主要靠武士的格鬥來決定。這種武士是封建貴族中最低一等的貴族,即騎士。他們立馬橫槍地衝殺和戰鬥,既是保衛和擴張封建莊園的需要,也是當時一種非常時尚的競技活動。因此,騎士的地位和作用大為提高,培訓騎士的教育也應運而生。騎士教育成為貴族子弟通往仕途的必由之路。騎士教育是一種特殊形式的家庭教育,是集封建思想意識的熏陶與軍事體育訓練於一體的一種特殊形式的教育。一名騎士的訓練和養成要經歷三個階段,即出生至7歲為第一階段,7~14歲為第二階段,14~21歲為第三階段。這是除了王室兒童之外,每個封建貴族子弟都必須經受的磨煉和考驗。

第一階段即騎士養成的幼兒教育時期。此時他們都是在自己家裡度過的,父母是教師,教育的主要任務是熏陶宗教意識、培養道德品質和進行身體養護。

(1) 熏陶宗教意識。這在騎士早期教育中佔有十分重要的地位,因為訓練騎士的首要標準就是虔敬上帝,也就是要聽命於教會,甘為宗教而獻身,而此種觀念的樹立必須從幼年時做起。其教育的方法就是主要由母親從孩子懂事起就不斷地給其灌輸有關「全能上帝的偉大」「聖母瑪麗亞的慈愛」「耶穌基督的殉難與復活」「天堂與地獄」等宗教神學的初步概念,並隨著兒童年齡的增長使其參加一些名目繁多的宗教儀式和節日活動。這就足以使一個個稚嫩的心靈浸染上宗教信仰的色彩,為日後成為一名虔誠的基督教徒奠定思想基礎。

(2) 培養道德品質。這是由父母共同教育兒童從小樹立忠君愛國之心,仿效要人、貴婦講求禮節,談吐文雅,以便成年後能堅定地效命於國王和上一級封建主。

(3) 進行身體養護。這是根據訓練騎士的另一條標準——剽悍勇猛而提出來的。為了能夠橫槍立馬、縱橫廝殺、英勇頑強、克敵制勝,騎士必須具有健壯的體魄,而從小的養護則

是體魄健壯的關鍵所在。幼兒身體的養護主要包括合理的飲食、適宜的鍛煉、對作息制度和良好的生活習慣的遵守。這些通常都是由母親來指導和實施的。

總之，西歐中世紀的學前教育具有宗教性和等級性，其宗教成分有損兒童的身心健康，學前教育的總體水平還是比較低的。

# 第四課　文藝復興時期歐洲的學前教育

文藝復興是14世紀中葉到17世紀初在歐洲發生的思想文化運動。影響其產生的因素包括與東方日益增加的接觸，財富和繁榮的增加，市民政府日益增大的力量，希臘和羅馬經典著作的廣為流傳，活字印刷的發明及強大而活躍的中產階級的出現等。文藝復興運動的重大意義不僅在於這一時期人才輩出、碩果累累，也因為它改變了人們對現世生活的態度以適應新時代的到來。儘管文藝復興的主要參與者是社會上的少數英才，但它所宣揚的思想喚醒了長期籠罩在基督教神學之下的西歐社會。從表面上看，文藝復興是歐洲思想文化界人士復興希臘、羅馬古典文化的運動，而實質上是新興資產階級反封建鬥爭在意識形態上的反應。上述社會狀況深刻影響了這一時期的學前教育。

## 一、文藝復興時期的兒童觀

文藝復興的基本精神是「人文主義」，提倡以人為中心，反對以神為中心；崇尚現實，崇拜人生，反對來世觀念；主張個性解放、自由、幸福，尊重人的價值，反對壓抑、禁慾主義；宣揚個人是生活的創造者和享受者。因此，人文主義教育家和思想家批判了中世紀的性惡論，反對把兒童看成帶有「原罪」的有待贖罪的羔羊，認為兒童是自然的人，應該得到成人的細心關懷和照顧。他們重新提出了身心全面發展的培養目標和塑造新人的教育理想，重視教育培養人的作用。他們提倡兒童身心和諧發展，重視兒童個性的發展，把兒童看作發展中的人，尊重兒童的人格，並極力反對摧殘和壓抑兒童身心的發展。

在教育原則和教育方法方面，人文主義教育家和思想家強調環境的陶冶作用，尤其是家庭環境對兒童教育的影響，主張建立優美的校舍；強調尊重兒童的天性，順應兒童身心發展的特徵和個別差異；重視家庭教育，認為兒童雖然以7歲入學為宜，但在入學之前，兒童應在家庭中受到良好的預備教育，尤其是道德行為與語言文字方面的教育；強調父母、教師或保育人員應該注意自身的言行，以身作則，為幼兒樹立表率；主張教學運用直觀教具，向大自然學習，從而啟發兒童的興趣和積極性；反對壓抑個性，主張減少甚至取消體罰，建議用兒童的榮譽心、競爭心去代替體罰，作為推動兒童學習的積極方式；強調體育和游戲的重要意義。

## 二、文藝復興時期的學前教育思想

### （一）維多里諾的學前教育思想

維多里諾（Vittorino，1378—1446）是義大利著名的人文主義教育家。他的教育實踐體現了他的人文主義教育思想。1423年，維多里諾應孟都亞公爵岡查加之聘，創辦了一所宮廷學校，稱「快樂之家」。他在這裡執教22年，直到1446年逝世。「快樂之家」設於孟都亞郊外湖濱宮，自然環境優美，校舍整潔舒適，學生可以在這良好的環境裡過著愉快的學習生活。「快

樂之家」的學生多為貴族富豪子弟，只有少數家庭貧苦但頗具天才的兒童。學生們四五歲入學，20歲畢業，學習時限約15年。學生全部住宿，不受家庭干擾。維多里諾辦學的目的是把學生培養成為具有社會責任感的國家官吏、教會領袖和興辦工商業的企業家。

1. 胎教及環境的作用

維多里諾就胎教及嬰幼兒的護理等問題提出了一些具體建議，例如，要保證生活環境的舒適、安靜、愉快，以確保孕婦順利分娩；新生兒應該母乳餵養；保證充足的睡眠；應該重視鍛煉並增強幼兒的體質，保護幼兒的人身安全等。他重視教育環境的作用，認為園舍必須寬敞、舒適、陽光充足，因為良好的環境會使兒童的身心在愉快的氣氛中得到和諧發展。

2. 兒童教育的內容和方法

維多里諾還提出教育的最終目的是培養精神、身體、道德都充分發展的人，重視智、體、美、德的普遍實施。他認為，體育應被看作高尚的、與科學知識並重的教育內容。在德育方面，他要求發展兒童的優良品質，對兒童進行高尚的禮儀教育，強調父母的楷模作用，並特別注重教師對學生的示範。在教學方法上，他要求注意兒童的興趣，多運用直觀的方法，使教學做到生動、實際、有趣，以利於兒童個性的發展。

（二）伊拉斯謨的學前教育思想

伊拉斯謨（Erasmus，1467—1536）（見圖7-1）出生於尼德蘭鹿特丹市的商人之家，曾在巴黎大學學神學，後在劍橋大學任神學教授，兼教希臘文，並贊助人文主義教育家科利特建立聖保羅學校。伊拉斯謨在古典語文和古典文獻上的造詣頗深，成為當時歐洲北部最偉大的人文主義者。後來比利時還發行了伊拉斯謨紀念幣來紀念這位偉大的教育家。

1. 強調運用游戲和故事讓兒童學習

根據幼兒的身心特點，伊拉斯謨提出，可以通過有趣的故事來教導兒童，教師還可以通過游戲的方式進行教學，這樣可減弱教師的嚴厲和對孩子的威懾力。對兒童來說，他們也是愛游戲的。

2. 強調兒童早期教育的重要性

圖7-1　伊拉斯謨

伊拉斯謨提出，要注重兒童在幼年時期的教育，培養兒童的記憶能力。兒童經過家庭的早期教育，為日後入學奠定了初步的基礎。他強調說，從來沒有什麼東西像早年學習的東西那樣根深蒂固，幼年所吸收的東西對人的一生是最重要的。

3. 提出遵循兒童的身心發展特點施教

伊拉斯謨指出，「兒童」這個詞在拉丁語中意味著「自由者」，因此，自由的教育是符合兒童的，用恐怖的手段來使之棄惡，將原本是自由的兒童奴隸化，是極為荒謬的。伊拉斯謨還認為對兒童的教育首先要注意體育，但也要重視道德和知識教育。他還強調幼兒教育必須照顧到兒童由於天性愛好所引起的個性差異。教師的首要任務是仔細觀察，掌握孩子的性情，然後有的放矢地施教，所以在教學方法上應靈活多樣。他還提出「事物先於文字」的口號，主張採用直觀教具來改進教學。

#### 4. 要求家長深刻認識教育的社會意義

伊拉斯謨曾說：「你生兒生女，不是只為你自己，而是為國家；不是只為國家，而是為上帝。」他由此強調父母養育、教育兒童是一種應盡的社會義務。父母有了這種正確的養育觀，兒童才能從父母那裡獲得良好的訓練。隨後，兒童應該接受國家開辦組織的幼兒教育機構精心安排的教育。他建議：「當兒童還在母親膝下的時候，就應該通過游戲和故事來教幼兒的讀、寫、算。」經過這段教育之後，兒童應從父親或有才干、有經驗的教師那兒接受古典文學和《聖經》的教育，他認為當時社會的一切罪惡全由愚昧無知和缺乏信仰所造成，補救應從兒童開始。在伊拉斯謨的思想中，古典文化與基督教兩者同樣重要，所以，他力主推行人文主義基督教化或基督教人文主義化的幼兒教育，把基督教和人文主義結合起來。

伊拉斯謨曾以辛辣的筆鋒嘲諷和攻擊天主教會的腐敗與醜惡，提出了革新宗教的理想。他針對陳腐落後的所謂「原罪論」，提出兒童的性善說，認為這種善良的稟賦只有通過持續不斷的教育才能得以鞏固和發展。他還認為影響兒童教育和身心發展的有三個因素：自然，即「部分是先天接受教育的能力，部分是對美德的天生愛好」；訓練，即「教育和指導的熟練應用」；練習，即「放手運用我們自己方面的能動性，亦即自然賦予的能動性，並借訓練促進這種能動性」。他認為，這三者中最主要的是「訓練」。「自然」是強有力的，而「訓練」加之以「練習」就更加有力，沒有實現不了的理想和完成不了的事業。

#### （三）蒙田的學前教育思想

蒙田（Michel de Montaigne，1533—1592）（見圖 7-2）是法國 16 世紀後期文藝復興時期最重要的人文主義作家和教育思想家。他的著作和思想對當時的法國和後世其他國家都有深遠的影響，而且 18 世紀的法國啓蒙運動者也繼承了蒙田的崇尚理性和經驗的思想。他的主要著作是《蒙田隨筆全集》，其中一些篇章專門論述或涉及兒童教育的問題。

第一，關於教育目標，他提出要培養全面發展的新的紳士。他主張，教育要兼顧心智和身體，「只使他們的心智健全是不夠的，還必須增強他們的體力，如果心智得不到體力的支持，就要受到過分的壓力」「我們所訓練的，不是心智，也不是身體，而是一個人，我們絕不能把兩者分開」。

第二，他認為教育必須順應兒童的天性。蒙田高度重視早期教育在人一生中的重要性，他批判中世紀神學教育脫離現實，也批判經院主義教育忽視兒童天性。他提出，作為教育

圖 7-2　蒙田

工作者，應當遵循自然，順應兒童的天性，把兒童培養成具有自然精神的紳士。這既是對亞里士多德自然教育觀點的肯定，也體現了文藝復興時期出現的依據自然、遵循自然的思想。

第三，他提出了許多教學方法，具體有：

（1）不要死記硬背。「死記硬背，並不是完善的知識，這只是把別人要求記住的東西保持在記憶裡罷了。」學生不僅要記住老師的話，更要領會老師所講內容的精神實質，要培養學生的理解力。學生要學會把別人的知識通過理解和吸收轉變成自己的知識。對此，蒙田還把學習比喻為人吃東西，他說：「即便我們的肚子裝滿了肉，如果沒有消化，又有什麼用處呢？

如果它不轉變為我們的東西，如果不給我們營養，增強我們的力量，又有什麼用處呢？」

(2) 不要輕易服從權威，不要盲從。學生要學會獨立思考。「一個僅僅跟著別人走的人，不會去探索什麼東西，也尋找不到什麼東西。」學習要像蜜蜂採蜜那樣，博採眾長，為我所用。所以蒙田說：「我希望做教師的必須讓他的學生謹慎地、嚴密地吸取一切東西，決不要相信只憑權威或未經考察的東西……把各種不同的判斷向他提出，如果他有能力，他將區別真理與謬誤。」

(3) 不要只學書本知識。「僅僅進行書本學習是貧乏的。」學生要和別人交談來往，出國旅行，觀察各種奇異的事物，總之，要把世界作為「書房」，從而擴大視野；如困守一處，就會目光短淺。

(4) 要因材施教。教師一開始就應該按照他所教育的孩子的能力施教。如果「採取同樣的講課方法和教育方式來引導很多體質和性情都不相同的兒童」，那可能其中只有兩三個人可以「獲得良好的結果或達到完善的境地」。因而要因材施教，教師首先要瞭解學生的個性特點。對此，蒙田曾用教師指導學生走路來比喻指導學生學習，他說：「教師最好先讓孩子在他面前走幾步，以便更好地判斷他的速度，從而推測他能堅持多久，然後方能適應他的能力。如果我們不顧分寸，就常會壞事。」

(5) 教師對學生的學習多引導，發揮學生的主動性，切忌事事處處包辦代替。蒙田要求教師有時候給學生「開條路」，有時候讓學生「自己去開路」。他說：「我不希望導師獨自去發明，只是他一個人講話，而應該容許學生有講話的機會。」

(6) 多練習。蒙田指出，人們要想學跳舞，不能只是看舞蹈家跳，而自己不去跳。學習也是一樣，對所學的知識要多運用。蒙田說：「不要讓孩子多背誦功課，而是要他行動。他應該在行動中復習功課。」

(7) 培養兒童探索事物的好奇心以及對學習的興趣和愛好。蒙田說：「最好的辦法莫過於培養對學問的興趣和愛好，否則我們將只是教育出一些滿載書籍的傻子。」

第四，他十分重視教師的作用。蒙田認為，兒童的教育和成長，完全在於導師的選擇。蒙田說：「我還是喜歡有智慧、有判斷力、習慣文雅和舉止謙遜的人，而不喜歡空空洞洞、只有書面知識的人。」他主張教師應當學生說話，讓他們輪流來表達自己的觀點。他說：「教師的權威往往阻礙著好學的人。」他還主張教師不應只傳授知識，學生不應只接受知識，更要注意讓兒童理解所學的知識，提高兒童各方面的能力。

蒙田深刻揭露了當時兒童教育中的種種弊端，他的著作充滿了睿智，閃耀著教育思想的火花。他的教育思想對後世教育理論的發展做了良好的鋪墊，至今仍閃耀著耀眼的光芒。

## 思考與練習

1. 簡述古埃及學前教育的內容和方法。
2. 簡述古代希伯來家庭教育時期和會堂教育時期學前教育的狀況。
3. 古印度佛教興起時期的學前教育特徵有哪些？
4. 簡述斯巴達和雅典的學前教育。
5. 分別簡述古羅馬三個歷史時期的學前教育狀況。

6. 中世紀的兒童觀有哪些不良後果？
7. 簡述文藝復興時期的兒童觀。
8. 簡述維多里諾的學前教育思想。
9. 簡述伊拉斯謨的學前教育思想。
10. 簡述蒙田的學前教育思想。

# 單元 8　外國古代學前教育思想

### 學習目標

- 瞭解柏拉圖、亞里士多德、昆體良學前教育思想的內容；
- 能夠對柏拉圖、亞里士多德、昆體良學前教育思想做出正確評價。

本章介紹了古代西方著名教育家柏拉圖、亞里士多德和昆體良的學前教育思想和理論。柏拉圖在《理想國》中最早提出了優生優育的幼兒教育體系，亞里士多德在教育教學實踐中提出了胎教、教育遵循自然、和諧發展、教育年齡分期等重要觀點，昆體良的《雄辯術原理》是西方第一本專門論述教育問題的系統著作。

## 第一課　柏拉圖的學前教育思想

### 一、柏拉圖的生平

柏拉圖（Plato，前 427—前 347）（見圖 8-1）是古希臘著名的思想家、哲學家、教育家。他出身於奴隸主貴族家庭，是客觀唯心主義的創始人。

柏拉圖從小就從智者那裡受到各種教育，學習音樂、詩、繪畫和哲學。當他 20 歲時，就師從蘇格拉底，但他不滿足於蘇格拉底學說，還研究過他的前輩幾乎所有著名哲學家的著作。對赫拉克里特、埃利亞學派、原子論者、畢達哥拉派、阿那克薩哥拉等，他都進行過深入的研究，並且吸收了這些哲學家們的某些觀點，而形成了他自己的唯心主義思想體系。蘇格拉底被處死後，他和蘇格拉底的其他學生逃到麥加拉，之後又遊歷過埃及、小亞細亞、義大利。他在南義大利拜訪過畢達哥拉派學者，從他們那裡研究了畢達哥拉的哲學，高價買下畢達哥拉派的著作。從西西里回到雅典後，柏拉圖開辦了一所學園。這所學園本來是為紀念雅典英雄阿加德米而修建的，學園

圖 8-1　柏拉圖

中有林木花草,有體育館。學園於公元前387年創建,到529年羅馬皇帝封閉該學園為止,共存在了900多年。柏拉圖在學園辛勤教學40年。在這期間,他曾三次前往西西里的敘拉古城邦,到邦主狄奧尼修的宮廷做客。他試圖借助狄奧尼修的力量,在這個國家裡實現他的理想的國家計劃。但是狄奧尼修是個平庸的人,不可能真正接受柏拉圖的政治理想。

柏拉圖是古典時代著作豐富而作品大多都完整留傳下來的唯一作家。他留給後人的36篇對話錄中,《理想國》和《法律》較集中地反應了他的教育學說。他是最早運用蘇格拉底問答法來闡述自己學說的思想家。柏拉圖繼承了蘇格拉底關於概念的學說,也吸取了畢達哥拉派和愛利亞派等學說中的某些成分,構建起西方哲學史上第一個龐大的唯心主義體系。這個體系以「理念」論為中心,包括他的宇宙論、知識論、政治倫理說、國家說和教育學說。

柏拉圖把世界分為「現象世界」和「理念世界」兩種。前者是指物質世界,後者是指精神世界。他認為,物質世界是不真實的、虛幻莫測的、變化無常的,精神世界才是真實的、永恆的、不變的。柏拉圖認定物質的、現象世界的個別具體事物,是理念的精神世界的篡本、副本,理念世界是現象世界的原型,理念是萬物的本原。最高的理念是「善」,它是其他理念所追求的目的,也是宇宙的最高目的。柏拉圖力從具體、個別的事物中尋求一般、共性,這有助於尋求事物的規律,因而是人類認識發展史上的一個進步。但他的理念論把事物的一般概念絕對化,把它們變成脫離事物並先於事物而獨立存在的精神實體,從而割裂了一般與個別、共性與個性的關係。

柏拉圖的倫理學說和社會政治觀在柏拉圖的整個思想體系中佔有極其重要的地位,是以理念論和知識論為理論基礎的。理想國是柏拉圖社會政治學說的核心,是他建立完美理想國家的藍圖。理想國是柏拉圖教育思想的出發點。教育是被當作實現理想國的重要手段和工具來加以重視的。他強調教育是國家的重要職責,主張實施按能力而不是按出身選拔培養人才的篩選制度,構築了一個從優生到成人教育的理論體系。學前教育是其中的有機組成部分。

## 二、柏拉圖的學前教育思想概述

### (一)論學前教育的意義和任務

在柏拉圖式的社會裡,最重要的公職是「教育部長」的職責,由於擔任最負責任的職務,應當是社會中最優秀、最傑出的人物。他重視由國家統一辦理教育的經驗,強調教育的系統組織。他還指出,學校必須有適當的建築物和場地,所有的孩子必須每天上學,而不應聽任父母的安排。

在西方教育史上,柏拉圖是最早提出學前教育思想的人。他重視學前兒童的教育,這也是柏拉圖教育思想中一個十分突出的特點。柏拉圖認為,教育應從幼年開始。「一切事物都是開頭最為重要,特別是生物。在幼小柔嫩的階段,最容易接受陶冶,你想把他塑造成什麼形式,就能塑成什麼形式」「每個人最初所受教育的方向容易決定以後行為的性質」。因為幼年時性格正在形成,任何事情先入為主而為以後留下了深刻的影響,幼年時期印入兒童心靈的形象,在一生中都是難以磨滅和改變。基於柏拉圖「兒童公有」的論點,幼兒教育理所當然屬於國家的職責。

幼兒教育的主要任務在於對兒童施加合適的影響,在柏拉圖看來,應著重於道德行為的熏陶,以形成良好的品質。他認為,人生來皆具行善稟賦,忌惡從善乃是人的本性,而個人是

否這樣做，關鍵在於首先要具有對善惡的辨別能力。一個人如果能知善，肯定會行善；如果能知惡，必然會避惡。人自幼年起就該對其通過堅持不懈的誘導和訓練，把對善與惡的認識的最初種子播種到孩子的心靈，使之養成善良的品性。兒童起初或許不能認識善惡的性質，這就要依據幼兒的心靈特點給予啓迪。按照柏拉圖的意見，「痛苦」和「歡樂」是幼兒最早萌生的知覺，其實也是他們「善惡」觀的最初表現形式。因為凡能引起人快樂感覺的事物，一定會引起人的愛好的情緒；同樣，凡能引起人痛苦感覺的事物，總會對之產生憎惡的情緒。教育者可以充分利用幼兒的這種心理，引導兒童恨他們所應恨的，愛他們所應愛的。這樣久而久之，當他們理性的時候就會自然地把感性的苦樂觀與理性的愛憎觀和諧地集於一身了。

在幼兒道德熏陶的具體做法上，柏拉圖強調要利用兒童善於模仿這一天賦本性，從小就讓他們模仿那些一生忠誠、勇敢、虔誠、節制的英雄偉人的言行，使他們從小到老一生連續模仿，最後成為習慣，習慣成為第二天性，在一舉一動、言談思想方法上都受到影響。反之，凡與賢人勇士道德標準不相符合的言行，則嚴格防止兒童去參與或仿效。這是因為一個人從小所受的教育把他往哪裡引導，就能決定他後來往哪裡走。柏拉圖一再告誡人們：「先入為主，早年接受的總是根深蒂固不容易更改的。」

(二) 學前教育階段的劃分

對於從出生到7歲的兒童，柏拉圖依照兒童公育的思想做了年齡劃分：

第一階段：出生到3歲。兒童從一出生就交給國家特設的育兒院養育，由母親餵奶。夜間交給媽媽和保姆照看。要給孩子以有益的運動和空氣，尤其不許他由於走路過早而傷害自己。柏拉圖主張嬰孩應盡可能接近於仿佛他一直在大海上那樣生活。這一時期還用搖籃曲、兒歌對嬰兒施加影響性教育。

第二階段：3～7歲。3～7歲兒童要集中到附設在神廟裡的國家兒童場裡去，由性格溫和、富有知識的保姆監護，並對兒童進行包括智、德、體、美和諧發展的教育，具體內容表現為講故事、寓言、詩歌、音樂、藝術和體育鍛煉，並強調寓教於樂，處處給兒童以道德的陶冶。這一階段的孩子本性需要游戲，要使孩子達到和諧發展。

(三) 學前教育的教育內容

1. 道德教育

在幼兒道德教育方面，柏拉圖繼承了其師蘇格拉底「美德即知識」的思想，強調教育的最高目標是「智德統一」，德是一個人最重要的品質。教育的主要任務就是對道德行為的熏陶，以形成其良好的品質。他認為，在教育的初期，通過行動或實踐來培養良好的習慣是特別重要的，實踐做好事能養成美德，實踐做醜事能養成邪惡。柏拉圖指出，可以利用兒童的模仿心通過早期教育的內容發展兒童的德行。要引導幼兒從小模仿與他們專業有正當關係的人物，模仿那些勇敢、節制、虔誠、自由的一類人物。凡與自由人的標準不符合的事情就不應參與或模仿。至於其他醜惡的事情就更不應模仿；否則，弄假成真，就變為真的醜惡了。總之，「從小到老一生連續模仿，最後成為習慣，習慣成為第二天性，在一舉一動、言談思想方法上都受到影響」。

2. 和諧發展教育

柏拉圖還汲取了雅典教育的經驗，倡導幼兒身心的和諧發展。和諧的教育應當是「用體操來訓練身體，用音樂來陶冶心靈」，也就是說，使身體的運動和聲音的運動有共同的節奏，

做到歌與舞的配合,達到載歌載舞的地步。音樂和體育二者是相互促進的。這裡的「音樂」含義較為寬泛,不僅意指彈琴奏樂、節奏旋律,也包括詩歌、文學等富有陶冶功能的內容。因此,要選擇歡快、令人興奮的音樂內容教授給兒童,以培養他們積極向上的精神,使他們養成良好的行為習慣。同時,兒童體育的目的是使兒童身體健康,更好地為國家奉獻自己。因此,兒童的體育要簡單,飲食要適當,生活要有規律,睡眠時間不能過多或過少,日常訓練要量力而行,等等。

(四)學前教育的手段和方法

1. 游戲

柏拉圖十分重視游戲在幼兒教育中的地位。他認為,3～6歲兒童的本性是喜歡做游戲的,但應遵循一條原則,那就是游戲的內容和方式必須符合法律精神。因為游戲不僅僅是玩耍和娛樂,同時也是一種道德教育過程,為此,應該選派有經驗的人去組織管理。游戲的內容和方法必須符合法律的精神,要精心安排,不要經常變化,否則會影響其成人時對國家和法律的忠誠,也不利於國家和社會的安定。他強調說:「我們的孩子必須參加符合法律精神的正當游戲。因為如果游戲是不符合法律的游戲,孩子們會成為違反法律的孩子,他們就不可能成為品行端正的守法公民了。」在符合法律精神的基礎上,游戲活動要盡可能由孩子自己發明,但也要講究一定的規則和秩序,否則就容易出現違反紀律的現象。由此可見,柏拉圖關於游戲的見解表現出了一種自相矛盾的心態。他一方面認為兒童游戲很重要,游戲符合兒童的天性;另一方面又給兒童游戲的種類和方式加上了種種規則和法律的限制,使他的游戲理論有了局限性。

2. 講故事

柏拉圖認為,給幼兒講故事是進行道德、政治教育的有效方式,可以塑造幼兒的心靈。但是,他主張講給幼兒的故事要經過挑選,選擇那些能激發幼兒勇敢、正義和高尚品德的故事。在當時希臘的詩歌等文學作品中,神與人是同形同性的,各種神和凡人一樣有喜怒哀樂、悲歡離合,有凡人的許多弱點,如妒忌、以下犯上、相互殘殺等。柏拉圖指責這些作品把最偉大的神描寫得醜惡不堪,他認為教材給幼兒的神的形象應是神聖無瑕的,而英雄人物的形象則應是勇敢、節制和公正無私的。為了培養幼兒的美德,應鼓勵母親和保姆給孩子講那些已經審定的故事。幼兒最初聽到的應該是最優美、高尚的故事,要防止他們因受到不良故事的感染而成長為殘暴、凶狠的狂妄之人。

### 三、對柏拉圖學前教育思想的評價

柏拉圖是西方古代最偉大的教育家,他首次提出了教育上的許多重要問題,對後世西方教育思想的發展產生了深遠的影響。

柏拉圖重視教育的政治意義。他所理解的教育基本上是一個個人和社會相互影響的過程。教育的影響並不限於受教育者個人,還必須不可避免地影響到社會本身的性質。因此,他主張由國家負責年輕一代的教育工作,實行兒童公育。

柏拉圖是西方學前教育思想的奠基人。他最早提出優生優育的幼兒教育體系,提出兒童心靈與體質和諧發展的教育觀點,指出故事、音樂、游戲在幼兒教育中的重要地位和寓教於樂、慎選故事教材等問題,這是教育性教學思想的萌芽。另外,他還重視幼兒道德習慣的

培養。所有這些至今仍有一定的價值。但同時也必須看到,柏拉圖作為一個奴隸主貴族思想家,受歷史條件和階級性所限,其教育主張中不乏有許多神祕、保守、落後的觀點。

# 第二課 亞里士多德的學前教育思想

## 一、亞里士多德生平

亞里士多德(Aristotle,前384—前322)(見圖8-2)是古希臘最著名的哲學家,也是一位博學的思想家、科學家、教育家和百科全書式的學者,恩格斯稱其為「人類的導師」。

亞里士多德出生於色雷斯的斯塔基拉,那是古希臘的一個殖民地,與正在興起的馬其頓相鄰。他的父親是馬其頓國王腓力二世的宮廷御醫。亞里士多德家庭環境優越,從小就受到良好的貴族教育。17歲時,他赴雅典在柏拉圖創辦的阿加德米學園就讀長達20年。這一時期的學習和生活對他的一生產生了決定性的影響。在阿加德米學園中,亞里士多德表現得很出色,柏拉圖稱他是「學園之靈」。公元前347年柏拉圖逝世後,亞里士多德在雅典繼續待了2年,此後他開始遊歷各地。公元前343年,他受馬其頓國王腓力二世的聘請,擔任起太子亞歷山大的教師。公元前335年,亞歷山大繼任王位後,亞里士多德重返雅典,創辦

圖8-2 亞里士多德

了一所名叫呂克昂的學園,並在這裡創立了自己的學派。這一學派的教師和學生們習慣在花園中邊散步邊討論問題,因而得名為「逍遙學派」。亞歷山大去世後,雅典人開始奮起反對馬其頓的統治。亞里士多德受到牽連,因被指控不敬神而逃出雅典避難,他的呂克昂學園也轉交他人掌管。亞里士多德一生涉足了眾多的科學領域,建樹頗豐。《政治學》和《倫理學》兩部著作集中闡述了他的教育思想。

在哲學本體論方面,亞里士多德承認物質世界的客觀存在。他批評了柏拉圖的理念論,認為理念不能解釋物質世界。他提出了形式和質料說,認為事物是形式和質料的統一。亞里士多德根據其唯心主義論,論述了靈魂和肉體的關係,認為二者不可分。他認為,靈魂包括三部分:植物靈魂、動物靈魂和理性靈魂。與這些靈魂相適應,要進行三方面的教育,即體育、德育和智育。教育的最終目的是發展人的理智,使人得到和諧發展。在政治學和倫理學方面,亞里士多德認為人是政治動物,總是處在一定的家庭、部落和城邦之中。個人只有在城邦中才能實現自我,城邦也應培養有美德的公民,使其過上有德行的幸福生活。

## 二、亞里士多德的學前教育思想概述

### (一)論教育是國家的頭等大事

亞里士多德和柏拉圖一樣,善於總結歷史經驗,把教育當作實現其政治目的的最重要的手段。他認為,國家政治的優劣不僅取決於組成城邦的階級及政體的形式,而且取決於城邦

居民是否具有美德。對個人和集體而言,人生的終極目的是相同的,即追求幸福生活和至善。優良的城邦,應該人人都是善人。而人之善,則有賴於教育去實現。因此,教育理應成為國家的重要事業,由奴隸主國家統一管理,絕不能讓私人插手,並要求把教育作為國家公共要務,專門制定有關法律,明確規定一定年齡的兒童必須接受國家給予的教育。他曾多次勸告國家的執政者,一定要經常過問教育問題,因為掌管好教育,就可以「維護這個政體的實力」,使公民的生活適合於政府的形式。忽視教育就會危害政體。亞里士多德意識到要使教育得到確實的發展,就必須把教育納入國家法制的軌道,強調教育應由法律規定。這也是西方教育史上「教育立法」思想的開端。在亞里士多德看來,在國家政治生活中依據法律辦教育,通過教育宣傳國家的各種法律制度,培養人們遵紀守法的行為習慣,提高整個社會的法律意識,國家就易於治理,政令通暢,公民就能安居樂業了。

### (二) 體、德、智、美和諧發展的教育思想

亞里士多德的體、德、智、美和諧發展的教育思想是建立在其靈魂學說之上的。他把人的靈魂分為植物的、動物的和理性的三部分。其中,植物的靈魂最低級,主要表現在滿足身體的生長和發育的需要;動物的靈魂表現為人的情感和慾望;理性的靈魂最高級,主要表現為人的思維、推理等方面。與其靈魂學說相適應,亞里士多德提出了體、德、智、美和諧發展的教育思想。

亞里士多德認為,訓練兒童的身體應該成為對兒童進行教育的前提。在他看來,體育練習的目的在於使人健康有力和勇敢,進而養成體育競技的習慣,從而能夠參加各種體育競技活動。在德育方面,亞里士多德強調必須重視培養學生的習慣,德育的目的在於通過實際活動和反覆練習逐漸養成中庸、適度、公正、節制和勇敢的美好德行。在智育方面,亞里士多德認為,閱讀、書寫乃至繪畫的目的都是將來的實際效用。音樂教育是亞里士多德和諧發展教育思想的核心部分。在他看來,音樂不僅是實施美育的最有效手段,它還擔負著智育的部分職能,而且是實施德育不可缺少的內容。音樂具有教育、淨化心靈和供理智享受等功能。

### (三) 年齡分期與教育程序

亞里士多德十分重視對青少年身心自然發展特點的研究,首次提出了按兒童年齡劃分受教育的階段,並根據不同的年齡階段實施不同的教育任務。他認為,人是由軀體和靈魂兩大部分組成的,如同形式和質料一樣密不可分地存在著。按人的成長過程,先是軀體的發展,然後是靈魂的發展。而靈魂又是以非理性靈魂和理性靈魂的順序來發展的。他還認為,合理的教育,就應遵循人和自然行程,首先給予身體的養育,確保其有健壯的體魄;接著是給予情感的訓練,培養其良好的思想意識;然後是給予理智的教育,促進思維、理解能力的發展。這就是亞里士多德所堅持的「效法自然」的一條教育原則。據此,他把一個人受教育的年齡按每7年為一自然階段劃分為3個時期,即從出生到7歲為第一個時期,7~14歲(青春期)為第二個時期,14~21歲為第三個時期。亞里士多德按照他的這一年齡分期和相應教育的總設想,對第一個時期即幼兒教育做了深入而具體的論述,成為他全部教育理論的一個有機組成部分。

亞里士多德依據靈魂學說安排教育的程序及任務。人有肉體部分和靈魂部分,後者又分為非理性和理性兩個部分。順應這三個部分,就應有體育、德育和智育。亞里士多德把發展人的理性放在最高位置,但還應首先重視體育,其次才是培養靈魂的本能部分。

### （四）學前兒童的保育和教育

亞里士多德認為，人的第一個時期——幼兒教育又可以分為兒童出生前的胎教、出生到5歲的嬰幼兒教育和5~7歲的兒童教育三個階段。

#### 1. 胎兒階段的教育

亞里士多德主張的胎教主要體現在優生優育和孕婦保健兩方面。

與柏拉圖一樣，亞里士多德主張優生優育。他說：「父母具有何種體格對其子女最為有利，是我們討論兒童教育時將充分考慮的問題。」經他長期考察、研究的結果顯示，介於運動家和虛弱者之間的體格為好。在《政治學》一書中，他明確提出：「兒童的生育，而以介於二者之間的最為適當」，因為「運動家的體格不一定比虛弱的人更適於一個公民的生活或健康」。

亞里士多德從生物學、解剖學、醫學的觀點出發，對孕婦的保健問題提出了比較詳盡的建議。他說：「孕婦應自己保重，她們應當從事運動，要有富於營養的食物。」「每日步行到神廟禮拜生育之神。」另外，孕婦在心理上應能保持安定和平靜。這是因為新生兒的天性多得之於其母，有如植物得之於土壤一樣。即使如此，還有一個父母生育時期的最佳選擇問題。亞里士多德認為，太年老的人有如太年輕的人所生的兒童身心都有缺陷。那麼，這一限度應當是智力旺盛之年。但當夫婦擁有的孩子過多時，可以在胎兒未有感覺與生命之前墮胎。亞里士多德的胎教思想受益於柏拉圖的影響和個人的經驗，對此問題能提出類似優生優育、胎兒保健和計劃生育的見解是難能可貴的。當然也存在武斷與不妥之處，如他認為結婚年齡女性為18歲，男性為37歲；而智力旺盛之年均在50歲左右，顯然是不甚科學的。

#### 2. 嬰幼兒階段的教育

嬰幼兒階段的教育應順其自然，以孩子的身體發育為主。但同柏拉圖一樣，亞里士多德也主張對新生兒要進行嚴格檢驗，國家要制定一種法律，規定只允許健壯的嬰兒得以撫養，而不許養活畸形、殘疾兒童。幼兒出生以後的撫育方法好壞對其體力發展有直接的影響，對此，亞里士多德要求人們給他們良好的營養和適當的鍛煉。他強調嬰兒的食物以含乳成分最多的為最好，而酒精的含量則越少越好。嬰幼兒的體育活動也很必要，成人可以協助他們做一些適合於嬰幼兒所能掌握的動作進行運動，但應注意保護他們的脆弱肢體，要借助於器械使其身體正直。此外，他認為使兒童在幼年習於寒冷是一種很好的鍛煉方法，有助於健康並使他們堅強。

從出生到5歲這一階段，亞里士多德反對兒童進行課業學習或勞作，而應有充足的活動，以免肢體不靈。他認為這可以用許多方法獲得，游戲就是這些方法中的一種，但游戲不應是鄙俗的、易使人疲倦的或毫無生氣的。至於兒童啼哭則不必禁止，因為啼哭時能擴張肺部，有助於軀體的發育。5歲前兒童聽故事是件喜聞樂見的事，但故事內容應由負責教育工作的官員做出精心的選擇。不管是游戲還是講故事，最好是為將來事業做準備，其中大部分應為對他們以後要認真從事的事業的模仿。

#### 3. 兒童階段的教育

按亞里士多德的意見，兒童5~7歲階段的教育，應以良好習慣的養成作為主要任務。他認為這一時期的家庭環境對兒童性格的形成至關重要，所以要特別防止造成對兒童的不良影響。他強調指出，因為在7歲以前兒童必須住在家裡，所以在幼年也可能從他們所聽

的、所見的沾染到下流習氣。「沒有一種事比取締不潔語言更應注意，因為可恥的語言輕易出之於口，即導致可恥的行為。」同樣，也不要讓兒童看到不好的圖畫或戲劇。凡能引致邪念和惡毒性情的各種表演都應加以慎防，勿令其耳濡目染。那麼，良好的習慣怎樣培養呢？亞里士多德認為，應從決定兒童道德品質的天性、習慣和理性三個因素入手，其中習慣是最重要的。良好習慣的形成就是在日常言行活動中，讓他們最先遇到美好的東西，經常接觸好人好事，並讓他們身體力行，反覆練習。久而久之，良好的道德品質也就自然形成了。「習慣成自然」這句諺語，在西方即淵源於亞里士多德。

### 三、對亞里士多德學前教育思想的評價

亞里士多德在幼兒教育思想方面既汲取了前人的寶貴經驗，又總結了自己長期教育實踐和研究的成果，提出了一些新的觀點，例如，胎教思想、教育遵循自然說、和諧發展說、教育年齡分期說，以及注重幼兒道德習慣培養等，對西方幼兒教育理論與實踐的發展產生了重要的影響。但他作為一個奴隸主貴族的思想家，其中不少觀點帶有明顯的階級偏見和時代局限。

## 第三課　昆體良的學前教育思想

### 一、昆體良生平

昆體良（Quintilianus，約35—約95）（見圖8-3）是公元1世紀羅馬最有成就的教育家。他出生在西班牙，其父在羅馬教授雄辯術，頗有名聲。昆體良少年時隨父親到羅馬求學，受過雄辯術教育。他當過10年律師。公元70年他被任命為一所國立拉丁語修辭學校的主持人。由於在雄辯術方面的造詣以及在辦學上的卓越成就，當羅馬帝國在公元78年設立由國家支付薪金的雄辯術講座時，他成了該講座的第一位教師。昆體良在拉丁語修辭學校工作了20年左右，大約在公元90年退休。

在擔任教師的同時，昆體良還兼任律師，這使他有可能以當律師的豐富實踐經驗充實教學內容，把理論與實踐緊密地結合起來。

昆體良退休後，專門從事著述。經過2年多的努力，他寫成了《雄辯術原理》（12卷，約合中文65萬字）。這部著作既是他自己近20年教育教學工作經驗的總結，又是古代希臘、羅馬教育經驗的集大成者。昆體良的教育理論和實踐都以培養雄辯家為宗旨。

圖8-3　昆體良

文藝復興時期，久已失傳的昆體良的著作從積塵中被重新發現，立即光彩奪目，使厭倦了經驗主義的人文主義者為之傾倒。

## 二、昆體良的學前教育思想概述

### （一）論教育的目的和作用

昆體良主張把培養善良而精於雄辯術的人作為教育所要達到的基本目的。他認為，一個雄辯家既要擅長雄辯，通曉各種有價值的知識，具有較高的才能，同時也應具有崇高的思想、高尚的情操，成為一個善良的人。對於雄辯家來說，才能與德行是相互聯繫的，缺一不可。在一定意義上，德行比才能更為重要。這是因為，雄辯術是一門高尚的學問，它的主要任務是宣傳正義和德行，指導人們趨善避惡。雄辯術應當是為真理、為正義而戰的戰士手中的武器，而不應成為強盜手中的工具。

昆體良認為要成為一名合格的演說家，必須具備三個不易達到的條件：

第一，應具備很好的道德品質。一個雄辯家首先必須是一個善良的人，他堅持把崇高道德的培養放在教育工作的首位。在昆體良看來，一個有能力而無道德的人，較之沒有能力的人，對社會的危害更大。因為，如果以演說的才能去支持罪惡，那麼無論從私人的還是公共的角度看，沒有什麼東西比雄辯術更有害的了，而他自己竭盡全力幫助培養雄辯家的才幹，就應當受到世人的譴責。因為他不是給戰士提供武器，而是給強盜提供武器。如果一個人掌握了雄辯術卻用於「教唆犯罪，壓迫無辜，與真理為敵，倒不如生來聾啞，沒有理智的好」。

第二，應具有豐富的閱歷、淵博的知識。只有以完備的學問做基礎，才能使演說具有權威性、正確性，也就具有了說服力。而獲得知識，就必須勤奮地學習、刻苦地鑽研，絕不能馬馬虎虎，更不能三心二意，胡思亂想。因為一個頭腦充滿雜念的人，就不可能集中注意於追求高深的學問，只有當「頭腦無掛無礙而成為自己的主人時，當沒有任何別的事情妨礙、分散注意力時，才能集中精力於所要追求的目標」。

第三，演講風格要樸實自然、簡潔優美、真切感人。要做到這一點，昆體良認為必須掌握豐富的精闢詞彙，懂得應用它們的正確方法，學會一些修辭手法，這些修辭手法不是臨時生造的，而是從自己的儲ібыл中水到渠成地取用的，就如同從百寶箱取用一樣。要杜絕一切浮華之風，嚴防「濫用詞彙自誇，或濫用幼稚的警句，或以裝腔作勢，揚揚自得……或把誇張看成崇高，或以自由演說之名，給狂人的胡言亂語套上花環」。要弄清楚這些，必須精通一切學問，洞悉他所要演說的主題，並且根據自己的特點，充分研究聲調、手勢、表情、儀態、用詞、隱喻、修辭手段等，以便使演講能獲得最大的成功，達到「爭取法官的同情，控制聽眾的情緒並打動他們的心弦」的目的。

只有完全做到以上的各項條件，才能培養出昆體良所要求的「偉大而不過分、崇高而不暴烈、勇敢而不魯莽、穩重而不沮喪、有力而不懶散、生氣勃勃而不放蕩、外貌悅人而不放肆、莊重而不裝腔作勢」的雄辯家。這種雄辯家的培養不只是修辭學校的任務，而是包括學前教育、初等、中等教育在內全部教育工作共同的任務。

### （二）兒童要及早受教育

昆體良在《雄辯術原理》第一卷第一章開宗明義地提出：「當兒子剛一出生的時候，但願做父親的首先對他寄予最大的希望，這樣，才會一開始就精心地關懷他的成長。」接著，他主張「凡是每個兒童都要學習的東西，就應該早點開始學」，因為「嬰兒時期的所得是青年時期的收穫」。他還告誡人們「早期年齡階段的光陰不要浪費」「7 歲以前的收穫無論怎樣微小，

為什麼就要輕視它呢？誠然，7歲以前學習的東西無論怎麼少，但有了這個基礎，到了7歲就可以學些程度更深的東西，否則到了7歲還只能從最簡單的東西學起」。他認為未來雄辯家的培養和教育是伴隨著嬰兒的出生而開始的，他公開宣告：「我的計劃是引導我的讀者從咿呀學語開始，經過初露頭角的雄辯家所必需的各個階段的教育，一直到雄辯術的頂峰」。昆體良還從兒童心理和生理特徵來強調學前教育的必要性。他說：「還有深一層的理由。愈是年紀小，頭腦就愈易於接受小事情，正如只有在身體柔軟的時期，四肢才能任意彎曲，強壯本身也同樣使頭腦對多數事物更難於適應」。另外，「因為初步知識僅僅靠記憶，而記憶不僅存在於兒童時期，而且兒童時期的記憶甚至更加牢固，正因為如此，就更沒有借口浪費早期年齡的光陰」。他深信，教育在人的形成中起有十分重要的作用，認為人可以通過教育得到培養、完善和發展。天生畸形和生而有缺陷的人只是稀有的例外，絕大多數人都是可以培養也必須加以培養的。如果有人沒有得到應有的發展，那麼缺少的不是天賦能力而是培養。他認為一個未來雄辯家的培養絕不能等到7歲以後才進行，他列舉當時兩種相反的看法，一種認為「兒童在7歲以前，不要教他們認字，因為從7歲開始兒童才能理解所教的東西」；另一種認為「兒童時代沒有哪個時間不應當受教育」。昆體良對此則表示：「我主張從嬰兒時期起就示範我的雄辯家的學業。」他認為這如同對待一座建築物，既要講究其上層建築，又要注意其堅實基礎。教育上「除非我們首先從初步階段做起，不然要想在任何一門學科上達到頂峰是不可能的」。他還認為兒童具有很大的發展可能性。他做了這樣的比喻：「鳥生而能飛，馬生而能跑，野獸生而凶殘，唯獨人生而具有敏慧而聰穎的理解力。」這種自然所賦予的特性有待於通過教育來發展。兒童生來就具有接受教育的積極性，因此，人的教育應及早開始。

（三）論兒童的看護者、父母和教師

昆體良十分重視兒童周圍的人所施加給兒童的影響。為此，他提出必須十分慎重選擇兒童的看護者和教師，要求兒童的看護者，必須身體健康、說話清楚正確。因為「兒童首先聽到的是他們的聲音，兒童模仿的是他們的語言」。他認為這些人整天和孩子接近，他們的一舉一動、一言一行，都會直接或間接地影響兒童的言談舉止。他生動地舉例說：「我們天生地能歷久不忘孩提時期的印象，如同新器皿一經染上顏色，其色久不能改。」小時候進入腦海中的深刻印象會長久保存，不易忘懷。但特別值得注意的是，「好的習慣變壞是容易的，但何時能使壞習慣變好卻談何容易」。為此，他強調家長和家庭教師都要「在開始的時候給他們指出正路，而不要等到他們走錯了路以後再把他們從迷途中叫回來」。要做到這一點，家長和教師自身最好是個知識淵博、博古知今、道德高尚、言談合禮的人，而無論如何絕不能是粗懂文墨而狂妄自滿，更不能是愚昧無知而又裝腔作勢的人，「因為再沒有什麼比那種淺嘗輒止、故步自封於自己在知識方面的錯誤偏見之中的人更有害的了」。他們往往是將自己的愚蠢無知灌輸給托付給他們的孩童，致使某些壞習慣悄悄地浸染了兒童，於是傲氣、驕橫有時甚至是暴烈隨之滋長起來。童年受教育直到長大成人，這些壞習慣都仍然難以改掉，正是由於家長和教師的愚蠢和失檢行為帶給孩子們無窮的危害。為此，昆體良深切體會到做一個學前教育工作者責任重大，從而對幼兒教師提出了一系列嚴格的要求：

第一，教師要熱愛兒童，只有熱愛兒童才能教育兒童。昆體良指出：「教師要以父母般的感情對待兒童……他應當嚴峻而不冷酷，和藹而不放縱，否則，冷酷引起厭惡，放縱導致輕視。」教師只有以自己理智的愛才能贏得兒童的尊敬，兒童也就會「視教師如父母」，就會從內心深處願意接受教師的指導，「相信教師教給他們東西，願意仿效教師，當他們的錯誤被糾

正時不會生氣,當他們受到表揚時會感到鼓舞,他們會以種種的努力盡可能取得教師的珍愛」。

第二,教師要善於觀察兒童、瞭解兒童。昆體良認為「一個高明的教師,當他接受託付給他的兒童時,應當首先弄清他的能力和資質」。同時教師要「善於精細地觀察學生能力的差異……因為各個人的才能的確有不可思議的差別。人心之不同各如其面」。正是由於兒童的性格特徵是千差萬別的,所以教師就不應該用同一種方法去對待所有的兒童,而只有真正瞭解了每一個兒童,才能根據其個性稟賦適時教育,長善救失,比如「有些孩子是懶惰的,除非你激勵他;有些孩子聽到吩咐就發怒;恐嚇能約束某些孩子,卻使另一些孩子失去生氣;有些孩子由於持續的勤勞而得到陶冶,另一些孩子因短期的努力而成就更好」。對兒童教育運用之妙就在於因材施教。

第三,教師要仔細考察兒童的接受能力,教學內容要通俗易懂、深入淺出。昆體良把兒童的學習生動地比作「正如緊口瓶子不能容受一下子大量流進的液體,卻能為慢慢地甚至一滴一滴灌進的液體所填滿……他們遠遠不能理解的東西是不能進入他們的頭腦的,因為頭腦還沒有成熟到能容受它們」。為此,「教師本身要小心謹慎……他在教育頭腦尚未成熟的學生時,不要使他負擔過重,要節制自己的力量,俯就學生的能力」。相反,「愈是無能的教師,愈是教得晦澀難懂」,而優秀教師的教學方法往往明白易懂,因而教學效果也最好。

第四,教師要正確運用批評和表揚。昆體良把這看作是教育藝術之所在,對於兒童尤為重要。他說:「有必要提醒教師注意,在糾正學生的錯誤時,如果過於吹毛求疵,學生就會喪失努力的信心,意志消沉,最後會憎惡他的功課,擔心動輒出錯,什麼功課也不想做。」這正如「農民所熟知的現象:他們認為嫩枝不用砍刀」「因此,對這個年齡的學生,教師要盡量和藹,不論對錯誤的糾正多麼嚴格,也要以溫和的方式進行」,而「對不同年齡的學生,糾正錯誤要用不同的方法」。孩子的錯誤要及早發現、及早糾正,因為「錯誤在年幼時得不到糾正,在以後的生活中就會成為難改的積習」。

關於對兒童的優點進行表揚或褒獎的問題,昆體良要求教師做到「既不吝惜」「又不濫用」。因為吝惜表揚或褒獎會挫傷孩子的熱情與積極性;濫用表揚和褒獎,又會滋長兒童的虛榮心或自滿情緒。所以,教師對於兒童的良好表現,應該及時、恰當地做出評價,讓孩子們懂得「獲得表揚是一種巨大的榮譽」,要珍惜它。

(四)論嬌慣兒童的危害及榜樣的作用

昆體良對當時羅馬社會風氣之不良而造成不少混淆視聽的現象深惡痛絕,例如,漫罵被當作言論自由,草率魯莽被當作勇敢,揮霍被看作富裕等。尤其一些富有之家和無知父母本身道德敗壞、無原則地寵愛縱容兒童,使孩子們「所看到的是情婦和孌童。每次宴會時室內充斥著靡靡之音,人們羞於出口的事卻觸目皆是。正是從這樣的實踐中養成了習慣,以後就變成了天性。可憐的孩子在還不知道這些事是邪惡時就學會了這些邪惡。於是,他們變得放縱、嬌氣」。長此以往,「他們這樣滿嘴污穢是不足為奇的,這是我們自己教的,他們是在聽我們說話時學會的」。一旦這些孩子進了學校,「把這種道德敗壞帶進學校的正是他們」。為此,昆體良要求家長們「本身應成為孩子們的有效榜樣,只做一切應當做的事,避免邪惡的習慣。他們的生活本身如同一面鏡子,通過這面鏡子,就培養了孩子對惡言惡行的厭惡」。但是,「如果他們自己的生活就是邪佞不正的,他們就喪失了責備僕人的權利,更喪失了責備兒子的權利」。更有甚者,有的家長使自己成了兒子變壞的教唆者,因為「成年者是厚顏無恥

的,未成年者也一定會如此」。昆體良鑒於以上觸目驚心的慘痛教訓,一再懇切要求父母和家長們「要將心思用於培養一切有利於孩子健康成長的習慣」之中。

### (五) 論體罰

昆體良竭力反對兒童教育中的體罰現象,對幼兒的體罰更要禁止。他大聲疾呼:「對於如此纖弱、如此無力抗拒虐待的幼年,任何人都不允許濫用權威。」他憤慨譴責「那些屑小之輩是多麼可恥地濫用了體罰的權利」,而造成眾多不幸兒童的身體和心靈的創傷。他認為對兒童施行體罰是有百害而無一利的,為此他專門給體罰列舉了五大罪狀:

第一,體罰「事實上無疑是一種凌辱」,是一種殘忍行為。

第二,盛行體罰,孩子一旦對「鞭笞習以為常」,教育就再難以起到作用。

第三,如果幼年時期遭受體罰,長大以後往往更難以駕馭。

第四,體罰只能造就奴隸的性格,不能培養雄辯之才。

第五,體罰的結果必然使兒童「心情沮喪壓抑,使他不敢見人,經常感到抑鬱」「產生恐懼心理」。

總之,昆體良認為懲罰是一種無能的表現,是一種不光彩的行為,並再次重申:「我是無論如何不讚成的。」

### (六) 論游戲

昆體良十分重視學前兒童的游戲活動,認為兒童「愛好游戲,那是天性活潑的標志;那種遲鈍麻木、沒精打採的,甚至對那個年齡所應有的激動也默然無動的學生,我是不指望他能熱心學習的」。在游戲活動的組織安排上,昆體良主張寓發展智力和培養德行於游戲之中,他認為游戲和娛樂「有助於發展敏銳的智力」。同時「在游戲中,學生的道德品質也能毫無保留地按照本來面目表現出來;教師要記住,沒有哪個年齡的孩子會幼稚到不能立刻學會分辨是非,在幼稚無知的年齡,當他還不知道弄虛作假,最願意聽從教師的教育時是最容易受到薰陶的」。昆體良要求教師充分利用游戲這一兒童喜愛的活動方式,把它變成既是一種娛樂,又是一種學習,也是一種教育的活動形式。

### (七) 論記憶力和創造性

昆體良明確指出,「兒童能力的主要標志是記憶力,記憶力包括兩方面:敏於接受知識和記得牢固」。他堅持認為,「從小就表現出真正有才能的孩子應該樂於接受教給他的知識並就某些事物提出問題」,從而表明兒童有接受教育的能力。

昆體良還十分重視兒童記憶力的培養,他認為對於每個兒童來說,「記憶力是頭等重要的,它可以通過練習得到加強和發展」。他還特別強調,「記憶力是教師可以幫助促進其發展的唯一智能」,但是一個具有出眾才能的兒童如果「沒有根基深厚的而牢固的內在力量,他們不過像撒在土地表面而未熟的萌芽的種子,又像似稻而非稻的雜草,收穫季節未到就早已枯黃結了空實」。所以兒童應該從小就要逐漸養成渴求知識的意願,而「意願是不能通過強制得到的」。為了造就一個未來的雄辯家,昆體良希望他們在「兒童時代就要注意表現出勇敢、創造力、以創造為樂」,要「有一點蓬勃朝氣」「雖然他們可能缺乏正確性和精確性。過頭的精力旺盛是不難糾正的,麻木不仁則是不治之症」。

昆體良還借用西塞羅的話再次強調:「我真正希望年輕的學生能表現出豐富的創造性。」教師們切不可束縛孩子們的手腳,從一定意義上說,幼兒教師的主要職責就在於培養兒童的

求知慾和創造性。為此昆體良深切告誡,「我們要特別當心使孩子在學習時避免麻木不仁的教師,正如嫩弱的幼苗要避開干涸的土壤一樣」,卻要如同對待小鳥一樣,「當他們的力量已經足夠的時候,就讓他們自由地飛向天空」。

### 三、對昆體良學前教育思想的評價

昆體良關於雄辯家教育的理論,曾為羅馬帝國大批人才的培養起過巨大的作用,其中許多精闢的見解、深邃的言辭,曾經使後人嘆為觀止和深深折服。他的思想影響了幾十代人。人文主義教育家維多利諾和伊拉斯謨都對昆體良深有研究,以至他們被稱為「昆體良式的人物」。

昆體良繼柏拉圖、亞里士多德之後詳細而深入地探討了兒童教育問題。其中有關兒童個性的培養、幼教師資的要求、榜樣教育的作用、遊戲教育方法等都是前人和他自己長期教育工作實際經驗的總結,予後人以啟迪。特別在昆體良反對體罰的譴責中,可以看出他對兒童的深刻理解,對兒童人格的尊重,對正面教育的強調,以及對培養兒童生龍活虎般的積極性、創造性的追求。這一切富有哲理和實際指導意義的精闢見解,至今仍不失其借鑑意義,由此也更說明他不愧是位有遠見卓識的教育家。

當然,作為一個奴隸主貴族的思想家,他不可避免地暴露出種種階級的偏見和唯心主義的思想方法。例如,昆體良總是把社會上流行的一切不良言行都歸罪於奴隸或教僕,認為兒童的變壞主要是受了他們的不良影響,這是一種十足的階級成見。在兒童教育上,他竭力主張「孩子最好一開始先學希臘語」,聲稱「最沒有前途的孩子是批評能力的發展早於想像能力發展的孩子」,又認為「嬰兒時代四肢充分發展的孩子長大了往往變得體質孱弱」等,都是一種主觀意念,缺乏科學的論證,有的純屬武斷。

### 思考與練習

1. 簡述柏拉圖的學前教育思想內容。
2. 簡述亞里士多德的學前教育思想內容。
3. 簡述昆體良的學前教育思想內容。

# 單元 9　外國近代學前教育

### 學習目標

- 分別掌握近代德國、英國、法國、美國、俄國、日本等國的學前教育狀況及相關政策；
- 瞭解福禄培爾幼兒園對各國學前教育的影響；
- 能夠比較德國、英國、法國、美國、俄國、日本的學前教育狀況的差異。

　　本章介紹了近代各國學前教育發展的主要歷程和重要歷史事件。近代資本主義生產力的迅猛發展要求建立與之相適應的教育制度，在這一背景下，近代幼兒公共教育產生了。最早誕生的近代學前教育機構是英國歐文創辦的幼兒學校，它一度成為歐洲一些國家學前教育的楷模。到19世紀中期，德國福禄培爾所創辦的幼兒園，又成為世界許多國家效法的榜樣，福禄培爾的學前教育思想和實踐經驗很快流傳到世界各國。到19世紀末，學前教育在西方各國教育制度中已粗具規模，確立了基本的基礎地位。

## 第一課　德國的近代學前教育

　　德國是近代第一所幼兒園的誕生地，但其近代學前教育起步卻晚於英法等國。17—19世紀，德國國家不統一，國內小邦林立，資本主義發展相當緩慢，極大地影響了教育包括學前教育的發展，直到1871年建立了統一的德意志帝國，相關情況才得以緩解。

　　19世紀的最初20年，德國學前教育主要解決婦女勞動時孩子無人看管的問題。各地建立了不少私立、冠以各種名稱的學前教育機構，其目的是保護嬰幼兒的安全和健康，且多為季節性機構。19世紀20年代中期以後，德國學前教育的發展受到英國幼兒學校的影響，但絕大部分機構仍屬慈善機構，各邦政府對既有機構給予監督，但未從財政上給予必要資助。1840年福禄培爾幼兒園的產生，極大地推動了德國學前教育的發展，從而使德國的學前教育走在了世界前列，成為其他國家學習的榜樣。

### 一、保育所與托兒學校

1. 巴烏利勒保育所

　　19世紀初期，德國已經有了一些幼兒教育機構，其中最早出現的是由侯爵夫人巴烏利

勒(Pauline,1769—1820)設立的巴烏利勒保育所。

巴烏利勒侯爵夫人從慈善家立場出發,致力於貧民救濟工作。她出於對貧窮母親們的理解和對窮苦孩子們健康的關心,在法國帕斯特萊侯爵夫人創辦育兒院的啟示下,於1802年在多特蒙德設立保育所,作為其救濟機構的組成部分。巴烏利勒保育所招收的對象是1~4.5歲的農村孩子,是季節性的托兒所,從初夏開始到晚秋結束。每天的保育時間是從上午6點到晚上8點。保育所的工作由12名貴婦人來承擔。此外,還有一些從孤兒院和職業介紹學校招來的12~16歲的女孩子做保姆。巴烏利勒保育所把嬰幼兒的健康擺在工作的首位,教育只是處於附帶和從屬地位。保育所有良好的衛生條件和營養豐富的飲食,鼓勵戶外游戲。其教學內容有語言訓練、唱歌、社會道德訓練和生活規律的教養。保育方式是經常對孩子進行監督,但不給他們任何束縛,讓孩子們每天都在游戲中度過。巴烏利勒保育所為孩子們安排的這些有規律的生活,促進了孩子們的健康成長。

2. 柏林最早的托兒學校

1819年,德國的幼兒教育家、《柏林工農周刊》雜誌編輯瓦德切克(Wozzeck,1762—1823)創立了柏林最早的托兒學校。

同巴烏利勒季節性托兒所不同,這所托兒學校面向的是城市勞動階級的子弟,是常設托兒所,目的是為幼兒提供營養膳食、細心照料、良好管理和整潔環境。最初,托兒學校招收了12名9個月至2歲的嬰幼兒,實行24小時保育。但出於更多家庭的迫切需要,托兒學校迅速擴大和發展,招生年齡擴大到13歲,並開始實行夜間保育。托兒學校的性質也由單純的托兒所,轉變成大規模的貧民教育機構。1821年,普魯士國王把這種機構命名為「瓦德切克」機構,由兒童學校、托兒學校和保姆養成學校構成。但由於托兒學校沒有作為一所純粹的學前教育機構發展下去,最後與普通孤兒院無異。

上述這些幼兒教育機構都是為了幫助父母安心工作而設的,以保護嬰幼兒的健康為主,教育為次,這與英法兩國的托兒所不同;機構所需費用主要靠慈善捐贈;擔任保育工作的大多是一些老婦人和從孤兒院與職業介紹學校招來的女孩子。

### 二、弗利托娜的幼兒學校運動

弗利托娜(Fliedner,1800—1864)從1822年開始擔任阿爾薩斯州威爾特城的新教派牧師,曾兩次前往英國參觀幼兒學校。1835年5月,她在自己的教區建立了奧柏林式的編織學校,一年後更名為「幼兒學校」,招收2歲至義務教育年齡的貧窮工人子女40名。

幼兒學校校舍十分寬敞,房屋周圍有極好的游戲場。弗利托娜的幼兒學校對以萊茵省為中心的地區產生了深遠影響。在她的影響下,1842年成立的幼兒學校達27所。幼兒學校十分注重游戲的教育作用,教學內容有宗教、道德、讀、寫、算、圖畫、軍事活動、直觀練習和手工勞動等,且多以游戲的方式教給幼兒。幼兒學校重視宗教和道德教化,力圖使幼兒養成禮貌、節制、服從命令、勤勞和衛生等習慣。受英國幼兒學校的影響,弗利托娜的幼兒學校注重讀、寫、算的教育。

弗利托娜十分重視幼兒教師培訓,1836年,她把「看護修女養成所」合併到她的幼兒學校。幼兒教師培訓時間通常是3~4個月,經過培訓的男女教師能承擔音樂、算術、博物、德語和地理等課程的教學。弗利托娜的幼兒教師培訓提高了幼兒教育的質量,擴大了幼兒學校的影響。在她的影響下,1842年以萊茵省為中心的地區共設立了38所幼兒學校。到

1851 年,培訓女幼兒教師累計達 400 多人。

### 三、福禄培爾幼兒園運動

#### (一) 福禄培爾幼兒園的產生與發展

福禄培爾(Froebel,1782—1852),德國教育家,幼兒園運動的創始人。其教育理論以德國古典哲學和早期進化思想為主要根據,以裴斯泰洛齊的教育主張為教育思想的主要淵源。

1837 年,福禄培爾在德國勃蘭根堡開辦了一個旨在發展幼兒本能和自我活動的教育機構,並於 1840 年將該機構正式命名為「幼兒園」。福禄培爾幼兒園的創立使學前教育由「看管」轉向「教育」,標志著真正的學前教育機構的誕生。19 世紀 50 年代的德國處於工業革命時代;19 世紀 70 年代,以德意志帝國的成立為背景,是資本主義大發展時代;19 世紀 80 年代,德國資本主義很快進入帝國主義階段。在這一時期,工人階級政黨逐漸壯大,福禄培爾幼兒園也在這種形勢下發展起來。

### 拓展閱讀

#### 福禄培爾幼兒園教育的任務

根據福禄培爾的設想,幼兒園有以下幾項任務:

1. 幼兒教育機構

福禄培爾認為,當時普通教育較注重兒童智力和直覺的發展,而忽視了其他各方面能力的培養。他繼承了盧梭的教育思想,認為要使兒童的能力與知識同樣得到充分的發展,使得知與行、理論與實踐、能力與意志品格的發展統一協調。1843 年,福禄培爾在關於德國幼兒園的報告中指出,幼兒園的任務是促進幼兒的身體發育和精神上各種性能的發展,養成良好的生活習慣。幼兒園的任務具體為:促進幼兒身體的發育;發展幼兒的感覺器官,擴大幼兒對周圍事物的認識;發展幼兒的語言和活動能力;認識成年人和自然界;使幼兒養成集體生活的習慣和一定的品德;在游戲、快樂和天真純樸中做好求學的準備。

2. 幼兒師資培訓機構

幼兒園可為其他幼兒教育機構訓練幼兒教育工作者。

3. 幼兒教育宣傳機構

創辦《星期新聞》和《福禄培爾周刊》,發表幼兒教育論文,推廣幼兒教育經驗,介紹游戲方法。

4. 幼兒教育研究機構

福禄培爾是從幼兒發展需要的角度論述學前教育問題的,他沒有看到公共教育代替家庭教育是生產力發展的必然要求。

1848 年歐洲革命失敗後,德國政府進入鎮壓一切自由主義運動的反動時代。普魯士政府認為,福禄培爾幼兒園運動與革命的、反政府的運動和自由主義運動糾纏在一起,因此對其進行查封,直至 1860 年才取消禁令。幼兒園禁令解除後,德國各地相繼成立福禄培爾幼兒園運動團體,把福禄培爾幼兒園推廣到各處。1860 年,以馬倫霍爾茲·別勞夫人為名譽會長的「柏林福禄培爾主義幼兒園促進婦女協會」成立。協會成立的第二年就經營起四個幼兒園和一個幼兒園女教員養成所。1863 年,為依據福禄培爾思想對學前教育

進行全面改革，別勞夫人又在柏林成立了「家庭教育和民眾教育協會」。該協會發展迅速，並開展了設立幼兒園、女教員養成所、保姆培養學校、兒童游戲場和「學童園」等多項工作。1874年，上述兩個協會合併成立「柏林福祿培爾協會」，進一步開展幼兒園運動和福祿培爾運動。

### （二）別勞夫人的歷史貢獻

別勞夫人是一位家世顯赫的侯爵夫人，1849年與時年67歲的福祿培爾結識，此後走上追隨福祿培爾宣傳、推廣幼兒園運動的艱辛道路。

別勞夫人是德國福祿培爾主義幼兒園的領袖，為支持福祿培爾幼兒園的普及，為根據福祿培爾方法全面改造教育和向國外宣傳福祿培爾幼兒園做出了突出貢獻。福祿培爾幼兒園被普魯士政府禁止開辦時，別勞夫人曾為撤銷「幼兒園禁令」而奔走努力。福祿培爾去世後，她一方面在國內積極組建各種福祿培爾協會，宣傳福祿培爾思想，並用這些思想指導幼兒園的實踐；另一方面還向國外宣傳福祿培爾幼兒園。1850年，她利用教育博覽會的機會到倫敦講演宣傳；1851年，她奔赴巴黎，耗時三年宣傳並實踐福祿培爾教育方法；1858年，她應邀訪問比利時、荷蘭，在那裡播下了幼兒園發展的種子；1860年，她歷訪瑞士各個都市；1871年，她走訪義大利，把福祿培爾幼兒園引入那裡。

她撰寫的《回憶福祿培爾》，成為後人研究福祿培爾生平及思想的重要史料。

## 第二課　英國的近代學前教育

英國是最早進行資產階級革命的西方國家，但君主立憲政體的確立，使當時的英國教育保留著濃厚的傳統教育色彩。18世紀60年代，英國率先開始了以蒸汽機的誕生為標誌的第一次工業革命。工業革命推動了生產力的巨大發展，但同時也帶來巨大的社會變革。無產階級登上了歷史舞臺，勞資關係拉開了帷幕。資產階級依靠先進的生產技術大力發展生產，彼此展開激烈的競爭，從勞動人民身上榨取巨額財富。資產階級貪得無厭地追求利潤最大化，使得低工資的女工和童工的人數激增。這導致幼兒以及幼兒教育問題日趨嚴重，主要表現在三個方面：第一，幼兒的健康和保護問題凸顯。這是當時存在的首要問題。勞動婦女早出晚歸，無暇照顧孩子、哺育嬰兒。當時生活貧困，居住環境惡劣，勞動階級的幼小子女普遍缺乏基本的營養以及必要的保護。這些原因直接導致嬰幼兒的大量死亡。第二，讓童工提前接受文化知識已經成為一種社會需要。工業技術的變革迫切要求一批掌握一定的文化技術知識的勞動者。由於廣泛使用童工，勞動階級子女受教育的機會很少，因此將初等教育的學習內容提到學前階段來學習，讓童工提前接受一定的教育培訓，這成為英國當時幼兒教育的基本特徵。第三，幼兒道德墮落，成為社會問題。父母長時間工作，其幼小子女處於無人管教的狀態。他們往往放任自流，甚至流落街頭，極易受到壞人的引誘，導致道德墮落。以上種種問題，使得幼兒教育問題日益受到關注。

出於對社會問題的關心和對貧困兒童的同情，從19世紀初開始，一些慈善家、開明工廠主和教會人士著手建立幼兒學校。英國近代的學前教育正是以歐文的幼兒學校為起點，形

成了一場規模浩大的幼兒學校運動,一度波及歐美各國。19 世紀 40 年代後,政府開始重視幼兒教育,對幼兒學校加強了補助和控制。

## 一、貧民幼兒保育政策

17 世紀後半葉的英國開始了持續百年之久的「圈地運動」,大批農民被迫離開家園而聚集於城市成為城市貧民,並隨著產業革命的發展而成為工人。在資本原始積累時期,對生活在城市的幼兒的隔離、保護和教育逐步被納入英國政府的管理範疇。1696 年,時為貿易殖民地委員會委員的約翰·洛克(John Locke,1632—1704)寫了兩份諮詢報告。一份報告主張開設「紡織學校」,對年收入不足 40 先令的家庭的 6~14 歲男女兒童全部施行免費義務教育,4~6 歲兒童可自由入學。另一份報告規定受教區救濟的 3~14 歲貧民兒童在「勞動學校」接受義務教育。該報告認為從 3 歲起接受教育對母親和幼兒都有好處:母親能自由參加工作,幼兒能在教育機構中獲得良好的勞動習慣。1678 年,托馬斯·弗明(Thomas Firmin,1632—1697)主張設立救濟院以幫助 3~10 歲的貧民兒童。由於英國貧民幼兒死亡率驚人,英國政府意識到必須致力於貧民幼兒的生命保護而非教育。在產業革命之前,大眾化幼兒教育設施尚未問世,但發端於英國的幼兒保育設施是近代歐洲幼兒教育設施的雛形。後來歐文創辦的幼兒學校和懷爾德斯平創辦的學前教育設施均屬於貧民救濟設施體系。

## 二、幼兒學校運動

### (一)歐文及幼兒學校的創辦

羅伯特·歐文(Robert Owen,1771—1858)是 19 世紀英國空想社會主義思想家和教育家。他於 1816 年創辦的新蘭納克幼兒學校,是英國也是世界上最早的學前教育機構。歐文一生著述頗豐,主要有《新社會觀》(又稱《論人類性格的形成》)(1813)、《致新蘭納克郡報告》(1820)、《新道德世界書》(1849)和《自傳》(1857)。

1. 幼兒學校的創辦

1800 年,歐文接任蘇格蘭新蘭納克一家大型紡織廠的經理,並開始在那裡實施其社會改革及教育實驗。當時工廠的環境非常惡劣,不利於兒童性格的形成。他分析了三個方面的原因:一是工人居住條件惡劣,狹窄的空間和簡陋的設備都不利於孩子的成長;二是父母們忙於賺錢養家,很少有時間、精力考慮子女的教養和教育;三是父母缺少知識,不懂得如何養護和教育孩子,不利於孩子性格的形成。因此,歐文在推行一系列改善工人勞動和生活條件措施的同時,非常重視教育,又為工人及其子女創辦了一系列教育設施。

歐文幼兒教育的理論基礎是性格形成學說,即環境決定人的性格。他說:「人可以經過教育而養成任何一種情感和習慣,或任何一種性格。」1816 年,歐文為 1~6 歲兒童創辦了幼兒學校,並與初等學校、工人夜校、工人夜間俱樂部等合併為「性格形成新學院」。他希望建立幼兒學校,通過幼兒學校的教育,給幼兒打下合理的性格基礎。他明確指出,幼兒學校的教育目的就是為兒童形成合理的性格奠定基礎。總的來說,歐文是為了使工人階級的子女擺脫不良的生活環境,培養他們開朗樂觀的性格而開辦幼兒學校的。他注重學校環境的影響,在學校周圍建立遊戲場,開設寬闊的娛樂房間,幼兒教室佈置以動物為主的圖畫、地圖和採集的自然界實物。幼兒學校以 3~6 歲孩子的保育和教育為中心,1816 年共招收 3~6 歲

兒童200多名，從而成為世界上第一所真正意義上的幼兒園。

2. 幼兒學校的教學內容和教學方法

歐文的幼兒學校非常重視幼兒的智育和德育的教育。在智育方面，他提倡發展兒童的「推理能力」，還提倡讓兒童學習實際有用的知識；要求教師順從兒童的興趣愛好，讓他們多去認識周圍的事物。為此，幼兒學校的教師經常帶孩子們到戶外活動，使孩子們對果園、田地、森林裡的一切都產生濃厚的興趣和親切感。歐文要求幼兒教師要善於發現孩子們感興趣的事物，並及時地將這些事物教給他們，他希望孩子們能把學習當作一種娛樂或游戲，能喜歡學校，喜歡學習。歐文還提倡實物教學，在幼兒學校裡，教室的牆上貼了各種動物圖畫，還有地圖，教室裡還經常放一些從花園裡、田野裡和樹林裡採集來的實物標本，供直觀教學使用，從而增強了孩子們的學習興趣。歐文提倡開放的教學形式，在他的幼兒學校裡沒有固定的室內活動時間，他主張應該讓孩子們在戶外的新鮮空氣中玩耍；在游戲場裡玩夠了，再把他們帶到教室裡。游戲場是歐文幼兒學校的重要設施，它是幼兒戶外活動的主要場所。幼兒學校還有供兒童娛樂的房間和教室，其中一間是專供舞蹈和唱歌用的教室。在德育方面，歐文提出的教育任務就是養成幼兒遵守紀律的習慣，培養他們能與小夥伴友好相處的能力。為此，他要求教師讓兒童明白個人的幸福是和團體的幸福、他人的幸福不可分割的。

幼兒學校除進行智育和德育教育外，還開設了舞蹈、音樂和軍訓課程，並以「對整個人類表現出寬宏仁愛精神」的原理為指導。歐文認為，舞蹈、音樂和軍事訓練，能使孩子們精神愉悅、身體健康，培養他們對美的感受，並形成服從和守秩序的習慣。

在教學方法方面，歐文要求幼兒教師要以人道主義的態度對待孩子。他說：「對於幼兒和年齡較小的兒童，除用明顯的示意動作、實物或模型或圖畫施教外，還應用親昵的談話循循誘導。」他要求幼兒教師熱愛兒童、對兒童有無限耐心、熱情溫順，絕不能在言語和行動上對兒童威脅或辱罵。

總之，歐文關注英國工業革命時期勞動階級的悲慘生活和工作條件，以及貧窮、饑餓和愚昧對兒童生命、健康和道德的摧殘。他從人道主義立場出發，基於性格形成理論，特別注重學前教育。他嘗試把工人階級的幼兒放到最好的教育環境裡，通過集體合作的游戲、實物教學、教師的人道主義態度等教育形式和手段，來促使幼兒合理性格的形成。歐文的幼兒學校在世界學前教育史上佔有重要的地位，它被公認為世界上第一所學前教育機構，開啓了近代真正意義上的學前公共教育的先河。他的幼兒學校至今仍是集體主義保育思想和實踐的源泉。但是，由於歐文將發展教育的希望寄託在統治者身上，並試圖僅僅通過教育來改造社會，因此他的思想和實踐有一定的局限性。

(二) 懷爾德斯平及幼兒學校運動

懷爾德斯平（Wilderspin，1792—1866）是英國19世紀幼兒學校的積極創辦者，他一生致力於發展學前教育事業，他倡導的「幼兒學校運動」推動了幼兒學校在英國的普及，並促進了世界學前教育的開展。懷爾德斯平早年曾得到歐文的教誨。1820年，他在倫敦斯平托地區開設了一所幼兒學校，在辦學過程中形成了一套具有特色的教學內容和教學方法，對促進幼兒學校的發展做出了重要貢獻。1825年成立的倫敦幼兒學校協會把普及幼兒學校的任務委託給了他。此後20年，懷爾德斯平不辭辛勞地奔波於英國各地，致力於幼兒學校的普及。他在旅途中實地演示幼兒學校的教學方法，或指導各地幼兒學校的設立。鑒於懷爾德斯平

對促進幼兒學校發展所做出的貢獻，英國政府於 1846 年做出了贈給他 100 英鎊年金的決定。

### 1. 幼兒學校創辦的目的

懷爾德斯平創辦的幼兒學校以貧民、工人階級的子女為對象，以保證幼兒的安全和健康為目的。他說：「培養好的體質必須是我們在兒童管理上的第一目的。」他看到當時勞動階級生活貧困，致使他們的子女畸形成長，幼兒身體受到嚴重的傷害；成人忙於生計將子女丟棄在家裡，幼兒因為缺少照看而經常發生從樓梯上滾落、在家被火燒傷等意外傷害。因此，懷爾德斯平開辦幼兒學校的一個主要目的就是保障幼兒的安全和健康。

### 2. 幼兒學校的教學內容和教學方法

懷爾德斯平非常重視幼兒學校的智育教育。他為幼兒規定的智育內容主要有國語、算術、自然、社會、音樂、宗教等。這些內容實際上是把初等教育的內容下放到幼兒教育階段。在這一問題上，懷爾德斯平背離了歐文反對對幼兒進行系統書本知識教學的主張，致使他的幼兒學校因具有主智主義性質而遭到批判。批判者認為，懷爾德斯平的教學內容不考慮兒童的興趣和能力水平。但這一智育計劃是有特定歷史原因的，迎合了形勢發展的需要。一方面，幼兒家長要求按照原來初等學校的方法教授讀、寫、算；另一方面，在當時的英國，貧民子女的教育期實際上被限制在 8 歲以內，因為 8 歲後他們就被迫參加各種形式的勞動以謀生。在智育教學方法上，懷爾德斯平反對傳統的灌輸知識、「鸚鵡學舌」式的教學方法，主張培養兒童獨立思考的能力和獨立獲得知識的能力。他提出了「開發」教學方法，這種方法包括五個方面：一是激發好奇心；二是通過感覺教學；三是從已知到未知；四是讓孩子們獨立思考；五是把教學和娛樂結合起來。為實施以上教育方法，懷爾德斯平設計了「游戲場」「階梯教室」「旋轉秋千」「教學柱」「置換架」等教具，還研究編寫了《發展課本》等教材。這些教具對幼兒智力開發的意義和作用是不可否認的。懷爾德斯平所設計的智育內容、智育方法和教具影響非常廣泛，為很多國家的學前教育機構所效仿。

在德育內容上，懷爾德斯平幼兒學校的主要任務在於預防貧窮兒童的道德墮落，消除虛偽、下流、貪欲、殘酷、粗暴等不道德行為，培養愛憐之心、服從父母、守秩序、正直、勤勉、節制和尊重私有財產等德行。在德育方法上，他強調「愛」和「賞」，即熱愛兒童，以獎勵代替懲罰，即使要懲罰兒童也要帶著悲傷和遺憾的表情。懷爾德斯平的幼兒學校很關心幼兒的健康問題，將游戲場作為學校的重要組成部分，在幼兒學習感到疲勞、注意力開始分散時，組織幼兒進行放松活動。

### 3. 對幼兒學校教師的要求

懷爾德斯平對幼兒學校的教師也提出了要求，認為教師應有「受人歡迎的風采」「生氣勃勃的氣質」「很大的忍耐性、溫順、堅韌、冷靜、精力旺盛，具有關於人性的知識，尤其是虔誠——樸素的、誠實的，而且實際的虔誠」。另外，他還強調，幼兒學校的教師必須研究幼兒的心理狀態及掌握知識的情況，以便更好地指導教學。

懷爾德斯平一生積極致力於貧民幼兒教育，為幼兒學校在英國的普及做出了很大貢獻。他強調關心幼兒健康，提出開發教育方法，為幼兒學校設計游戲場和各種教學用具，並極力主張教師要研究兒童，這些都是值得肯定的。但是，他過於注重智育，在教學中重視記憶而忽略了兒童的理解能力，這是違背幼兒身心發展規律的。

### （三）幼兒學校的相關政策

1. 國庫補助金政策

英國政府的幼兒學校政策是圍繞著國庫補助金的發放和接受敕任督學官的檢查而展開的。英國國會在 1833 年開始實行國庫補助教育政策，承擔勞動大眾教育的幼兒學校本該成為其補助對象，但由於大多數幼兒學校都不屬於補助金交付團體的兩大協會（即全國貧民教育促進會和不列顛及海外學校協會），而且這兩大協會都輕視學前教育，所以在 1839 年樞密院教育委員會成立之前，學前教育並未在國庫補助政策中受益。1840 年，樞密院教育委員會宣布不通過兩大協會也可以得到國庫補助，這時，幼兒學校才成為國庫補助的對象。同年 8 月，樞密院教育委員會視學官首次發出關於幼兒學校檢查項目的訓令，包括學校設備、娛樂和身體鍛煉、勞動、藝術模仿、學習音標、自然常識、階梯教室的教學和紀律等 34 個項目。從視學官提出的這些項目便可以看出官方對當時大多數幼兒學校的設施、設備以及教育內容和方法的態度。

2. 教師等級考核制度

樞密院教育委員會還專門制定了「有資格教師」和「註冊教師」等級考核制度，規定只有在能夠反應幼兒學校教學實際能力的實地考試和口試成績合格後，才能成為註冊教師。而註冊教師只有學完女子師範學校的全部課程，成績合格，方可獲得「有資格教師」稱號，而其所在的幼兒學校也將得到補助金。這樣，英國通過教師資格的考試，促進了幼兒學校教師質量的提高。英國政府通過國庫補助、對幼兒學校進行檢查和對教員考試的方式，加強了對幼兒學校的監督和控制，開闢了國家管理學前教育制度的道路，並有力地影響到世界各國學前教育的政策。

### 三、學前教育的發展

1. 福祿培爾幼兒園的引進

1851 年，德國流亡政治家哈勒斯·倫克（Johannes Ronge）及夫人將福祿培爾幼兒園引進英國。幼兒園初期以在倫敦居住的德國人的子女為招生對象，用德語進行教學。從 1854 年開始，幼兒園開始招收英國兒童並改用英語教學，其目的是有意識地在英國人中推廣福祿培爾學前教育思想。同年，倫克夫人在倫敦教育博覽會上發表關於福祿培爾幼兒園的演講並獲得巨大反響。從此，英國幼兒學校開始受到福祿培爾學前教育思想的滲透和影響。

1861 年，倫克夫婦返回德國。同年，英國公布的《修訂教育法》開始推行「計件付酬制度」，即以初等學校讀、寫、算學力測驗成績的優劣決定國庫補助額的多少。該政策導致父母、教師和兒童對智力測驗熱衷不已，英國幼兒學校發展和福祿培爾教育思想傳播進入停滯狀態。1870 年《初等教育法》的頒布，使學力測驗作為指揮棒的影響逐漸淡化，福祿培爾學前教育思想再次得到發展。1873 年和 1874 年，在曼徹斯特和倫敦相繼成立的福祿培爾協會，使幼兒園運動在英國獲得了較快發展。倫敦福祿培爾協會後來成為全國福祿培爾聯盟的組長，在國際上越來越受到重視。福祿培爾幼兒園的教育內容和方法相對系統、科學，以發展兒童智育、德育為主要目的，兼具保育和教育功能，迎合了中上階層為子女提供良好教育的需求。

福祿培爾幼兒園的引入，使英國學前教育呈現雙軌並存的局面：一軌是以工人階級和貧

困階層子女為對象的幼兒學校,另一軌是以中上階層子女為對象的幼兒園。學前教育兩種制度並存,滿足了不同社會背景家庭子女的需要,但也反應出教育上的不平等。此外,福祿培爾幼兒園思想逐漸滲透到英國本土幼兒學校,使得幼兒學校逐漸增加了游戲時間,減少了讀、寫、算訓練。

2. 學前教育的復蘇

1870 年,英國國會頒布的《初等教育法》(也稱《福斯特法案》),標誌著國民教育制度正式形成。該法案第七十四條第一款規定:「各學區有權實施 5～12 歲兒童的強迫教育。」從 5 歲開始進行義務初等教育的制度由此確立,幼兒學校也被正式納入初等教育系統。該法案保障了 5 歲以上兒童入學,但由於政府允許當時已進入幼兒學校的 5 歲以下兒童享受免費義務教育,大量 5 歲以下兒童進入幼兒學校,這不僅使學校面臨經費困難,也不利於兒童成長。《初等教育法》的頒布加劇了英國幼兒學校的小學化傾向,也給世人留下了學前教育事實上沒有得到認可的印象。19 世紀 70 年代後,受福祿培爾運動的影響,英國政府在政策層面進一步加強了對學前教育的重視。在學前教育中,除讀、寫、算等傳統的學力考試科目外,增加了實物、自然及與日常生活有關的課業,採用幼兒園的「恩物」和作業,注意手和眼的正確訓練。英國政府後續對幼兒教師的資格也做了說明。由此可見,英國學前公共教育經歷了自下而上的發展路線,政府有關貧民幼兒的救濟和保育政策也是被動出現的產物。但是,隨著幼兒保育和教育政策對社會的積極影響越來越明顯,政府也增強了對學前教育的關注。

# 第三課　法國的近代學前教育

1789 年法國爆發資產階級革命,推翻了波旁王朝。在隨後的幾次復闢與反覆闢、前進與倒退的激烈的政治鬥爭中,學前社會教育逐漸建立和成長起來。1792 年,法蘭西第一共和國建立,標誌著資本主義制度在法國的確立。

法國的近代學前教育可以分為兩個階段。18 世紀 70 年代至 19 世紀中期為第一階段,在這一階段,出現的學前教育機構是具有慈善性質的貧民育兒院和幼教機構托兒所,在內容與教法方面深受英國幼兒學校運動思潮的影響。19 世紀中期至 19 世紀末為第二階段,在這一階段,政府日益重視學前社會教育,將其納入中央集權的教育行政管理體制,加強財政資助,把托兒所視為公共教育體系的有機組成部分,確立了近代學前教育制度,此階段受福祿培爾幼兒園教育理論的影響較大。

一、奧柏林的編織學校

1. 編織學校的創立

奧柏林(Oberlin,1740—1826)是法國新教派的一名牧師。自 1767 年擔任布魯德堡教區的牧師後,奧柏林積極通過經濟、社會及教育方面的改革活動,改善該地區居民的生活和教養水平。他對教育方面的改革尤為重視,在教區內舉辦成人教育講座,設立小型圖書館,增設學校數量和類型。1770 年,奧柏林創設編織學校。學校招生對象為 3～6 歲的幼兒。學校

有兩位指導教師,分別負責文化、游戲的指導和手工技術方面的指導。學校對 5~6 歲的兒童還教以歷史、農村經濟的常識以及縫紉、編織的方法。此外,學校還挑選了一些年齡較大的孩子當「助教」。由於該校對於年齡較大的兒童教以手工編織,故稱「編織學校」。

2. 編織學校的教學目的和教學內容

編織學校專門在農忙季節收容幼兒和學童。學校設有兩名指導教師,一名作為手工技術指導,另一名作為文化和游戲方面的指導。此外,奧柏林還在學校裡挑選了一些年齡大的女孩擔任助教。學校的教學內容包括標準法語、宗教讚美歌、格言、採集和觀察植物、繪畫、地理、縫紉和編織等。學校通過教授正確的語法,使孩子們理解法語的讚美歌和說教;通過手工的傳授,培養孩子們的勤勞精神。編織學校的教學目的是通過把孩子們置於有規律的監督下,創造出一種有秩序的生活。學校重視良好習慣的培養和方言的矯正,在教學方法方面,則重視直觀教學和實物教學。學校開課時間為每週兩次,功能以教育為主。

3. 編織學校的意義和歷史地位

奧柏林的編織學校和當時普遍存在的教會學校有相同的性質,都是一種慈善機構。雖然它並沒有得到政府的支持,但在當時卻有一定的影響,在奧柏林去世以前,附近的 5 個村莊都辦起了同類的學校。奧柏林創辦的編織學校不僅對國內,而且對英、德等國的學前教育都產生了一定的影響。編織學校拉開了法國近代學前教育歷史的序幕。

## 二、托兒所運動

帕斯特萊、柯夏和馬爾波是法國 19 世紀上半葉的托兒所運動的代表人物,在推動這一時期學前教育的發展方面做出了重要貢獻。

### (一) 托兒所的出現及發展

1. 帕斯特萊與托兒所

1801 年,法國著名婦女社會活動家及慈善家帕斯特萊(Pastoret)侯爵夫人在巴黎創辦慈善性質的收容貧民嬰兒的育兒院。育兒院產生了一些影響,但是教育意味不濃。1826 年,她又領導巴黎婦女會創辦了法國最早的托兒所。

2. 柯夏與托兒所

柯夏(J. Cochin)是法國七月王朝時期巴黎第 12 區的區長。他曾多次到英國考察教育,對歐文創辦的幼兒學校產生了濃厚興趣。1828 年,他在法國創辦了與英國幼兒學校性質相似的托兒所,稱為「模範托兒所」。同時,他積極協助帕斯特萊夫人領導的婦女會開展托兒所運動,並在理論方面提供重要幫助。柯夏在他所著的《托兒所綱要》裡對學前教育進行了論述。

柯夏在《托兒所綱要》中說明了設立托兒所的必要性。該書指出托兒所招收 2 歲以上幼兒,它是最有效的貧民救濟設施和兒童教育設施,於國於民都有重要意義。同時,他討論了托兒所的教育內容,強調把宗教和德育擺在首位。在教育方法上他提倡人道主義態度,反對體罰。在智育方面,柯夏受到懷爾德斯平幼兒學校的影響,主張注重知識教育,教育內容包括讀、寫、算、幾何、地理、歷史、博物、圖畫等。這同當時的初等學校的教育內容是完全一樣的,只是在教學程度上有所差別。儘管柯夏的托兒所具有偏重智育的傾向,但在道德教育方面和對待孩子的方法上,遠比英國的懷爾德斯平幼兒學校更具合理性和人道主義的特點。

### 3. 馬爾波與嬰兒托兒所

馬爾波（F. Marbeau）是一位關心學前兒童保育和教育問題的巴黎政府官員。1844 年，他創辦了嬰兒托兒所，以年齡較小的乳嬰兒為對象，以解決當時法國乳嬰兒無處可收的社會問題。他著有名為《關於嬰兒托兒所》的小冊子，其學前教育主張受到社會各界的歡迎，各地陸續開設同類機構，其影響波及歐美各國。

### （二）托兒所的管理及普及

法國是最早把學前教育納入國民教育體制的國家。1832 年，法國《基佐法案》頒布後，政府將托兒所視為初等教育的基礎，要求公共教育部給予財政資助。1835 年，公共教育部頒發《關於在各縣設立初等教育的特別視學官的規定》，提出視學官對托兒所具有視察和監督的權力，成為國家正式管理托兒所的開端。1836 年，時任公共教育大臣的布雷向行政當局發出「傳閱文件」和「備忘錄」，明確托兒所與其他初等學校一樣受各級教育委員會領導。此後，托兒所成為公共教育機構。1837 年，法國政府公布《托兒所管理條例》，明確規定了托兒所的性質、內容、教育方法和管理等。該條例作為世界上第一個有關托兒所教育敕令而載入史冊。

除加強對托兒所的行政領導外，法國政府還加大了對托兒所的財政資助。1835 年，公共教育部對托兒所的補助金額達 25,900 法郎。1840 年，法國創設了由國庫支付的托兒所基金。同年，自治體向托兒所交付的補助金額達 245,631 法郎，受到補助的托兒所達 550 所。到 1840 年，除四個縣外，法國所有的縣都設有托兒所。有效的行政管理和大量的財政資助推動了法國托兒所的迅速發展。

在托兒所向普及化方向發展的同時，時任巴黎第一區助理的馬爾波（Marbeau）在 1844 年創設了「嬰兒托兒所」，旨在保護 2 歲以下幼兒的生命和健康。當時的法國處於產業革命發展時期，各地的社會、經濟條件正好需要嬰兒托兒所。因此，馬爾波的學前教育事業受到了政府和社會各界的支持，憑藉《關於嬰兒托兒所》的小冊子，馬爾波獲得了法國學前教育學會授予的「蒙瓊獎」。嬰兒托兒所在法國得到了順利發展，數量不斷增加，甚至對歐美國家產生了影響。

### 三、學前教育制度的確立

福祿培爾幼兒園運動於 19 世紀中期傳入法國，並取得了許多重要成果。最早將福祿培爾幼兒園引進法國的是別勞夫人（Mrs Buelou，1810—1893），她是福祿培爾的得力助手。為推廣福祿培爾的教育理論和實踐經驗，她於 1855 年來到法國，在法國生活了三年。其間，她一方面系統介紹福祿培爾的思想，使法國人瞭解福祿培爾幼兒園；另一方面向法國政府申請將福祿培爾教育方法引入法國托兒所，獲得批准後，遂以「國際托兒所保姆培訓學校附屬托兒所」為試點，通過法國中央集權的教育領導體制，自上而下順利地把福祿培爾的教育方法引入法國。

福祿培爾幼兒園教育思想及實踐的傳入，推動了法國學前教育事業的發展，使法國的學前教育開始注重兒童的游戲和戶外活動。與此同時，法國的學前教育機構也開始向雙軌制方向發展。福祿培爾幼兒園的設施、質量都比托兒所好得多，當然相應的費用也高，因而貧窮的市民和工人階級家庭沒有能力把自己的孩子送進幼兒園。因此，普通民眾的兒童被送往專門接收勞動人民兒童的、數量較多的、簡陋的托兒所；上層社會的兒童則被送往極為少數、條件優越的幼兒園。這樣就形成了法國學前教育等級性明顯的雙軌制發展趨向。

1879—1898年,法國溫和共和派執政,其傾向自由主義和18世紀的啓蒙思想,反對教會特權,主張改革和發展教育。溫和共和派執政期間,費里(Ferry)三次擔任教育部長。1881年,法國頒布《費里法案》,確立了國民教育「免費」「義務」「世俗化」的三大原則。同年8月,政府頒布的教育法令中宣布,將托兒所等學前教育機構統一改稱為「母育學校」,並將其納入公共教育系統中,以實施「母性養護及早期教育」為宗旨。在1881年頒布的文件裡,還對母育學校做出了如下規定:母育學校是初等教育的設施,那裡的兒童將共同接受體、德、智全面發展的教育;進入母育學校的兒童為2～6歲,並且根據孩子的年齡發展階段分成男女兒童混合編製的班級。母育學校的保育內容包括:初步的道德教育,如向兒童灌輸對家庭、祖國和上帝盡義務的觀念;日常生活中的實用知識;唱歌、繪畫、書法、初步閱讀、語言練習、兒童故事、博物和地理的基礎概念等;工作業的訓練;按年齡階段進行的身體鍛煉。母育學校偏重智育,學習範圍較廣,注意讓兒童學習日常生活中的實用知識,根據兒童的身心發展水平進行教學,採取直觀教學法,注意兒童的游戲活動。

　　1881年頒布的《費里法案》及政令統一了各種學前教育機構的名稱,將母育學校納入公共教育系統;以道德教育取代宗教教育,以按年齡分班取代按性別分班。這些改變在法國近代學前教育史上具有重要意義,該政令的頒布意味著法國基本確立了近代學前教育制度,並對法國近代學前教育產生了深遠的影響。

　　1887年,法國教育部發出指令,規定在2,000人以上居民的市鎮設立母育學校一所,1,200人以下的居民區可在小學裡附設幼兒班;列舉出了母育學校應具備的設施和設備條件。這項指令的內容反應出母育學校的設立得到統一規劃,並在保留「主智主義」特點的同時採用了福祿培爾的玩具、教具和教育方法。

### 四、學前教育的進一步發展

#### (一) 凱果瑪的教育活動和教育思想

##### 1. 凱果瑪的教育活動

　　凱果瑪(Kergomard,1838—1925)曾在法國公共教育部工作多年,從事學前教育改革工作。法蘭西第三共和國(1870—1940)成立後,政府設置托幼機構改革方案起草委員會,此後又專門成立負責編製母育學校教學大綱的委員會,凱果瑪在這兩個委員會中擔任領導工作,具體領導了19世紀80年代法國學前教育機構的改革,促使政府將托兒所改造為母育學校並納入國民教育體系,編寫了母育學校的教學大綱。她的主要著作是《母育學校的教育》。

##### 2. 凱果瑪的教育思想

　　凱果瑪指出了學前教育機構教育的雙重目的:社會目的和教育目的。社會目的要解決母親不能照顧自己孩子的社會問題,教育目的是指學前教育機構要像一個聰明而誠摯的母親那樣施行教育。她把尊重幼兒個性和創造精神視為學前教育工作必須遵循的原則,強調母育學校和幼兒班的教學內容和方法都應適合幼兒的身心發展特點。她指出了游戲與活動的重要教育意義,認為幼兒體力和腦力活動具有發展雙手靈巧性和陶冶智慧、心靈的重要作用。她把生活看作一切教育體系的基礎,認為應使學前兒童瞭解外部世界,養成勤勞的品性,並反對向兒童進行宗教教育。凱果瑪的教育活動和教育主張對法國近現代學前教育的發展產生了積極影響。

### (二) 塞貢的弱智兒童教育方法

塞貢(Seguin, 1812—1880)是法國著名的精神病醫生、弱智兒童教育家。1837年,他在巴黎比賽德醫院開創了一所弱智兒童學校,為弱智兒童首創了一種現代教育方法。在其影響下,歐洲出現了許多類似學校。1848年,他應邀赴美國各地講演,還為智力遲鈍兒童建立學校、開辦診所,著有《白痴的精神治療、衛生及教育》(1846)和《白痴及其心理治療方法》(1866)。

塞貢教育方法的主要特點是著重感覺和運動神經的訓練。他主張,早期教育的主要任務是發展感覺和運動訓練;人體各個部分是統一整體,人的心理與生理機能是相聯繫的。兒童發展依次出現四個階段,各階段均有其特徵及相應任務:第一個階段發展器官的功能;第二個階段以軀體訓練為主,包括感知訓練和運動神經訓練;第三個階段是智力訓練,通過活動掌握知識;第四個階段是意志訓練和道德意識訓練。

## 第四課　美國的近代學前教育

美國是資本主義國家的後起之秀。1775年,北美獨立戰爭爆發;1776年,成立了獨立的美利堅合眾國;其後,經過1861—1865年的南北戰爭,美國廢除了南部的奴隸制度,成為近現代政治、經濟發達的國家。

19世紀以前,美國的學前教育是在家庭中進行的,父母重視兒童的精神及體能發展。19世紀的美國學前教育經歷了一個從無到有、由私立發展到公立、從局部擴展到全國的發展過程。19世紀上半葉,出現了學前公共教育,各類公立幼兒學校得到了普遍發展。19世紀中期,出現了福祿培爾幼兒園,這是美國幼兒園的初創時期。在19世紀70年代,幼兒園迅速發展,同時出現了慈善幼兒園運動和公立幼兒園運動。到20世紀初,美國的學前教育已由當初的以私立幼兒園為主轉變為以公立為主、慈善幼兒園和私立幼兒園多種形式並存的格局,形成了比較完整的學前教育體系。

### 一、幼兒學校的興衰與家庭學校的迴歸

在歐文的幼兒學校引入之前,美國流行的是裴斯泰洛齊的家庭式教育,強調運用直觀教具和家庭式愛的教育影響幼兒。1806年,裴斯泰洛齊的一個助手約瑟夫·倪夫(Joseph Neef)來到美國指導一所裴斯泰洛齊式學校。後來,陸續有一些裴斯泰洛齊式學校在美國開辦,但這種學校並非嚴格意義上的學前教育機構,後來很快被歐文的幼兒學校的影響所淹沒。

1. 幼兒學校的興衰

美國最早的學前教育機構是在歐文影響下建立的幼兒學校。1816年,英國空想社會主義者歐文創辦的幼兒學校及英國的幼兒學校運動對歐美各國都產生了重要影響。1818年幼兒學校傳入美國,歐文的幼兒學校主張也迅速在美國傳播開來。幼兒學校招收4~8歲的兒童,強調幼兒的健康保護和戶外活動。後來,由於教育當局不願承擔相應的經費,教育對象也只是少數上層家庭的兒童,學校僅靠收費或慈善團體有限的捐款來維持。尤其是1837年

爆發的經濟危機，更使幼兒學校在美國的發展舉步維艱。到19世紀中葉，美國的幼兒學校逐漸和初等學校合併為公立初等小學。從此，幼兒學校在美國各地逐漸衰微。

2. 家庭學校的迴歸

幼兒學校影響的高潮過後，19世紀30年代美國興起了「家庭學校運動」，這是裴斯泰洛齊家庭教育影響的迴歸。人們認為：幼兒學校環境惡劣不利於幼兒健康，教師素質不高，幼兒集中在一起不利於道德教育，幼兒學校奪去了父母和孩子相處的樂趣，幼兒學校不符合幼兒特徵，其類似小學的做法存在問題。「家庭學校運動」的主要形式是教育家或教育愛好者通過出版《家庭指南》影響家長。但這種教育分散在各個家庭中進行，其效率很難確定。當時多數父母也不能真正理解和遵循裴斯泰洛齊的教育方法。不久，「家庭學校運動」很快被福祿培爾式幼兒園所取代。

## 二、幼兒園的初創與發展

福祿培爾式幼兒園在19世紀50年代傳入美國並逐漸占據主導地位。這與當時的政治、經濟和教育等狀況是分不開的。南北戰爭以後，美國迅速由農業國發展成為先進的工業國。1894年，美國工業生產躍居世界首位，許多新的工業部門如電氣、化學、汽車等工業也發展起來，對勞動力技術水平的要求越來越高。經濟發展也為學前教育發展提供了條件。幼兒園的設立，尤其是後來公立幼兒園的發展，還有其政治原因。在整個19世紀，美國歷史發展有兩大特點：一是其領土奇跡般擴大；二是歐洲移民潮水般湧入美國。為同化各國移民，緩和社會矛盾，美國政府日益重視公共學前教育事業。在上述背景下，美國引進歐洲先進教育理論並與本國實際相結合以促進教育發展。福祿培爾教育理論也被引進美國，其尊重兒童、天性本善、自我活動和重視培養社會合作精神等思想受到美國人的重視。

1. 幼兒園在美國的初創

1854年，時任美國聯邦政府教育官員的貝利·巴拿多博士出席了在英國倫敦舉辦的一個教育博覽會。他在詳細地參觀福祿培爾幼兒園的展覽後深受啟發，回國後就在《美國教育雜誌》第二卷(1854)上發表了一篇介紹福祿培爾幼兒園的文章。這是美國歷史上最早的一篇關於幼兒園的文章，在美國產生了很大的影響。之後出現了一批福祿培爾式的幼兒園和一批決心獻身於幼兒教育事業的有志之士。巴拿多博士成為美國幼兒園運動的倡導者之一。

美國最早的幼兒園是德語幼兒園，由德國移民瑪格麗特·舒爾茨(Margaret Schurz, 1832—1876)於1855年在威斯康星州瓦特鎮創立，在舒爾茨夫人私人住宅中開設，以教授德語會話為主，教育對象是六個移居美國的德國移民子女。舒爾茨夫人是德國人，曾在德國受到福祿培爾的親自指導，後因參加1848年革命而遭受政治迫害被驅逐至美國。幼兒園採用福祿培爾的教育方法，指導孩子們進行游戲、唱歌和作業。她的做法對當時美國的學前教育產生了很大影響。繼舒爾茨夫人之後，1858年福祿培爾的另一個學生哥倫布在俄亥俄州又開設了美國的第二所德語幼兒園。這所私立幼兒園採用雙語教學，出現了向英語幼兒園過渡的傾向。到1870年為止，在美國由德國人開設的德語幼兒園已有十多所，這些幼兒園實施的都是福祿培爾式的教育。但這些幼兒園的開設僅限於局部地區，並且多是自發性的小規模學前教育機構，未能引起美國社會的足夠重視。

2. 幼兒園在美國的發展

美國第一所英語幼兒園是美國婦女伊麗莎白·皮博迪(Elizabeth Peabody, 1840—1894)

創立的，她使美國的學前教育得到了普及和發展。因此，她被美國人譽為美國幼兒園的真正奠基人。

皮博迪夫人是一位才華橫溢、能力出眾的具有傳奇色彩的人物。1859年，舒爾茨夫人訪問波士頓，與皮博迪夫人不期而遇。皮博迪夫人是美國幼兒教育的積極支持者，在與舒爾茨夫人的這次邂逅中，她得到了舒爾茨夫人在幼兒園教學方法方面的詳細指導，並進一步堅定了她從事幼兒教育事業的決心。皮博迪夫人在對福祿培爾的著作及思想進行了深入研究後，於1860年在自己的私人住宅裡開辦了美國歷史上第一所英語幼兒園。後來，皮博迪夫人又和妹妹一起進一步宣傳福祿培爾思想，她們發行刊物、演講並撰寫文章，並於1863年出版了《幼兒園指南》。該書著重分析了幼兒園與小學的區別，她強調應把幼兒園辦成兒童的樂園，讓兒童在其中自主地活動和游戲。

雖然皮博迪夫人的學前教育思想和她辦的幼兒園在美國享有盛譽，但她自己認為還沒有充分理解福祿培爾思想的精華，於是她於1867年關閉了自己的幼兒園，專程赴德國學習。在福祿培爾遺孀霍夫曼斯特夫人的直接指導下，皮博迪夫人系統地學習了福祿培爾的教育方法；她到當地幼兒園參觀實習，對幼兒園的許多問題進行了深入探討。這期間，她還到歐洲其他國家參觀幼兒園和師範學校，學習各國的辦學經驗。1868年，皮博迪夫人在德國學習15個月後回國，在波士頓的幼兒園中開辦了幼兒園教師培訓所，這是美國歷史上第一所幼兒教師培訓機構。該機構由皮博迪夫人從德國聘請的福祿培爾的門生瑪果夫人母女擔任第一任教師，為美國社會輸送了大批優秀的幼兒園教師。這些教師成為幼兒園教育普及運動的骨幹力量，為美國初期幼兒教育的發展做出了很大貢獻。皮博迪夫人為自己心愛的幼教事業貢獻了一生，成為美國幼兒教育事業的先驅和福祿培爾幼兒園運動的倡導人。

### 三、慈善幼兒園的興起與幼兒園協會的發展

1. 慈善幼兒園的興起

美國早期幼兒教育發展的另一種表現形式是教會和慈善團體主辦的慈善幼兒園。這類幼兒園招收貧窮家庭幼兒，它們雖屬於私立幼兒園，但大都免收學費。雖然教會幼兒園教育質量低下，但它們的建立卻推動了幼兒園事業在美國的發展，為公立幼兒園的發展奠定了基礎，後來的很多公立幼兒園就是從這些慈善幼兒園轉變而來的。

慈善幼兒園是在美國工業革命後貧富分化加劇，以及大量移民湧入城市，形成城市貧民群體的背景下出現的。貧民兒童體弱多病、無人照料，還有的流落街頭、沾染惡習、道德敗壞。針對這些社會問題，社會各界人士及團體出於不同的動機爭相興建慈善幼兒園。

1870年，在紐約出現了美國的第一所慈善幼兒園。在波士頓，由昆西·肖（Quincy Shaw）夫人資助，於1878—1889年開展了免費幼兒園運動。1879年，昆西·肖夫人親自創辦幼兒園師範學校。在其努力下，直到1883年，美國已經建立起包括30所免費幼兒園在內的幼兒園網。

美國教會出於人道主義精神，將學前教育作為教區內的一項事業，將幼兒園作為其進行宗教教育和傳教活動的場所，因此紛紛興辦幼兒園。教會幼兒園的主要目的是濟貧以及進行宗教教育。最早的教會幼兒園是由三位一體教會（Trinity Church）於1877年在俄亥俄州托雷多市建立的。1878年，紐約的安東紀念教會也設立了幼兒園。到1912年，全美已經擁有教會幼兒園108所。此後，教會幼兒園就開始走下坡路了。

### 2. 幼兒園協會的發展

隨著幼兒園數量的驟增和各種幼兒園運動的發展,幼兒園協會應運而生,它的出現又促進了美國幼兒園事業的發展。1870年,美國第一個幼兒園協會在密爾沃基成立。1897年,美國幼兒園協會總數已超過400個。這些幼兒園協會成立的共同目的有三個:第一,為年輕的母親提供解決有關幼兒教育的實際問題的指導和建議;第二,促進幼兒園的成立和幼兒園精神運動的發展;第三,在具體實踐中培養現代社會所需的博愛精神。這一時期,全美各地的幼兒園協會都把母親的教育提上日程,全國各地出現了母親教室,1897年組建了「全國母親聯合會」,給全國眾多的年輕母親以深刻的教育影響。1868年,在波士頓出現了美國第一所幼兒師範學校,隨後幼兒教師培訓機構在全國多數城市都設立了起來。

慈善幼兒園的興起推動了美國幼兒園的發展,在一定程度上為公立幼兒園的發展奠定了基礎,同時傳播了福祿培爾教育思想。慈善幼兒園還對美國的社會發展起了重要作用,使貧民兒童的身體健康和安全得到了保障,降低了犯罪率,使得社會治安有所好轉。

## 四、公立幼兒園的產生與發展

從19世紀30年代開始,以新英格蘭為中心,在美國掀起了一場規模宏大的,以發展初等教育為目標的公立學校運動。這場運動建立起一大批由政府開辦並提供經費的公立小學。這場公立學校運動也波及學前教育領域。19世紀70年代,公立幼兒園運動在美國的中西部地區開始興起,到19世紀90年代,公立幼兒園運動在美國各地都得到了蓬勃發展。

### 1. 公立幼兒園運動的興起與發展

美國第一所公立幼兒園是由哈里斯(Willian Harris)和布洛(Susan Blow)共同創建的。哈里斯曾任聖路易斯市(St. Louis)的督學。他認真研讀過福祿培爾的著作,意識到早期教育和福祿培爾方法的重要性。在皮博迪和布洛的支持下,哈里斯向聖路易斯市教育委員會提交了一份報告,要求把學前教育作為學校教育制度的組成部分,獲得批准。1873年,哈里斯和布洛在聖路易斯市的德斯皮爾斯學校創辦的第一所公立幼兒園(附設在該校內)正式建立,招收幼兒20名,布洛女士任第一任幼兒園教師。到1878年,該市已經有公立幼兒園53所;到1903年,則達到了125所。

聖路易斯市公立幼兒園實驗成功後,各州紛紛效仿。一些私立幼兒園和慈善幼兒園也逐漸被納入公立學校的教育系統中。到1901年,全美公立幼兒園達到2,996所(同期私立幼兒園為2,111所)。到1914年,幾乎所有美國大中城市都建立了公立幼兒園系統。這類幼兒園附設於地方初等學校,作為初等教育的第一階段。

### 2. 蘇珊・布洛的歷史貢獻

在美國幼兒園公立化運動過程中,布洛的貢獻不能被湮沒。作為聖路易斯市公立幼兒園的教師和監督人,她數十年如一日,努力貫徹福祿培爾的教育思想,在許多方面做出了貢獻。1886年,她曾因身體不適而中斷了一段時間的教育工作。但當身體恢復之後,她又積極舉辦幼兒教育講座、著書立說或進行實踐指導,促使美國的幼兒園運動進入了一個全盛時期。因此,布洛被譽為美國公立學校的「幼兒園之母」。

### 3. 公立幼兒園運動的歷史地位

發生在19世紀末期的公立幼兒園運動,是美國學前教育發展史上具有里程碑意義的事

件。公立幼兒園運動之後,美國學前教育進入了新的發展時期。首先,幼兒園不再是單純的民間慈善護理機構,而是發展為公立學校系統的組成部分。其次,該運動推動了幼兒園在美國的普及。再次,該運動在一定程度上改變了幼兒園和小學脫節的狀況。一些幼兒園開設了與小學相銜接的統一課程,在一些小學也把幼兒園的某些教育方法如游戲等應用到低年級,一些教師培訓機構和大學還嘗試對幼兒園教師和小學教師統一進行培訓。最後,該運動對福祿培爾教育理論進行了理性分析和評價,促進了幼兒園的美國化,為後來的進步主義幼兒園運動的發展奠定了基礎。

# 第五課　俄國的近代學前教育

與西歐各國相比,俄國的經濟和文化都比較落後。在「十月革命」之前,俄國的學前教育還處於萌芽或起步狀態。在俄國農奴制被廢除之前,幼兒教育的設施主要有兩種:一是沙皇政府為解決棄嬰和孤兒的收容問題而創辦的教養院,另一種是社會慈善團體為外出謀生的母親的幼兒設立的收容所和孤兒院。19世紀下半期,由於強大的社會改革運動的推動以及福祿培爾幼兒園運動的影響,俄國學前教育有了明顯的發展。20世紀初至「十月革命」之前,沙俄政府依然不重視學前教育,但在大工業中心地區出現了一些社會團體,在宣傳公共學前教育思想和訓練學前教育教師等方面發揮了積極作用。

## 一、莫斯科教養院與葛岑教養院

### (一) 莫斯科教養院

#### 1. 莫斯科教養院的開辦

18世紀下半葉,俄國封建農奴制度開始解體,城市工商業有所增長,市民階層對教育提出了一定要求;法國資產階級啓蒙運動也影響到俄國。俄國女皇葉卡捷琳娜二世執政期間(1762—1796),在教育上實行了一些開明政策,邀請法國教育家來俄國幫助擬定俄國國民教育組織草案,任用進步教育家伊·別茨考伊(1704—1795)來從事教育改革活動。別茨考伊曾旅居法國多年,對醫院和慈善機構的事務較熟悉,也曾撰寫過兒童教育方面的著作。1763年,他向女皇葉卡捷琳娜二世上呈奏折,要求在莫斯科開辦教養院,收容棄嬰和孤兒;同時他還要求為貧民開辦一所產科醫院,附設於教養院內。別茨考伊的請求獲得了女皇的批准,他被委託負責此事。1763年,俄國的第一所教養院和產科醫院在莫斯科成立,別茨考伊任教養院院長;1770年,在彼得堡開設了一所分院,後來這所分院成為獨立的彼得堡教養院。此後,教養院在各省市都開辦起來。

#### 2. 莫斯科教養院的教學內容和教學方法

別茨考伊負責的教養院主要依靠募集的慈善經費維持,收容2~14歲的棄嬰和孤兒,分成三個年齡階段來實施教育:2~7歲的兒童主要參加適齡的游戲和勞動;7~11歲的兒童主要是學習識字和計算,男孩子還要學習園藝和其他手藝,女孩子要學習編織、紡織和刺繡;11~14歲的青少年主要是學習算術、地理、教義問答和圖畫等,男孩子還要學菜園、花園裡的工作,女孩子要學習烹飪、縫紉、家政管理等技能。

別茨考伊的教養院不只是單純的慈善機構，還非常重視對兒童的教育工作，因為他希望通過教育改善社會。為此，別茨考伊很重視教養院的道德教育，特別注重給兒童灌輸「敬畏上帝」的思想，還注意培養他們熱愛勞動、勤儉、整潔的良好習慣，力圖把他們培養成為有禮貌的、富有同情心的新人。在知識教育方面，別茨考伊指出，學習過程對兒童來說應當是愉快的，不能強迫兒童學習知識，而應根據兒童的愛好進行。他還主張在學習活動中絕對禁止體罰。別茨考伊很重視兒童的體育鍛煉，他主張讓兒童多呼吸新鮮空氣，多參加「無害的」娛樂和游戲，以保持心情的愉悅。別茨考伊的這些教育主張不僅在他創辦的教養院中得到了實施，還收錄在《從出生到少年期的兒童教育論文選集》中，從而推動了俄國兒童教育事業的發展。

### （二）葛岑教養院

1. 葛岑教養院的開辦

為降低兒童的死亡率，改善兒童的生活環境，1802 年，彼得堡教養院在彼得堡近郊葛岑村開設了葛岑教養院。從 1808 年開始，葛岑教養院將 7 歲以下的兒童交給保護人寄養。鑒於這些孩子的教育無法保證，1832 年，俄國進步教育家奧波多夫斯基、古里耶夫和古格里等人向教養院領導人提出建議，即在教養院內附設幼兒學校。凡是留在保護人家中的 7 歲以下的兒童，白天都應該到幼兒學校來上學。由於教養院主持未採納此建議，古格里和古里耶夫便自籌資金，在葛岑教養院內設立了一所很小的實驗幼兒學校，招收了 10 名在葛岑村居民家中寄養的兒童。

2. 葛岑教養院的教學內容

實驗幼兒學校建立後，為使各項管理更為規範，古格里又在原幼兒學校工作經驗的基礎上制訂了新的葛岑村教養院組織的計劃。自 1873 年起建立了如下制度：兒童 4 歲前交給保護人養育；4～8 歲的兒童住在宿舍內，每間房子住 5～6 人，男女兒童分住；兒童日間就學於教養院內為他們建立的幼兒學校，學校分為兩班，4～6 歲的兒童在小班，6～8 歲的兒童在大班；兒童滿 8 歲即可升入葛岑村與彼得堡教養院。古格里分別為小班和大班規定了不同的教學任務：小班內沒有嚴格的作業和上課時間表，主要任務是發展幼兒的感受性與觀察力，使之獲得初步的道德概念，培養良好的行為習慣；大班則按照課表進行學習，主要任務是直觀地研究外部世界的物體、智力練習、掌握朗讀、計算和書寫方面的熟練技巧。

### （三）收容所與孤兒院

19 世紀上半期，俄國農奴制危機日益加重，農民及城市勞動者的苦難有增無減。俄國一些進步知識分子試圖組織社會力量來幫助貧苦人民。他們組成各種慈善團體，以幫助農民、乞丐和孤兒。1837 年，彼得堡一所名為「勞動婦女救濟院」的慈善機構開辦了一個收容所，為在外謀生的母親照管孩子，並教授兒童神學、閱讀、書寫、計算、唱歌、體操和手工等。因不久便人滿為患，該機構在 1838 年於彼得堡郊區開設了 4 個分所。

此後，在首都和其他城市中也出現了名為「孤兒院」的類似機構。孤兒院事業最初的領導者是 19 世紀上半期的一些進步教育家。其中，奧多耶夫斯基是孤兒院事業最初領導者中的著名代表。他為兒童編寫了許多有趣並富有教育意義的讀物，如《伊里涅爺爺的童話》等。此外，他還撰寫了一些總結初等教育經驗的作品。

## 二、幼兒園運動

### （一）福祿培爾幼兒園運動在俄國的發展

在福祿培爾幼兒園運動的影響下，1860年，一批福祿培爾教育思想的追隨者在彼得堡、莫斯科等大城市建立了俄國第一批幼兒園。早期的幼兒園為收費幼兒園，主要招收中上階層子女。免費的平民幼兒園到19世紀末才出現。1869年，在彼得堡發行了俄國最早的學前教育月刊《幼兒園》。這份雜誌的發行對於促進學前教育學成為俄國教育學中的獨立分支產生了積極的作用，也成為俄國學前教育史上的一件大事。1870年，在彼得堡、基輔等地成立了「福祿培爾協會」，隨即便展開了普及福祿培爾學前教育理論和幼兒園的運動。1871年，彼得堡福祿培爾協會創立了福祿培爾學院，各地紛紛建立類似機構。在「十月革命」之前，這些福祿培爾學院是唯一培養有資格的學前教育人員的機構，為俄國學前教育培養了一批合格的幼兒教師，推動了俄國學前教育的發展。

### （二）近代學前教育活動家的湧現

19世紀後半期，俄國湧現出一批學前教育活動家，如阿・斯・西孟諾維赤（1840—1933）、耶・恩・沃多沃索娃（1844—1923）和耶・伊・康納笛（1839—1898）等人。他們受到19世紀60年代的社會教育運動的鼓舞，並在福祿培爾和烏申斯基的影響下研究幼兒園教育，促進學前教育學從普通教育學中分立出來。在烏申斯基的影響下，他們強調「民族性原則」是幼兒教育的最重要的原則，主張俄國人民必須有自己的學前教育制度，重視祖國語言在學前兒童教育中的特殊意義，倡導採用反應鄉土自然生活及俄國民眾日常生活勞動的游戲和作業，並用俄國的民間歌曲和童謠伴隨進行。

## 三、俄國學前教育的發展

### 1. 慈善教育機構的大量出現

19世紀後半期特別是19世紀90年代，俄國資本主義發展迅速，大工業急劇增長。參與勞動的婦女日益增多，她們無法照料和教育自己的子女。與此同時，工人生活貧困，衛生條件惡劣，兒童缺乏適宜的營養和照顧，嬰幼兒的保育及死亡問題嚴重，這引起了整個社會的關注。在這種情況下，俄國政府繼續興辦孤兒院；1891年開始設立農村孤兒院。據統計，到1901年，全俄已建立起80所這種孤兒院。各教區在19世紀後半葉也開始設立孤兒院，至19世紀末，在莫斯科和彼得堡共設立了50餘所教區孤兒院。

### 2. 社會團體對學前教育發展的推動

20世紀初至「十月革命」前，沙皇政府仍然未將學前教育納入國民教育系統，政府撥給學前教育的經費微不足道。由於政府不重視，俄國的學前教育明顯地落後於同時期的西歐。但是，在大工業中心地區曾出現一些社會團體，大張旗鼓地宣傳公共學前教育思想，並努力把教育科學的要求貫徹到家庭教育中去。若干社團還開設了為數不多的學前教育機構並進行訓練幼兒教師的工作。1908年，以培養高級幼兒教師為目的，在基輔福祿培爾協會的領導下，俄國又開辦了三年制的學前教育專科學校，設置了教育學、心理學課程，並配有實驗室，還有供教育實習的幼兒園。它是當時俄國規模最大的一所學前教育師範學校。

### 四、烏申斯基的兒童教育思想

烏申斯基(1824—1870)是19世紀60年代俄國著名的民主主義教育家,俄國國民學校和教育科學的奠基人,也是俄國師範教育制度的創始人。他一生追求真理,熱愛人民,從事過較長時期的教育活動,有很多教育著作,對以後的俄國乃至蘇聯教育有很大影響,被稱為「俄國教師的教師」。烏申斯基一生大部分時間從事教育事業,曾任孤兒院俄語教師並擔任總學監;後來又擔任一所貴族女子學校的總學監,兼任《教育部公報》的編輯。其間,他對教育問題進行了深入研究,逐漸形成了自己的教育思想,並對貴族女子學校進行了大刀闊斧的改革。豐富的教育教學實踐經驗,又為其獨特的教育理論體系的形成奠定了基礎。烏申斯基的教育代表作是《人是教育的對象》(1862—1867)。此外,他還為「俄國」小學編寫了俄語教材《兒童世界》(1861)和《祖國語言》(1864)。

1. 烏申斯基論兒童教育

烏申斯基運用當時的科學成就充分論證了教育學的心理學和生理學的基礎,提出了以自然現象和精神現象的科學規律為依據的教育和教學方面的建議。他依據當時關於反射的心理學理論,重視兒童良好習慣的培養,並認為兒童的心理特點是缺乏耐心,因此,「在人身上培養合理的耐心是最複雜的和最重要的教育任務之一」。

烏申斯基重視兒童的自由活動和獨立生活在其性格形成中的作用。他分析了影響兒童性格形成的兩個因素,即天性與生活條件,反對把兒童整天關在學校裡,提倡給兒童的心靈和意志的獨立發展留有合理的天地。他不讚成對兒童採取放任自流的態度。他認為,培養兒童個性的主要因素是祖國語言和勞動,它們是構成人的生活的真正「大氣層」。

關於教育兒童的方法,烏申斯基認為,兒童年齡越小就越需要在教育過程中考慮其年齡特徵,教師只有保持「嶄新的驚奇感」才能和孩子接近並取得教育效果。他批評教師慣於恐嚇孩子的做法,認為恐懼是種種缺陷的根源,勇敢才是人類心靈最偉大的品質之一,應培養和保護兒童可貴的勇敢情感,並使兒童通過克服恐懼的經驗把無理智的勇敢改造成理智的剛毅。烏申斯基反對福祿培爾教育體系中過分規定兒童活動細則的做法,主張對7歲前的兒童教育採取邊學習邊遊戲的方法,而在此年齡之後就必須對教學採取嚴肅的態度。

2. 烏申斯基對俄國學前教育的影響

烏申斯基的教育思想對19世紀後半期俄國學前教育理論的發展產生了重要的影響。

首先,他從民族性原則出發,要求建立俄國自己的教育制度,當然也包括學前教育制度,並提倡男女兒童應享有平等的教育。

其次,烏申斯基重視兒童對祖國語言的掌握。他高度評價了兒童學習民族語言的作用,主張從幼兒期就應學習民族語言。他指出,本族語言不僅能使兒童獲取大量的知識,還有助於兒童的智力及精神世界的發展。因此,兒童掌握本族語言時,不僅要掌握詞、詞的組合和變化,還要掌握其中的觀點,掌握語言中蘊含的民族精神、民族思想及民族情感,這有利於培養兒童的愛國主義精神及民族自豪感和責任感。

再次,他重視兒童的各種心理現象對教學的影響。烏申斯基分析了兒童的注意力容易分散、意志力薄弱、情感不穩定、性格不完善等特點,要求教師在教育過程中加以精心地培養。

最後,在教學方法上,他反對說教、限制、恐嚇的做法,主張根據兒童的年齡特徵,如愛

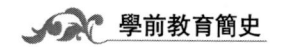

好、興趣、情緒和思維等特點，採取邊學習邊游戲的方法。

## 第六課　日本的近代學前教育

　　日本是資本主義國家中後來居上的佼佼者，是一個在長期封閉後實行開放而迅速發展和富強的資本主義國家。明治維新之前，日本還沒有出現社會學前教育機構和設施。雖然德川幕府時代的佐藤信淵在其著作《垂統秘錄》中曾提倡為4～7歲的兒童開闢游戲場，使之變成「小兒遊樂之堂」，但僅限於設想，未能實現。1868年，一批年輕的下層武士和一批研究「異端邪說」的學者們聯合起來發動了明治維新，進行了具有資產階級改良性質的改革。新生的明治政府推行「富國強兵」「殖產興業」和「文化開化」三大方針，在政治、經濟、文化、軍事等領域進行全面改革。同時日本也進行各種教育改革試驗，吸收歐美資本主義國家先進的教育思想和教育制度，從而開始了日本社會近代化以及教育近代化的進程。日本的學前教育也肇始於此。日本的學前教育較多地受到福祿培爾幼兒園教育理論和美國幼兒園運動的影響。到19世紀末，日本的學前教育已經粗具規模，並逐步趨向普及。

### 一、日本學前教育機構的產生與發展

#### （一）《學制令》中有關學前教育機構的規定

　　近代日本政府一直把發展教育（含學前教育）作為促進資本主義政治、經濟發展的重要途徑。1871年，日本設立文部省，主管全國的文化教育事業。1872年，文部省頒布日本近代第一個教育法令——《學制令》，具體規定了日本教育的領導體制和學校制度，標誌著日本教育進入了一個新的歷史時期。《學制令》第22章對日本學前教育機構的設立做了明確規定，要求開設幼稚學校，招收6歲以下的男女兒童，實施入小學前的教育。雖然這項規定並未真正實施，但畢竟是日本近代有關學前教育機構設立方面最早的一個規定。

#### （二）國立幼兒園的創辦

　　1874年，文部省決定成立以培養學前教育師資為目的的東京女子師範學校，這是日本第一所培養幼兒教師的機構。1876年，按文部省次官田中不二麻呂的提議，在東京女子師範學校附設幼兒園，這是日本學前教育史上的第一所公共學前教育機構，在日本教育史上佔有重要地位。東京女子師範學校附屬幼兒園是以美國幼兒園為樣板設立的，首批招收幼兒75人，大多是富貴官家子女，設行政監事（相當於園長）1人，首席保姆1人，保姆2人，助手2人。

　　1877年，該園制定幼兒園規則。其主要內容有：①幼兒園的目的是發掘學齡前兒童的天賦知覺，啟迪其固有心智，滋補其健全的體魄，使其通曉交際情誼，具備良好的言談舉止；②入園年齡為3～6歲，特殊情況接受2歲以上或超過6歲的幼兒；③6月1日—9月15日，上午8時入園，保育4小時；9月16日—翌年5月31日，上午9時入園，保育5小時；④保育科目有物品科、美麗科、知識科，其中包括五色球等25個小項目，大部分是按照福祿培爾的「恩物」游戲來設計的。這一規則被後來的日本各地幼兒園所效仿，對全國幼兒園的興辦起了示範和推動的作用，但它並不是為廣大民眾子女所設立的幼兒園。這種只為少數特權階級的

子女服務的教育機構,在當時日本經濟尚不發達、生產力水平還較低的情況下,自然是難以普及的。到1882年,全日本僅有類似學前教育機構7所。

(三) 簡易幼兒園的產生與普及

1882年,為了扭轉幼兒園發展緩慢的局面、增加幼兒園數量,也為了使一般貧民子女能接受學前教育,文部省在《關於幼兒園制補充規定》裡明確規定,文部省所屬的幼兒園,辦園的一切費用完全由政府承擔,各地方幼兒園也是這樣。同時文部省指出,幼兒園的規模不宜過大,辦園的方式可以任意選擇,並提倡設置簡易幼兒園,認為這樣就可以大量收容那些貧民勞動者的子女,或者說是招收沒有時間、精力照顧和養育孩子的那些人的子女。

文部省還規定,簡易幼兒園在設施、編製上要從簡。這一政策的實施,加速了幼兒園的普及,促進了日本學前教育的發展。1883年,幼兒園增加到13所;1885年增加到30所。1892年,東京女子師範學校附屬幼兒園建立了一個分園,以社會低收入階層的子女為招收對象,並延長了保育時間。該園被視為日本第一所為貧窮階層設立的公共保育機構。

這一時期,基督教會也為日本的學前教育做出了貢獻。1886年,金澤市開設了一所以基督教為信條的私立幼兒園,十年後全國基督系統的幼兒園發展到11所,並成立了一所保姆培訓所。

簡易幼兒園主要是為貧民子女所辦的幼兒園,這種幼兒園收費低廉,入園可免費或只交少量入園費。而且它只需在小學校內附設,辦園從簡,其優越性逐漸被人們所認識,加上幼兒教育的必要性日益受到重視,幼兒園開始得到普及。

(四) 托兒所的產生與發展

1. 私立托兒所的產生與發展

托兒所的產生與當時日本國內政局不穩、工人階級隊伍的日益壯大和覺醒有密切關係。中日甲午戰爭及日俄戰爭之後,廣大農民被迫背井離鄉,大批流入城市,形成了處於日本社會最底層的無產階級。以這些勞苦大眾的孩子為招收對象的托兒所,旨在為不幸兒童提供良好的環境,施以教育,以緩解社會矛盾。1893年,民間人士赤澤鐘美夫婦於新潟市創辦了日本近代第一個常設托兒所——新潟精修學校幼兒保育會。它是一所由私人出於慈善動機而開辦的私立機構,專門招收平民子女,主要起看管孩子的作用。內務省對這類托兒所的發展表示關注。

1900年,東京市成立了二葉幼兒園,1915年改稱「二葉保育園」,正式成為專門為低收入的貧苦家庭子女服務的社會保育機構,這對後來的托兒所產生了重要影響。最初托兒所是維持嬰幼兒最低生存條件的一種社會保護機構,招收0歲至學齡前的嬰幼兒,收費低廉,每天的保育時間為11～12小時,其目的是保護母親和兒童。

2. 公立托兒所的出現

第一次世界大戰以後,日本出現了公立托兒所,如1919年在大阪市成立的公立營鶴町第一托兒所。1920年,內務部設置了社會局,將托兒所這一機構作為兒童保護工作之一,列為其行政工作的一個部分。在各府縣、市、鎮、村也以救濟科、救護科等名稱成立了部局,把托幼事業作為社會事業來掌管。此後,日本學前教育事業走上了一個新的軌道,到20世紀初,形成了以幼兒園與托兒所為代表的雙軌制學前社會教育機構,這一體制一直延續到今天。

## 二、日本學前教育思想的發展

### 1. 福祿培爾教育思想的傳入

從幕府末年開始直到整個明治時期，隨著歐美思潮的不斷湧入，近代西方學前教育思想也影響到日本。其中對日本學前教育影響最大的是福祿培爾的學前教育思想。福祿培爾教育理論在日本受到高度評價，甚至被譽為「在保育學科中佔有最高地位」。除了哈烏等外來學者，許多日本人也發表譯著或著述介紹福祿培爾的學前教育思想。1876 年，日本《新聞雜報》上刊登了時任東京師範學校協理的中村正直編譯的《福祿培爾幼兒園理論摘要》，產生了良好的影響。除中村正直以外，這一時期推崇並積極宣傳福祿培爾思想的，還有東京女子師範學校附屬幼兒園的監事關信三。他曾留學英國，回國後從事女子教育和學前教育。1876 年，他發表譯著《幼兒園記》。這本書被認為是日本有關幼兒園教育的第一本重要著作。1879 年，關信三編寫了《幼兒園二十例游戲》，將福祿培爾的 20 種「恩物」予以圖解說明，並建議幼兒園每天花 3~4 小時將這 20 種游戲逐一教給兒童。兒童倦怠時，交替進行唱歌、表演、體操等活動，以免減弱兒童對游戲的興趣。日本學前教育界對福祿培爾恩物高度評價，在實踐中遂對恩物進行照搬並作為教學的重點。

### 2. 學前教育思想的轉變

從明治中期起，日本幼兒園的保育科目大大減少了恩物的比重，而增強了注重思想灌輸的科目，出現這種情況主要有兩方面原因：一方面，這是日本根據本國國情有選擇地取捨外國教育內容的必然結果；另一方面，這是保守教育思想復活的表現。1879 年，保守派以明治天皇的名義制定《教育大旨》，提出要加強傳統道德教育。1882 年，日本頒發《幼學綱要》，指出儒家五倫道德乃教育之根本。革新派開始堅決抵制，最後向保守派妥協。1881 年，東京女子師範附屬幼兒園修改了保育科目，開設「修身」一科，把保育科目引向了德育主義方向。

隨著恩物地位的降低，唱歌和游戲在幼兒保育科目中逐漸占據主要位置，而且在唱歌和游戲中道德灌輸的成分日益增多。1899 年，幼兒園規程乾脆將「涵養德行」的任務歸於「唱歌」一類。1887 年，文部省音樂科編輯出版了《幼兒園歌曲集》，極力宣揚忠君報國的思想，其目的是培養「順臣良民」。這是明治維新不徹底性在學前教育方面的表現。

## 三、日本學前教育制度的初步建立

### 1.《幼兒園保育及設備規程》的頒布

1879 年，日本頒布《教育令》，明確指出幼兒園屬於文部省行政事業統管，是國家教育體系的一部分。1899 年，在社會各界的呼籲下，文部省頒布了《幼兒園保育及設備規程》(以下簡稱《規程》)，詳細規定了開辦幼兒園的目的、設施、設備和保育內容、保育時間等，是日本首次由政府頒布的有關幼兒園的正式法令。該規程的頒布，標誌著日本近代學前教育進入了一個新的歷史時期。

《規程》共有 7 條，內容包括：①幼兒園是為年滿 3 歲至學齡前兒童開設的保育場所。②保育時間(包括吃飯時間)，每日為 5 小時以內。③1 名保姆可保育 40 名以內兒童。④1 所幼兒園可招收 100 名兒童，個別情況可招收 150 名兒童。⑤對幼兒進行教育，是為了使其身心得到健全地發展，養成良好習慣，以及輔助家庭教育；保育方法應以堅持適應幼兒

身心發展、教授其難易程度相當的事物為本職業的根本;要時常注意糾正幼兒的德行儀表;因為幼兒模仿能力極強,所以平素應使他們多接觸嘉言善行。⑥幼兒的保育項目包括游戲、唱歌、會話及手工作業。⑦幼兒園所需設備的規定,如園舍應為平房,保育室需人均 3.3 平方米以上,室內應備有恩物、繪畫、玩具、樂器、黑板、桌椅、鐘表、溫度計、取暖設備等。

《規程》的制定具有一定的合理性和可操作性,是日本近代學前教育走向制度化的重要開端,在日本教育史上具有重要意義。它不僅成為 19 世紀末 20 世紀初日本幼兒園設置和編製課程的標準,還成為日本幼兒園新章程的基本依據。此後,《規程》雖經多次修訂,長期以來基本上保持了第一個幼兒園規定的本來面貌,但直至 1947 年制定的《學校教育法》對幼兒園做了新的規定。

2.《幼兒園令》的頒布

文部省只在《小學校令》中附帶提及幼兒園的做法令幼兒園工作者很不滿意。1923 年,《盲啞學校令》的制定,使得盲啞學校從《小學校令》中獨立出來,這給幼兒園工作者很大刺激。他們更加團結一致地為制定幼兒園單獨法令而努力。1926 年,文部省頒布了《幼兒園令》及其實施規則。這是日本第一個關於幼兒園的單獨法令。該法令規定,幼兒園是為父母都從事生產勞動而無暇進行家庭教育的 3 歲以上的幼兒設立的,特殊情況下,不滿 3 歲的幼兒也可以入園;應設立園長,以及任園長和保姆的資格等。在具體內容上,《幼兒園令》則與此前頒布的《規程》相差無幾。《幼兒園令》的特點在於:第一,將幼兒園招收對象界定為勞動者子女,而不是富裕家庭子女;第二,招收 3 歲以下幼兒,使托兒所和幼兒園歸於統一。《幼兒園令》的頒布是日本學前教育史上的一件大事,是日本學前教育逐漸趨向制度化的一個重要標志。

### 思考與練習

1. 簡述德國福祿培爾幼兒園的產生與發展過程。
2. 簡述歐文幼兒學校的教學內容和教學方法。
3. 英國幼兒學校的相關政策有哪些?
4. 簡述法國奧柏林的編織學校的教學目的和教學內容。
5. 簡述法國近代學前教育制度的確立和發展過程。
6. 簡述美國慈善幼兒園的興起過程。
7. 簡述美國公立幼兒園運動的歷史地位。
8. 簡述俄國福祿培爾幼兒園運動的發展過程。
9. 簡述烏申斯基的兒童教育思想。
10. 日本《幼兒園保育及設備規程》的內容有哪些?

# 單元 10　外國近代學前教育思想

### 學習目標

- 瞭解誇美紐斯、洛克、盧梭、裴斯泰洛齊、福祿培爾、歐文學前教育思想的內容；
- 能夠對誇美紐斯、洛克、盧梭、裴斯泰洛齊、福祿培爾、歐文學前教育思想做出正確評價。

　　本章介紹了近代西方著名教育家誇美紐斯、洛克、盧梭、裴斯泰洛齊、福祿培爾和歐文的學前教育思想和理論。誇美紐斯在民主主義教育實踐活動中對世界學前教育的發展做出了重要貢獻，洛克在《教育漫話》中構建了一個完整的紳士教育體系，盧梭在《愛彌兒》中闡述了自然教育的基本思想，裴斯泰洛齊在斯坦茲孤兒院實踐了其愛的教育、要素教育、教育心理化等重要教育思想和原則，福祿培爾通過創制「恩物」等活動玩具系統研究了幼兒園教育理論，歐文發展了人的性格形成學說，並通過創辦歐文學校實踐其學前教育理論。

## 第一課　誇美紐斯的學前教育思想

### 一、誇美紐斯生平

　　揚・阿姆斯・誇美紐斯（1592—1670）（見圖 10-1）是 17 世紀捷克著名的教育家。他一生致力於民族獨立、消除宗教壓迫以及教育改革事業，曾先後擔任捷克兄弟會牧師及兄弟會學校校長。

　　誇美紐斯生活的時代正值西歐從中世紀向近代社會的轉型時期。在文化、思想領域，人權與神權、理性與信仰、現實與來世、科學與迷信、民主與專制之間發生了激烈碰撞。誇美紐斯具有強烈的民主主義、愛國主義、人文主義及唯物主義感覺論思想。他肩負歷史重任，力圖打破舊傳統的閘門，讓適應新時代的新教育思潮洶湧奔流。但他並未能完全擺脫宗教神學的束縛，常常採用舊瓶裝新酒的形式發表其教育觀點。

圖 10-1　誇美紐斯

誇美紐斯的各類著作共有 265 種。《大教學論》是西方教育史上第一部體系完整的教育學著作，它全面論述了人的價值、教育的目的及作用、舊教育的弊病、改革教育的必要性和可能性、學制、教學法、體育、德育、宗教教育、學校管理等。《母育學校》是歷史上第一本學前教育學專著，詳細論述了學前教育的重要性、胎教以及學前教育的內容。此書雖然論述的是家庭條件下的學前教育問題，但給幼兒園的創立者福祿培爾以重要啓迪，並構成其學前教育理論的中心思想。《泛智學校》是誇美紐斯以泛智論為指導，為其在匈牙利建立的實驗學校所擬訂的實施計劃。誇美紐斯的泛智論是探索將一切有用的實際知識教給一切人的理論。這一理論適應了弘揚理性、尊重知識的時代潮流，表達了重視普及教育、普及知識的民主精神。這一計劃部分地被付諸實施，其中許多觀點和措施成了近代教育理論的重要組成部分。

在中外教育史上，誇美紐斯在教育理論研究和實踐工作方面是一位集大成者，在幼兒教育方面同樣貢獻卓著，影響深遠。

## 二、誇美紐斯的學前教育思想概述

### （一）論教育的目的和作用

誇美紐斯認為教育應是成年以前的事情，「學習從嬰兒期開始，一直繼續到成年；這 24 年的光陰……對於人生的責任有所準備」。也就是說，教育應是 24 歲以下的青少年對於人生所做的準備。

1. 教育的目的

誇美紐斯從宗教世界觀出發，認為「今生只是永生的預備」「人的終極目標在今生之外」「人的終極目標是與上帝共享永恆的幸福」。既然今生只是永生的預備，而成年以前要為人生做準備，因此教育的目的就是使人為永生做好準備。那麼，人究竟該為永生做怎樣的預備呢？誇美紐斯認為「永生的預備有三個階段：知道自己（並知萬物），管束自己，使自己皈依上帝」，也就是說，人必須熟悉萬事萬物，成為萬物的主宰，使萬物為我所用，擁有良好的德行並篤信上帝，三者共同構成永生的基礎。即為了永生，今生必須培養「博學、德行或恰當的道德、宗教或虔信」。

由此我們可以看出，誇美紐斯的教育目的具有明顯的兩重性：一方面，教育的最高目的是使人為永生做好準備；另一方面，教育滲透著世俗化的色彩，認為應通過教育，使人享受現世生活。

2. 教育的作用

受古羅馬教育家昆體良和人文主義學者伊拉斯謨等人的影響，誇美紐斯高度評價了教育在社會生活和人的發展中的重要作用。

1）對社會生活的作用

誇美紐斯高度評價了教育對於社會生活的作用，認為「教會與國家的改良在於青年得到合適的指導」，他希望通過教育改變社會道德普遍墮落的現象，從而得到光明與和平。他堅信受過良好教育的民族將善於利用自然力和地下寶藏，掃除愚昧和貧困，把土地耕種得像在天堂裡那樣好，從而使人們過上富足、幸福的生活。總之，誇美紐斯把教育當作改良社會的一種重要手段，並為之奮鬥、奉獻了一生。

2）對個人發展的作用

誇美紐斯高度評價了教育在人的發展中的作用。在他看來,「知識、德行與虔信的種子是天生在我們身上的;但是實際的知識、德行與虔信卻沒有這樣給我們。這是應該從祈禱、從教育、從行動去取得的。實際上,只有受過恰當教育之後,人才能成為一個人」。他從唯物主義感覺論的角度出發,把人的心靈「比作一張白紙」或「一塊蠟」,因此「什麼都沒有寫,但是什麼都能寫上」,而且可以不斷地書寫。他還把人的心靈比作園地裡的泥土,可以栽種各種花木。因此只要教師像高明的畫家和辛勤的園丁那樣肯努力又講究工作藝術,那麼人的知識和智慧可以得到無限的發展。

　　誇美紐斯同意昆體良的觀點,認為人人都可以接受教育,「世上找不出一個人的智性孱弱到了不能用教化去改進的地步」。他滿懷信心地說:「我們差不多找不到一塊模糊的鏡子模糊到了完全反應不出任何影像的田地,我們也差不多找不出一塊粗糙的板子粗糙到了完全不能刻上什麼東西的地步。」而且就算如此,鏡子還可以擦乾淨,木板也可以先刨平。同樣,只要教師肯下力氣,人都是可以教育好的。他告誡教師,不要對兒童的發展失去信心,更不要輕易武斷地給兒童下一個難以教育的結論而放棄自己應有的努力。在《大教學論》中,誇美紐斯借助狼孩的例子來說明,人不論先天素質如何、聰明與否,後天的良好發展都要依靠環境與教育。他還進一步論述了不論後天的社會地位如何,要過理性的生活就離不開教育;凡是生而為人,為一個真正的人,都有受教育的必要。

### (二)兒童觀及學前教育的意義

　　在西歐中世紀,基督教以悲觀消極的態度看待人生,兒童被看作與生俱有原罪的生靈,他們只能歷盡苦難生活的磨難,不斷地贖罪,才能得到上帝的原諒及拯救。在這種觀點的支配下,兒童缺乏快樂的童年,其個性受到壓抑,身體遭受摧殘。文藝復興以後,人文主義者努力改變這一傳統觀念。在《母育學校》中,誇美紐斯指出,兒童是無價之寶,是「上帝的種子」,在上帝的眼中他們具有不能估計的價值,他們是清白無罪的。「不僅如此,上帝還警告那些要欺侮兒童的人,哪怕是最小限度,命令這種人尊敬他們像尊敬他一樣,並且用嚴厲的懲罰譴責任何人對兒童中最小的一個冒犯」。在他看來,兒童比金銀、珍寶還要珍貴。兒童「是上帝生氣勃勃的形象」「是上帝指定給父母的獨特財產」,永遠在上帝的保護之下。他還把兒童比作一面鏡子,「人們可以從中註視謙虛、有禮、親切、和諧及其他基督徒的品質」。

　　由此可以看出,誇美紐斯充分認識到了幼兒的價值,他對兒童的認識完全不同於傳統的「原罪論」認識下的兒童觀。儘管帶有一定的宗教色彩,那也正說明他對兒童的無比尊重與熱愛,無疑具有進步意義。

　　誇美紐斯學前教育思想的另一個出發點,是他對於學前教育重要性的深刻認識。從他關於教育遵循自然的原則出發,他把兒童比作一株嫩芽、一塊木頭或一頭牲口,「任何人在幼年時代播下什麼種子,那他老年就要收穫那樣的果實」。為此,誇美紐斯呼籲父母們都要承擔起教育孩子的責任。人比其他動物更高貴,不能像動物那樣只注意身體的養護和外表的裝飾,而更要注意人的靈魂;要以教育去滋補、撫愛和照管他們的心智,對他們施以包括虔信、德行、知識和體育在內的全面訓練,把他們培養成忠實的、能夠智慧地管理自己的各種事務的有才能的人。

### （三）母育學校的教育

#### 1. 母育學校的性質、意義和任務

依據其民主信念和適應自然的思想，誇美紐斯構建了一個適用於一切男女兒童的4級單軌學制：①從出生到6歲，為嬰幼兒期，兒童在母育學校接受家庭教育。②6～12歲，為童年期，兒童由設在每個村落的國語學校進行初步教育。③12～18歲，為少年期，由設在每個城市的拉丁語學校實施教育。④18～24歲，為青年期，在省城或王國的大學接受高等教育。

在誇美紐斯構建的學制系統中，人生的第一所學校是母育學校。他在教育史上第一次從普及教育的角度和兒童心理發展的連續性和階段性的角度，提出學前階段教育的重大任務。母育學校是構建他前後銜接而統一的學制系統的第一階段，也是必不可少的階段。他認為在母育學校裡，應當把「一個人在人生旅途中所應當具備的全部知識的種子播種到他的身上」，奠定兒童體力、道德和智力的初步基礎，為將來進入學校學習做準備。在他看來，每一個家庭都可成為一所學校，孩子的父母（特別是母親）便是教師。他認為上帝既然把兒童賜給了父母，那麼父母就要承擔起對他們的教育，如果父母在孩子6歲以前就將他托付給別人，那就是對上帝犯了罪。

#### 2. 母育學校的教育內容

誇美紐斯認為母育學校的教育內容主要包括保育、德育和智育。誇美紐斯提醒父母們首先應關注的事情是兒童的身體健康，從胎兒時期就應注意保證其子女的健康。他提出孕婦的心理狀態會對胎兒產生影響，指出如果孕婦不注意控製自己的感情，經常處於恐懼、憤怒、怨恨或傷感等不良情緒之中，就可能生出一個怯弱的、易重感情的嬰兒，嚴重時甚至可能造成死胎。他還提出孕婦的飲食應富有營養，生活應有規律，行動應謹慎。誇美紐斯非常重視新生嬰兒的鍛煉和娛樂，要使他們的生活有規律，為他們建立合理的生活制度，保持其愉快的心情。他主張不要讓兒童習慣於用藥。

誇美紐斯十分重視兒童的道德教育，因為兒童生下來不是要做一頭小牛或一頭小驢，而是要成為一個有理性的人。他強調教育必須在幼年生活中的頭幾年，在邪惡尚未占據心靈之前及早進行，為他們的良好德行奠定基礎，「成年時還未受過管理的，到老年就會沒有德行」。在道德教育的內容方面，誇美紐斯強調兒童應學習有關德行的初步知識：一是自幼培養兒童節制、整潔、愛勞動等良好的生活習慣；二是教育兒童要懂禮節、尊敬長輩、誠實、落落大方、不嫉妒、不損害他人等。道德教育的方法和手段主要有訓斥、榜樣和練習三種。他對中世紀以來家庭教育實踐中廣泛採用的體罰持反對態度，主張在萬不得已時才可使用。

智育是誇美紐斯早期教育中最有特色的部分，他將泛智教育思想貫徹到學前教育中，在西方教育史上第一次為學前兒童擬定了一個廣泛而詳細的大綱。誇美紐斯為母育學校制訂的智育計劃包括自然、光學、天文學、地理學、年代學、歷史學、家務、政治學、算術、幾何學、音樂、語言等學科，並確信通過這種啓蒙性的教育，可以為兒童奠定各門科學知識的最初步的基礎。根據幼兒的年齡特點，他認為這一時期智育的主要任務是訓練幼兒的外部感覺、觀察力並獲得各類知識，同時發展他們的語言、思維，為他們以後在初等學校裡的系統學習做準備。誇美紐斯接受了培根的唯物主義感覺論的影響，認為感覺是知識的主要源泉，主張通過觀察自然來促進幼兒感覺的發展。

3. 父母教育指導書及教材

在西方教育史上，誇美紐斯所著的《母育學校》是一本專門為父母所寫的學齡前兒童的家庭教育指南，《世界圖解》(1654)是世界上第一本有插圖的對兒童進行啟蒙教育的教科書。

在《大教學論》第 28 章中，誇美紐斯專門討論了有關幼兒父母教育指導書和兒童讀物的問題。他認為要幫助父母或保姆有效地教育好孩子，就必須考慮為他們編寫一部手冊，主要包括以下內容：①父母及保姆的教育責任；②兒童所學各科的教學大綱；③教學方法，主要是指出教授每一科目的最佳時間以及所應採用的最佳言語和姿態。誇美紐斯的上述思想在《母育學校》裡有詳盡闡述。

誇美紐斯認為應當為兒童編寫一本可直接供其觀賞的圖畫書，把各門學科中最重要的事物以圖像形式輸送給兒童。這本書應包括物理學、光學、天文學、幾何學等知識，還應畫出高山、低谷、樹木、鳥、魚、馬、牛、羊和不同年齡、不同高度的人等。總之，圖畫書中的內容正好和《母育學校》中提出的教學大綱相對應，可以配套使用。誇美紐斯不僅注意到圖畫書對發展兒童感覺的作用，而且注意到它能促進兒童語言的發展。他提出在每張圖畫的上端應寫出它所代表的物體的名稱，如「牛」「狗」「屋」「樹」等，這種圖畫書有三個用處：①可以使事物在兒童心裡留下一個印象；②可以使孩子形成一種觀念，認為從書本上面可以得到快樂；③可以幫助兒童學習閱讀，掌握語言文字。上述原則都體現在他後來出版的《世界圖解》一書中，全書共計 150 課，由 187 幅插圖及對插圖加以解說的拉丁語、民族語的基本詞彙組成。

4. 母育學校中的幼兒游戲及玩具

誇美紐斯對於學前兒童的游戲、玩具和作業也有許多寶貴的意見。在西方學前教育思想史上，誇美紐斯是第一個從幼兒的年齡特徵來論證上述諸方面問題的教育思想家。他認為，兒童天性好動，他們的血氣旺盛不許他們靜止。所以，對他們不應加以限制，而規定兒童應常常有些事情可做，像螞蟻一樣不停地做事情。他甚至規定了這樣一條原則：「凡是兒童喜歡玩的東西，只要對兒童沒有什麼損害，那麼就應該讓他們去玩而得到滿足，而不應該阻止他們，因為兒童不活動比起不得閒對身心兩方面的損害更多。」他認為給兒童以活動的自由有三大好處：一是鍛煉身體，增進健康；二是運用和磨煉思想；三是練習四肢、五官趨於靈活。至於活動方式，誇美紐斯認為，游戲這種活動方式最適合於幼兒。因為游戲時，人的精神專注於某種事物，而這種事物又經常磨煉人的能力。用這種手段，兒童就可以受到一種積極生活的鍛煉而沒有任何困難，因為自然本身在激發他們去做事情。他號召父母們積極行動起來，幫助和指導孩子玩游戲，陪著他們玩游戲。

誇美紐斯進而對玩具提出了詳細的、切實可行的意見。他認為，真的工具常會給孩子帶來危險，所以必須找些玩具以代替真的工具，如小的鐵刀、木劍、鋤頭、小車、滑板、踏車、建築物等，兒童也可以用自己所喜歡的泥土、木片、木塊或石頭搭起小房子，這樣可顯示他們建造房屋的一種初步建築術。從誇美紐斯關於游戲及其玩具的思想中，我們可以把其劃歸到那種關於游戲的「勞動準備說」中去。因為在他所述的游戲的形式和手段中，有許多反應了狹義勞動的過程與結果。我們可從中看到某些「能量散發說」的因素，因為誇美紐斯強調兒童之所以需要游戲，是因為富有活力的兒童為了散發多餘的能量。誇美紐斯還提議要為兒

童的眼、耳及其他感官提供一些小的作業，認為這些作業對增強他們的身心力量將是大有裨益的。

5. 兒童進入公共學校前的準備工作

在《母育學校》一書中，誇美紐斯還詳細論述了兒童在何時入小學，以及入學前應做些什麼準備的問題。他認為，兒童6歲之前不應當進入公共學校，因為這時的兒童自理能力不強，需要更多的照顧和監護，同時其思維發展還不足以去學習公共學校的課程內容。但是，兒童到達一定年齡後，就應當離開母親，進入學校接受教育。他說：「當幼苗從種子長大後，就必須把它移植到果園之內，以利於成長和結果。同樣，兒童在母親關懷中長大，現在他們的身心既有了力量，就應該按權宜之計把他們交托給教師。如此，他們便可以順利地成長。」

在幼兒入學前，誇美紐斯要求父母必須認真做好入學前的準備工作。他要求父母鼓勵兒童入學，告訴他上學是一件十分愉快的事情，就像趕集或收穫葡萄一樣給人快樂；在學校裡會有其他孩子同他一起學習和玩耍；可以給兒童看看為他準備好的學習用品，讚揚未來教師的善良與博學，引起兒童對教師的信任與熱愛的感情，如此等等。他告誡父母，千萬不應以學校和教師來恐嚇兒童，使兒童心懷恐懼，不願入學。同時，誇美紐斯還指出，只有把握好入學時機，才能取得最佳的教育效果。「好的時機」（即兒童進入小學的能力標志）主要表現在：真正獲得在母育學校所應學會的東西；對問題有注意和辨別與判斷的能力；有進一步學習的要求或願望。

(四) 論教學

1. 泛智教育思想

1605年，培根在《學術的進展》中提出建立一個百科全書式的知識體系，誇美紐斯的泛智教育思想受到其深刻的影響。誇美紐斯在《泛智論》中以百科全書的形式概括關於上帝、自然和社會的普遍知識，形成了一個「泛智體系」。他在自己的另一本書《泛智學校》裡希望設立一種對兒童進行廣博教育的新式泛智學校，共設立7個年級，學習所需要的一切知識。他曾在匈牙利進行了相關實驗，但由於種種原因，計劃未完全實現，只辦成了前3個年級。

「泛智教育」簡單來說就是將一切知識教給一切人。「不僅有錢有勢的人的子女應該進學校，而且一切城鎮鄉村的男女兒童，不分富貴貧賤，同樣都應該進學校。」具體來說，包括以下幾個方面：①學習廣博的知識，把一切知識領域中的精粹的總和灌輸給他們，使其知道一切必須熟悉的東西，理解一切事物的原因並學會運用。②所學的東西一定要對生活有用，「為生活而學習」。③基於學習有用知識這一原則，把對自然科學的學習提到重要地位。④訓練學生的行動能力，為其將來的生活做準備，應當把青年培養成有活力、勤奮而又機敏的人，能勝任任何委託給他的事情。⑤強調各種語言的學習，如拉丁語、希臘語、本民族語等，目的是使學生的語言達到完善的程度，並使這些語言成為學習相關知識的工具和各民族交際的手段。

2. 教學原則

誇美紐斯以教育適應自然原則為指導，以自己多年的教學實踐經驗為基礎，建構了一個相當龐雜的教學原則體系。他所揭示的一些基本原則在相當程度上反應了教學工作的客觀規律，對後世教育的發展有著深遠的影響，至今仍具有鮮活的生命力。

1）直觀性原則

誇美紐斯認為直觀性原則是教師教學必須遵守的一條金科玉律。「在可能的範圍以內，一切事物都應該盡量地放到感官跟前。」他深信知識來源於感覺，因為「知識的開端永遠須來自感官（因為所有的悟性都是先從感官得來的，沒有別的）」「科學的真實性與準確性依靠感官的證明多於其他一切。因為事物自己直接印在感官上面」「感官是記憶的最可信託的僕役，所以，假如這種感官知覺的方法能被普遍採用，它就可以使知識一經獲得，就會永遠記住」。因此，誇美紐斯認為教學中應盡可能讓學生通過觀察實際事物進行學習，「一切看得見的東西都應該放到視官的跟前，一切聽得見的東西都應該放到聽官的跟前。……假如有一件東西能夠同時在幾個感官上面留下印象，它便應當和幾種感官去接觸」。此外，如果找不到事物本身，則可以利用模型圖像製造成範本或模型，代替實物以供教學之用，而無論實物還是圖片模型都應本著先整體後部分的規則呈現給學生，在呈現之前必須首先引起學生的注意。對於自然科學知識的學習，要重視參觀、實驗等活動。學校的教室要布滿圖畫，教科書要配有插圖等。

2）循序漸進原則

誇美紐斯認為，自然界的發展和人類許多活動的進行，都是井然有序的，因此學習也必須循序漸進。他所謂的「序」有三層含義。

（1）學習過程之序。「假如能使孩子們先運用他們的感官，然後運用記憶，隨後再運用理解，最後才運用判斷，這樣才會次序井然。因為一切知識都是從感官的感知開始的，然後才由想像的媒介進入記憶的領域，隨後才由具體事物的探討對普遍生出理解，最後才有對於業已領會的事實的判斷。這樣，我們的知識才能牢實的確定。」也就是說，學生在學習知識的過程中，要按其認識活動的特點，首先從感官的活動開始進行觀察，在理解的基礎上再去記憶，最後才是進行實際運用的練習。

（2）學習材料之序。要安排好教學科目的順序，每一學科的內容要仔細分成階段，材料的呈現要本著先易後難、從簡到繁、由近及遠、從一般到特殊的原則，「務使先學的能為後學的掃清道路」「務使每年、每月、每日、每時，都有它的指定的工作」。

（3）學生的能力之序。教學一定要適合兒童的年齡特徵，教學所運用的材料要按學生的年齡及其已有的知識循序漸進地進行教導，「無論什麼事情，除非不僅是青年人的年齡與心理的力量所許可，而且真是他們所要求的，都不應該教他們」。

3）鞏固性原則

誇美紐斯特別強調學生學習的鞏固性，他將學生是否鞏固掌握的知識，並達到隨時可以應用的程度作為衡量教學是否徹底的標準。他認為學了知識而沒有鞏固下來，就如同把流水潑到篩子上，是不會使人增長智慧的。他要求教師授課時，要講清事物的原因，在理解的基礎上知識才能掌握得牢固；同時多做練習並經常復習，「通過實踐去把知識固定在記憶裡面」，這樣還有益於掌握書寫、唱歌、談話和推理的技能。為此，誇美紐斯建議，每個班級將所學書本的內容，做成提要掛在教室的牆上，使學生的感覺、理解與記憶能力能夠天天得到練習的機會，從而鞏固所學的知識。

3. 教學組織形式

在誇美紐斯看來,妨礙學校成功的原因在於工作的無計劃性及沒有找到合適的方法。他以太陽為參照物,結合前人的經驗,在《大教學論》中第一次從理論高度詳細論述了教學組織形式——學年制、班級授課制等學校管理問題,後來在《泛智學校》《創建紀律嚴明的學校的準則》等著作中又進行了更為深入的探討。

1) 學年制

中世紀學校組織十分鬆散,學生入學或離校停學的時間都沒有統一規定,為改變這種混亂無序的狀況,誇美紐斯提出學校實行學年制的要求。他要求全體公立學校在一年裡同時開學,同時放假,每年招生一次,秋季開學,學生同時入學,其他時間不應接收任何兒童入學,以使全班的教學進度一致,能同時升級。學生一經入學,必須堅持完成學業,不允許中途輟學或逃學。他將整個學年劃分為月、周、日、時,教學科目要按兒童的年齡特點和認識的發展規律合理安排。他建議,每天保證 8 小時睡眠;每天有 4 小時用於上課,在學習 1 小時後要休息半小時;每週三、周六下午是學生的自由活動時間;每年有 4 次較長的休假日,每次 8 天。此外,宗教節日的前後一周、葡萄收穫季節的前一個月也是學生的休息時間。

2) 班級授課制

中世紀學校一般採用個別教學,自宗教改革以來,班級授課制逐漸發展起來。誇美紐斯從理論上論述了班級授課制的必要性和可行性。他認為,「一個教師同時教幾百個學生不僅是可能的,而且也是要緊的。因為,對教師、對學生,這都是一種最有利的制度」。在教師方面,學生的人數越多,他的工作興趣就越大,教學效率也就越高。具體來說,教師根據兒童的年齡特點和知識水平將其分成不同班級,每個班級有一個專用教室,安排一位教師,他同時去教所有的學生,不讓任何一個學生單獨走到他面前。教師要利用技巧,吸引學生注意聽講。

### 三、對誇美紐斯學前教育思想的評價

誇美紐斯對世界學前教育的發展做出了重要貢獻。他在歷史上第一次把學前教育納入其充滿民族色彩的單軌學制,撰寫了歷史上第一部學前教育專著《母育學校》和歷史上第一本看圖識字課本《世界圖解》,首次深入研究了家庭條件下學前教育的完整體系,規定了其目的、內容和基本方法。他在論述學前教育時,不僅廣泛吸取了以往和當時教育思想發展的成果,還力圖在當時科學發展的水平以及他個人對兒童生理及心理發展的認識水平上,把學前教育建立在一定的科學基礎上。誇美紐斯的學前教育理論,為近代西方學前教育理論的發展奠定了一定的基礎,標誌著西方學前教育研究從神學化向人本化的轉變。

誇美紐斯的學前教育思想影響深遠,近代著名幼兒教育家福祿培爾、蒙臺梭利在創立自己的理論時明顯受到了他的影響。由於受時代歷史的局限、科學發展水平的制約,作為一位新舊交替時期的歷史人物,誇美紐斯的教育思想仍有其局限性,如他的教育思想(包括學前教育思想)仍受宗教觀的束縛,但以其貢獻而言,可稱為「教育科學的真正奠基人」「教育史上的哥白尼」。

# 第二課　洛克的學前教育思想

## 一、洛克生平

約翰·洛克（John Locke，1632—1704）（見圖10-2）是17世紀英國著名的哲學家、政治思想家和教育家，是資產階級唯物主義和西方自由主義的代表人物。

洛克出身於一個鄉村律師家庭，幼時受到了嚴格的家庭教育。1652年，洛克畢業於威斯敏斯特公學，隨即進入牛津大學研究哲學、物理、化學、醫學，於1658年獲碩士學位並留校任教。1665年，洛克離開牛津大學，被任命為英駐德公使館秘書。翌年回國，他結識了艾希利勳爵（即後來的莎夫茨伯利伯爵），擔任他的秘書兼家庭教師和醫生。1683年，因莎夫茨伯利反對詹姆士繼承王位的活動敗露，洛克受牽連遭迫害而出走荷蘭。1688年「光榮革命」後，洛克重返英國，在新政府中擔任貿易和殖民地事務委員會委員等職。此後，洛克陸續發表了一系列重要著作，如1689年的《政府論》和《論宗教寬容的書信》、1690年的哲學名著《人類理解論》，以及1693年的教育代表作《教育漫話》等。

圖10-2　洛克

在哲學上，洛克繼承了培根和霍布斯的唯物主義經驗論，論證了知識和觀念起源於感性認識的基本原則，在《人類理解論》中提出了著名的「白板說」。在教育上，洛克通過深入細緻地觀察，瞭解他所處的那個英國紳士的世界，形成了自己的紳士教育理論，這一理論集中體現在《教育漫話》中。這本書為英國的紳士教育提供了一個完整的體系，對當時英國上層社會子弟的教育起到了重要的推動作用。洛克的哲學、教育思想對後世產生了深遠的影響。

《教育漫話》是洛克的主要教育著作，他總結了自己從事家庭教育的經驗，系統闡述了紳士教育理論，描繪了一幅未來英國紳士教育的藍圖，表達了新興資產階級在教育方面的要求，成為西歐從中世紀的宗教教育向近代世俗教育轉變的中間環節。

## 二、洛克的學前教育思想概述

### （一）論教育的目的和作用

#### 1. 教育的目的

洛克把培養紳士作為教育的目的，他認為，紳士是「有德行、有用、能幹的人才」「紳士需要的是事業家的知識，合乎他的地位的舉止，同時要能按照自己的身分，使自己成為國內著名的和有益於國家的一個人才」。具體來說，紳士應具有「德行、智慧、禮儀、學問」四種品質，他應善於處理自己的事務，賺取錢財，聚斂資本，具有德行與才幹，並且有勇敢的精神，要懂得禮儀，具有文雅的風度。洛克勸告資產階級和新貴族，為把自己的子弟培養好，一定「要

把子弟的幸福奠定在德行與良好的教養上面,那才是唯一可靠的和保險的辦法」。他堅信一旦紳士受到教育、上了正軌,其他人自然都能走上正軌。

那麼,應該怎樣培養紳士呢?一方面,洛克站在上層社會的立場,認為社會上「到處流行著粗野與邪惡」,反對資產階級把子弟送到學校去,以免他們「日與頑童為伍,鬥騙詐欺,無所不學」。另一方面,他認為當時的學校教學內容陳舊、教學方法單一,只知教授一些拉丁文知識,而不注重對學生進行道德教育。因此,洛克建議「凡是家裡請得起導師的人,則導師較之學校裡的任何人必定更能使他的兒子舉止優雅、思想剛毅,同時又知道什麼是有價值的、什麼是合適的,而且學習也更容易,成熟也更迅速」,同時要求嚴格選聘教師,「做導師的人自己便應具有良好的教養,隨人、隨時、隨地,都有恰當的舉止與禮貌」「還應深知世故人情」,善於將人情世故的情況顯示給學生。

2. 教育的作用

從「白板論」出發,洛克高度評價了教育的作用,尤其是教育在人的形成過程中的作用。他認為「我們日常所見的人中,他們之所以或好或壞,或有用或無用,9/10 都是由他們所受到的教育決定的。人類之所以千差萬別,便是由於教育之故」。洛克尤其強調早期教育的重要性。在他看來,兒童好像一張白紙或一塊白板,我們可以隨心所欲地做出什麼式樣,幼年時所得的印象哪怕極其微小,都有極其重大長久的影響。他指出,教育上的錯誤就像醫生錯配了藥一樣,其影響是終身洗刷不掉的,錯誤的早期教育會給兒童日後的發展帶來無法彌補的損失。他強調教育不應只是父母關心的事情,國家的幸福與繁榮也與兒童具有良好的教育密切相關。

(二) 教育的內容和方法

1. 體育教育

作為一位從事過多年醫學研究和自然科學工作的醫生與教師,洛克十分重視兒童的體育教育,並對兒童身體的養護和體育鍛煉提出了許多頗有價值的見解。

洛克認為,健康的身體既是精神快樂和生活幸福的保證,又是紳士事業的保證。在《教育漫話》中,他開篇就強調,「健康之精神寓於健康之身體」「我們要能工作,要有幸福,必須先有健康;我們要能忍耐勞苦,要能出人頭地,也必須先有強健的身體」。由於當時許多貴族家庭對子女都非常溺愛,而洛克本人從小就身體不好,曾花許多時間旅行以增強體質,因此,洛克以當時英國資產階級開拓資本主義事業為著眼點,以他精湛的醫學知識為基礎,擬訂了一個鍛煉小紳士的健康教育計劃。

首先,就是對幼兒絕不能嬌生慣養,身體鍛煉要從小抓起。要讓幼兒適應冷熱變化,無論什麼季節,衣著都不可過暖,每天用冷水洗腳,衣被要輕薄,睡硬板床,多過露天生活,經受風雨的考驗。其次,在運動方面,除要求幼兒堅持每天的戶外活動外,洛克還格外推崇游泳。他認為,學習游泳既有益於健康,也是一種特殊場合的應急技能。最後,洛克認為還要培養兒童良好的生活習慣,養成節制的精神。幼兒的生活要有規律,保證睡眠的充足,並養成早睡早起、睡醒即起的好習慣;每天的飲食要簡單、清淡,兩三歲前最好不吃油膩的肉食和各種調味品,實行一日三餐,不吃零食;生病時也要少用藥物,更不能濫用藥物。

2. 德育教育

在洛克的紳士教育體系中,德育可以說是最重要的內容。他認為人的本性在於追求幸

福,德行越高的人,其他一切成就的獲得也越容易。因此,在紳士所應具備的各種品行中,德行應是第一位的。

1)紳士應有的美德

洛克認為,青年紳士應具有理智、節制、禮儀、智慧、勇敢、公正等品質。他認為「一切道德與價值的重要原則及基礎在於一個人要能克制自己的慾望,要能不顧自己的傾向而純粹地順從理性所認為的指導,雖則慾望是在指向另外一個方向」。我們人類在各個年齡階段有各種不同的慾望,為使兒童具有「順從理性」的品質,必須自兒童出生起就培養他習慣於克制自己的慾望,及早培養他們管束慾望的能力。

洛克非常重視紳士良好的禮儀。對於一個紳士,「美德是精神上的一種寶藏,但是使它們生出光彩的則是良好的禮儀」。因此,青年紳士一定要懂禮節,講禮貌,使自己的「容貌、聲音、言辭、動作、姿勢以及整個外表的舉止都要優雅有禮」,這樣,紳士「日後所得的好處是很大的,他憑著這一點點成就,門路就可以更寬,朋友就可以更多,在這世上的造詣就可以更高」。

在洛克看來,紳士應具有智慧的美德,即紳士要有善於處理各種事務的能力,這種美德是「一種善良的天性、心靈的努力和經驗結合而成的產物」,它具體表現為紳士的足智多謀,具有多方面的學識。這是兒童難以做到的,對於兒童,智慧所能做到的一件大事就是盡力阻止他們變得狡猾。

2)德育的方法

在如何進行德育教育的問題上,洛克提出了許多寶貴的意見。他認為,為了教育兒童,必須先瞭解兒童。「照料兒童的人應該仔細研究兒童的天性和才能」「人類的心理構造與氣質彼此不同,並不亞於他們的面孔與體態方面的區別」。兒童德行的根基在心靈,導師必須瞭解兒童的心靈,細心觀察他們的表現,「看他是強悍還是溫柔,是勇敢還是羞澀,是善良還是殘忍,是開朗還是緘默」,使教育符合他的心性,這樣才能收到良好的效果。

「及早」是洛克的一個重要教育原則,他主張通過練習及早培養習慣。他認為「習慣有很大的魔力,凡我們所習慣做的事情都覺得順利並且高興,因此,它就有很強的吸引力」。在洛克看來,兒童不是用規則可以教得好的,規則總是會被他們忘掉。習慣的力量比理智更加永恆,更加簡便。習慣一旦養成就會很自然地發揮作用,但在習慣的培養上應注意兩件事:和顏悅色的勸導以及同時培養的習慣不可太多。應由導師監督兒童反覆練習某項行為以養成習慣,而不要讓兒童死記規則。

在洛克看來,「善有獎,惡有罰,這是理性動物的唯一的行為動機,它們不啻於御馬的韁繩和鞭策」,也就是說可以採取獎勵與懲罰作為管理兒童的重要手段。但他認為,以身體上的痛苦與快樂來作為支配兒童的獎懲方法是不會有好結果的,只會助長和加強欲念。他主張另一類的獎罰,即尊重與羞辱,認為「兒童一旦懂得了尊重與羞辱的意義之後,尊重與羞辱對於他的心理便是最有力量的一種刺激」。他主張隱惡揚善,即獎勵應公開進行,懲罰則私下進行。

洛克認為,兒童在很小的時候就希望被人看作是具有理性的,他們這種自負的態度應當得到鼓勵,在盡可能的範圍內利用這種態度將它作為支配兒童的最好的工具。洛克提倡說理要適合兒童的能力和理解力,對一個3歲或7歲的孩子,要用適合他們思想水平的、能夠被他們接觸到和感覺到的明白曉暢的道理。

洛克重視榜樣的教育力量,他指出,人類是一種模仿性很強的動物,伴侶的影響比一切

教訓、規則和教導都大。所以,學習的方法與其依從規則,不如根據榜樣,父親與導師都應以身作則,絕不可以食言。

3. 智育教育

從培養資產階級事業家的立場出發,洛克認為智育固然必要,但只能「作為輔助更重要的品質之用」。智育的目的在於培養兒童熱愛知識的心性,「增進心的活動與能力」,而不在於學習知識。為了使未來的紳士善於處理自己的事業並有才干,洛克提出了一個範圍廣泛的學科體系,包括閱讀、書寫、繪畫、本族語、法語、拉丁語、地理、算術、幾何、天文學、年代學、倫理學、歷史、法律等,甚至還有騎術、舞蹈、手工藝和園藝。

在教學方法上,洛克提出了許多積極、正確的主張。首先,洛克反對強迫兒童學習,提倡誘導兒童學習。他主張教學應採用游戲的方式進行,以啓發兒童的求知慾望,激起他們對讀書的興趣,「教導兒童的主要技巧是把兒童應做的事也都變成一種游戲似的」。其次,洛克提出要鼓勵和培養兒童的好奇心。如果兒童對於他們要學習的東西發生喜愛,那麼他們自然會去用功學習。兒童的好奇心是一種追求知識的慾望,應當加以鼓勵。成人不能對兒童提出的問題無視、嘲諷或者譏笑,而是要盡量答復,按照兒童的年齡特點和知識能力解釋清楚。最後,洛克還指出,教師在教學中應能夠集中和保持兒童的注意力,教學過程應遵循由簡及繁、循序漸進等原則。

### 三、對洛克學前教育思想的評價

洛克的一個重大貢獻,是提出了一個包容體育、德育、智育在內的教育體系。洛克對體育給予了高度的重視,在當時那種把人的身體視作囚禁靈魂的囹圄,因而無視身體健康,反對體力鍛煉的經院主義教育統治之下,洛克的體育思想無異於石破天驚,令人耳目一新。洛克成為第一個提出了精密的體育理論的資產階級教育家。在德育方面,洛克強調道德教育要及早實踐,對兒童要及早管教,強調以道德教育統領其他各育,強調德育的生活化和道德規範的踐履,強調道德教育的自律和由外在他律向兒童內在自律的轉化,所有這些都是具有積極意義的。在智育方面,洛克重視通過學問和知識的學習來培養和發展兒童的思維能力。後來出現的所謂「形式教育」與「實質教育」之爭,明顯受到了洛克思想的影響。洛克強調智育的實際效用,反對空疏無用坐談玄遠的經院教育思想。

洛克繼誇美紐斯之後進一步發展了世俗的、理性的新教育。他高度評價了教育在人的形成中的作用。他的「白板說」和功利主義的道德觀對 18 世紀法國啓蒙思想家的教育觀點產生了深刻的影響。洛克十分重視兒童的早期教育,強調教育者必須考慮兒童的年齡特點和個性差異,並在體育、德育和智育方面提出了許多有價值的主張。他的鍛煉說和兒童養護的觀點對盧梭有很大影響。

洛克對體育、德育和智育的論述,不僅從理論上擴展了教育科學的研究領域,還在實踐上為英國教育的雙軌制提供了一定的根據。但是,洛克代表的是資產階級新貴族的利益,他片面強調家庭教育而輕視學校教育,過分注重所謂紳士禮儀的教育,階級性十分明顯。

### 拓展閱讀　誇美紐斯與洛克教育思想主要內容的比較

第一，教育對象。從兩人教育思想的核心內容可以看出，誇美紐斯主張的教育對象是所有人。所謂的「泛智」，即認為一切人都能接受教育。所以，誇美紐斯希望讓一切兒童不分貧富、貴賤、男女，不論在農村或在城市，都能接受共同的初等教育。他曾將教育與教師比作天上的太陽，「我們應該模仿天上的太陽，它把光、溫暖與生命給予世界」。這句話體現了誇美紐斯的教育理想與信念，從某種程度上也可以說反應了泛智論的核心內容之一。洛克所關注的教育對象則主要是資產階級和新貴族子弟，即他認為可以實行紳士教育的人，這是他紳士教育思想所關注的教育對象。在紳士教育之外，他又為勞動人民的子女設計了一種與紳士教育截然不同的勞動教育，主張為貧窮兒童設立勞動學校，使他們自食其力，同時也為其以後的勞動生涯奠定基礎。從以上兩人在教育對象上的對比可以看到，兩人實際都沒有排除教育對象的普及化，只是在誇美紐斯的理論中，更多地滲透著平等的思想，如太陽普照般的光華將教育帶給每一個人；洛克雖然也為勞動人民子女設計了一套勞動教育，但這套教育體系並不屬於他紳士教育思想的範疇，他的紳士教育之「光」並不照耀社會中下層的兒童。

第二，教育目標。誇美紐斯認為教育的培養目標是把人類培養成具有廣博知識以及終身為祖國服務的人；教育的目的就是給人以知識、德行和虔信，使人能理解萬物和利用萬物，並且提出了認識事物、行動熟練、語言優美三個所應達到的教育目標。洛克認為教育的目的是「培養有理性、有才幹、有作為的紳士；教育的任務是創造健全肉體中的健全的精神」。誇美紐斯和洛克雖然在教育目標的定位上各不相同，但他們所要培養的人都是當時新興的資本主義社會所需要的人。

第三，教育內容。「泛智」，指的是教育對象的廣泛性，人人都應接受教育，同時還包含了廣泛的、全面的智慧這層意思。誇美紐斯在《大教學論》中對教學內容做了詳細的規定，他認為教育應是一種「周令」的教育，包括了博學、德行、虔信三個方面，兒童應學習的主要內容包括國語、「七藝」(文法、修辭、辯證法、算術、幾何、音樂、天文)、自然科學知識、倫理學、神學等。他強調在選擇教學內容時要注意知識的實用性。從教育內容的比較來看，在細節的內容上兩者顯然存在很大的區別。但可以看到，他們實際都強調教育在塑造人的過程中所起的作用，都十分重視教育內容的全面性以及知識的實用性。

第四，教育的組織形式。誇美紐斯提倡集體授課，他認為授課的主要場所應該設在公共的初等學校裡，「學校是造就人的工廠」。這樣的授課方式有多種好處：①兒童在班級中可以相互激勵，互相促進；②學校有專門的教育人員從事教育工作；③可以用相應的制度化管理，有利於資源的利用。這種班級授課思想萌芽於昆體良，但誇美紐斯第一次從理論上對之加以論證和完善。這種形式至今仍是全世界教育機構正在使用的主要教學組織形式。在教育組織形式上，兩位教育家的觀點完全是相互背離的，這與他們所接觸的教育對象以及教育實踐經歷是息息相關的。在當時的背景下，在他們所處的社會階層，在他們所提出的教育目標、教育內容、教育原則下，產生了他們認為是最為恰當的教育組織形式。這也是兩種教育思想中最鮮明的特色之一。

## 第三課　盧梭的學前教育思想

### 一、盧梭生平

盧梭(Rousseau,1712—1778)(見圖10-3)出生於瑞士日內瓦的一個鐘表匠家庭,由於母親早逝,他從小受父親的影響很深。1722年,他的父親因與人發生糾紛而逃離瑞士,從此,盧梭開始了不穩定的生活。

1722—1736年,盧梭為了謀生,先後當過學徒、雜役、家庭教師、流浪音樂家等。長期的流浪生活使他熟悉社會,對貧苦人民有了深入的瞭解和深切的同情。1740年,盧梭開始任家庭教師,自此激發了他對教育的濃厚興趣。1742年,盧梭來到巴黎,結識了啓蒙運動學者狄德羅、伏爾泰等人,並從1749年起參加《百科全書》的撰寫活動。1749年,他因撰寫《論科學與藝術》一文獲獎而贏得了極大聲譽,整個法蘭西為之矚目。以後,盧梭相繼發表了《論人類不平等的起源和基礎》(1755)、《新愛洛綺思》(1761)、《社會契約論》(1762)、《愛彌兒》(1762)。《愛彌兒》是盧梭的教育名著,在書中,他斥責天主教會和傳教士都是騙子,他反對傳統教義,尖銳批判了腐朽的封建教育,提出追求個性解放的資產階級教育思想。《愛彌兒》的出版,大大觸怒了封建專制王朝和天主教會,巴黎天主教宣布當眾焚燒《愛彌兒》,高等法院也下令通緝盧梭,盧梭因此被迫流亡國外。

圖10-3　盧梭

在顛沛流離的逃亡生活中,盧梭仍然堅持創作,1770年完成了自傳《懺悔錄》,1776年寫成《盧梭評判讓‧雅克:對話錄》。1778年,《一個孤獨漫步者的夢想》尚未寫完,他便因病去世了。

盧梭基本上是一位自然神論者。他反對天主教會,既認為存在一個使物質(宇宙)運動並創造了自然規律(萬物秩序)的所謂「上帝」,但又認為上帝並不能隨意創造或消滅物質,肯定物質世界的客觀存在。一方面,他認為由於上帝的恩賜,人生而有了自由、理性和良心,構成了人的善良的天性;另一方面,他又承認感覺是認識的來源,認為我們應借助各種感覺器官去認識事物。

盧梭在《社會契約論》中重點闡釋了自己的民主主義政治思想,其中,人民主權和民主政治的哲學思想深刻影響了啓蒙運動、法國大革命乃至現代社會的政治、哲學和教育思想。

### 二、盧梭的學前教育思想概述

#### (一) 自然教育

1. 自然教育的含義

盧梭自然主義教育的核心是「歸於自然」。「自然的狀態」在盧梭關於人類不平等和國

家的起源學說中固然是指人類的史前時代,但在教育上更側重指人性中的原始傾向和天生的能力。它與人類的「自然狀態」又是緊密聯繫在一起的:善良的人性存在於純潔的自然狀態之中,只因社會的文明特別是城市的文明才使人性扭曲、罪惡叢生。因此,只有「歸於自然」的教育,遠離喧囂城市社會的教育,才有利於保持人的善良天性。因此,15歲之前的教育必須在遠離城市的農村中進行。

盧梭還從兒童所受的多方面的影響來論證教育必須「歸於自然」。他說每個人都是由自然的教育、事物的教育、人為的教育三者培養起來的。只有三種教育圓滿地結合才能達到預期的目的。但自然的教育人力不能控制,所以無法使自然的教育向事物的和人為的教育靠攏,只能是後兩者向自然的教育趨於一致,才能實現三種教育的良好結合。因此教育「歸於自然」,即以自然的教育為基準,才是良好有效的教育。

要求教育遵循自然天性,也就是要求兒童在自身的教育和成長中取得主動地位,無須成人的灌輸、壓制、強迫,教師只需創造學習的環境、防範不良的影響。他的作用不是積極的,而是消極的。所以盧梭也常提及「消極教育」。

自然的教育主要是針對富人的。原因是窮人所處的環境特別是農村環境已經十分接近自然,而且他們被迫只能接受這種自然的教育,不可能得到其他教育。而富人從他的環境中所受的教育對他是最不適合的,對他本人和社會都是不相宜的。因此盧梭認為針對富人子弟的自然教育至少可以挽救和培養一些人成為人。

盧梭提倡的「自然教育」是針對專制制度下的社會及其殘害人性的教育所發出的挑戰,「歸於自然」、遵從天性,就是開創新教育的目標和根本原則。

2. 自然教育的培養目標

盧梭在《愛彌兒》中表示,自然教育的最終培養目標是「自然人」。按照他的論述,「自然人」這個概念是相對於「公民」「國民」等概念來說的。盧梭認為,由於自然狀態與專制制度的對立,所以培養「自然人」與培養公民是兩個相互對立的目的,因此,不可能同時教育成這兩種人。盧梭選擇「自然人」而不是公民作為培養的目標,顯然是由於他的人性論、社會發展觀特別是他對封建制度的批判。他不無蔑視地說,當時專制的法國已經不像是真正的國家,而在沒有國家的地方是不會有公民的,更不用說什麼培養「公民」。

3. 自然教育的要求

盧梭對於當時的父母和教師向兒童灌輸舊的道德和知識,摧殘兒童天性的做法進行了猛烈抨擊。他認為這種教育為了不可靠的將來而犧牲了孩子本應快樂的時光,使他們受到了各種各樣的束縛,在哭泣、懲罰、恐嚇和奴役中度過了童年。這種教育將造成一些年紀輕輕的博士和老態龍鐘的兒童,這樣的人缺乏分辨善惡的能力,缺乏實用的知識,是束縛在封建舊制度之下的公民。

盧梭反對在兒童心靈成熟之前就向他們灌輸成人的東西,以免摧殘兒童的心靈。他對當時的貴族將兒童打扮成小紳士、小淑女,要求他們的言行舉止像成人那樣的做法不以為然,認為不適合兒童活動的衣著會使孩子失去自由和快樂,養成奢侈的習慣和貪圖享樂等不良心理。

盧梭要求教育遵循自然天性,認為「兒童是有他特有的看法、想法和感情的;如果想用我們的看法、想法和感情去代替他們的看法、想法和感情,那簡直是最愚蠢的事情」。他主張實

施消極教育,給兒童以充分的自由,讓他們在自身的成長和教育中取得主動地位,教師只需為兒童創造學習的環境,防範不良的影響。

**(二) 論教育階段**

盧梭指出,人生的每一個階段,都有其適當的完善程度,都有其特有的成熟時期。「如果我們打亂了這個次序,就會生成一些早熟的果實,它們長得既不豐滿也不甜美,而且很快就會腐爛。」他要求教育者要按照學生的年齡去對待他,如果教育的方法不太適合學生的個性、年齡和性別的話,要想取得成功是令人懷疑的。他說:「我的方法……它是根據一個人在不同的年齡時的能力,根據我們按他的能力所選擇的學習內容而進行的。」

盧梭按照兒童年齡發展的自然進程,把兒童受教育的時期劃分為四個階段,並提出對不同年齡階段的兒童實施教育的原則、內容和方法。這四個階段分別是:0～2歲嬰兒期的教育,以身體的養護為主;2～12歲兒童期教育,以體育鍛鍊和感官訓練為主;12～15歲青年期的教育,以知識教育為主;15～20歲青春期的教育,以道德教育為主。這裡我們介紹前兩個時期的教育。

1) 論兒童身體的養護和鍛鍊

盧梭認為,0～2歲嬰兒時期的教育,主要是讓兒童的四肢和各個器官得到自然發展,保證兒童的身體健康,鍛鍊和增強兒童的體質。他特別強調,這一時期的教育要適應兒童身體的自然發育,對此他提出了許多具有建設性的主張。

他主張兒童的飲食最好是簡單而清淡的,嬰幼兒要多吃些水果、蔬菜,少吃油膩食物,而且嬰幼兒食品禁單一,以免造成兒童偏食。他還特別提到要注意使兒童保持自然的飲食習慣。

在嬰幼兒的著裝方面,盧梭指出,為了適應兒童的自然發育,一定要給兒童穿寬鬆的衣服。他特別提到,切忌用襁褓捆綁嬰兒的四肢,認為這樣做剝奪了兒童的自由,有礙於嬰兒身軀的自由伸展,阻滯了血液循環,這對兒童的發育是有害的。他說:「凡是襁褓包裹孩子的地方,到處都可看到駝背的、瘸腿的、膝蓋內彎的、患佝僂病的、患脊骨炎的,以及各種各樣畸形的人。」盧梭認為這種不合自然的習慣甚至還會影響到孩子的脾氣和性格,使他們一生下來就產生痛苦的感覺,「他們比戴著手銬腳鐐的犯人還要難過」,於是他們掙扎,他們憤怒地號哭,於是形成了壞脾氣,盧梭認為這都是殘酷的束縛造成的,因此他要求改變這種錯誤的做法,建議用鬆軟的法蘭絨被子包裹嬰兒,以便嬰兒的四肢能自由活動。盧梭還指出,嬰幼兒不宜穿戴過多,不要給他們裹頭、戴帽,應讓他們習慣於暴露在寒冷的空氣中,以養成適應天氣變化的能力。盧梭還主張兒童的衣服要樸素,他反對兒童穿華麗的服裝。他指出,最平凡舒適的,並使兒童感覺最自如的服裝,永遠是兒童最喜歡的。

盧梭還對嬰幼兒的睡眠問題進行了合理的論述。他認為兒童的睡眠時間一定要充足,因為兒童好動,活動量很大,而睡眠可以補償活動的消耗。他讚成洛克的看法,認為兒童的睡眠應服從規律,即「日出而起」「日落而眠」,認為這是最科學的方法。但是他又指出,還需要對兒童的睡眠施以另一適當的訓練,也就是「超升於」那種自然規律之上,「他必須能夠睡眠遲而起身早,忽而被人喚醒或徹夜挺坐而不生病」。他主要是強調應訓練兒童的身體適應各種情況。

可以看出,盧梭有關兒童身體發育和養護的論述,很多地方是借鑑了洛克的體育觀點。

2）論兒童的感覺教育

盧梭認為,2~12歲這個階段兒童的語言有所發展,但是理智還沒有開發,因此教育的重點應放在兒童的感覺發展方面,他認為這個時期主要是進行感覺教育。

盧梭從其哲學的認識論出發,非常強調人的感覺經驗的作用。他認為,感覺經驗是理性發達的憑藉,要培養人的理性,必須充實人的感覺經驗。他又認為,兒童的感覺必須通過教育才能夠發達。在這裡,他強調了感覺教育的重要性。盧梭指出,在人身上首先成熟的官能是各種感覺器官,因此應該首先訓練的也是感官。感覺教育的重要作用在於它有助於兒童智力的開發,能激發兒童的智慧。可以說,感覺教育是兒童智力發展的先決條件。但是,感覺教育必須以體育（即兒童的體格鍛煉）作為基礎。

盧梭從多方面肯定了兒童身體鍛煉的重要價值。他認為,不論是從兒童將來生活的需要出發,還是從兒童當前的愛好出發,兒童都是應該從小就進行身體鍛煉的。他分析說,兒童自幼就應養成抵抗自然災害的本領,要能夠抵抗疾病和各種各樣的疾苦,而這種本領的養成,必須通過堅持不懈的身體鍛煉才能夠達到。他還分析說,兒童的天性是愛好活動的,因此對於身體鍛煉,兒童是易於接受的。盧梭強調,對兒童來說,身體鍛煉是具有現實的和未來的多種價值的。所以,他主張從幼兒起便對兒童進行嚴格的身體訓練,養成強壯的體格,能經受各種苦痛。盧梭同洛克一樣,反對對兒童嬌生慣養,反對溺愛兒童。他反對家長對孩子身體的過分保護和過分擔憂,他主張當孩子跌倒了,或流了鼻血,或弄傷了手指時,家長不要表現出過於緊張的樣子,以免使兒童「更覺害怕和更加神經緊張」,應該表現得若無其事,這樣會使兒童很快安靜下來。盧梭認為這是一種訓練兒童忍受苦痛、培養兒童勇氣的很好的辦法。

在此基礎上,盧梭又進一步提出對兒童如何進行感覺教育的問題。在西方教育史上,盧梭是第一位詳細論述如何訓練兒童感官的教育家。他認為,這個年齡階段的兒童在認識上只能接受形象,而不能形成概念,即還沒有達到理智的階段,因此必須首先訓練兒童的各種感覺器官,豐富兒童的感性經驗。在觸覺、視覺、聽覺、味覺、嗅覺這幾種感覺中,盧梭特別重視發展兒童的觸覺和視覺。他認為,在人的各種感覺發展中,觸覺發展得較早,而且可靠性比其他感覺高,通過觸覺,兒童可以獲得關於事物的形狀、硬度、溫度、大小、輕重等更準確的觀念,因此應盡可能地多給兒童發展觸覺的機會。他主張,在日常生活和游戲中,應採用以觸覺代替視覺和聽覺的方法來鍛煉兒童的觸覺。他主張通過一些活動來全面和充分運用兒童的觸覺,並且訓練兒童在黑暗中行路和分辨事物,而且他還主張讓兒童養成夜間活動的習慣,這樣可以培養他們的勇氣和膽量。另外,他還主張可以用觸覺代替聽覺的方法來訓練兒童的觸覺,比如讓兒童把手放在琴上,由琴木的震動來分辨聲音的高低。除了觸覺訓練以外,盧梭還主張通過圖畫、幾何形體和制圖來訓練兒童的視覺,培養其觀察力;通過唱歌和聽有節奏、有旋律的聲音來發展兒童的聽覺;對於兒童的味覺和嗅覺,盧梭認為不必特別訓練,而應順其自然地發展。為了豐富和發展兒童的各種感覺,盧梭曾反覆強調,在日常生活和游戲中,要盡可能地讓兒童利用各種感官,並且還要盡量多地讓兒童參加戶外自由活動,以便使他們在活動中獲得感性知識和塑造高尚的品德。

（三）論德育和智育

盧梭認為,2~12歲這一年齡階段的兒童是沒有道德觀念的,不要教他們道德觀念,也不要強迫他們接受道德規則,不宜對其講解抽象的道德概念,只應結合具體事物進行教育。

在培養德育的方法上，盧梭反對說教和體罰，主張以兒童的行為所產生的自然後果去懲罰他，使兒童從自己的行為後果中得到自然教育，即「自然後果法」。他說：「我們不能為了懲罰孩子而懲罰孩子，應當使他們覺得這些懲罰正是他們不良行為的自然後果。」比如，當兒童打破了他自己房間的窗戶時，不要忙著給他配玻璃，而要讓他晝夜都受風吹，讓他親身體驗自己犯的錯誤所帶來的不便，從中受到教育並改正錯誤。

關於智育，盧梭指出，知識教育的目的是促進兒童理性的發展，讓兒童學會如何獨立地學習，並培養他們對各種學問的興趣。關於知識教育的內容，盧梭要求讓兒童學習實用的知識和與兒童個人經驗相關的知識，從而使他們瞭解自然的變化和社會人生的意義。在教學方法上，他反對死記硬背和強迫灌輸知識，主張實物教學，要求從自然現象中學習知識，要求兒童獨立地觀察事物，獨立地思考問題。

### 三、對盧梭學前教育思想的評價

盧梭的感覺教育論很多方面是合理的，如將感覺教育作為兒童智力開發的先決條件，認為兒童的感覺只有受到正當的訓練之後才會得以充分發展，由此主張加強對兒童的各種感覺的訓練等。但是，他的理論中也存在缺點和錯誤，如過分強調對兒童感覺的教育，而忽略了兒童期的知識教育。正確的做法應該是把感覺教育和知識教育結合起來進行，絕不能離開學習具體的知識而孤立地培養感覺能力。而盧梭恰恰是把這兩者割裂開來，這是錯誤的。

盧梭的關於教育年齡分期的思想有較大的主觀臆斷性，缺乏嚴格的科學依據，因而沒有能夠闡明兒童發展的客觀規律，而且還過分強調兒童各生長階段的身心發展特徵，把體育、感覺教育、知識教育和道德教育截然分開，分別集中在某一階段進行，這是不科學的。但是他要求根據兒童身心發展的特點進行教育的思想，無疑具有極大的積極意義，而且在各個階段教育中所提到的一些具體教育內容和方法有很多合理的方面。

盧梭作為資產階級啓蒙思想家，勇敢地對當時歐洲的封建沒落思想進行揭露和批判，並且旗幟鮮明地表明了他的民主教育思想。他的自然教育理論的提出，在當時給人耳目一新的感覺，是當時最具進步性的教育理論。他的教育理論可以說開闢了資產階級教育理論的新階段。他在自然教育理論中提出，通過教育培養自然人，教育要順應兒童的天性發展，把兒童作為教育的主體，這些思想具有很強的反封建性，反應了新興資產階級的要求。另外，他從教育內容和教育方法上對封建教育進行了全面聲討，主張改革封建教育，建立以發展兒童天性為目的的資產階級的新教育。盧梭的教育思想對歐美近現代教育理論的發展產生過重要的影響，很多教育家都從他的自然教育理論中得到啓發，在此基礎上形成自己的教育觀點，如裴斯泰洛齊、福祿培爾、杜威等。

但是，盧梭的教育理論也有其局限性，在理論和實踐方面存在一定的矛盾，如片面強調教育要順應自然，把兒童的天性過分理想化，在教育的年齡分期方面缺乏科學依據，過分強調兒童的個人生活經驗，過分強調感覺教育，而忽視理論知識的學習，等等。而最根本的缺陷是，盧梭還沒有認識到教育首先受到社會、政治、經濟等方面因素的影響，而他一味強調通過教育來改變社會，可以說這是資產階級教育家的通病。

# 第四課　裴斯泰洛齊的學前教育思想

## 一、裴斯泰洛齊生平

約翰·亨利赫·裴斯泰洛齊（Johann Hernrich Pestalozzi，1746—1827）（見圖 10-4）是 19 世紀瑞士著名的民主主義教育家，也是世界上享有盛譽的教育理論家、實踐家和改革家。他熱愛教育事業的奉獻精神、對教育革新的執著追求、在教育理論上的許多獨創論述，不僅為世界教育發展做出了重要貢獻，還為後來的教育工作者樹立了令人崇敬的榜樣。他的學前教育思想對後來的歐文、福祿培爾都有深刻的影響。

裴斯泰洛齊出生在蘇黎世的一個醫生家庭，幼年喪父，他在母親和女僕巴貝麗的愛護下長大。母親的勤勞節儉、巴貝麗的奉獻精神，使裴斯泰洛齊幼小的心靈受到了良好的陶冶。她們高尚的人格、堅強的意志對裴斯泰洛齊起到了潛移默化的作用，使他從小就具有慈愛、信任、克己、無私等良好的品質。幼年時，裴斯泰洛齊經常隨著祖父深入農村傳道，對生活在封建地主和新興資產階級雙重壓迫下的農民抱有深刻的理解與同情，青年時代便確立了救民於水火、改造社會的人生奮鬥目標。1768 年，裴斯泰洛齊在家鄉附近建立了「新莊」示範農場，試圖以此來影響和幫助農民掌握新的農業技術，提高產量，改善生活，但因經營不善，五年後農場便宣告破產。1774 年，他在「新莊」農場利用捐款創辦了一所孤兒院，但又因缺乏充足的經費於 1780 年被迫停辦。1798 年，瑞士發生資產階級革命，這一事件成為裴斯泰洛齊一生活動的轉折點。他先後在斯坦茲、伯格多夫、伊弗東研究兒童，從事教育實驗，進行教育改革，其中在伊弗東學院獲得了巨大成功，無數知名學者紛紛前來參觀學習。1800 年，他在布格多夫創辦了一所寄宿學校，採用獨創的直觀教學法進行教學。1805 年，這所學校遷至伊弗東，不久就聞名於整個歐洲，成為世界兒童教育運動的中心。裴斯泰洛齊一生的著作很多，主要有《隱士的黃昏》（1780）、《林哈德與葛篤德》（1781—1787）、《斯坦斯通信》（1799）、《葛篤德怎樣教育他的子女》（1800）、《母子篇》（1818）和《天鵝之歌》（1826）等。

圖 10-4　裴斯泰洛齊

管理斯坦茲孤兒院期間，裴斯泰洛齊在孤兒院裡進行了教育實驗，使該孤兒院表現出很多與眾不同的特色，如教育內容上突出愛的教育和勞動教育，教育方法上堅持教育教學直觀化，教育過程中注意尊重兒童的個性和人格、發展兒童的自主精神等。這些特色也使他的學校教育家庭化、教育與生產勞動相結合、教育心理化等重要教育思想和原則得到了進一步的深化和發展。

## 二、裴斯泰洛齊的學前教育思想概述

### （一）論教育的目的和作用

裴斯泰洛齊認為：「為人在世，可貴者在於發展，在於發展個人天賦的內在力量，使其經過鍛煉，使人能盡其才，能在社會上達到他應有的地位。這就是教育的最終目的。」因此教育的目的就是促進人的天賦能力均得到全面、和諧的發展。他認為人的本性包括智力、精神和身體三個方面，最值得我們關注的是精神的發展，也就是愛、信任、感激和責任等。智力的發展應該和訓練動手能力及勤勞作風聯繫起來。以這種方式受教育的人，就能成為「完人」。為實現這個教育目的，裴斯泰洛齊提出了「教育必須適應自然」的原則，認為教育兒童應依據他們的天賦能力，按照人的天性及發展順序加以培養，使其逐步發展成熟。他認為遵循自然的教育，必須使兒童各方面的能力得到均衡的、和諧的發展。

裴斯泰洛齊深受法國啟蒙思想學家，特別是盧梭的影響，他相信教育具有巨大的能量，認為人民群眾如果能受到合理的教育，成為健全理性的人，不僅能改善自己的生活，還能推進社會的改良和進步，因此他主張教育應成為全民的財富，應該讓每個人都受到教育。裴斯泰洛齊要求改變當時不平等的教育制度，主張建立民主教育制度，使社會各個階層的兒童都受到一種合理的、符合他們實際需要的教育。

裴斯泰洛齊接受了萊布尼茨的觀點，認為人人都具有天賦能力，「即使最窮苦、最沒有人照顧的孩子，上帝也給他們天生的能力」。他認為，要改良社會，就必須解放人的天賦能力，教育就是要挖掘潛藏在兒童身上的天賦能力，使它們得到發展。裴斯泰洛齊要求根據兒童的天性進行教育，但不像盧梭那樣把他們的天性加以理想化，而是主張通過教育約束人的不良性格。

### （二）論人的和諧發展

根據「教育適應自然」的原則，裴斯泰洛齊認為，教育的目的就在於培養有道德、有智慧、身體強壯、能勞動並有一定勞動技能的身心和諧發展的完人。他在《天鵝之歌》中寫道：「依據自然法則，發展兒童道德、智慧和身體各方面的能力，而這些能力的發展，又必須顧到它們的完全平衡。」這裡所說的「完全平衡」，就是指德、智、體各方面能力的協調發展。為了實現培養身心和諧發展的完人，裴斯泰洛齊提出要開展體育、德育和智育及勞動等方面的教育。

1. 體育教育

裴斯泰洛齊重視體育，認為它是和諧發展教育的重要組成部分。體育的任務是通過各種活動把潛藏於人身上各種渴求發展的生理能力和力量充分發展起來。體育的活動應從弱到強，由簡及繁，循序漸進。例如，體育活動先從手抓、腳蹬、走動等開始，再到打擊、搬運、投擲、拖拉、旋轉，等等。總之，體育要通過各種活動促進兒童身體的發展和生長。

2. 德育教育

裴斯泰洛齊極為注重道德教育，視其為「整個教育體系的關鍵問題」。道德教育的任務是發展潛藏於兒童心靈中的「信仰和熱愛」的力量，培養他們對人類和上帝積極的愛。裴斯泰洛齊認為，愛的種子是天生的，「它們的主要根源是存在於嬰兒和他的母親之間的關係」。由於母親對孩子無微不至的關心、體貼和照顧，感激、信仰、愛的種子就在孩子的心裡發展起來了。兒童由愛父母而愛兄弟姐妹、愛周圍的人，進而愛全人類，最後擴展至愛上帝，「這是

道德的自我發展的基本原則」。在道德教育方法上，裴斯泰洛齊反對口頭的道德說教，強調通過具體生動的事例激發兒童的道德情感，培養道德觀念，形成道德習慣。在這一過程中，教師的示範作用和兒童道德行為的練習起著巨大作用。

3. 智育教育

裴斯泰洛齊依據其人生而具有思維能力的思想，極為重視知識教育。智育的任務在於不僅使兒童獲得各方面的知識，還要發展他們的心智能力。裴斯泰洛齊所說的「心智能力」，既包括通過觀察和經驗接受印象、獲得觀念的能力，也包括比較、判斷等思考能力，還包括語言表達能力。裴斯泰洛齊十分重視智力的發展，認為發展智力是教育「永恆不變」的任務。實物教學是開展智育的首要方法，即教育者必須時時刻刻用物體而不是用詞語來進行教學。裴斯泰洛齊在教育史上還首次提出了「要編製訓練感官的特定練習」，還「要創立這種練習的獨特體系」，以發展和完善眼睛、耳朵等感覺器官。

4. 勞動教育

勞動教育是裴斯泰洛齊和諧發展教育體系中極為重要的方面。在他看來，「把學校與工廠結合起來」「使功課勞作合一，提倡職業訓練，是提高人的工作能力，增加實際生產量的最好途徑」。他認為把教育與勞動結合起來，是一個「偉大的主張，抓著了人生的真正需要，找到了造成幸福與保證生活的根源」。裴斯泰洛齊在自己創辦的學校裡實行學習與工農業勞動相結合，讓孩子們邊紡紗邊讀書認字，不僅提高了他們的文化水平，也培養了他們的勞動習慣，並使之掌握了勞動技能。

（三）要素教育

為更好地適應兒童的自然本性，發展他們的天賦能力，裴斯泰洛齊要求簡化教育教學工作，他費了很大力氣尋找簡化教學的基本要素，作為教育教學的起點。他指出：「初等教育從它的本質講，要求普遍地簡化它的方法，這種簡化，是我一生所有工作的出發點。」他認為簡化教學的結果，不僅可以在同一時間內很容易地教好許多不同年齡的兒童，而且完全可以使兒童在從事手工勞動的時候學到很多知識。

裴斯泰洛齊經過長時間的實驗研究，認為體育最基本的要素是關節運動，因為自然賦予兒童關節活動的能力，這是體力發展的基礎，也是進行體育鍛煉的基礎，兒童可以從簡單的關節活動逐步擴展到全身的複雜活動。勞動是體力活動的一個方面，所以關節活動也是勞動教育的要素。

兒童對母親的愛是進行德育的要素。裴斯泰洛齊認為愛的種子是天生的，主要存在於母親和嬰兒之間，這種愛表現得最早。教師要本著對學生的愛，把學校變成大家庭，培養兒童對教師的愛，由此擴展到全人類。

裴斯泰洛齊著重研究了智育的要素，他認為：「使從感覺印象得來的一切知識清楚起來的手段來自數目、形狀和語言。」這樣，他確信在任何學科的教學中，最好先從觀察開始，進行感性知覺。學生在觀察事物時，必須注意三點：① 數目。在他面前有多少物體？有哪幾種物體？② 形狀。它們的外貌、形狀或輪廓是怎樣的？③ 語言。它們叫什麼名稱？怎樣用一個聲音或文字表達每一個物體？要想順利回答這些問題，學生必須具有三種能力：① 具有按照外形來認識不同物體並認清它們內涵的能力。② 具有說出這些物體數目，指出它們是一個還是多個的能力。③ 具有用語言表達物體，表達它們的數目和形狀，並記憶它們的能

力。裴斯泰洛齊認為，任何物體的外部特徵都包含著它的外形和數量，因此數目、形狀和語言是一切教學的最簡單的要素。

在裴斯泰洛齊看來，要素教育法也適用於幼兒教育。他指出，「儘管我們缺乏幼兒教育的經驗，但我們可以極其自信地說，要素方法簡單的程序可使任何年齡的兒童都能夠與其他兒童共享他們所學的東西」。

（四）論愛的教育

裴斯泰洛齊是西方教育史上提倡愛的教育和實施愛的教育最具代表性的教育家，可以說，愛的教育貫穿在他全部的教育觀點、教育活動和教育實踐中。在裴斯泰洛齊看來，「教育的主要原則是愛」。他從資產階級人道主義的思想出發，認為「愛」是一種原始的能力，一種基本的感情，它只要在一定的條件下加以適當的指導、進行適當的訓練，就可以發揮其效力。因此，愛是人類發展的動力、起源、中心和終結。他進而認為，無論哪種形式的教育，只要是以愛的思想為前提，並把這種愛的情感貫穿始終，那麼這種教育一定能夠順利進行。裴斯泰洛齊還提出了在家庭教育和學校教育中如何實施愛的教育的問題。在家庭中，父母要給予孩子充分的母愛和父愛，而且從孩子剛出生時就要體現出來。在學校裡，教師要像慈祥的母親一樣熱愛兒童、教導兒童，教師應當與兒童共同生活，產生深刻的感情，並通過良好的示範作用全心全意地以母愛精神去感化兒童。

（五）論家庭教育

家庭教育思想在裴斯泰洛齊的教育體系中佔有重要地位，他反覆強調家庭在教育尤其在早期教育中的重要意義，並詳細研究了家庭教育的內容與方法以及家庭教育與學校教育之間的關係等問題。

1. 家庭教育的重要性

裴斯泰洛齊幼年時由母親及女僕撫養成人，這使得他對孩子所受的家庭教育懷有一種類似崇拜的看法。他認為家庭是教育的起點，家庭生活是進行真正良好教育的天然基礎，「在起居室這塊聖地，人的各種力量在發展過程中仿佛自然地建立起平衡，並保持平衡」。家庭應當成為任何教育方案的基礎，家庭教育應作為整個教育的第一階段。要發展兒童的天性，家庭是最容易辦到的。

2. 母親的使命及責任

裴斯泰洛齊指出，「在長達半個世紀所取得的經驗和我內心深處的信仰告訴我：只要我們經過改良的培養和教育制度還停步於兒童最早期的教育階段之前，我們就遠沒有完成自己所肩負的重任」。他高度評價了母親在早期教育中的作用，讚美母親是「教育的第一位力量」，認為母親在兒童教育中佔有極其重要的地位，甚至斷言除母親以外根本就不存在能實施正確教育方法的人。他賦予母親崇高的責任，要求她們「把孩子天生親近母親的情感，逐步引導為能為美好的事業放棄個人利益且不惜做出任何犧牲的仁愛之情」。母親的義務就是在家庭中做那些學校無法做到的事情，細心地觀察兒童，針對每個孩子的情況給予恰當而周到的關懷，以愛來獲得教師的權威永遠無法得到的東西。

裴斯泰洛齊要求通過提高父母的道德水準來普遍地改善每個家庭的生活，並利用合適的書籍來改善每個家庭的教育。他認為，當有足夠多的人認識到正確的教學和教育方法時，就可以在起居室進行初等教育，並由母親們進行這種教育。裴斯泰洛齊試圖用教育的通俗

讀物影響廣大民眾,他於1803年出版的獻給母親們的《孩子直觀和說話培養指南》就是這方面的有益嘗試。

    3. 必須從家庭教育中尋找教育科學的出發點

    裴斯泰洛齊如此重視家庭教育的意義,甚至設想慢慢地在社會上做到取消學校,把孩子的教育權完全交到父母尤其是母親手中,而後來的實際教育經驗使他認識到學校的重要性。但他仍然認為,學校教育永遠無法代替家庭教育,學校不可能包括對人教育的全部內容,不能替代父母、起居室和家庭生活的地位。學校只能作為家庭教育的輔助手段而為世界服務,學校教育必須與家庭生活相一致。

    裴斯泰洛齊指出:「正是在家庭聖潔的感情中,自然本身為人類能力發展的和諧性和方向性做好了充分的準備,我們必須在家庭中尋找一種全國性的力量。」因此他力主根據家庭教育的原理改造初等學校,在學校教育和家庭教育之間建立起密切的聯繫。為此,他設想要建立實驗性的學校,在這種學校中孩子們可以掌握智力和實踐教育的要素,使他們每個人在離開學校後又能去教育他的兄弟姐妹。

### 三、對裴斯泰洛齊學前教育思想的評價

    裴斯泰洛齊在教育史上第一次明確提出了教育心理化的口號,開啓了19世紀歐洲教育心理化運動。他提出要素教育思想並在此基礎上建立了初等教育分科教學體系,極大地推動了近代國民教育的普及與發展。裴斯泰洛齊十分重視家庭教育在兒童早期教育中的作用,他以和諧發展的理論及要素教育方法為依據,詳細研究了學前兒童教育的內容和方法,並把游戲作為教育幼兒的重要方法。裴斯泰洛齊的學前教育思想對福祿培爾有直接的影響,歐文、赫爾巴特和第斯多惠等人也不同程度地受到裴斯泰洛齊學前教育思想的影響。

    儘管裴斯泰洛齊的教育理論中有不盡完善和缺乏理論邏輯的地方,但他的教育實踐和理論對歐洲各國的教育產生了極大的影響,並在19世紀的歐洲形成了「裴斯泰洛齊運動」,對以後的學前教育家產生了直接、重要的影響。

## 第五課　福祿培爾的學前教育思想

### 一、福祿培爾生平

    弗里德里奇·福祿培爾(Friedrich Frobel,1782—1852)(見圖10-5)是德國近代著名的教育家、幼兒園創始人和近代學前教育理論的奠基人。他不但創辦了第一所稱為「幼兒園」的學前教育機構,而且他的教育思想迄今仍在主導著學前教育理論的基本方向。福祿培爾被公認為19世紀歐洲最重要的幾個教育家之一,是現代學前教育的鼻祖。

福祿培爾出生在德國中部地區的一個牧師家庭,從小就受到了濃厚的宗教影響。他幼年喪母,父親整天忙於教會的工作,對他並沒有什麼父愛表現。繼母對他的虐待使他的身心受到了很大的傷害,這使他自幼就深刻體會到母愛和家庭對兒童發展的重要意義。成年後的福祿培爾先後兩次前往瑞士的伊弗東學院,師從著名的教育家裴斯泰洛齊。為充實自己,他先後在耶拿大學、哥丁根大學和柏林大學學習。

1816年,福祿培爾在家鄉建立了「德國普通教養院」,按照裴斯泰洛齊的教育原則辦學。他的主要著作《人的教育》(1826)就是總結這段教育經驗寫成的。1834—1837年,福祿培爾在瑞士擔任伯格多夫孤兒院的院長。1837年,福祿培爾回到德國,在勃蘭根堡創立了一所實驗學校,

圖10-5　福祿培爾

招收3~7歲的幼兒。1840年,他正式命名這所學校為「幼兒園」,確定了幼兒園游戲和作業的內容和方法。這也是世界上最早創立的命名為幼兒園的學前教育機構。同時,他又開辦了講習班,訓練大批幼兒園教師。1843年,福祿培爾出版了幼兒教育專著《慈母曲及唱歌游戲集》,總結了他自己的幼兒教育工作經驗。1852年,福祿培爾在馬林塔爾逝世。1861年,福祿培爾的生前好友把他在1838—1840年的幼兒教育論文編成《幼兒園教育學》出版。

福祿培爾把自己的畢生精力都獻給了幼兒教育事業,建立了比較完整的幼兒園教育體系。在他的倡導下,德國幼兒園發展迅速,也培養了一大批信徒和教師,在世界範圍內形成了「福祿培爾幼兒園運動」。

## 二、福祿培爾的學前教育思想概述

### (一) 論教育目的和教育原則

福祿培爾教育思想的主要理論基礎是德國古典哲學、早期進化思想以及自然科學成果。在創建幼兒教育理論體系過程中,福祿培爾既受到了裴斯泰洛齊、盧梭和誇美紐斯的教育思想的影響,又受到了費希特、謝林、克勞澤等的哲學思想的影響。因此,他的教育體系既強調了人的發展和教育適應自然的觀點,又體現了萬物有神論,帶有一定的宗教神祕主義色彩。

1. 教育的目的

福祿培爾在《人的教育》中開宗明義地寫道:「有一條永恆的法則在一切事物中存在著、主宰著。這條法則,無論在外部,即在自然中,或在內部,即在精神中,或者在兩者的結合中,即在生活中,都始終同樣地明晰和確定。」「這個統一體就是上帝。」這是福祿培爾教育思想的哲學依據。他認為,「一切事物只有通過上帝的精神在其中發生作用才能存在。在每一事物中發生作用的上帝的精神就是每一事物的本質」。「上帝的精神」是全部生活和全部教育的出發點,教育的目的就是喚起和發展埋藏在人體內部的「上帝的精神」,把人身上潛藏著的上帝精神表現出來,而教育的作用就在於激發和推動這一過程的實現。

2. 教育的原則

福祿培爾對教育的原則進行了詳細的論述,其中主要有以下幾個方面:

1)統一的原則

在福祿培爾生活的年代，歐洲的自然科學有了很大的發展。新的科學以新的事實證明宇宙是發展的，事物之間是互相聯繫的。與自然科學的發展相聯繫，人們形成了整體的觀念，認識到人類與周圍的世界是統一的，它們都服從相同的規律。這就使哲學有可能形成統一的與整體的觀念，並在世界觀與方法論的統一上有了進一步的認識。

福祿培爾深受克勞澤萬物在神論的深刻影響，提出「神」「人」「自然」三位一體，「人」和「自然」從屬於「神」的理論體系。「這個統一體就是上帝……一切事物只有通過上帝的精神在其中發生作用才能存在。在每一事物中發生作用的上帝的精神就是每一事物的本質。」福祿培爾強調他的觀點不同於泛神論，「正如自然並非上帝的肉體一樣，上帝本身並不像居住在家裡一樣居住在自然中。但上帝的精神是存在於自然中的」。

福祿培爾試圖用「力」來說明「上帝的精神」。「力」作為上帝的力量，「是一切事物的最終原因」，是一切事物的本質。他認為，上帝的精神在自然中表現為結晶界單純起作用的力、植物界起生存作用的力、動物界具有活力的力，在人類間則表現為躁動和激盪的精神的力。一切事物的命運和使命就在於展現它們的本質，即展現它們的上帝的精神。人也不例外，不同的是，人是有自覺意識的最高貴的生靈，他能夠感受、理解和認識存在於自身的上帝的精神。由此福祿培爾推出教育的目的「是引導人增長自覺，達到純潔無瑕，能有意識地和自由地表達神的統一的內在法則，並採用適當的教育方法和工具，使其成為一個有理想、有智慧的人」。

2)發展的原則

福祿培爾在教育史上第一次把自然哲學中「進化」的概念完全而充分地運用於人的發展和人的教育之中。他認為，同一切事物一樣，人類起初總是不完善的，兒童作為自然的產物，仍處在發展的過程之中。但人不同於自然，他能夠清楚地認識到自己的重要性，即認識到存在於自身的神的精神。福祿培爾指出，兒童共有四種本能：活動的本能、認識的本能、藝術的本能和宗教的本能。教育的任務是遵循自然，提供幫助，引導兒童成長，使潛藏在他們體內的神的精神表現出來。

福祿培爾強調，發展不僅是分階段的，更是連續的和聯繫的。每一個後繼的階段以一切和個別先行的生命階段的強有力的、完全的和特有的發展為基礎……因為只有每一個先行的發展階段上的人的充分發展，才能推動和引起每一個後繼階段上的充分和完滿的發展。他指出，一個人只有當他真正符合了他的幼年期、少年期和青年期的要求時，才成為成年人。那種希望兒童可以跳躍少年期和青年期，在各個方面表現得像一個成年人的想法，會給後面的教育帶來不可克服的困難。

發展的結果是對立面的調和，教育歸根究柢是成長的過程。福祿培爾認為，如同萬物生長一樣，人的成長也必須服從兩條相互補充的原則：對立與調和。對立調和法則是一切運動的原因，亦是人的發展的原因。在教育過程中，基本的對立物是內因與外因，即兒童天性與環境的矛盾。無論是一株植物、一個動物還是一個兒童，其成長都有兩重的過程，「變內部為外部，變外部為內部，並把兩者協調統一地表現出來……」。兒童一方面接受外界刺激，發展自己的天性；另一方面又把自己對事物的認識通過活動表現出來。教育總是從內因和外因的矛盾入手，在兩者之間發現調和的東西，克服差異，最終使二者達到統一。

3) 適應自然的原則

在福祿培爾看來,既然神性是人性的本質或根源,人性肯定是善的。人之初,「儘管猶如一個自然的產物還是無意識的,然而就其本身而言,卻必然地、無疑地是要求至善的,而且甚至採取完全適合於他的形式來達到至善」。因此,「一切專斷的、指示性的、絕對的和干預性的訓練、教育和教學必然地起著毀滅的、阻礙的、破壞的作用」。教育、教學和訓練的最初的基本標志必然是容忍的、順應的,是保護性的、防禦性的,否則會使存在於人身上的上帝的精神(自由與自決)喪失掉,而自由與自決正是全部教育和全部生活的目的與追求。

因此,在《人的教育》中,福祿培爾多次批判「一切專斷的、指示性的、絕對的和干預性的訓練、教育和教學」,因為它們會阻撓、破壞甚至毀滅兒童身上善良天性的發展。他認為人身上的不良行為就是由於他的善良的品性和良好的追求遭到壓制或扭曲,被誤解或往錯誤方向引導而產生的。因此,「只有對人和人的本性的徹底的、透澈的認識,根據這種認識,加以勤懇的探索,自然地得出有關養護和教育人所必需的其他一切知識以後……才能使真正的教育開花結果」。

4) 創造的原則

創造的原則是與統一的原則相聯繫的。在福祿培爾看來,上帝是富有創造精神的,「上帝創造了人,即創造了他自己的摹本,他按照自己的形象創造了人,因而人應當像上帝一樣進行創造和發生作用」。人進行創造,是為了使存在於他身上的上帝的本質,在他自身以外以一定的形式表現出來。這樣,他不僅可以認識他自身精神的、上帝賦予的本質,而且能以這種方式獲得第二位的派生物——麵包和衣服。因此,需要及早地給年輕一代以從事外部工作和生產活動的訓練,使其能在行動中和工作中,在形態上和材料上,從外部表現出上帝給予他的本質。

從上述觀點出發,福祿培爾批評當時的學校教育脫離生活,「學生被排除出一切家庭業務之外,排除出一切以製造外部產品為目的的業務之外,乃是我們當今存在的學校,特別是所謂的拉丁學校和高級中學的最大缺點之一」。實際上,通過生活和從生活中學習,要比任何方式的學習更深入、更易理解;在生活中和行動中接受和理解失誤,也比單純地通過言語和概念更有說服力。從另一個方面說,「智力活動及貫穿在其中的外部的,主要是身體的作業,從外部製造出作品和產品的活動,不僅能夠增強身體素質,而且還能夠在極大的程度上振作精神,加強精神活動諸方面的發展,以至於使精神在經過令人神清氣爽的勞作之後能夠以新的力量和新的生命去投入它的智力活動」。

**(二) 論教育分期與各時期教育任務**

福祿培爾根據發展理論,把人類初期的發展分成嬰兒期、幼兒期、少年期和青年期四個時期,並詳細討論了前三個時期的教育。

1. 嬰兒期的教育

嬰兒期主要是養護的時期,也可稱為「吸吮期」。在這一時期,嬰兒發展外部感官,從外界吸收和接受多種多樣的東西;他們的感官和四肢開始了最初的活動,也是最初的求知欲的體現。「在感官、身體和四肢活動發展的基礎上,到兒童開始自動地向外表現內在本質的程度時,人的發展的嬰兒期也告終止,並開始了幼兒期。」

2. 幼兒期的教育

幼兒期主要是生活時期,也是「真正的人的教育」開始的時期。這一時期應較多注意幼

兒的心智發展,教育的主要任務從身體的養護轉向智力的培育和保護,「游戲和說話是兒童這時生活的要素」。福祿培爾強調,幼兒期的教育對正在發展中的人來說至關重要。如果幼兒期教育不當,兒童本性和各種天賦潛能的發展受到阻礙,那麼在未來「他必須付出最大的艱辛和最大的努力」才能克服這種損害給其發展所造成的不良後果。

3. 少年期的教育

少年期主要是學習時期。兒童開始為了創造物而活動,為了成果而生活,教育的主要任務就是通過對生活實際的理解使外部的東西內化。游戲和家庭生活仍是教育的主要形式,兒童的活動本能發展為創造的本能。這一時期應創造機會讓孩子分擔父母的工作,並開展諸如紙工、模型製作等作業活動,還可以開展有益於表達兒童內心世界的寓言、童話、故事、唱歌等活動來發展兒童的創造力。

(三) 論幼兒園的作用和任務

福祿培爾非常重視學前教育在人的發展中的作用。他認為學前期是人生最重要的一個階段,是兒童以後各個階段教育和發展的基礎,兒童這一時期的生活方式和所受的教育將影響其整個人生。同時,他還十分強調家庭和父母對兒童的教育作用。但是,當時多數父母不懂得如何正確教育子女,違背了兒童的本性發展傾向。因此,福祿培爾提出要建立學前教育的專門機構——幼兒園,這樣不僅能對兒童實施社會的公共教育,也能為家庭教育提供一些幫助。

幼兒園教育的任務主要有以下三個方面:

(1) 保護兒童身體和精神的健康成長。福祿培爾認為,幼兒園的主要目標不在於兒童能從中學到多少知識,而在於促進兒童的身心發展。因此,幼兒園教育要發展幼兒的體格,促進幼兒感官和語言的發展,培養幼兒良好的社會態度和民族美德,使他們認識自然和人類,等等。

(2) 培養訓練有素的幼兒教師。福祿培爾提出,幼兒園不應只關注幼兒的發展,還應關注教師的自我成長;要為幼兒教師提供與幼兒接觸的機會,訓練他們掌握合理的教育方法,精於照顧與指導幼兒的生活和發展。

(3) 推廣幼兒教育經驗。福祿培爾還很重視對家長的教育指導,認為幼兒園要定期向家長推廣幼兒游戲和活動的教育經驗,介紹適合幼兒的游戲和活動,幫助家長瞭解和掌握一定的育兒知識,以改善家庭教育現狀。

(四) 幼兒園課程

福祿培爾將他後半生的全部精力都放在幼兒園課程的發展上。他指出,並非所有的活動和游戲都具有教育的意義,必須對兒童活動與游戲的內容和材料加以選擇,並善加指導。依據感性直觀、自我活動與社會參與的思想,福祿培爾建立起了一個以活動與游戲為主要特徵的幼兒園課程體系,包括恩物、作業、游戲、歌謠、自然研究等。

1. 恩物

恩物(gifts)意為「上帝的恩賜」,是福祿培爾創制的一套專供兒童使用的教學用具。

他認為,恩物的教育價值就在於它是幫助兒童認識自然及其內在規律的重要工具。自然界的萬物雖統一於上帝的精神,但在發展中又顯示出外在的差異性、多樣性。恩物作為自然的象徵,能幫助兒童由易到難、由簡及繁、循序漸進地認識自然。

福禄培爾於1835年正式研究游戲，次年創制出1～5種恩物，1850年他在《教育周刊》上正式公布「恩物與作業體系」時，明確提出了8種恩物，其餘只是籠統的敘述。他對於恩物的種類與數目並未做出明確規定，尤其沒有清楚地解釋恩物與作業之間的區別，因而後來人們根據自己的想像，演繹出的各種體系，其實並不一定符合福禄培爾的原意。

　　福禄培爾認為，真正的恩物應滿足三個條件：① 能使兒童理解周圍世界，又能表達他對於這個客觀世界的認識。② 每種恩物應包含一切前面的恩物，並應預示後繼的恩物。③ 每種恩物本身應表現為完整的有秩序的統一觀念——整體由部分組成，部分可形成有秩序的整體。

　　福禄培爾的第一種恩物是一個盒子裡裝有6個絨毛的小球，分為紅、黃、藍、綠、紫、白6種顏色，每個小球上系有兩條線。福禄培爾認為球是萬物統一體的象徵和孩子天性統一的象徵，是一切玩具中最有價值的。他認為這些球可以分成不同的等級，供不同發展階段的兒童使用。6種顏色的小球能發展兒童辨別顏色的能力；玩球能鍛煉肌肉，訓練感覺和四肢，培養兒童注意力和獨立活動能力，持球和丟球的過程可使孩子獲得存在、佔有、空間和時間等概念的感性認識，還有助於發展幼兒的語言。

　　第二種恩物是硬木製作的三件一套的玩具：球體、立方體和圓柱體（後兩個有穿孔，是福禄培爾於1844年才加進去的），使幼兒能夠辨別3種物體的異同，以幫助兒童認識物體的各種形狀和幾何形體。此外，這種恩物還可以使兒童發揮自己的想像力，想出各種辦法來玩它們。

　　第三種恩物是一個沿各方向對開一下，可分成8塊獨立小立方體的大立方體。福禄培爾將它作為一個整體介紹給兒童，通過教師的解釋，可幫助兒童瞭解整體和部分、部分與部分之間的關係。兒童可以把這些立方體想像為「磚塊」，激發他們的建造能力，利用8個小立方體構成宇宙中萬物的形狀。

　　第四種恩物是一個沿縱向切成許多平板的立方體，它能使兒童認識長方體與立方體的異同；獲得長、寬、高的概念；幫助兒童明了算術的基本原理，他們因此不僅能掌握加、減、乘、除的基本規則，並能很容易地寫出算術數字和符號。它同樣能激發兒童的建造能力。

　　第五種恩物是一個可分割成27個體積相等的小立方體的大立方體，其中3個小立方體再沿對角線二分，另3個則沿對角線四分。利用這種恩物，使兒童認識正方形、長方形和三角形的異同，以及不同角度的變化，並能進行大量的幾何教學。

　　第六種恩物是27個磚形木塊，其中3個縱向二分，6個橫向平分，也可組成一個大立方體。

　　第七種恩物是一個可分成64個小立方體的大立方體。

　　第八種恩物是一個可分成64個小長方體的大長方體。

　　這些恩物能發展兒童的創造力和想像力，給建造工作以更廣泛的練習機會，並可進一步發展「整體」和「部分」的概念。

　　2. 作業

　　作業（occupations）與恩物的關係十分密切，要求將此前所學的恩物的知識運用於實踐，主要體現了福禄培爾關於創造的原則，但創造並不是臆造或濫造，它必須以對客觀世界的認識為前提，否則可能不具有什麼教育價值。實際上，作業是要求將恩物的知識運用於實踐。

　　作業的材料很多，包括各種大小、色彩不同的紙和紙板，可用來剪裁或折成各種不同的形態；有供繪畫、雕塑、編織一類工作的材料；有一些沙、黏土、泥土等。做這些手工需要較高

的技巧,必須在學會恩物後才能做,比較適合幼兒園內年齡稍大一些的孩子。與恩物中的平面相對的有剪紙、織席、編條、縫紉、穿珠、圖畫等,與恩物中的立體相對應的有泥塑、紙板、折紙、木雕等。

作業與恩物既有區別又有聯繫:① 從安排的順序說,恩物在先,作業在後。② 從作用上看,恩物的作用主要在於接受或吸收,作業的作用則主要在於發表或表現。③ 恩物游戲不改變物體的形態,作業游戲則要改變材料的形態。

3. 游戲

福祿培爾認為,游戲在學前兒童教育體系中佔有獨特的地位,它既是組成兒童生活的一個重要方面,也是學前兒童教育的一個主要的教育手段。游戲還能預示兒童未來能力的發展傾向,「因為整個人的最純潔的素質和最內在的思想就是在游戲中得到發展和表現的」。為此,福祿培爾還制定了一個完整的游戲體系,力圖使兒童通過游戲活動來發展認識能力、創造力、想像力和體力,並培養良好的道德品質。

兒童游戲體系中的游戲分為兩大類:一類是活動性游戲,即兒童對自然及周圍生活中事物的模仿。這類游戲主要有行走游戲,即幼兒沿直線或曲線行進,在行進中邊走邊唱並注意觀察身邊的事物,將所見所聞編成故事相互交流;表演游戲,即幼兒手拉手、肩並肩地站成圓圈,按照螺旋形路線行進,觀察身邊事物並模仿生活中的事物;跑步游戲,即幼兒在操場、花園中賽跑,鍛煉體力並加深與他人的關係。另一類是精神性游戲,即運用玩具進行游戲,主要幫助幼兒認識世界的基本特徵,如質量、形態、彈性等,並形成對外部世界的思考與判斷,發展幼兒的智力和道德品質。福祿培爾專門為這類游戲設計了玩具——恩物。

4. 歌謠

1841 年,福祿培爾出版了題為《兒歌》的小冊子。1843 年,他又將這本小冊子擴充為《母親與兒歌》。他編寫該書的目的在於使母親意識到自己對孩子的責任,幫助母親教育好自己的孩子,幫助兒童運用他的身體、四肢發展他的感覺。福祿培爾認為這本書奠定了他的教育原則的基本思想。後來,這本書也被用來做訓練幼兒園教師的主要教材。

在《母親與兒歌》中,福祿培爾選擇了 7 首「母親的歌」,反應母親對孩子的情感。接下來,他選擇了 50 首「游戲的歌」,每首歌由四部分組成:① 指導母親的格言。② 兒歌。③ 與這首兒歌的內容相聯繫的圖畫。④ 每首兒歌的下面附有適合兒童身心發展的運動方式的說明。

5. 自然研究

受裴斯泰洛齊的影響,福祿培爾幼兒園的課程中設有「自然研究」。他認為在幼兒園開展諸如觀察自然的徒步旅行、園藝或飼養動物等活動,不但可以使兒童養成愛護花木、禽獸之品性,還有助於滿足兒童的好奇心,培養其自制力和犧牲精神,促進知識的學習與智力的發展,以培養對自然科學研究的興趣。

### 三、對福祿培爾學前教育思想的評價

福祿培爾是近代學前教育理論的奠基人、幼兒園的創始人,也是世界近代史上影響最大的學前教育家。在借鑑前人經驗和長期從事學前教育實驗的基礎上,福祿培爾總結出了一整套幼兒教育新方法,創立了幼兒園教育體系,使學前教育成為教育領域中的一個重要分支

和獨立部門。他不僅為學前教育的理論和實踐做出了卓越貢獻,還在宣傳公共學前教育思想、擴展幼兒園,以及培訓幼兒師資等方面做出了不懈努力。

福祿培爾創辦的幼兒園標誌著學前機構的作用開始由「看管」轉向「教育」,順應了19世紀以來工業革命背景下要求發展學前社會教育的歷史訴求,大大推動了世界學前教育的發展,對當前學前教育的發展仍有著重要的啟示意義。但他的教育理論是建立在其唯心主義哲學基礎之上的,因此不可避免地帶有神祕主義和形式主義傾向。

## 第六課　歐文的學前教育思想

### 一、歐文生平

羅伯特·歐文(Robert Owen,1771—1858)(見圖 10-6)出生於威爾士一家五金店商家,年少時很受父母的疼愛。歐文小時候酷愛讀書,所住小鎮上有學問者的書房大都可以出入讀書。童年時期的廣泛閱讀使得他勤於思考。此外,歐文小時候多災多難,體弱多病,甚至多次性命堪憂,這些遭遇導致他後來比較注意飲食起居,養成了注意細節的習慣。

作為英國第一個創立學前教育機構(托兒所、幼兒園)的教育理論家和實踐家,歐文認為,要培養智育、德育、體育全面發展的一代新人,就必須把教育與生產勞動結合起來。作為空想社會主義著名的代表人物,歐文的教育思想是他的空想主義學說的重要組成部分,其學前教育思想在其整個教育思想中佔有很重要的地位。

圖 10-6　歐文

### 二、歐文的學前教育思想概述

#### (一) 論人的性格形成

人的性格形成學說是歐文從事社會改革和教育實驗活動的出發點和理論基礎。

歐文的性格形成學說繼承了法國18世紀「人的性格是環境的產物」這一思想。歐文認為人的性格是從出生之日起由外力形成的。他曾說過:「無論是具有神性還是具有人性的人的性格,是由外力在他不知不覺中形成的,並且現在完全可以為所有的人從出生之日起就形成的。」歐文指出,一個人在他出生時就應該被置於優良的環境中,並對他實施正確的教育,這種教育應該持續到受教育者形成了能夠抵抗邪惡影響的牢固品格。據此,他認為幼兒的語言、習慣和情感在他們誕生之後,就完全是由外圍的人灌輸的。如果受到不良環境的影響,他們的身心就會受到損害。據此,歐文認為兒童在很小的時候就應該在很好的環境中受到良好的教育,以養成如公正、誠懇、仁慈等良好的品行。另外,兒童幼兒時期生活中的印象極容易保留在他們的記憶裡,「慣於仔細觀察兒童的人一定能清楚地看出,許多好事和壞事都是在他們很小的時候被教會或學會的;許多好的或壞的脾氣都是在2歲以前養成的;許多深刻而難忘的印象,則是在1歲以前甚至在半歲以前獲得的」。所以,歐文認為,如果某種印

象在兒童幼年時留下深刻的印象,就會使兒童在以後的人生中養成一種習慣,會永遠不忘並加以應用。

另外,歐文認為兒童具有天賦能力(體、智、德等能力),並且有發展天賦能力的可能性。這個觀點既是歐文強調兒童早期教育的出發點,也是歐文建立幼兒學校的出發點之一。

基於以上想法,歐文認為有必要建立一所幼兒學校,從很早的時候就對幼兒施以品行方面的教育。他曾在其著作中指出:「我們發明並順利地實際採用的幼兒學校,是為了走向開創一種組織和管理人類的合理制度,把人類引入塵世生活真正太平繁榮的境地而至今邁出的踏踏實實的第一步……按照原來的設想,這所學校是培養兒童的聰明、善良、仁慈和理性,以及訓練他們適應新的社會狀態的第一個實際步驟。」

### (二) 創辦性格形成新學院

受雇為大工廠經理的歐文在大抓管理工作的同時,發現所在工廠與當時世界其他地方一樣存在著童工,其和成人一樣在惡劣的條件下進行繁重的工作。第一次工業革命在極大解放英國生產力的同時也引起了生產關係和社會階級結構的大變動,無產階級登上了歷史舞臺。資產階級為極力從勞動人民身上榨取財富,勞動階級的家庭生活普遍貧困,兒童問題日趨嚴重——營養不良、居住環境惡劣,童工普遍少有受教育的機會。勞動人民長時間的工作也導致其無暇顧及子女,致使孩子易受到壞人引誘並導致道德墮落,從而引發嚴重的社會問題。

1816年,歐文耗資1萬英鎊在其工廠區建立了第一所相當接近現代標準的公共學校——「性格形成新學院」,面向2~14歲的兒童、少年提供教育,另外還附設有成人教育班。該學院是歐文為工人及其子女創辦的一系列學校的合併,其中包括為2~6歲幼兒創辦的學前教育機構——幼兒學校、為7~10歲兒童開辦的初等學校、為11~17歲少年開設的夜校以及為成年工人及其家屬建立的業餘教育機構。

該學院創辦的宗旨是為了培養兒童的優良情操和實用技能,使他們能夠成為有用的、幸福的人而對他們進行教導。這一方面可以改變幼小子女的悲慘處境,另一方面可以減輕婦女的負擔。學校中的教學計劃更是側重於兒童性格的培養、兒童職業能力的提高。歐文的教學思想、教學理念和教學計劃取得了巨大的成功,學校同時也成為對公眾開放的社交和休閒中心。

### (三) 論幼兒學校

1. 幼兒學校的目的

幼兒學校希冀改變幼兒成長環境,能把幼兒培育成具有良好性格的新人。根據其「全面發展的新人」的教育思想,歐文強調幼兒學校應當通過德育、智育、體育、美育和勞動教育來合理地培養每個兒童。作為學齡前教育機構,幼兒學校必須擴大兒童的知識範圍,發展他們的同情心,然後發展經濟的和社會的習慣與特性。歐文認為,培養兒童為社會服務的精神具有重要的意義,應向兒童解釋其行為,教育其形成團結友愛的品德,注意培養其愛好勞動的興趣,最終使他們成為「身體健壯,具有實用知識和仁慈精神,能利用科學所提供的一切措施參加社會的一種或兩種勞動的人,也就是體力勞動和腦力勞動、理論和實踐相結合的全面發展的新人」。

2. 幼兒學校的教學內容

學校擁有一間長40英尺(1英尺＝0.304,8米)、寬40英尺、高22英尺的教室,教室中布置著以動物為主的圖畫和地圖,還有從花園、田野和樹林中採集來的自然界的實物。天氣不好的時候,學校還提供一間長16英尺、寬20英尺、高16英尺的幼兒娛樂室供幼兒娛樂。

秉持「盡力使小朋友快樂」的原則,幼兒學校的兒童不應只待在教室裡。學校規定,兒童在教室的時間約為3個小時,其餘時間在室外的大草坪上玩耍,或由年輕女工負責照顧。

1) 體育

歐文的體育教育包括幼兒的保育、體操和軍訓。

首先,歐文主張應該給孩子營養豐富的食品,他認為合理的營養是兒童健康成長的重要條件;要求兒童的衣服要寬鬆、肥大,以適應他們的生長發育要求和活動的需要。

其次,重視兒童體操。歐文說過:「指派在游戲場上管理兒童的人應當能夠指導和訓練兒童的體操。」兒童通過體操的訓練,可以鍛煉身體,具有良好的體形,養成動作協調、精力集中和遵守紀律的好習慣,又可以逐漸適應以後軍訓的要求。

最後,重視兒童軍訓。關於軍訓,歐文主張游戲場管理負責人承擔教導和訓練兒童的任務。孩子們訓練時可使用重量和大小合適的仿真武器,也可操練較為複雜的軍事動作,為成為「祖國未來的保衛者」打好基礎。

2) 智育

歐文從兒童知識的獲得和智力發展兩個方面闡述了智育問題。他認為這兩個因素在智育過程中互相依存,不可分割。

首先,歐文認為要用兒童最熟悉的周圍的事物來喚起兒童學習的興趣。他重視用實物、模型和圖畫等直觀的方式掌握知識,使兒童獲得正確的觀點。另外,他主張教師用親密的動作、友好的談話等啟發兒童思考,從而獲得有用的科學知識。教師應該充分調動兒童學習的積極性,激發兒童學習的興趣,發展兒童的推理能力和求知慾望。

其次,在智力發展方面,歐文非常排斥死記硬背的方法。他批評當時那種理論脫離實際的教學方法,嚴重損害和摧殘了兒童的智力。他認為智育是發展兒童的想像力而非記憶力的。他強調發展兒童的思維能力和獨立意志,認為「如果一個人的推理能力,從嬰兒時期開始就得到適當的訓練,而且他在兒童時期就受到合理的教育,知道要排除那些自己加以比較之後,認為是自相矛盾的印象或觀念,那麼這個人就可以獲得真實的知識」。

3) 美育

歐文主張設置娛樂性課程:音樂、樂器、唱歌和跳舞。歐文強調指出,無論男孩或女孩,都將在2歲學習舞蹈,4歲學習唱歌,如果發現有音樂天賦的男孩,還要學習演奏樂器。歐文認為,通過舞蹈、唱歌的學習,可以使兒童身體健康,體態優美。

4) 德育

歐文十分重視對兒童集體主義精神的培養,所以他提倡在集體中培養兒童仁慈、正義、正直、誠實、有禮貌、守秩序等好的品格。他認為集體主義精神是新道德的基礎,要求兒童「從幼年起就受集體的道德教育」。在幼兒學校裡,教師要把「盡力使小朋友快樂」當作每個兒童必須學習的一條原則,讓兒童在集體生活中不斷地強化這一原則,使之成為兒童的一種習慣、本能行為。「年紀大的兒童認識到根據這一原則行動所獲得的無窮好處之後,就可以通過自己的榜樣很快地驅使剛來的小孩遵守這一原則。」這樣,兒童就在樂趣無窮的集體生

活中獲得集體的道德教育。在談到開展德育教育的方法時，歐文指出，對兒童進行德育的時候，不應該有任何形式的懲罰。除了用寬厚和仁慈的方式教育兒童外，歐文還指出一個方法：「訣竅在於幼兒學校1歲至3歲的第一部分。兒童們在那裡產生了對教師的深厚感情；當他們有了這種感情以後，總願意自動地盡量發揮他們固有的能力。」可見，歐文認為運用扎根於兒童之間的以及兒童和教師之間的那種依戀是進行德育教育的最好方法。

### 三、對歐文學前教育思想的評價

歐文從性格形成學說出發，認為兒童具有天賦的能力，並且有發展天賦能力的可能性，提倡對兒童的早期教育。他試圖通過幼兒學校來形成一種能促進幼兒全面發展的新的教育體系，培養出智、德、體、美全面發展的新人。歐文重視早期教育及兒童全面教育的思想在其創立的幼兒學校中得到運用。以後，這些思想又不斷地被運用到幼兒學校的發展中。1818年，英國上流社會人士在威斯敏斯特開辦英國第二所幼兒學校，歐文幼兒學校教師布坎南（J. Buchanan）應邀前去主持。1820年，英國的懷爾德斯平（S. Wilderspin）在斯平脫場開辦英國第三所幼兒學校，並設計各種教具、設備。歐文的幼兒學校及其學前教育思想緊緊地與當時的科學實踐、教育實踐相聯繫，推動了19世紀上半期英國幼兒學校運動的興起，對英國學前教育體制的完善產生了深遠影響。

### 思考與練習

1. 簡述誇美紐斯學前教育思想的內容和歷史地位。
2. 簡述洛克學前教育思想的內容。
3. 簡述盧梭學前教育思想的內容。
4. 盧梭學前教育思想的積極作用和局限性分別有哪些？
5. 簡述裴斯泰洛齊的學前教育思想。
6. 簡述福祿培爾的學前教育思想。
7. 福祿培爾學前教育思想的積極作用有哪些？
8. 簡述歐文的學前教育思想。

# 單元 11　外國現代學前教育

### 學習目標

- 分別掌握現代英、法、德、美、蘇(俄)、日等國的學前教育狀況；
- 瞭解英、法、德、美、蘇(俄)、日等國的學前教育相關政策和制度；
- 能夠比較英、法、德、美、蘇(俄)、日等國學前教育的差異。

　　本章介紹了現代各國學前教育機構的創立與發展的歷史過程，以及各國現代學前教育機構的改革和發展狀況等。進入20世紀以後，英、法、德、美、日等國先後成為發達的資本主義國家，伴隨著經濟的發展，學前教育事業有了長足的發展，並深刻地影響著當代社會教育；「十月革命」後，俄國(後為蘇聯)逐步建立起社會主義學前教育體系。20世紀60年代以來，各國都越來越重視學前教育的社會地位和重要作用，認識到幼兒的教育問題不僅直接關係到每個家庭，也關係到整個國家的教育發展水平，必須加強和改進學前教育。因此，世界各國都根據各自的社會、經濟、文化等特點，在幼兒教育方面提出了一系列發展措施、規劃和部署並付諸實施。

## 第一課　英國的現代學前教育

　　與其他發達國家相比，英國的現代幼兒教育發展是比較緩慢的。這主要是由於認識上的片面而導致了行動上的遲緩。英國歷屆政府只重視初等教育和中等教育而不重視幼兒教育，只是在有限的人力和物力條件下去實施幼兒教育。1972年12月，英國教育和科學部為此發表了題為「擴大教育計劃」的《教育白皮書》，並制訂了發展幼兒教育的計劃。由於英國政府增加了對幼兒教育事業的投資(1981—1984年，幼兒教育經費為1.2億英鎊)，加上發展幼兒教育計劃的實施，英國的幼兒教育提高到了一個新的水平。這極大地推動了英國社會上下對幼兒教育的關心和支持，從而在20世紀80年代掀起了「盡快行動起來普及幼兒教育」的熱潮。

## 一、19世紀末至第二次世界大戰前英國的學前教育

### （一）保育學校的出現

1870年，英國頒布的《初等教育法》規定5歲為義務教育開始的年齡，國家所關心的是5～11歲兒童的初等義務教育，而把5歲以下幼兒的教育留給社會去解決。當時的學校出現了5歲以下兒童因無人看管而隨其兄長或姐姐入學的問題，嚴重影響了5歲以下兒童的身心健康。1905年，教育院提出要為3～5歲的幼兒設立保育學校。保育學校作為一種新穎的幼兒保育機構，掀開了英國學前教育史的新篇章。這項開創性的工作是由英國教育家瑪格麗特‧麥克米倫（Margaret McMillan, 1860—1917）和拉歇爾‧麥克米倫（Rachel McMillan, 1859—1917）完成的。麥克米倫姐妹最初於1908年開設的是「實驗診療所」，後來改名為「學校治療中心」；在此基礎上，1913年發展成為「野外保育學校」。這所學校的宗旨是確保貧民和工人家庭子女的健康，預防流行疾病。

1. 主要目標及措施

麥克米倫姐妹開設的保育學校，其主要目標可概括為兩點：一是確保學齡前兒童的身體健康；二是提供適應兒童心理發展的環境。瑪格麗特認為：人是一個有機統一體，各種情感的發展都取決於身體健康和免於疾病與饑餓；只有把兒童從出生起的身體健康看作人類基本職責和社會工作時，教育的其他目標才能取得成功。為此，保育學校採取的措施有：① 注重校舍環境設置；② 配備醫務人員協助工作；③ 注重幼兒生活細節並安排有規律的園內活動。為實現保育學校的第二個目標，瑪格麗特採取的措施有：① 注重活動教育，倡導感覺訓練、運動神經的控制訓練，以及蒙臺梭利「實際生活訓練」啓發下的家政活動訓練；② 重視藝術教育；③ 注重兒童年齡差異，對不同年齡的兒童進行差別指導。

2. 辦學特點

該校招生面向所有5歲以下的兒童，特別是貧民和工人家庭的子女。其辦學特點是：融合歐文、裴斯泰洛齊、福祿培爾及蒙臺梭利的教育方法，注重幼兒的手工教育、言語教育、感覺訓練、家政活功訓練及自由遊戲；反對一切拘謹的形式主義教學；在郊外開設，注意採光、通風及環境的布置。

麥克米倫姐妹創辦的保育學校成為歐洲新教育運動的重要陣地，其實踐充分吸收了科學的學前教育觀和兒童觀，引起了公眾及英國政府對學前教育的關注。1923年，在瑪格麗特等人的努力下，英國「保育學校聯盟」成立，致力於擴大和普及保育運動。

### （二）1918年《費舍法案》

第一次世界大戰結束以後，由於政治、經濟和文化的發展需要，英國再一次將改善國民教育的問題提上了議事日程，於1918年通過了新的初等教育法案——《費舍法案》（The Fisher Act），首次明確宣布教育立法的實施要「考慮到建立面向全體有能力受益的人的全國公共教育制度」。

該項法案的目的是在英國建立完整的國家教育行政系統和初步確立一個包括幼兒教育、初等教育、中等教育和各職業教育在內的學制。該法案要求將小學分為5～7歲（幼兒部）和7～11歲兩個階段，正式承認保育學校屬於國民學校制度的一部分，並把保育學校的設立和援助委託給地方教育行政部門處理。保育學校的教學內容以活動和藝術課為主，強

調以「兒童為中心」，使兒童身心得到發展。除伙食費和醫療費外，保育學校實行免費入學，並決定對 13 所保育學校實行國庫補助。但由於第一次世界大戰後經濟危機的影響，有關扶持保育學校的規定執行得並不盡如人意。

### （三）1933 年《哈多報告》

1933 年，以哈多爵士（Sir Hadow）為主席的調查委員會發表了《關於幼兒學校以及保育學校的報告》，又稱《哈多報告》，成為推動學前教育理論和實踐發展的重要文獻。

《哈多報告》指出：良好的家庭是 5 歲以下兒童的最佳環境，但同時認為保育學校對城市兒童智力的發展具有重要作用，建議將保育學校作為「國民教育制度中理想的附屬機構」，提倡大量增設麥克米倫式的保育學校、幼兒學校和幼兒部附設的保育班；5 歲以下不應區分兒童發展階段的界限，而向 7 歲以上的少年學校過渡才是其重要的發展階段，主張對 7 歲以上的幼兒實行一貫教育，成立以 7 歲以下幼兒為對象的獨立的幼兒學校；幼兒學校的教師應遵循保育學校的原理，對 7 歲以下幼兒主要通過開展戶外體育、游戲等自然性活動和會話、唱歌、舞蹈、手工、圖畫等活動讓幼兒獲得知識。

《哈多報告》立足於兒童中心主義，集歐文、裴斯泰洛齊、蒙臺梭利、福祿培爾和麥克米倫等人的幼兒教育思想之大成，被認為是英國學前教育史上具有劃時代意義的文獻。但是，由於 1929 年經濟危機的餘波尚未平息，《哈多報告》暫時被擱置起來。直至 1936 年，教育委員會要求地方教育行政部門調查保育學校的情況，保育學校的發展才出現新的轉機。

## 二、第二次世界大戰結束後至 20 世紀 80 年代英國的學前教育

### （一）1944 年《巴特勒法案》

第二次世界大戰爆發後，因軍需生產的需要，大批婦女參加了工作，同時帶來了對幼兒教育的迫切需要。為了滿足社會的需要，英國一些慈善機構和福利團體開辦的保育機構應運而生，出現了全日制、半日制幼兒學校及附設的保育班等形式並存的學前教育機構，收效頗佳。第二次世界大戰後，所有這些機構於 1946 年都移交地方教育當局。這時，幼兒保育機構已達 353 所，到 1948 年時則超過了 398 所。

1944 年，英國政府頒布了一個重要的教育改革法令，即《巴特勒法案》。該法案以 1918 年的《費舍法案》為藍本，確定了英國現代教育體系的基礎。這一法案的頒布，不僅加強了英國政府對於教育的控制，也在一定程度上完善了地方教育管理體制。它對幼兒教育做了重要規定：「地方教育當局應當為那些未達 5 歲的兒童做好開辦保育學校的準備，或在一些學校內設置幼兒班，以方便兒童入學。」此後，幼兒教育就處於國家和地方的雙重管轄之下，促進了幼兒教育事業的發展。

《巴特勒法案》在法律層面上保證了保育學校的設置，並將其視為地方當局不可推卸的責任和義務，較之 1918 年的《費舍法案》有很大的進步。但是幼兒教育的連貫性還是被以 5 歲為分界的規定所打破，而且其對於幼兒教育的實際影響力並不理想，法案頒布後英國的學前教育並沒有取得明顯的進步。

### （二）1961 年學前遊戲班運動

第二次世界大戰後，英國經濟衰退，幼兒教育設施不夠，師資也極端缺乏。隨著大城市逐漸出現高樓大廈，兒童失去了集體游戲的機會。在這種情況下，1961 年，家長們以大城市

和工業地區為中心自發興起了「學前游戲班運動」。

學前游戲班有以下特點：① 以為幼兒提供游戲場所為明確目的，幼兒游戲小組可收容2～5歲的幼兒；② 幾乎都沒有自己獨立的設施，而是無償借用成人俱樂部、教堂、嬰幼兒福利中心、舊學校等機構房屋設施的部分作為活動場所；③ 游戲小組的管理人員主要是中產階級的家庭婦女，教師和保育員多半由孩子的母親自願承擔，輪流值班；④ 多在早晨和晚上活動，保育時間為2～3小時，保育人數為每班15～20人，其設備、玩具和電費均由兒童救濟基金會承擔；⑤ 每次活動內容分成三個部分，分別是自由游戲、吃點心及自我服務、室外活動或室內活動等。

學前游戲班為當時的英國幼兒教育解决了難題，即便是到了現在，這種形式也沒有消失，並且成為英國學前教育體系中重要的類型之一。到2000年，英國尚存學前游戲班35.3萬個。直至最近，隨著英國各地教育局擴大學前教育機構網，這一形式才開始衰退。

### （三）1966年《普洛登報告書》

1966年，教育諮詢委員會委員長普洛登女士發表了一篇報告。該報告在第九章《為義務教育前的幼兒提供教育設施》中，呼籲大力發展英國的幼兒教育，尤其是在教育不發達的地區。該報告提議：①幼兒教育應以20人為1組劃成1個「保育集體」；1～3個保育集體組成「保育中心」；它們可以與保育所或者兒童中心的診療所結合起來。②在公立保育機構得到擴充之前，地方教育當局有權對非營利私立保育團體進行援助，以資鼓勵。③最理想的是將保育集體在內的一切幼兒保護服務機構都統一在各個收容兒童的機構及小學校的領導之下，同時，在制訂新的地區計劃和對老區重新規劃時，也應充分考慮到幼兒教育。

### （四）1972年《教育白皮書》

1972年12月，教育科學大臣撒切爾發表《教育白皮書》，提出將「擴大幼兒教育」定為內閣將要實行的四項教育政策之一。白皮書肯定了普洛登報告中具有實踐意義的建議，並制訂了實施計劃，打算10年內實現幼兒教育全部免費，並擴大至5歲以下兒童的教育。為此，白皮書提出以下要求：第一，要調動各方面的積極性；第二，確保有相當數量的教師；第三，政府為實現上述計劃提供必要的經費援助。

## 三、20世紀80年代以來的英國學前教育

20世紀80年代以來，英國學前教育機構出現了多種形式並存的局面，其多樣性的發展局勢是這一時期的主要特點。特別是1997年以來，英國政府頒布了很多重要的法案和計劃，用以推行有利於弱勢群體和落實教育公平的政策。

### （一）1995年幼兒憑證計劃與學前教育目標提案

1995年，由英國教育和就業大臣發布了幼兒憑證計劃，規定發給有4歲兒童的家庭1,100英鎊的憑證，用以支付兒童在公立、私立或是民辦學校的高質量的教育費用，教育期限為3個月。遺憾的是由於財力等原因，4歲以下幼兒的教育並沒有涉及。

與此同時，英國學校課程和評定主席羅恩·迪林（Siry Ron Dearing）公布了關於5歲幼兒在義務教育開始時所要達到目標的提案。這項提案與幼兒憑證計劃息息相關，因為規定任何學前教育機構，如果想參加幼兒憑證計劃，就要證明其有能力為5歲幼兒提供可以達到標準的教學能力。但可惜的是，提案因過於重視語言水平、識字量、數學和技能的培養而備

受爭議。

（二）1998 年確保開端計劃

英國政府承諾在 20 年內徹底根除兒童貧窮現象，確保開端計劃是實現這一承諾的中心環節，主要內容包括：①為所有兒童提供早期教育；②為兒童提供高質量的養護；③開展有影響的地方計劃；④繼續在條件不利的地區向兒童提供服務。

（三）學前教育課程和教師培養

1. 學前教育課程

在英國，國家一級的教育和科學部只負責制定學前教育課程的基本方針，地方教育當局負責根據國家方針結合本地特點制定課程目標和綱要。但是不對各學前教育機構做統一的規定，教師擁有很大程度上的教學自主權。教育旨在促進幼兒語言發展，培養幼兒社會交往能力以及傾聽、觀察和實驗的綜合能力，主要通過一日活動、遊戲活動和家庭以及社區資源來實現。在 2000 年，由英國資格與課程委員會和教育部共同頒布的面向 3~5 歲幼兒的《基礎課程指南》使得學前教育機構的課程更加綜合和以幼兒為中心。

2. 學前教育師資培養

由於學前教育的發展，教育質量日益受到重視，從而師資培養也就備受關注。英國對學前教育師資培養很嚴格，學前教育師資主要分為兩種：教師和托兒所保姆。教師的培養，現在一般來講，主要有四種機構，分別是大學教育系和教育學院、師範學院、技術教育學院、藝術教育中心。學位模式分為兩種，一是教育學士學位，二是大學後教育證書模式。課程包括普通教育課程、職業教育課程和教育實習等內容。對於想從事托兒所保姆職業的人來說，只要年滿 18 周歲，就有資格參加國家托兒所保姆考試局舉行的考試；經過 2 年的課程培訓（理論和實踐，實踐課程約占 40%）之後，從事與 0~8 歲兒童教育保育相關的工作。

縱觀這一時期的英國學前教育的發展，呈現出的特點有：①學前教育以 5 歲為界限，劃分為 2~5 歲和 5~7 歲兩階段，後一階段屬於義務教育；②學前教育機構中的課程主要分為來自麥氏姐妹以遊戲為主的課程和其他一些以培養知識技能為主的課程；③家長可以積極地參加學前教育機構的教育和管理工作，以實現機構功能的最大化。

## 四、英國的現代學前教育政策

2004 年，由英國財政部、教育與技術部和勞工部等部門聯合發布的《家長的選擇與兒童最好的開端：兒童保育十年戰略》是「兒童保育十年戰略」政策出抬的標誌性文本。「兒童保育十年戰略」是在「每個孩子都重要」的規劃基礎上，對其中的關鍵部分——學前教育與保育問題制訂的專門而深入的戰略規劃。該政策對 21 世紀第一個十年內英國學前教育發展的宗旨、原則、核心目標等做出了闡釋與規劃，是指導當前英國學前教育發展的基本政策。「十年戰略」提出了英國學前教育與保育改革發展的多項核心目標：① 自 2007 年開始，將母親帶薪產假延長至 9 個月，此後遠期目標則為 1 年；② 從 2005 年始，為家長提供更多的財政援助，增加「兒童保育個人所得稅」減免額度（每個孩子 175 英鎊）；③ 將 3~4 歲兒童免費學前教育服務時間從 2006 年起延長至每年 38 周，長遠的目標是每週 20 小時；④ 到 2010 年，每個社區均要有「確保開端」兒童中心，提供整合的學前教育、保育和家庭服務活動。該政策對上述幾項核心目標均有具體的推進措施與達標期限，對政策的細化、落實及其評價都極為

重要。

英國政府先後推出的多項學前教育改革政策，往往是先前政策的有效性使後續政策不斷對其進行強化與拓展，由此使得政策之間具有較好的銜接性。而保障這些政策實施效果的一個重要因素是英國政府十年來切實保障並連年增加對其財政投入。相關數據顯示，英國對學前教育的財政撥款呈連年持續增加態勢，2001—2002 年用於「確保開端」項目的聯邦預算為 1.8 億英鎊，2002—2003 年、2003—2004 年、2004—2005 年該項預算撥款分別為 4.5 億英鎊、5.3 億英鎊和 8.9 億英鎊，2005—2006 年則攀升至 11.58 億英鎊。這並不包括用於其他學前教育項目、提高幼兒師資水平方面的財政投入。目前，英國學前教育已經取得多方面的顯著成效。

英國政府在制定學前教育政策的過程中對英國社會、政治、經濟、教育、文化等各方面因素進行了綜合、全局的考察與權衡，將英國學前教育發展提升到事關英國社會政治穩定、經濟繁榮、終身教育體系建構與國際競爭力增強的戰略高度予以思考與謀劃。可以說，英國學前教育政策制定的前提或者出發點就是為了保障推進強調公民責任、鼓勵就業的積極福利政策的實施，促進英國經濟發展、社會穩定。英國學前教育政策不僅著眼於當下的問題與困境，更著眼於對未來的挑戰做出預測與應對，對未來發展遠景做出積極規劃，充分體現政策的前瞻性與預測性。基於學前教育的公益性、福利性、奠基性和長效性，英國學前教育政策體現出對兒童終身學習與發展，一生幸福與成就的高度關注；體現出對未來英國公民培養及其國際競爭力的長遠考慮；同時，更體現出對學前教育之於英國未來經濟繁榮、社會穩定與國家人力資源儲備及綜合國力提升的高瞻遠矚。

### 五、英國學前教育機構的類型

從教育機構類型上看，目前英國已經形成以地方公立為主、社會自願團體和私人為補充的多元發展格局。在公立幼教機構當中，又以地方教育當局開辦或資助的為主，部分為地方社會機構開辦，但也有兩者合辦的。

1. 保育學校和保育班

保育學校是獨立的幼兒教育機構，招收 2～5 歲的兒童。保育班附設在小學裡，招收 3～5 歲的兒童。根據 1945 年英國政府頒布的《保育學校規程》，保育學校和保育班的目的有：① 為幼兒提供醫療服務；② 培養幼兒良好的習慣和品行；③ 為幼兒提供良好的學習環境，使他們能夠學到適合於他們年齡的知識。在行政管理上，保育學校和保育班歸國家教育和科學部及地方教育當局管轄。地方教育當局享有實際的自治權，負責提供保育學校和保育班的經費及教師的聘任。在教育內容上，保育學校和保育班沒有正式的課程，教育內容主要由校長決定，幼兒以自由遊戲為主，幼兒可根據自己的興趣自由選擇活動內容。有時，教師也組織一些唱歌、跳舞、講故事等集體活動。保育學校和保育班的教學方法是以個別指導來進行的。

2. 日托中心

日托中心主要招收由社會救濟部門送來的或母親外出工作無人照管的 5 歲以下的兒童，一般屬社會服務性質，由衛生部門領導。日托中心以照顧為主要目的，教育功能相對薄弱。日托中心以全日制為主，半日制極少，其經費來源是多種多樣的，來自地方當局、工廠、

私人等,是一種為少數幼兒服務的特殊機構。

3. 學前學校

1961年,游戲團體應時代要求而產生。家長們的行動促使英國20世紀最富有活力、最成功的兒童和家庭組織誕生。這些游戲團體被稱為學前學校。學前學校在很多方面都與公立幼兒園和托兒班非常相似,都是通過游戲課程教給兒童一些基本知識。學前學校一般都是由家長來經營和管理的。這為家長提供了參與整個社區活動的機會,家長可獲得更多的知識,其經費幾乎全由家長們來承擔。

4. 幼兒玩具圖書館

20世紀70年代前後,一些智力障礙兒童的家長自發組織起來把各家的玩具、圖書聚集在一起,形成了「幼兒玩具圖書館」。它集社區中心、收藏館和學校為一體。玩具圖書館酷似圖書館,所不同的是書架上陳列的是玩具而非書籍。這一觀念得到迅速傳播,很快發展到大多數玩具圖書館都面向一般兒童。其經費主要來源於社會募捐。兒童可借玩具回家玩,同時鼓勵成年人與兒童一起玩耍。

## 第二課　法國的現代學前教育

19世紀末,法國已基本確立了近代學前教育制度。進入20世紀,新教育和教育民主化思潮對政府學前教育政策和學前教育改革產生了積極影響。第二次世界大戰後,法國政府更加重視學前教育,不斷對學前教育進行改革,力圖通過改革使學前教育更加適合社會發展和學前兒童身心發展,並使學前教育改革與初等教育改革協調起來。自20世紀70年代中期以來,法國公立學前教育取得許多重大進展。這些改革使法國學前教育在世界上始終保持領先地位。

一、學派之爭與智力量表的出現

20世紀初期以來,法國傳統教育學派和新教育學派在基本觀點上針鋒相對。傳統教育思想的主要代表阿蘭(Alain)和涂爾干(Durkheim)等人認為,教育的基本職能是傳播文化,學校應當脫離社會生活,學習過程是克服困難的過程,教學要有教師的參與。新教育思想則以弗萊內(Freinet)和庫奇內(Cousinet)等人為主要代表,認為兒童是教育的中心,應尊重兒童個性,注重個人實際經驗,提倡活動教學法。弗萊內的「活動教學法」和庫奇內的「分組教學法」對母育學校的教學方法改革產生了一定影響。法國政府對上述兩種觀點採取折中態度,盡量採用有利於民族統一和社會穩定的教育內容;採用有利於發展兒童能力的新做法,不斷增加科技教育比重,促進兒童個性發展。

比納(Binet,1857—1911)是法國心理學家,巴黎大學心理學教授,現代智力測驗的創始人。1905年,他與西蒙(Simon)一起編寫出版了第一份智力量表《比納-西蒙智力測驗量表》,以3~13歲的兒童為對象,重視對兒童個性差異的研究。首先,該量表是新教育的產物,重視兒童個性差異,主張根據兒童思維方式的差異因人施教。其次,該量表是當時法國實施義務教育的需要。1904年,法國政府要求運用各種方法來鑑別低能兒童,以便為其開設

特殊學校或特別班,避免其不斷留級帶來的麻煩。1905年,智力測驗量表問世後受到普遍好評,但也暴露出一些局限性,主要是不能明確簡便地從年齡角度來說明被試者的智力超前或落後的程度。1908年,比納和西蒙發表了被稱為「年齡量表」的第二份量表。該量表按年齡分組進行測試,引入「智齡」這一智力測驗的重要術語。1911年,他們再次修改量表,使其成為比較科學、系統的兒童智力發展的測驗工具。他們的量表被迅速譯成多種文字在世界上流傳。

## 二、母育學校的改革與發展

### 1. 母育學校的改革

1905年,法國教育部長對母育學校過於強調傳授知識的傾向提出批評,指責母育學校充滿小學氣味,認為對2~4歲幼兒進行閱讀和書寫教學並非母育學校的中心目的。1908年,教育部長再次強調母育學校的目的是對學前兒童加以照料,滿足其體、德、智發展要求;母育學校不是一般意義上的普通學校,對於有流落街頭的危險和家庭處境不良的孤獨的幼兒來說,母育學校是保護兒童的避難所,要鼓勵無人照料的兒童到母育學校來,並給予平等熱情的接待和照顧。這一時期,學前教育機構管理已形成制度,公立母育學校由國家和地方自治團體開辦並支付經費,實行免費制度。私立幼兒園的監督由教育部母育學校女視學官負責,多數私立幼兒班則由小學督學官監督。母育學校的教師與小學教師一樣都由初級師範學校培養。1949年,法國公立母育學校有3,653所,私立母育學校有217所;公立幼兒班有4,385個,私立幼兒班有397個。

### 2. 母育學校的智育化傾向

法國從1957年開始把兒童入學年齡提前至5歲9個月。該決定得到初等教育視學官和學校當局的讚成,但對於提前入學是否有利於幼兒成長和人才選拔尚存在爭議。1969年,法國政府對母育學校學習計劃和教育方法進行改革,主要目的是進一步加強幼兒全面發展。改革後的學前教育採取與小學相同的「三段分期教育法」。20世紀60年代末,法國在初等教育階段全面推行合科教育以代替傳統的分科教學。與小學跨學科課程相類似,母育學校課程分為三大類:①基礎知識課,上午進行,每週15課時;②各種啟蒙教育課,下午進行,每週6課時;③體育課,下午進行,每週6課時。新課程計劃的主要目的是把各科目有機聯繫起來,使兒童統一、協調和整體地去認識世界。這一新計劃是當時重視智育的世界風潮的反應。基礎知識課占去一半以上課時,4歲以上兒童教育的重點是讀、寫、算,為進入小學做準備。

### 3. 母育學校的發展

1986年,法國國民教育部發布《對母育學校的方向指導》,指出母育學校以教育為主,有別於以照看為主要職責的其他幼兒機構,其總目標在於使兒童的各種可能性得以發展,以便使其形成自己的人格,並為其提供在學校和生活中取得成功的最佳機會。其具體目標是:①使兒童受學校教育,以作為家庭教育的補充;②使兒童社會化,教會兒童與他人交往;③通過不同活動方式促進兒童的學習和練習。母育學校的活動可分為體育活動,交流、口頭表達與書面表達活動,藝術與審美活動,科學技術活動等。教學活動分班進行。小班的教學以幫助兒童適應集體生活為中心,注重發展兒童的感覺和運動能力,訓練其口頭表達能力。中班

的教學形式仍是游戲和玩耍，但滲入較多為學習文化知識做準備的內容。大班的教學注重培養兒童學習基礎科學知識的正確態度，進行讀、寫、算基礎訓練，為進入小學做準備。

## 三、學前教育功能的擴展

法國政府將公立學前教育發展列為第七個五年計劃（1976—1980）的重點任務之一。1975 年的哈比（Haby）改革涉及學前、小學和中學的整個普通教育領域。1976 年，政府頒布法令指出母育學校在普通教育中的重要意義，要求全面發展城市和農村的學前教育，所有 5 歲兒童進入母育學校和小學幼兒班。20 世紀 80 年代至 90 年代，法國教育改革涉及學前教育、初等教育、中等教育、高等教育、繼續職業教育和社會職業培訓。1989 年由總統正式頒布的《教育方針法》的附加報告明確規定了學前教育目標：「通過對美感的啓蒙，對身體的意識，對靈巧動作的掌握和對集體生活的學習，發展幼兒的語言實踐能力和個性，同時還應注意發現兒童在感覺、運動或智力方面的障礙，並做及早診治。」這一目標實際上強調了法國學前教育的四重作用：啓蒙教育、社會化、診斷和治療，以及與小學的銜接。

法國一貫重視母育學校與初等學校的緊密聯繫，將學前師資和小學師資統稱為「初級教師」，一律由省立師範學校負責培養。這是法國幼小銜接的一個有效措施。為使學前教育與小學教育既體現出合理的層次性，又反應出它們之間良好的過渡性，法國政府在 1978 年頒布的《哈比改革法》、1989 年頒布的《教育方針法》和 1990 年頒布的《教育法案實施條例》中都提出要加強「幼小銜接」工作。其具體措施包括：① 1990 年，政府頒布政令決定推行基礎教育改革，1991—1992 學年在 33 個示範省實施，1992—1993 學年在全國更大範圍推行；② 1990 年，法國政府規定合併母育學校和初等教育的視導監督工作；③ 增加男性教師比例，鼓勵男性教師進入母育學校擔任教師。其中，基礎教育改革把學前教育與小學教育合為一體，2～11 歲兒童教育被分為三個連續的學習階段，每個學習階段一般由三個學年組成：初步學習階段（2～5 歲）包括母育學校的小班和中班；基礎學習階段（5～8 歲）包括母育學校的大班和小學前兩年；深入學習階段（8～11 歲）包括小學的後三年。每個階段的教學活動按學生的能力和水平實行同學科、同水平分組教學。學習階段實驗和改革的意義在於重視學生個體差異和幼小銜接，並以學生為中心組織教學。

## 四、學前教育機構的發展

在法國教育系統中，「學校」一般是指初等教育機構，包括母育學校和小學，都歸教育部學校司管轄，有公立和私立之分，都不屬於義務教育。從 1981 年開始，學前教育與小學教育一樣免費入學。法國是當今世界上學前教育水平較高的國家之一，入園率很高。1990 年，2～6 歲兒童入園率為：2 歲 36.2%，3 歲 98%，4～6 歲 100%。在邊遠地區實行送教上門。即使只有三個孩子，也有流動車前來負責將相關兒童接送到學前教育機構對其進行教育。法國母育學校和小學幼兒班招收 2～6 歲兒童，一天開放的時間長達 10 小時。兒童一般按年齡分為三班：小班（2～4 歲）、中班（4～5 歲）和大班（5～6 歲）。班級的人數因地區而異。鄉鎮平均每班 10～15 人，城市每班 25～30 人。法國政府對母育學校的環境和設施有嚴格的規定，一般應設有游戲室、活動室、廁所、盥洗室、飯廳、廚房和運動場，以及接待室、教師宿舍、衛生室、貯藏室、主任辦公室、露天活動場所和暖氣設備。與其他國家相比，法國學前教育機構承擔著更多職能，包括教育、保育、診斷和治療，把社會、衛生和心理三者綜合起來，重

視幼兒身心健康的維護和學習習慣的培養,重視人格健康及各種潛能的發展,重視發現天才和防治低能。

### 五、學前師資的培養

為實現對母育學校所規定的任務,法國政府要求教師具有紮實的普通文化基礎、關於不同活動領域的若干學科的知識及教學能力。教師首先必須瞭解兒童,真正關心兒童,瞭解兒童發展的個別差異,又應注意使兒童形成群屬感,促使其社會化。教師應通過以科學為基礎的知識等途徑來很好地瞭解兒童,諸如遺傳心理學、普通心理學、兒科學、營養學、神經學、精神分析學、社會學和學科教學法等。因此,對未來教師的培訓計劃應與此相一致,並與實踐相聯繫。法國幼教師資的職前培養由師範學校負責,按規定名額擇優錄取,入學考試內容十分廣泛,一般要經過初試、復試和自選考試三道關口。初試以筆試方式進行,考試內容涉及法國文學和語言、數學、科學與技術。復試以口試、實踐和操作的方式進行,內容包括談話、體育、造型藝術、音樂與朗誦。自選考試內容是筆頭翻譯一篇教育部規定範圍內的用外文或方言寫成的短文。被錄取者被任命為「學生—教師」,一入學就成為國家公務人員並領取工資。

1986年公布的法國教育部決定的附件即《對母育學校的方向指導》,具體規定了師範學校的課程內容,要求培養能勝任母育學校和小學全部課程的人。它包括以下內容:①教育理論和實踐,佔總課時的46.3%;②學科基礎知識,包括法語、數學、科學與技術、歷史、地理、公民教育、體育、藝術教育;③初等教育教師的行政和社會作用;④加深選修課。為滿足殘障兒童接受學前教育的需要,法國母育學校配備有特殊兒童教育師資。特教師資除接受一般教師培訓外,還要經過全國性或學區性的專門機構培訓,通過特教教師證書考試並實習一年。

20世紀70年代以後,在終身教育思潮的影響下,法國在職教師進修有較大變化。政府肯定了教師培養應包括職前和職後兩個部分。教育部規定每個初等教育教師從工作的第五年起到退休前五年止,有權利帶薪接受累計時間為一年(36周)的繼續教育,分為長期(4～12個月)、中期(1～2個月)和短期(1個月以內)三種,主要由本省師範學校負責實施。

## 第三課　德國的現代學前教育

德國教育家福祿培爾19世紀創辦的幼兒園對西方學前教育有重要影響。德國傳統上重視家庭教育,教育孩子被視為家長的權利和義務,政府歷來把學前兒童教育視為社會福利事業,交給教會、慈善團體和私人辦理。作為一個地方分權制國家,德國各州幼兒園形式多樣並大多實行半日制,注重通過游戲等活動方式促進兒童身心發展,而不強調讀、寫、算教育。20世紀後,德國幼兒教育的基本方針是由1920年的全國「學校會議」和1922年頒布的《兒童福利法》決定的。其主要特點表現為幼兒園不是教育制度的一環,而是社會福利制度的一環。這一直影響著德國現代幼兒教育的發展模式。20世紀70年代以後,德國政府日益重視學前教育,把學前教育納入整個教育體制,作為初等教育的一個組成部分,並給予指導和補助。德國統一後,學前教育的發展受到東部和西部文化差異的重要影響。

## 一、第二次世界大戰前學前教育的變化

在第二次世界大戰前,德國的學前教育機構承襲 19 世紀末的傳統,呈多元化的趨勢。除幼兒園外,還有沿襲下來的收容幼兒的慈善機構和幼兒學校等。第一次世界大戰以後,德國廢除了君主政體,建立了資產階級的魏瑪共和國。魏瑪共和國按照民主的原則對教育進行改革,強調德國所有兒童都享有受教育的權利,使他們在身體、精神和社會方面都得到發展,成為有才干的人。同時,魏瑪共和國決定設立公共兒童保護機構——兒童保護局,負責監督和指導民間兒童福利事業,承擔為嬰幼兒、學童等提供福利設施的任務,既要設立公立的幼兒園,又要鼓勵民間慈善團體和宗教機構開辦幼兒教育機構。

1922 年,德國政府制定了《兒童福利法》,其中強調建立「白天的幼兒之家」,包括幼兒園、托兒所及幼兒保護機構等;同時還提出訓練修女擔任看護工作,要求加強幼兒教師的培訓。此時期,幼兒園發展成為德國學前教育的主流。政府還頒布了《幼兒園條例》,提出建立各種各樣的學前教育機構,指出凡招收 2～5 歲兒童者均可稱為幼兒園。政府還規定,一切幼兒園的政府監督,均隸屬於教育、衛生兩部。幼兒園兒童具體由地方兒童局負責,學校教養兒童均須得到兒童局許可。

1933 年,德國希特勒法西斯政府把教育作為侵略政策的工具,建立了中央集權的學校管理制度。各類學校,包括幼兒園,都必須進行所謂的「種族教育」——強調德意志是最優秀的民族,並在各種教科書中宣揚對法西斯的崇拜和對法西斯頭子的盲從,幼兒教育遭到嚴重破壞。

## 二、第二次世界大戰後學前教育的改革

第二次世界大戰後德國被一分為二:德意志聯邦共和國(簡稱聯邦德國或西德)與德意志民主共和國(簡稱民主德國或東德)。兩個國家遵循著不同的發展路線。受蘇聯影響,東德學前教育被納入統一的學校教育系統,成為公立教育制度的一個重要組成部分。西德學前教育則恢復了魏瑪共和國時期的傳統。統一後的德國保留了西德學前教育傳統,但東部和西部的學前教育存在重大差異。

### (一) 德意志聯邦共和國的學前教育

1. 學前教育地位的變化

聯邦德國基本法規定教育兒童主要是個人的事情,家庭以外任何形式的教育都是次要的。哺養和教育兒童是父母的權利更是其義務,這成為聯邦德國有關家庭立法、學前兒童保育和教育有關的各種方針政策的基調。直到 1970 年以前,幼兒園一直被認為是社會福利機構。第二次世界大戰後,為盡快恢復和重建教育事業,聯邦德國制定了一系列教育政策。《關於德國學校民主化的法律》規定,幼兒園作為非義務教育機構屬於國民教育體系。《德國教育民主化的基本原則》要求保證一切兒童享有同等教育機會。《教育結構計劃》要求大力發展學前教育。

1966 年以後,在美國及其他發達國家諸如開端計劃、開發幼兒智力等計劃及思想的影響下,聯邦德國政府開始意識到學前教育的重要性。1970 年,聯邦德國教育審議會公布了包括學前教育在內的全國教育制度改革方案。此方案把幼兒園 3～4 歲的幼兒教育納入了教育

體系的基礎部分,列入了初等教育,把5~6歲的幼兒教育納入了義務教育。20世紀70年代初,圍繞幼兒園是獨立機構還是學校教育前期和準備階段問題展開了大辯論。教育理事會主張在組織機構上應使幼兒園和小學相互銜接。1975年,聯邦德國教育和科學部在一項通知中提出,要把幼兒園教育納入國家教育體制,使兒童能從幼兒園自然過渡到小學。聯邦德國的各州在過渡期教育內容上很快達成原則上的一致。20世紀70年代,為弄清5歲兒童究竟應納入基礎學校教育還是納入學前教育的問題,聯邦德國許多州都積極開展了相關實驗。

2. 學前教育的辦學形式

聯邦德國的幼兒園主要是由教會、普通慈善機構和民間團體開辦的,幼兒園的監督工作主要由開辦幼兒園的團體自行負責。聯邦德國所有公、私立幼兒園的督察工作均由兒童局負責。幼兒園的入園制度大多由各州自行規定。在各類幼兒園中,公立的僅占1/3,遠低於教會(包括天主教和新教,新教即基督教新教)所辦的幼兒園。這是因為19世紀以來,政府對幼兒教育採取控制但不援助的政策,學前教育長期由市民或非政府機構自行管理;宗教團體的活動異常活躍,成為私立幼兒園的主導力量;幼兒園民辦幾乎成為一種傳統,直到20世紀60年代中期後才有所改善。

聯邦德國幼兒園多數由教會和慈善團體開辦並領取國家補助。公立幼兒園(主要由鄉鎮舉辦)占30%,招收3~6歲兒童入園。到1990年,幼兒園可接納新生人數占適齡兒童的79%。10%是全日制幼兒園,其餘都是半日制幼兒園。此後,不僅5歲以上的幼兒普遍入學,3~5歲幼兒入園率也不斷提高。據統計,1960年,3~6歲幼兒入園率為33.3%。1977年,3~5歲幼兒入園率已達到75%。聯邦德國的地方分權制使各地區幼兒園的發展有很大差異。一般來說,南部幼兒園比北部幼兒園發達。如1980年,柏林的幼兒入園率僅為55%,而巴登-符騰堡州的幼兒入園率卻高達98%,薩爾州的幼兒園兒童甚至超過了當地兒童的實際人數。但與歐洲其他國家相比,聯邦德國幼兒園普及率仍較低。

3. 學前教育的教學大綱

聯邦德國是一個地方高度自治的國家,學前教育改革以地方或幼兒園為單位,沒有全國統一的課程改革方案或課程大綱,甚至州一級也沒有統一的教學大綱,教育目標與方案在很大程度上由幼兒園開辦者自主決定,多以遊戲等自由活動為主,不進行讀、寫、算教育。有組織的教學活動包括由教師講故事、教唱歌、做勞作、會話和帶兒童接觸自然界等。20世紀70年代,聯邦德國政府確定初級教育改革目標。為實現既定目標,各種模式的研究方案在聯邦德國應運而生。在學前教育研究方面出現了以功能論、學科論和情境論為代表的學前課程理論。

4. 學前教育的師資情況

聯邦德國雖然也設有專門培訓幼兒園教師的學校,招收初中畢業生和具有同等學力者(修業年限為兩年),但由於聯邦德國的學前教育不屬於義務教育階段,幼兒園教師無論是社會地位還是工資待遇,都不如其他教師。幼兒園教師僅僅是雇員,工資低於小學教師,這引起了幼兒園教師的不滿,結果導致不但幼兒園嚴重缺乏教師,而且教師的素質也不高,因而阻礙了學前教育的發展。可以說,聯邦德國在幼兒師資方面與其他發達國家相比有很大的差距。

## （二）統一後的德國學前教育

1990年，民主德國、聯邦德國統一。同年，政府發布《兒童與青少年福利法》，規定幼兒園是為兒童提供教育和保育並幫助其發展成為有責任感的社會公民的機構，其課程與服務項目應在教育和組織上適應兒童和家庭的需要，要求各州承擔擴建幼兒園的義務以滿足需要。1993年，德國聯邦議會做出決定，要求地方政府大力發展幼兒教育設施。從1996年起，德國3～6歲兒童入幼兒園獲法律保障，兒童入園人數增加。德國東部與西部兒童入園情況存在較大差異：西部習慣福祿培爾式半日制幼兒園，東部則受蘇聯影響，全托式學前教育機構更為普遍；西部為幼兒園短缺發愁，東部情況卻完全相反。受出生率急劇下降和高失業率的影響，東部許多幼兒看護機構面臨關閉危機。

## 三、德國現代學前教育的發展

### （一）學前教育的指導思想、內容、方法及組織形式

德國的學前教育深受幼兒教育家福祿培爾和蒙臺梭利的影響，遂形成了約定俗成的觀念，即倡導「自由發展」「自我教育」，注意為幼兒創造良好的環境，重視游戲與活動，努力使幼兒通過各種活動發展體力、智力和道德感。聯邦各州在學前教育指導思想上不完全一致，但是有很多共識：認為幼兒園是協助家庭對幼兒進行教育的機構，應為培養幼兒優良的個性和全面成長打下良好的基礎。

德國的幼兒園教學的主要內容有兩類：一類是語言教學，包括說、聽、繪畫、看圖說話、唱歌、游戲活動等；另一類是觀察能力和思維能力的培養，包括日常生活中經常遇到的色彩、形態、數量、時間等概念的辨別能力的訓練，並開展游戲、音樂等活動。在教育方法上，幼兒園除採納福祿培爾的基本方法外，還吸取杜威的主張和蒙臺梭利的教學方法，從做中學，注重豐富多彩的游戲，注重音樂教育，注重實際操作。在教學組織形式上，幼兒園主張個別教學、小組活動，不要求組織全班兒童進行集體教學。

### （二）學前教育機構的發展

德國學前教育機構具有多元化的特點，名目繁多，形式各異，達30多種，但大致可歸納為以下六類：①傳統幼兒園。傳統幼兒園為3～6歲幼兒提供保育和教育，按照幼兒園的設立者及其接受政府補助及輔導的程度可分為公立幼兒園、私立幼兒園和獨立自主幼兒園，實行混齡編班，分全日制和半日制。②幼兒俱樂部、游戲所和兒童店。幼兒俱樂部、游戲所主要由教會和福利機構開辦，兒童店是20世紀60年代學生運動的產物。③以教育家名字命名的幼兒園，如裴斯泰洛齊幼兒園、福祿培爾幼兒園、蒙臺梭利幼兒園和瓦爾多夫幼兒園等。④學校附設幼兒園和學前班，適合那些年齡已滿或將達到6周歲但智力與體力均未達到入學標準的兒童。在這裡他們接受一年特別訓練，為進入基礎學校做準備。⑤特殊幼兒園。它是為殘障幼兒提供必要教育的場所，使其更好地融入社會。⑥其他托幼機構，如托兒所、「白天的母親」和父母管理中心等。

德國學前教育具有保育和社會福利性質，其法律基礎是《青少年福利法》，與學校教育有原則區別，不屬於公共教育體制的組成部分。在聯邦一級，由聯邦青年、家庭和婦女部制定學前教育指導方針；在州一級，主要由社會部和衛生部管轄，少數由文化部代管；具體到地方，則由地方青少年福利局管理。國家對幼兒園的監督也由福利局執行。德國學校幾乎都

是公立的和免費的,但所有學前教育機構都要根據家庭收入多少來收費。另外,政府和民間資本對學前教育的投入非常可觀。2002年,政府撥款44億歐元給幼兒園,占德國當年GDP的0.2%。2002年,私立款項不低於74億歐元,幼兒園人均經費達每年4,720歐元。德國幼兒園數量很多,西部11州幼兒園規模較小,一般不超過80人;而東部幼兒入園率較高、規模大,平均每所幼兒園有642名兒童。

### (三) 學前教師的培養

德國學前教師訓練等級性很強,一般分為訓練學院、技術學院和大學三個層次,但各州學前師資訓練計劃和內容五花八門。大學培養學前教育機構中為數很少的專注於社會教育的人,接受為期四年、學術性很強的「社會專科教育」專業訓練;技術學院培養學前教育教師,接受為期三年的「社會教育專科學校」培訓;培訓學院培養學前教育機構的助理員,時間為1~3年。

# 第四課　美國的現代學前教育

美國早年是歐洲學前教育思想的輸入國,先後受到英國幼兒學校和德國幼兒園的影響。19世紀末,美國學前教育開始本土化歷程。公立幼兒園成為公立學校的階梯,被納入具有美國特色的單軌學制。在19世紀末開始的進步主義教育運動中,美國教育家對外來學前教育理論和方法進行了批判和反思,發展起具有本土特色的學前教育理論。20世紀60年代以後,美國變成學前教育的輸出國,對世界各國學前教育的發展產生了重要影響。美國實行地方分權的教育領導體制,各州學前教育存在很大差異。第二次世界大戰後,聯邦政府基於教育機會均等和早期智力開發等考慮,加大了對補償性學前教育的投入。在提高教育質量和標準化課程考試的壓力下,聯邦政府重視學前教育機構質量標準與認定體系的建立,以全面提高幼兒的整體讀寫能力。

## 一、進步主義幼兒園運動

### 1. 進步主義幼兒園運動的產生

19世紀末至20世紀三四十年代,美國開展了進步主義幼兒園運動,強調研究兒童,注重幼兒教育與實際生活的聯繫。進步主義幼兒園運動的產生是具有美國特色的學前教育改革的開始。19世紀下半葉,在美國的幼兒園中,福祿培爾的幼兒教育理論占據絕對統治地位,恩物和作業成為所有幼兒園的主要教學手段。但是人們沒有正確理解和把握福祿培爾所揭示的幼兒教育的真諦,曲解了游戲和恩物的意義,福祿培爾理論的合理因素逐漸被人們忽視,而其中的神祕主義、象徵主義卻被奉為至寶,恩物、作業的內容一成不變,趨向形式主義。到了19世紀末,隨著美國經濟和政治的發展,改變這種脫離兒童發展、脫離美國社會生活實際的幼兒園教育,根除幼兒園教育中形式主義的呼聲日趨高漲。在此背景下,進步主義幼兒園運動應運而生。它是當時聲勢浩大的教育革新運動——進步主義教育的重要組成部分。

### 2. 進步主義幼兒園運動的理論來源

為進步主義幼兒園運動提供理論依據的是美國心理學家霍爾和哲學家、教育家杜威。

霍爾提出了心理進化理論「復演說」，他讚同福祿培爾關於兒童發展階段及游戲的一些觀點，但認為恩物理論及象徵主義是不科學的，幼兒園教師閉關自守的本位主義也是非常不合理的。他在調查和實驗的基礎上，指出美國的幼兒教育中存在著脫離兒童生活實際、忽視兒童健康等方面的問題。該理論為進步主義幼兒園運動提供了心理學依據。杜威是美國進步主義教育運動的「精神領袖」，他的哲學思想、教育思想也給進步主義幼兒園運動以指導性的影響。他從「教育即生長」「教育即經驗改造」「教育即生活」「做中學」等基本觀點出發，認為教育的目的是培養兒童適應社會生活的能力，教育應以兒童為中心，讓他們通過活動積累直接經驗。杜威肯定了福祿培爾理論中關於兒童的自我活動、游戲及社會參與等原則，反對福祿培爾理論中的神祕色彩，指責恩物和作業脫離兒童的生活經驗，主張把游戲和家庭日常生活聯繫起來，在現實生活中得到發展。

3. 進步主義幼兒園運動的領導者及其主要活動

進步主義幼兒園運動的主要領導人是安娜·布萊恩(Anna Bryan，？—1901)和帕蒂·史密斯·希爾(Patty Smith Hill，1868—1946)。布萊恩是美國進步主義幼兒園運動的先驅。19世紀80年代，她最先公開批評福祿培爾式幼兒園的種種缺陷，並在自己的幼兒園裡開始實驗用新的方法來教幼兒。她認為應將幼兒看成是主動的、活潑的人。教師應幫助幼兒自己思考而不是強迫幼兒領會恩物，將日常生活引入幼兒園，強調父母的責任，加強幼兒與父母的聯繫。希爾是美國進步主義幼兒園運動最傑出的代表之一，曾先後師從杜威和霍爾。希爾1893年接管了路易斯維爾免費幼兒園協會和路易斯維爾師範學校的領導工作，並經過十幾年的努力，使這裡成為進步主義幼兒園運動的中心。1905年，希爾應邀前往哥倫比亞師範學校執教，在此後的30年裡，她不停地教書、實驗、寫作、講演，培養了大批學生，把進步主義幼兒園運動引向深入。她主張，兒童玩具應是積木、桌子、椅子等實在的東西，而不是符號化的東西，並設計發明了一組大型積木玩具，稱為「希爾積木」，很快被各地幼兒園採用。

4. 進步主義幼兒園運動的意義和影響

一方面，進步主義幼兒園運動強調研究兒童，注重幼兒教育與實際生活的聯繫，開展多方面的實驗活動，在實踐中突破幼兒園閉關自守的局面，使幼兒園教育逐漸發展成為一種與小學教育緊密結合的新型機構；還強調家庭和社會的責任，主張對家長、教師進行培訓。這些都是值得肯定的。

另一方面，進步主義幼兒園運動也暴露出一些缺陷，主要問題是過分強調活動教學，某些解決問題式的教學方法超出了兒童的能力，不利於兒童進一步學習；對廣大學前教育工作者來說，還沒有能力將學術上的研究成果完全理解並運用到教育實踐中去，往往陷入缺乏科學性和實證性的經驗主義泥潭。所以，進步主義幼兒園運動在20世紀30年代後受到許多非議。

## 二、「蒙臺梭利熱」

在進步主義幼兒園運動興起之時，義大利女教育家蒙臺梭利在羅馬創辦「幼兒之家」並獲得成功。1910年，蒙臺梭利教育方法及教具傳入美國，蒙臺梭利本人也在1912年和1915年兩度訪美。蒙臺梭利的《蒙臺梭利方法》在1912年出版，不到4天，5,000本就被搶購一空。數百名美國學前教育工作者讀了《蒙臺梭利方法》後，興奮地奔赴羅馬拜訪這位教育家。

1913年,美國蒙臺梭利協會成立,「蒙臺梭利學校」紛紛成立,「蒙臺梭利熱」達到頂峰。在1913年召開的國際幼兒園聯盟第20次大會上,美國進步主義代表人物之一克伯屈(Kilpatrick)指斥蒙臺梭利法「實屬19世紀中期的貨色」,其感官訓練是「非強制不可的」「孤立的」「脫離幼兒生活實際和生活體驗的」和「缺乏創造性訓練的」。1914年,克伯屈著書《蒙臺梭利體系考察》,批評蒙臺梭利的方法是落伍的,指責蒙臺梭利教法脫離幼兒實際生活。除此,蒙臺梭利教法還受到美國的機能主義、行為主義和精神分析等學派的批判。在1915年後,「蒙臺梭利熱」急劇降溫、冷卻。「蒙臺梭利熱」降溫的重要原因之一是遭到個別聲望甚高的進步主義教育家的批評。此外,在美國占主導地位的行為主義、精神分析等學派的心理學家們也對蒙臺梭利法進行了批判。

「蒙臺梭利熱」儘管曇花一現,但她在美國學前教育界的影響仍然是很大的。《蒙臺梭利方法》的語言通俗易懂,引起了人們對學前教育的普遍重視。她強調「兒童的自由」及「自我活動」,促使人們重新探索福禄培爾的「兒童自動性原則」及「自由作業」的真正含義。她重視感覺訓練和智力訓練的思想,使人們更加認識到智力開發的重要性。這些都是20世紀後半期「蒙臺梭利熱」再度升溫的原因。

### 三、保育學校的傳入

受英國麥克米倫姐妹創辦保育學校的啓發,芝加哥大學教授夫人團體自發地以集體經營的形式,於1915年開設了美國第一所保育學校。1919年,美國第一所公立常設保育學校成立,十年後成立了「全國保育協會」。初期的保育學校多作為教育實習或具有研究性質的實驗學校。伊利奧特(Eliot)及懷特(White)為推動保育學校在美國的傳播和普及做出了突出貢獻。她們曾赴英國麥克米倫姐妹的保育學校學習辦學經驗。伊利奧特於1922年在波士頓創辦「拉格街保育學校」。懷特在底特律麥瑞爾-柏爾瑪母親學校創辦了一所附屬保育學校,並從麥克米倫中心雇請了部分教員。她們遂成為20世紀20年代美國保育學校運動的主要領導人。

1933年,處在經濟蕭條期間的聯邦緊急救助署宣布公立保育學校配合羅斯福的新政,為經濟發展和兒童發展服務,全美設立的保育學校已達600多所。第二次世界大戰期間,為了確保婦女投入到軍事產業中來,聯邦政府對保育學校實行經濟援助,成立戰時緊急保育學校,使保育學校數量猛增。到1945年,全美共有1,481所保育學校,招收幼兒69,000名。儘管此時的保育學校教師素質不高,但從社會效益看,這種措施還是成功的。第二次世界大戰後,聯邦政府停止了經濟援助,公立保育學校在經營上困難重重。與此同時,私立的收費保育學校卻急速發展起來,且占絕對優勢。這種保育學校由於收費比幼兒園昂貴得多,因此其對象只限於認識到早期學前教育意義的少數知識分子階層的子女。

### 四、學前教育機會均等運動的興起

#### (一)機會均等運動興起的歷史背景

1957年,蘇聯成功發射人造衛星,這一事件促使美國開始對教育進行反思,開始了從1957年到1965年的10年教育改革運動,力圖改變教育止步的狀態。另外,第二次世界大戰之後,美國貧富差距日益加大,種族歧視現象也日益惡化,黑人子女被排除在教育系統之外。在這種情況下,社會公眾對此現象極為不滿,要求改變,而且在教改後期,在布盧姆關於良好

環境促進智力發展學說的影響下，教育政策委員會提出了給所有兒童以均等教育機會的主張。1963年和1964年美國政府提出了一系列福利措施和計劃來使貧困家庭兒童能夠享受到與富裕家庭兒童同等的教育環境和同等的教育機會。1966年，全國教育協會和美國學校行政協會的聯合組織教育政策委員會提出了對「所有5歲兒童和貧困而且沒有文化教育條件的所有4歲兒童」擴大公共教育的提案，呼籲讓幼兒享受均衡的教育機會。

(二)「開端計劃」的制訂與實施

開端計劃是幼兒教育機會均等運動中重要的組成部分。1965年，美國聯邦教育總署提出開展開端計劃，旨在對處境不利的兒童進行補償教育，以縮小處境不利兒童在入學後與其他兒童之間的差距。

1. 實施措施

由聯邦政府撥款(當年國會計劃撥款9,640萬美元)將貧困而缺乏教育條件家庭(包括貧窮的黑人、印第安人、因紐特人及國外貧困移民家庭)的4~5歲的幼兒免費收容到公立小學或者是特設的學前班，進行為期數月到一年的保育，內容包括體檢、治病、自由游戲、集體活動、戶外鍛煉、校外活動和文化活動等，來消除他們與其他兒童入學前形成的差異，實現「教育機會均等」。一般情況下，對5歲幼兒進行為期8周的培訓，對4歲幼兒進行一年的長期教育課程。

2. 發展狀況

伴隨著時代發展，1968年，美國有關部門制訂了「追隨到底計劃」(Project Follow - Through)，它被認為是開端計劃的延伸計劃。其對象是在開端計劃中受益的小學低年級學生，目的是幫助這些兒童在入小學之後還能得到長足的發展。1978年，卡特總統將開端計劃向所有兒童開放。

3. 評價反思

自1965年實行以來，開端計劃在美國早期兒童教育中佔有很重要的地位，對於它的評價褒貶不一。一方面，貧窮兒童的生活得到保障，在政府的資助下，社會科學研究者和心理學家都在早期教育領域中進行研究以使人們意識到早期教育的重要性，有研究表明參加過開端計劃的兒童在之後會獲得更高的學歷，減少以後犯罪的概率。但是，另一方面，也有人批評兒童早期獲得的優勢在入小學後就會消失殆盡，而且在早期教育所受的教育被認為是揠苗助長的行為。雖說大眾對開端計劃的效果褒貶不一，但總的來講，這一計劃的實施無疑大大促進了美國學前教育的發展。

### 五、幼兒智力開發運動

20世紀50年代，蘇聯人造衛星成功發射的刺激使得美國開始重視教育質量的提升。在教育學家布盧姆的「三個任何」學說——任何學科都可以用某種方式有效地交給處在任何發展階段的任何兒童的影響下，大規模的幼兒智力開發運動應運而生。學前教育界日益重視兒童科學素養的培養。1963年，美國科學促進協會出版了適用於幼兒園和小學低年級的《科學教育見聞》。其目的是讓兒童在時間、空間、觀察、測量等概念和活動的操作中獲得科學知識和技能。此外，各種促進幼兒智力發展的研究和實驗計劃也不斷湧現，其中以佩里學前教育研究計劃和皮亞傑的實驗研究為代表。

1. 佩里學前教育研究計劃

佩里學前教育研究計劃是由 High Scope 教育基金會組織,兒童心理學家魏卡特領導,探討學前教育成效的一項長期跟蹤研究計劃。

1962—1967 年,魏卡特領導的課題組在密歇根州一個黑人貧民區招收了 123 名 3~4 歲、智商為 60~90 的黑人兒童作為被試對象。這些兒童被隨機分為實驗組和對比組,實驗組的兒童接受全面的學前教育,對比組的兒童則順其自然。在年滿 5 歲以後將兩組兒童送入同一所小學,後進行長期跟蹤至 40 歲,記錄他們在各年齡階段的發展及表現並進行比較。結果表明,實驗組的兒童在之後的發展過程中均勝過對比組。

2. 皮亞杰學前教育實驗方案

20 世紀 60 年代之後,皮亞杰理論的影響在美國日益擴大,其推崇者將皮亞杰的認知發展理論應用於學前教育實踐,比較有代表性的有拉瓦特里(Lavatelli, C. S.)的兒童早期課程方案和威斯康星大學皮氏學前教育實驗方案。

拉瓦特里兒童早期教育方案,是由美國伊利諾伊州的大學教授拉瓦特里領導的。拉瓦特里曾與皮亞杰合作研究,回到美國後,設計出這套方案。方案以 4~5 歲兒童為研究對象,系統地提供各種具體運算的內容,以幫助兒童獲得邏輯思考的方式,迎合了智力開發運動的潮流。但這一實驗卻遭到了正統皮亞杰教育家的批評,認為它試圖加速兒童的認知發展,嚴重背離了皮亞杰的立場。

威斯康星大學皮氏學前教育實驗方案,是由威斯康星大學幼兒研究中心設計,以 3~5 歲兒童為研究對象,尊崇皮亞杰的原始理論,以檢查、探討皮亞杰理論設計的學前教育實驗方案對兒童的智能與社會發展的影響。教師通過提供適當的環境,通過向兒童提出探索性的問題,鼓勵與同伴、成人社會及物質環境的交互作用來發展兒童的智力以培養兒童的能力。

### 六、學前教育觀念的演進

20 世紀 80 年代以來,美國學前教育理論得到了進一步的發展。人們的學前教育觀念較之前發生了新的變化。這些變化主要有以下幾點:

(1)幼兒園逐漸成為公立學校系統的一部分。1986 年,密西西比州開始為所有 5 歲兒童開辦幼兒園班,隨後全美 50 個州都先後把幼兒園正式納入公立學校系統中。

(2)強調教育和保育的統一。隨著兒童研究的逐漸深入及社會上的早出人才的要求,教育和保育可以分開的觀念已經過時,各種類型的學前教育方案都強調教育與保育的統一。有些州已採取了協調措施將二者統一起來。例如,1989 年愛荷華州的教育廳設立了「兒童發展協調處」,紐約的教育廳設立了「早期兒童服務辦公室」,弗吉尼亞州的教育廳設立了「兒童保育與早期教育處」,等等。

(3)越來越強調兒童的整體發展。在兒童發展目標問題上,過去那種非此即彼的觀念和做法不再流行,許多州的各種學前教育方案將幼兒的社會性發展、認知發展、情感發展和身體發展定為確立學前教育目標的基礎。

(4)注重對學前兒童進行社會教育。為了使幼兒適應幼兒園生活及為以後參與社會生活做準備,美國學前教育注重利用社區資源、視聽材料及操作材料(如製作美術品、繪製地

圖)等方式向幼兒進行社會的基本知識、基本態度和基本技能的傳授,這是美國學前教育不同於他國的重要特點之一。

(5)強調學前教育面向全體兒童。學前教育要面向包括殘障兒童在內的社會各階層的所有兒童。到目前為止,在美國的幼教機構中,3～4歲兒童的入學率在逐年以極大的比例增加,而5歲兒童的入學率幾乎達到100%。

## 第五課　蘇聯和俄羅斯的現代學前教育

在「十月革命」以前,俄國的學前教育尚處於萌芽狀態。1917年,俄國爆發「十月革命」,沙俄政府崩潰,俄羅斯蘇維埃聯邦社會主義共和國成立,世界上第一個無產階級專政的社會主義國家誕生了。1922年12月30日,蘇維埃社會主義共和國聯盟宣告成立,簡稱蘇聯。當時加入蘇聯的有俄羅斯、南高加索、烏克蘭和白俄羅斯這四個加盟共和國。蘇聯的黨和政府非常重視公共學前教育,強調學前教育機構對學前兒童進行教育的優越性,還制定了有關方針政策,採取了各種措施,以促進學前教育的發展。兒童從年幼時期開始,就在集體中通過集體教育培養成社會主義的新公民。蘇聯通過教育法及幼兒園章程、規則和大綱等對學前教育實行統一管理,以達到解放婦女勞動力和保護、教育兒童的目的,學前教育機構擔負教育和保育的雙重任務。蘇聯因此被認為在世界上首先開創了「兒童的時代」。1991年,蘇聯解體,俄羅斯迅速走上了私有化的道路。這種狀況給俄羅斯的文化和教育事業帶來了巨大的衝擊。根據俄羅斯《教育法》的規定,學前教育發展開始受市場經濟調節,必須滿足家長的多層次需要。這使學前教育的福利性質發生了改變,教育機構逐漸向非國有化轉變,學前教育也出現了民主化、人道化和非意識形態化等明顯變化。俄羅斯還改變了蘇聯學前教育機構的封閉式管理模式,使家長、社會團體和企業等參與幼兒園教育委員會的工作。

### 一、蘇聯的現代學前教育

蘇聯(1917—1922為蘇俄)是20世紀公共學前教育發展較快的國家。以第二次世界大戰為時間節點,蘇聯的學前教育發展和改革可以分為兩個時期:第一個時期是「十月革命」以後至第二次世界大戰以前,是蘇聯社會主義學前教育體系的奠基和建設時期;第二個時期是第二次世界大戰以後至蘇聯解體之前,是蘇聯社會主義學前教育體系的改革和發展時期。

#### (一) 社會主義學前教育體系的建立

1. 學前教育的奠基工作

1)確定蘇聯學前教育的地位和任務

1917年,蘇俄政府成立後,建立了教育人民委員會學前教育局。隨後,教育人民委員會公布了《統一勞動學校規程》和《統一勞動學校基本原則》(又稱《統一勞動學校宣言》),指出蘇維埃共和國的兒童公共免費教育必須從兒童出生時開始,學前教育制度是整個學校制度中的一個組成部分,從而把學前兒童的教育納入了國民教育體系。1919年3月舉行的第八次蘇共代表大會通過的黨綱,規定了蘇俄學前教育的兩大任務:第一,按照兒童的年齡特徵來實現兒童的全面發展和共產主義教育的任務;第二,解放婦女。蘇俄學前教育機構的這

一職能構成了它與西方許多經濟發達國家的學前教育機構的本質差別。

2) 培養學前教育幹部和教師

教育人民委員會學前教育局成立初期，組織了每期為時3個月的訓練班，培養學前教育的視導人員。1918年9月，在彼得堡設立了世界上第一所國立的學前教育專業的高等學府「學前教育學院」。其任務是培養學前專業的高級幹部。學院講授蒙臺梭利的教育理論並布置實習作業。該學院還兼有學前教育理論研究中心的功能。第二莫斯科大學也設立了學前教育系。到1920年年初，通過學前教育專業訓練班培養出的教師達3,280人。

3) 舉行學前教育會議，討論有關問題

1919—1928年，教育人民委員會學前教育局在莫斯科舉行了四次全俄學前教育代表大會和若干次臨時代表會議，討論了學前教育的任務、教育機構的設立、經費來源、教學法研究、學前師資培養和編寫學前大綱等方面的問題。這些會議對推動蘇聯(蘇俄)學前教育的發展起了重要的作用。經過各方面的努力，發展學前教育機構的工作初見成效。1920年，蘇俄已有4,723所學前教育機構，共收納兒童254,527人。

2. 幼兒園教育的正規化

1930—1934年，隨著第一個五年計劃的完成，工業的發展和農業集體化的實現為公共學前教育的發展創造了有利的條件。1930年6月召開的第十六次蘇共代表大會規定：「擁有一定規模的工廠地區有義務設置托兒所；幼兒園的經費籌措採取國家撥款與吸收社會資金兩條腿走路的方針。」此後，蘇聯學前教育機構不僅數量增加了，還新增了長日班、晚班和夜班等服務項目，從而更適應女工的需要。

20世紀二三十年代，蘇聯教育人民委員會不斷制定和頒布關於幼兒園工作的規程、指南、規則，促進了幼兒園教育的正規化。1932年，教育人民委員會頒布了第一部國家統一的《幼兒園教育大綱草案》，規定幼兒園教學內容包括社會政治教育、勞動教育、認識自然的作業、體育、音樂活動、美術活動、數學和識字等。這對於整頓幼兒園，促進幼兒園教學管理的正規化，提高幼兒教育質量具有重要意義。1938年，蘇聯教育人民委員會制定了《幼兒園規程》和《幼兒園教養員工作指南》。《幼兒園規程》規定了幼兒園的教育目的、任務、組織、幼兒園的基本類型、對兒童的營養和幼兒園房舍的要求等，其中，包括要求以本民族語言進行工作和實行一長負責制等。《幼兒園教養員工作指南》是根據《幼兒園規程》編寫的。它是根據兒童的年齡特徵，將幼兒園工作的任務、內容和方式等具體化了。

1944年，教育人民委員會制定了《幼兒園規則》。該規則規定：① 不論幼兒園由何團體或機構管理，必須根據《幼兒園規則》和《幼兒園教養員工作指南》開展其工作。② 幼兒園是使3～7歲兒童受到蘇維埃教育的國家機構，目的在於保證兒童的全面發展，同時有助於婦女參加生產勞動、參與社會政治文化生活。③ 幼兒園應為兒童入學做準備。為此，要求幼兒園做到關心兒童的健康，發展兒童的智力，安排各類游戲、文化與藝術教學，組織兒童通過參觀和散步去認識周圍世界，培養兒童獨立自我服務的習慣、衛生習慣、勞動習慣、正確使用和愛護物件的習慣，培養兒童守秩序、自制、尊敬長者和父母的品行，培養兒童愛祖國、愛人民、愛領袖、愛軍隊的情感。④ 開設幼兒園的任務屬於國民教育科、生產企業、蘇維埃機構、合作社和集體經濟的組織，不允許私人開設幼兒園。

（二）社會主義學前教育體系的改革

1. 托幼一元化的發展

第二次世界大戰期間，蘇聯新設置了很多幼兒園，以適應學前教育的需要。由於在兒童稀少的農村地區設置獨立的托兒所和幼兒園不經濟且有實際困難，因此，有些地方將兩者合起來，不按年齡編班，進行混合保育，辦成了「幼兒綜合園」，但是保教質量不容樂觀。托兒所和幼兒園在教育管理上分別屬於保健人民委員會（衛生部）和教育人民委員部（教育部），從而導致管理上出現了一定的混亂。要消除這種不合理的現象，就得將托兒所和幼兒園合併起來統一管理。於是，托兒所和幼兒園的一體化成為蘇聯學前教育改革的重點。

1959年，蘇聯公布了關於改革學前教育制度的決定——《關於進一步發展學前兒童設施及改善學前兒童的教育和保健工作的措施》。這一決定規定創設統一的學前教育設施「托兒所－幼兒園」，開始實行新的學前教育制度。新設的學前教育機構「托兒所－幼兒園」，以滿2歲為界限，未滿2歲的嬰兒由保育員負責，2歲以上的幼兒由教養員負責。合併的「托兒所－幼兒園」的指導權和監督權統一於聯邦共和國的教育部，衛生部則在兒童的保健方面負主要責任。1959年以後，「托兒所－幼兒園」逐漸成為蘇聯學前教育機構中的主要類型。1973年，最高蘇維埃會議第六次會議通過《關於蘇聯及各加盟共和國的國民教育立法的基礎》，根據這一基本法，上述三種「學前兒童設施」作為構成蘇維埃教育制度的第一階段，具有了正式的地位。

2.《幼兒園教育大綱》的制定與修訂

為適應新設的學前教育設施，以俄羅斯聯邦教育科學學院學前教育研究所第一任所長烏索娃為首，在醫學科學院的教授洛萬諾夫的協助下，對《幼兒園教養員工作指南》進行修訂，於1962年公布了《托兒所－幼兒園統一教育大綱》。這也是世界上第一部綜合嬰幼兒教育的大綱。該大綱有以下五個特點：

（1）將原來嬰幼兒和學前兒童互相分離的教育內容系統化。將出生後2個月至6周歲的兒童按年齡階段分為七個班：第一嬰兒期班（出生後第一年）、第二嬰兒期班（出生後第二年）、嬰兒晚期班（出生後第三年）、學前初期班（出生後第四年）、學前中期班（出生後第五年）、學前晚期班（出生後第六年）、入學預備班（出生後第七年）。

（2）比原來的大綱更為注意遊戲。

（3）恢復了以前大綱裡被取消的勞動部分，在學前晚期班和入學預備班增添了勞動教育。

（4）在入學預備班裡進行初步的讀寫教學，為進入小學做準備。

（5）重視教學方法的指導，在出版大綱時還另外出版了四本指導教學方法的書籍。

20世紀60年代末至70年代末，蘇聯教育心理學家在兒童心理發展和教育實驗研究方面取得了新成果，初等教育於1969年開始由原來的4年而縮短為2年。為了適應這一變化和改革對學前教育工作的新要求，蘇聯先後多次修訂1962年的教育大綱。1970年，修訂後的大綱加強了嬰兒期的護理和教育；加強了入學預備班的教育內容的知識性，用小學一年級語文、數學的部分大綱要求作為入學預備班兒童的教學內容。1978年，修訂後的大綱把學前期兒童分成四個年齡階段：學前早期（0～2歲）、學前初期（2～4歲）、學前中期（4～5歲）和學前晚期（5～7歲）。修訂後的大綱對各年齡階段兒童的德、智、體等方面的發展提出了統

一要求。

3.《學前教育構想》的提出

1989年，蘇聯國家教育委員會批准和公布了《學前教育構想》，開始了學前教育的第三次改革。這輪改革開始糾正偏重智力的發展趨勢，強調兒童個性的全面發展，提出了新的「個性定向式教育策略」。當時，在蘇聯幼兒園教育實踐中占主導地位的是教學—訓導模式，該模式主張用知識、技能和技巧武裝兒童，成人與兒童相互作用的口號是：「請你像我這樣做！」兒童往往被視為接受某種教育體系影響的客體。而「個性定向式教育策略」強調教學的目的是促進兒童個性的形成。《學前教育構想》確定了蘇聯幼兒園改革的基本原則，明確了蘇聯學前教育改革的方向。這一時期，蘇聯學前教育機構主要有四種類型：托兒所、托兒所－幼兒園、特殊幼兒園和學校幼兒園。其中，最廣泛的是托兒所—幼兒園，招收從出生到7歲的兒童。

4. 學前教育的師資培訓與科學研究

蘇聯幼兒園的教師由幼兒師範學校來培養。蘇聯學前教育研究的歷史過程大致經歷了以下三個發展階段：第一階段是蘇維埃政權成立之初，主要是引進西方幼兒教育理論，西方的自由教育理論如蒙臺梭利幼兒教育理論、杜威的實用主義教育理論及兒童學等曾經在蘇俄及蘇聯廣泛流行；第二階段是20世紀三四十年代反思西方幼兒教育理論，開始創建具有自己特色的蘇維埃幼兒教育理論；第三階段是衛國戰爭結束後，成規模、成系統地研究幼兒教育，自己的特色真正形成。

(三) 蘇聯現代學前教育的特徵

1. 學前教育統一領導與集中管理

1917年，蘇俄建立了學前教育局，專門管理學前教育事務，以加強對這項事業的領導。這種國家統一領導的管理體制成為蘇聯學前教育最鮮明的特點。

蘇聯明確了學前教育在教育體系中的地位，把學前教育納入了整個教育體系之中，成為其中的一個重要環節。學前教育機構都是公立的，國家和集體負擔學前教育機構的經費開銷，入托兒童一年費用的80%由國家承擔。蘇聯明確了學前教育的目的和任務，將「為了改善社會的教育，解放婦女，應該建立托兒所－幼兒園等學前教育設施網」寫入黨綱。蘇聯制定了一系列政策法規，強調政治與教育的結合。政府頒發了各種法令，規定幼兒園規程和大綱，而對偏離上述情況的如兒童學、歐美學前教育理論的資產階級立場等給予嚴厲的批判。黨和國家通過教育立法及幼兒園章程、規則和大綱等，對學前教育實行統一管理，認為有了統一的規定，就可以保證完成學前教育的任務，保證教育的質量。

儘管國家根據學前教育研究的進展不斷修訂相關政策，以適應發展的需要，但是，蘇聯的學前教育領導體制存在明顯的弊端。其主要的問題是這種過於集中的領導體制缺少靈活性，地方當局和幼兒園缺少自主權。由於不允許私人辦幼兒園，而國家的力量又有限，因此幼兒園的發展有限，供不應求，兒童入托率一直不高。對於上述問題，蘇聯政府已有所認識。1989年《學前教育構想》的提出賦予了地方和幼兒園更多的自主權，使得多種形式和類型的學前機構並存。

2. 教育工作和保育工作緊密結合

蘇聯的學前教育機構從一開始就擔負著解放婦女勞動力、保護和教育兒童的雙重任務。

為了讓母親從繁瑣的家庭事務中解放出來，投入到社會主義建設中，蘇聯把發展托兒所和幼兒園放在同等重要的地位。不論是托兒所還是幼兒園，一年到頭都可以入托，全年入托不間斷。兒童的在園時間明顯長於歐美國家，每天入托時間甚至長達 12 小時。很大一部分教育工作存在於保育工作之中，既要對兒童的日常生活進行護理和照顧，又要對兒童進行全面的教育，做到了教育工作和保育工作密切結合在一起。教育工作者利用每個生活環節，如吃飯、睡覺等，對兒童進行文明衛生習慣和良好道德品質的教育。

3. 教學－訓導型教學模式

在蘇聯的幼兒園實踐中，教學－訓導模式成為主要的教學模式。20 世紀 50 年代，在烏索娃領導的科研團體的研究支持下，蘇聯將系統的、有組織的作業教學正式引入幼兒園，希望通過幼兒園教學使兒童形成在小學生活和學習的某些技能和習慣，適應小學的要求。教學－訓導型教學模式由此生成。

這種模式偏重面向全體幼兒的教學活動，強調教師的主導作用，兒童僅僅被視為接受教育影響的客體。教育者不得不完成教學大綱，以滿足領導和監察機關的要求。教學的目的在於用知識、技能和技巧武裝兒童並使之聽話。兒童遊戲不僅在時間上受限制，還受到成人的嚴格規定，即其時間和形式都受到成人限制。1969 年，蘇聯小學學制由四年改為三年以後，蘇聯學前教育界開展了新的實驗，探討將小學語文和數學教學的一半內容下放到幼兒園 6 歲班的可行性。實驗結果促使幼兒園適應小學的變化和要求，學前兒童特有的活動如游戲和藝術創作活動受到排擠，教學－訓導型教學模式進一步得到鞏固。

教學－訓導型教學模式帶來的弊端是形式主義泛濫，成人和兒童的關係疏遠，兒童主動性喪失，消極性大於積極性，進而出現抗拒心理，甚至神經官能症發作和心理變態的現象。一離開教師，兒童的行為便大相徑庭，與期望、應該的行為毫無共同之處。針對教學－訓導型教學模式存在的弊端，1989 年的《學前教育構想》提出了「個性定向型相互作用模式」，強調教學目的是促進兒童個性的形成。教師與兒童交往時應遵循「不平行，不在上，而在一起」的原則，以保證兒童的心理安全感，形成個性的萌芽。在新的模式中，兒童被看作合作條件下的平等夥伴。

4. 分科教學

受凱洛夫教育思想影響，蘇聯學前教育批判杜威的實用主義教育，強調教給幼兒系統的知識。與此相適應，蘇聯幼兒園實行分科教學。

蘇聯 1938 年制定的《幼兒園教養員工作指南》規定，幼兒園教養活動項目包括組織兒童的生活與教育兒童的品行、體育、游戲、國語、認識環境、繪畫、泥工及其他使用材料的作業、音樂教育、計算(大班為計算及度量)及季節性的兒童工作(小班為季節性的兒童工作，中班為兒童冬季的游戲、觀察和工作，大班為按照季節布置兒童的觀察、作業、游戲)，教學分科目進行。課程的組織採用縱向的發展序列，每科目都具有自己的體系。按照年齡大小提出要求，進行編排，然後制訂嚴密的學科工作計劃，每科目要通過什麼作業、什麼活動、按照什麼途徑來達到什麼目的。分科教學與教學－訓導型教學模式相適應，強調教師在教育過程中的主導地位和作用。教師通過系統傳授、分科作業，幫助兒童獲得系統化的知識。

## 二、俄羅斯的現代學前教育

1991 年蘇聯解體，俄羅斯迅速走上了私有化的道路，也給俄羅斯的文化和教育事業帶來

了巨大的衝擊。1992年7月,俄羅斯出抬了教育領域的根本大法——《俄羅斯聯邦教育法》(簡稱《教育法》)。1996年1月,經過修改的《教育法》生效。此外,還有《關於俄羅斯聯邦國家教育管理體制的決議》《俄羅斯聯邦教育發展國家綱要(草案)》,以及關於各級各類教育的法令和條例等,為俄羅斯教育改革提供了相關依據。2004年,俄羅斯總統普京頒令取消教育部,新建「俄羅斯聯邦教育科學部」。改革後的俄羅斯教育朝著經濟化、非國有化、民主化、人道化、非意識形態化和多元化方向發展。根據《學前教育構想》和《教育法》的有關規定,俄羅斯學前教育也進行了艱難的改革。

### (一) 學前教育性質和目標的改革

#### 1. 學前教育性質和目標的變化

蘇聯學前教育機構有兩大職能,即社會生活職能和教育職能;學前教育被視為公益和福利事業,具有一定的政治色彩。從學前教育的目標來看,學前教育機構則更多關注兒童集體主義精神的培養,忽視兒童的個性發展。蘇聯解體後,俄羅斯學前教育的性質和目標有所改變。俄羅斯《教育法》的頒布使學前教育受市場經濟調節,教育必須滿足家長的多層次的需要,並使兒童發展適應未來社會。這種狀況使俄羅斯學前教育的福利性質發生了改變,不再是社會公益事業,家長可以根據自己的需要自主選擇幼兒園。《教育法》指出,「教育的目的是造就獨立的、自由的、有文化的、有道德的人」。學前教育的目標是:「保證兒童免受一切生理和心理的傷害;滿足兒童情緒交往的需求;保證兒童創造性才能和興趣的發展;對兒童發展中的缺陷矯治予以幫助;保證兒童與個人特點相適應的發展權利;保證兒童的充分發展與家庭相互作用;促進兒童身心的和諧發展,使他做好入小學準備。」

#### 2. 學前教育的進一步發展

根據《教育法》,俄聯邦教育部學前教育司於1994—1995年制定了《學前教育標準(草案)》,對學前教育大綱進行宏觀指導,提出改革學前兒童教育目標、教學模式和改善兒童發展環境的要求。其主要內容有以下幾個方面:

(1)教育大綱的目標是激發兒童的求知欲,發展其能力和創造性想像,發展兒童的交往能力。幼兒園應能保護和加強兒童的身心健康、情緒的安定,為兒童個性和創造力的發展創設條件;向兒童介紹人類共同的價值;與家庭相互作用,以保證兒童的充分發展。

(2)幼兒園教育教學活動的組織形式。大綱應規定兒童生活的三種組織形式:作為專門的教學組織形式的作業;非嚴格規定的活動;在幼兒園一日生活中為兒童提供自由時間。大綱應體現兒童單獨活動和共同活動的最優組合。大綱的編排應考慮學前兒童特殊的活動形式,如游戲、建築、美工、音樂、戲劇表演活動等。

(3)大綱應考慮到實施個別對待兒童、照顧不同兒童群體的可能性;考慮兒童的年齡特徵。

可見,俄羅斯的學前教育主要有以下兩個變化:

(1)學前教育機構可在國家標準大綱的指導下結合本地、本機構的具體情況制定具體大綱,改變了以往統一大綱、統一教材和統一上課的局面,教育內容變得豐富靈活又富有特色。

(2)教學內容增設了舞蹈、外語、多樣化藝術創造、計算機、民族文化等方面的知識和技能。

蘇聯學前教育重視以分科教學方式傳授,趨向小學化,忽視兒童個性和創造性。俄羅斯學前教育改革則強調人道化、個性化和優化發展環境。

### (二)學前教育體制和師資培訓的改革

1. 學前教育體制的改革

俄羅斯政府致力於建構適應並促進市場經濟發展需要的新教育體制和辦學制度。新的《教育法》提出教育管理的民主性、社會性和自主性原則,改變了國家對教育機構實行統一管理的僵化模式,把權力層層下放,賦予地方更多的自主權,確立中央(聯邦)、共和國、地區分級管理學前教育的新的教育領導體制;充分考慮和尊重民族、地區文化經濟發展的差異性,在保證俄羅斯教育政策的統一性的前提下,調動地方積極性,管理模式從微觀向宏觀,由直接向間接,由行政命令向依靠經濟、政策、法律和市場調節等方式發展,把學前教育辦理權交給教育機構,使其成為法人。根據上述精神,學前教育機構可具體制定發展目標。俄羅斯還改變了蘇聯學前教育機構封閉式的管理模式,使家長、社會團體和企業等可以參加幼兒園教育委員會的工作,與學前教育機構一起制訂教育計劃,選擇教育內容,共同實施管理,從而滿足不同層次的教育需求。

2. 學前教育師資培訓的改革

市場經濟要求改變以往蘇聯師範制度單一、缺乏靈活性和競爭性的狀況。1992年俄羅斯科學部高等教育委員會發布的《關於在俄羅斯聯邦建立多層次高等教育的決議》,要求建立多層次師範教育體系,包括中等師範學校、師範專科學校、師範學院和師範大學四個層次和類型。高等師範院校培養學前教育師資,課程分為普通教育科目、專門科目、教育科目和實習科目四大類。心理學、教育學、教育史、教學法和實習等教育科學類的課程佔有重要位置。其他課程包括外語、生理學、解剖學、兒童文學、兒童語言發展方法、兒童身體訓練、兒童音樂活動、學前教育學和各科教學法等必修課和選修課。教師培訓學院的學前教育系主要負責培養學前教育機構的領導者、高年級教師和中等師範學校教師。這些未來專家將作為教師和家長的顧問並直接和兒童接觸。新課程包括第一年的教育理論課,如解剖學、心理學、生理學、教育學、體育和語言發展等,第二年的教育兒童的各種方法,還有15%的選修課,如韻律、合唱和木偶戲。另外,學院的學生要在幼兒園和中等師範學校實習兩次,還要在地方教育機關積累作為視察官員的經驗。

### (三)學前教育機構的多元化發展

1. 學前教育機構類型的發展

為提高學前教育質量,1990年,蘇聯國家教育委員會發布《學前教育構想》,要求根據當代教育科學研究成果改革學前教育體系,改善幼兒園辦園條件,使學前教育機構呈現多元化態勢。1992年,俄羅斯聯邦頒布《教育法》,要求對教育機構定期進行評估鑒定和資格認證。1994—1995年,俄聯邦教育部學前教育司研製《學前教育標準(草案)》,對學前教育機構的活動場地、空間結構、設備材料等做出嚴格規定。俄羅斯幼教機構大多數由政府組建,少數由企事業單位興辦。其主要類型有四種:托兒所(招收1~3歲兒童)、幼兒園(招收4~6歲兒童)、托兒所－幼兒園聯合體和家庭托兒所(祖母在家照看孩子)。企事業單位創辦的學前教育機構的設施比政府創辦的學前教育機構的設施要優越得多。各種私立幼兒園的教養

方式相差不大。一般私立幼兒園都承諾對幼兒進行全面培養,但一些注重發展數學和技術能力,另一些注重教授外語。

2. 學前教育機構管理模式的發展

俄羅斯的學前教育機構開始實行新的收費制度。早從蘇聯解體前的1990年開始,所有的托兒所、托兒所－幼兒園和幼兒園均採用收費制,俄羅斯政府也沿用了這一制度,並對收費標準做出了詳細的規定。而對於那些總收入在國家規定的標準以下的家庭,則給予免除其費用的照顧。此外,對於那些有四個以上孩子的家庭,每個孩子只需交付一般費用的50%。開設特殊課程(如學習計算機、外語和打高爾夫球、國外旅遊、散打和騎馬等)的幼兒園收費高達1,000美元,並要交納1,000美元入學贊助費。而蘇聯時期由國家提供財政資助,家長一般只需負擔20%的費用。

3. 學前教育機構教學形式的發展

俄羅斯學前教育機構中的教學形式不再以上課為基本形式,而是以教育人道化為宗旨,利用游戲及合作教育等發展兒童的積極性,促使兒童的個性充分發展。一日活動主要由游戲活動、教學活動、特殊活動、交往活動和自由活動五個方面構成,比蘇聯時期注重兒童體育。個性定向型相互作用的教育模式正在成為一種趨勢。教師注意挖掘兒童自身的潛力和積極性,鼓勵兒童創造性地對待自己所完成的活動。同時,教師以故事、情境游戲、角色游戲和兒童的即興表演的方法進行教學,努力創造兒童情緒得以充分滿足的環境,從而克服僵化的「填鴨式」教學。

(四) 關於幼小銜接問題的思考

1. 蘇聯時期的經驗與教訓

在蘇聯時期,曾有兩次試圖解決幼小銜接問題的嘗試:第一次是20世紀50年代把有組織的作業教學引入幼兒園;第二次是將幼兒園6～7歲預備班作為零點班在20世紀80年代的教育改革中正式納入小學學制,並探討了如何將小學語文和數學教學的有關內容下放。這兩次幼小銜接的探討,都把重點放在使學前教育適應小學的要求和變化上,結果強化了教學－訓導型教學模式在學前教育中的應用,貶低了學前教育自身的教育價值。

2. 俄羅斯的反思與實踐

20世紀90年代,隨著俄羅斯教育機構和教育大綱的多元化發展,幼小銜接的問題被重新提出。新的幼小銜接的特點在於:提出加強幼小教育銜接的雙邊措施,即幼兒園和小學共同努力,統一規劃兩個階段的教育目標、內容和方法;反對以犧牲學前利益來換取入學後學習上短暫效益的做法,以成人與兒童及兒童同伴之間的對話交往來代替幼兒園作業課,取消幼兒園有嚴格規定的教學;豐富幼兒園的教養內容,幫助兒童做好入學準備,即兒童身體、智力、個性發展的「一般準備」和兒童閱讀、計算初步技能等「專門準備」,挖掘兒童專門的活動類型如有規則的游戲、各種兒童藝術創造活動等在做入學準備方面的潛力。在解決幼小銜接問題上,俄羅斯努力糾正蘇聯時期幼兒園的教學擴大化傾向,重視學前自身教育價值,尋找更科學、更有效地促進兒童一般發展的教學內容、方法和形式。但是,上述措施的有效性還有待教育實踐的進一步驗證。

# 第六課　日本的現代學前教育

　　日本明治維新後,經過40年的工業化進程至第一次世界大戰時期,它已經發展成為資本主義列強和亞洲最發達的國家之一。日本的幼兒教育也在適應其政治和經濟特別是軍事上的起伏跌宕而不斷變化。1926年的《幼兒園令》是日本學前教育史上的第一個單獨的幼兒園令。第二次世界大戰後,日本政府採取特殊的保護措施大力恢復和發展教育,推動了幼兒教育的發展;日本進行了歷史上的第二次教育改革,學前教育機構得到很大程度的普及,學前教育進一步法制化和制度化,在國際上逐漸處於領先地位。20世紀80年代,日本進行了第三次教育改革,以適應新時代的需要,學前教育的發展也出現了新的變化。

## 一、學前教育制度的確立和機構的發展

### 1. 學前教育制度的確立

　　1926年,文部省頒布了日本第一部較為完整而又獨立的學前教育法令——《幼兒園令》及其實施規則。該法令的頒布標誌著學前教育逐漸趨於制度化而進入一個新的發展時期。《幼兒園令》規定,幼兒園教育為學校教育中的一環,首次明確了幼兒園在日本教育體制中的位置;幼兒園是為父母都從事生產勞動、無暇進行家庭教育階層的幼兒而設的保育機構;幼兒園以保育幼兒身體健康、培養善良性格、輔助家庭教育為目的;幼兒園招收對象為勞動者子女,而不是富裕家庭子女;放寬幼兒入園年齡,招收3歲以下幼兒,將托兒所納入幼兒園體系。

　　1947年,在日本國會通過的《學校教育法》第七章中規定,幼兒園是受文部省管轄的正規「學校」的一種,以滿足3歲至就學前的學前兒童的教育,「幼兒園以保育幼兒,賦予幼兒以適宜環境,促進其身心發展為目的」。為實現這一目的,必須達到五項目標:①為了健康、安全和幸福的生活,培養日常生活必要的生活習慣,謀求身體諸機能協調發展;②通過園內集體生活,培養幼兒愉快參加集體生活的態度及協作、自主、自律精神的萌芽;③培養幼兒正確認識和對待周圍的社會生活及事物的態度;④引導幼兒正確使用語言,培養對童話、畫冊等的興趣;⑤通過音樂、遊戲、繪畫及其他活動,培養幼兒對創作的興趣。《學校教育法》對幼兒園的這些規定與以往相比顯然具有劃時代的意義。這些規定表明了日本在戰後力圖摒棄戰前注重效忠統治者的思想灌輸,轉而以民主主義教育觀為指導來開展幼兒教育的趨勢。

### 2. 學前教育機構的發展

　　第二次世界大戰前,日本的托兒所和幼兒園是並行發展、各自獨立的學前教育機構。日本從1876年建立第一所公立幼兒園開始,到20世紀初,公立幼兒園在日本幼兒園中一直占據主導地位,基本為富裕階層的3~6歲幼兒提供教育。文部省從1896年開始,規定每年各知事向文部省呈報的學務統計諸事項中,增加對幼兒園結業升入小學的幼兒數統計一項。1900年,日本政府修改《小學校令》,規定幼兒園可以附設在小學校裡。這些規定刺激了幼兒園在小學校裡的增設。然而,公立幼兒園仍發展緩慢。其原因主要有以下兩個:

　　(1)經費問題。當時的日本政府重視義務教育,隨著義務教育年限延長,地方政府財政

用於小學教育的經費尚且不足,更無力顧及非義務教育的幼兒園。

(2)觀念問題。有些守舊人士認為兒童進幼兒園會削弱家庭教育,有損親子之情,「幼兒園無用論」甚囂塵上。

這使得私立幼兒園數超過公立幼兒園,而且差距越拉越大。據統計,1926年私立幼兒園達629所,而公立幼兒園只有372所。

托兒所承擔起收容貧民幼兒的任務。托兒所招收0歲至學齡前期的嬰幼兒,每日保育時間為11~12小時。托兒所開始只為母親和兒童提供養護,後來還強調注重嬰幼兒的精神教化。日本自1893年由私人建立了第一個托兒所以來,私人托兒所在日本托兒所中就占據主導地位。第一次世界大戰後,日本婦女就業率空前提高,許多女士攜嬰幼兒子女上班,此時,嬰兒死亡率極高(1918年達18.9%)。這一狀況引起了社會各方的普遍關注,要求辦托兒所的呼聲四起。1920年,內務部專設社會局,以有組織地進行以托兒所為主的兒童保護工作。此後,托兒所在日本各地都有了迅速發展。日本1922年有托兒所121所,1926年為312所,1936年為874所,1944年發展到2,184所(其中公立托兒所636所)。可見,在第二次世界大戰結束前,日本保育機構獲得了長足發展。

## 二、學前教育思想的變化

### 1. 學前教育的兒童中心主義思潮

20世紀初,兒童中心主義教育思潮在歐美興起,日本一些受西方影響的人士,不顧明治維新後期天皇《教育敕語》的專制主義及德育主義觀,提出了與西方新教育相呼應的自由主義保育思想。1907年,日本教育家谷本富(1867—1946)在第十四屆京阪神聯合保育會上做了題為「怎樣辦好幼兒園」的演講。他說:「孩子是一個獨立體,具有獨立意志、獨立人格,不應由成人隨意擺布。」他要求幼兒園的保育工作必須以「遵循自然」為原則;幼兒園是自由游戲的場所,應禁止一切課業,應讓幼兒隨心所欲地去做游戲。1908年,谷本富與中村五六合著了《幼兒教育法》。該書立足於「自然主義」原則,闡明了以游戲為中心的幼兒教育體系,主張幼兒教育要照顧幼兒年齡特徵及因人制宜的辦法。兒童中心主義和自由保育思想對20世紀初的日本官方幼兒教育政策一度產生影響。1911年,在文部省修改的《小學校令》施行規則中,取消了過去對游戲、唱歌、談話和手技等內容的具體指示,任憑各地自由安排;取消了保育時間為5小時的硬性規定,改由管理者或設置者自定,府縣知事批准。

### 2. 學前教育的軍國主義傾向

從明治維新後期開始,《教育敕語》的絕對主義教育思潮滲透到整個教育領域,要求培養學生強烈的國民意識,尤其是「義勇奉公以扶翼天壤無窮之皇運」的道德精神。明治維新後期,特別是20世紀30年代以後,日本學前教育也被籠罩上了軍國主義精神,政界一些正規文件中極少出現「要在游戲或其他活動中培養幼兒守規矩的習慣和服從的品德」的語句。這是日本的軍事封建帝國主義特性和法西斯侵略擴張特徵在學前教育中的反應。值得注意的是,這一時期還出現了以科學、實證主義反對精神萬能,反對以《教育敕語》為理念的教育的對抗性研究運動。1936年,保育問題研究會成立,意圖探討和研究出一套科學的、來源於生活的保育內容,認為學前教育的目的在於培養學前兒童未來的獨立生活能力。保育問題研究會的主張表達了日本學前教育界對法西斯主義霸占教育領地的一種抗議,但終抵擋不住

黑暗的軍國主義勢力。保育問題研究會會長城戶幡太郎也因堅持「科學主義和生活主義」的教育觀點在戰爭末期被捕。

1941年(昭和十六年)太平洋戰爭爆發以後,美、英對日宣戰,日本本土進入戰爭狀態。日本很多幼兒園尤其是大城市的幼兒園或因空襲受災,或被迫關閉,或轉為戰時托兒所,或改為軍事設施和軍工廠,學前教育發展嚴重受挫。武士道精神和軍國主義思想滲透到學前教育領域,學前教育機構向幼兒灌輸「忠君愛國」「皇民感情」和「煉成皇國之民」等思想。

### 三、學前教育事業的恢復與發展

第二次世界大戰結束後的日本,其經濟、教育都處於混亂不堪的狀態。許多小學和幼兒園變成一片廢墟,收容和教育兒童的任務極為艱鉅。日本社會在國際環境下認識到幼兒教育的重要性,從20世紀50年代開始加大對學前教育的投入,使幼兒園得到了迅速發展。日本全國1946年有幼兒園1,033所,1953年已發展到3,490所,增加了兩倍多。20世紀60年代以來,日本政府推出了幾項振興學前教育的重要計劃。1962年,日本文部省根據政府提出的「培養人才」的政策,制定了從1964年開始的《幼兒教育七年計劃》,其目標是使一萬人以上的市、鎮、村學前兒童入園(所)率達到60%以上。1972年,文部省又制定了《振興幼兒教育十年計劃》,其目標是實現4～5歲兒童全部入園(所)。為此,日本政府實行了學前兒童入園獎勵制度,即對於將子女送入公立或私立幼兒園的收入微薄的家庭,實行減免保育費。日本全國學前兒童入園(所)率1953年僅為14%,1969年為51.8%,1973年為60.6%;而到1985年時,日本3～4歲兒童入園(所)率為70%,5歲兒童入園(所)率已達90%。至此,日本學前教育水平已躋身於少數最發達國家之列。1991年,文部省又策劃、制訂了戰後第三份幼兒教育振興計劃,其目標是確保今後十年3～5歲兒童有充分的入園(所)機會,並劃撥了專項資金,供新建或改建幼兒園設施之用。這些計劃的實施使日本學前教育事業發展更為迅猛。

### 四、幼兒園教育大綱的制定與修改

1948年3月,文部省頒布了《保育大綱》,這是由國家編製的日本第一部學前教育大綱。1956年,《保育大綱》被修訂,並在此基礎上推出了《幼兒園教育大綱》。1964年,為配合「人才開發」政策,以滿足產業界經濟高速增長的需求,文部省對1956年的《幼兒園教育大綱》進行修訂並予以頒布。修訂後的大綱規定日本幼兒園教育的基本方針是:①力求幼兒身心得到協調發展;②培養基本的生活習慣和正確的人生態度;③激發關心自然和社會現象的興趣,培養初步思考能力;④提高幼兒的語言能力;⑤通過各種表達活動豐富幼兒的創造力;⑥培養幼兒的自立性;⑦因材施教;⑧結合幼兒的生活經驗、興趣、要求,全面教育;⑨完善幼兒園生活環境;⑩突出幼兒園特點和幼兒家庭教育密切配合。大綱將幼兒教育內容系統化,概括為六個方面:健康、社會、自然、語言、音樂韻律、繪畫手工,並對每個方面都提出了「理想目標」,要求「無遺漏地全部予以指導」。

20世紀80年代以後,日本已經成為世界經濟大國。信息化社會的到來,科學技術發展的日新月異,使日本政府更加重視國民教育的每個階段。在1984年的日本教育改革中,政府把幼兒教育列為改革重點之一,要求培養創造型人才並注意全面發展。1989年,日本推出了新的《幼兒園教育綱要》。新綱要提出,「幼兒園教育的根本方針是根據幼兒時期的特徵,

通過環境來對幼兒進行培養」。幼兒教育的目標是:①為了幼兒健康、安全和幸福地生活,要培養其基本的生活習慣和生活態度,奠定其身心健康發展的基礎;②培養幼兒對人的愛心和信賴感,形成其自立和合作的態度及初步的道德觀念基礎;③培養幼兒對自然等身邊事物的興趣和愛好,使其產生對這些事物豐富的情感和初步的思考能力;④在日常生活中培養幼兒對語言的興趣和關心,形成幼兒樂於通過說、聽進行交流的態度和語言感覺;⑤通過多種多樣的體驗,培養幼兒豐富的感受性,使幼兒富於創造性。課程目標和內容圍繞健康、人際關係、環境、語言和表現五大領域展開。總的來看,新綱要對幼兒園教育的方針、任務的規定較為簡明,力求更符合當代社會對幼兒培養規格的需要。

### 五、學前教育研究和師資培訓的發展

1. 學前教育研究

20世紀60年代以後,日本學前教育研究也很活躍。諸如開發早期智力、幼保一體化、幼小銜接、幼兒園和家庭教育的聯繫、學前教育與終身教育的關係等課題都有不少學者在進行研究並取得了重要成果。

井深大是日本著名實業家及幼兒教育家,日本早期發展協會創始人。他於1970年出版了《到了幼兒園的年齡就太遲了》,書中列舉大量事例說明:人的品德或能力並非天生,而是取決於3歲前的教育方法;早期教育得法,就可以充分發掘兒童的潛在能力,而兒童早期的潛能幾乎是無限的。其主張與國外有關早期智力開發的主張相呼應,在日本學前教育界產生了廣泛的影響。

鈴木鎮一是日本的音樂教育家,早年留學德國,從20世紀40年代開始潛心研究學前兒童小提琴教學,後創立「鈴木方法」。他認為,才能並非天生,而是後天培養的結果;重要的是循循善誘,耐心創造條件激發學前兒童的學習熱情。根據該信念,他對嬰兒進行音樂熏陶,3歲後進行小提琴訓練,開始時模仿唱片,熟練後學習識譜,6歲畢業。該方法不僅讓兒童掌握了優秀琴藝,還培養了他們良好的品格和意志力。20世紀60年代後,鈴木鎮一的教育思想及其成果為國內外所矚目。

2. 師資培訓的發展

日本非常重視學前教育師資的培訓與管理工作。第二次世界大戰前,日本幼兒園及保育所的教師均稱為「保姆」。培養保姆的機構最早是東京女子師範學校開設的「保姆練習所」。1882年,文部省發布的《關於幼稚園的規則》規定「幼稚園的保姆,必須是具有小學教員資格的女子,或得到其他府縣知事許可者」。1901年,日本建立保姆資格鑒定制度,規定非保姆培訓機構畢業的,經各府縣小學教員鑒定委員會考核合格者,也可以取得保姆資格。第二次世界大戰後,《學校教育法》將幼兒園的「保姆」改稱為「教諭」「助教諭」,同小學教師視為一致。所有幼兒園教師都必須獲得任職資格證書。教諭發給普通資格證並終身有效,可在相應學校通用。助教諭發給臨時資格證,有效期為三年。保育所的教師至今還稱「保姆」。根據《兒童福利法》的規定,合格的保姆(即取得資格證書者)必須具備下述三項條件之一:①普通大學、短期大學或保姆養成所畢業生;②高中畢業後,在都、道、府、縣舉行的保姆考試中合格者;③從事兒童福利事業五年以上,經過厚生大臣特批者。其中,符合第一項條件者,占保姆人數的60%以上。日本教師在職進修的途徑很多,如插入大學相應的年級,

當大學旁聽生,參加開放大學學習,參加函授大學學習,進入教師研究院學習等。由此可見,日本對學前教育師資的質量要求是相當嚴格的。

## 思考與練習

1. 英國保育學校的主要目標及措施分別是什麼?
2. 1933年《哈多報告》的核心內容有哪些?
3. 簡述20世紀80年代以來的英國學前教育狀況。
4. 英國現代學前教育機構的類型有哪些?
5. 簡述法國母育學校的改革與發展過程。
6. 德國在第二次世界大戰後學前教育的改革有哪些?
7. 簡述美國進步主義幼兒園運動的意義和影響。
8. 簡述美國機會均等運動興起的歷史背景。
9. 簡述蘇聯現代學前教育的特徵。
10. 俄羅斯學前教育機構的多元化發展表現在哪些方面?
11. 日本《幼兒園教育綱要》提出的幼兒教育目標是什麼?

# 單元 12　外國現代學前教育思想

### 學習目標

- 瞭解杜威、蒙臺梭利、馬卡連柯、皮亞杰學前教育思想的內容；
- 能夠對杜威、蒙臺梭利、馬卡連柯、皮亞杰學前教育思想做出正確評價。

　　本章介紹了現代著名教育家杜威、蒙臺梭利、馬卡連柯和皮亞杰的學前教育思想和理論。杜威在教育實踐中對教育本質、教育原則、教學過程及教育主體等問題都提出了嶄新的見解；蒙臺梭利在「兒童之家」踐行了其改良主義教育理想，為世界學前教育的發展做出了重要貢獻；馬卡連柯第一個建立了蘇聯家庭教育理論的完整體系，其獨創的集體教育理論對各年齡段的兒童教育都具有重要的指導意義；皮亞杰構建了完整的兒童心理學理論體系，為兒童早期教育運動奠定了理論基礎。

## 第一課　杜威的學前教育思想

### 一、杜威生平

　　約翰‧杜威（John Dewey, 1859—1952）（見圖 12-1）是美國著名的哲學家、教育家，實用主義教育理論的創始人，也是實用主義哲學最有影響的代表人物之一。他的教育理論不但對美國，而且對許多國家的幼兒教育和學校教育都產生了巨大而深刻的影響。

　　1859 年 10 月 20 日，約翰‧杜威在美國佛蒙特州柏林頓鎮出生，他的父親是一位零售商，母親性格開朗，受過良好的家庭教育，對杜威及其兄弟要求嚴格。杜威從小較為羞澀，其兄長戴維斯善於交際，兄弟倆酷愛思考，經常一起到附近的山林、湖泊附近探險。這樣的早年經歷使得杜威對自然充滿著敬畏感，這在他早期的思想中可以充分體現出來。1875 年，杜威進入佛蒙特大學讀書，在讀期間對赫胥黎的生物進化論產

圖 12-1　杜威

· 220 ·

生了興趣,並由此逐漸對哲學產生濃厚的興趣。大學畢業後,杜威先後在兩所中學任教,在這期間他仍然鐘情於哲學,工作之餘開始發表哲學論文,並跟隨大學期間的老師托裡繼續學習哲學。

1882年,杜威進入約翰·霍普金斯大學進行研究生階段的學習,廣泛涉獵生物學、邏輯學、倫理學、教育學、心理學、德國哲學、政治學等多個研究領域。杜威在這一時期主要受到執教的黑格爾主義者莫里斯、哲學家皮爾斯、心理學家霍爾等人的影響,其中受莫里斯的影響最大。在莫里斯的影響下,杜威接受了黑格爾的哲學,並於1884年以論文《康德的心理學》獲得了博士學位。從1884年畢業後一直到1894年,杜威除了到明尼蘇達大學短期工作之外,一直在密歇根大學教授哲學,在這期間他的哲學思想逐漸成熟起來。與此同時,杜威對教育問題產生了興趣,1885年發表了第一篇教育論文,從此走上了試圖將教育、心理和哲學綜合起來進行研究的道路。

1894年,杜威應聘到芝加哥大學任哲學、心理學和教育學系主任,講授哲學、倫理學、心理學、教育學等課程,從多個學科視角研究教育問題。直到1903年杜威才離開芝加哥大學。在芝加哥大學的十年是杜威思想形成和發展的關鍵時期。1896年,杜威創辦了包括幼兒部在內的芝加哥大學實驗學校(也稱作「杜威學校」),這所學校一直開辦到1903年。在這十年中,杜威的重要教育著作包括《我的教育信條》(1897)、《學校與社會》(1899)、《兒童與課程》(1902)。其中,《我的教育信條》是杜威關於教育的綱領性著作,是杜威教育理論形成的重要標志;《學校與社會》集中探討了芝加哥實驗學校的教育經驗和理論。自1904年始直至1930年退休,杜威一直在哥倫比亞大學任教。在這期間他的重要的教育著作包括《教育中的道德原理》(1909)、《我們怎樣思維》(1910)、《明日之學校》(1915)、《民主主義與教育》(1916)、《經驗與教育》(1938)。杜威於1919年來華講學,宣傳他的實用主義教育思想,對中國教育學界產生了重大影響。胡適、陶行知、陳鶴琴等教育家的思想都在不同程度上受杜威思想的影響。

杜威是罕有的長壽教育大家,在其漫漫人生中,他以自己的勤勞和智慧建構的哲學和教育學理論不僅在當時對世界上許多國家產生了廣泛而深刻的影響,還為後人留下了寶貴的學術遺產。在西方教育史上,杜威還是罕有的幸運者,他不僅構建了牢固的理論大廈,而且有幸目睹了自己的思想對世界各地教育實踐產生的影響。

## 二、杜威的學前教育思想概述

### (一) 理論基礎

1. 實用主義哲學

實用主義哲學是杜威教育理論的首要理論基礎。杜威將皮爾斯和詹姆士的實用主義哲學觀點全盤吸收並有新的發展:他強調哲學作為思維的工具的作用。他把哲學看作人們用來適應環境、整理經驗的一種工具。他認為,哲學必須與人們的實際生活發生聯繫,必須以促進社會和政治的發展為目的。杜威分析說,只有通過教育活動,使實用主義哲學所宣揚的世界觀和方法論深入人心,普遍地使人們接受,哲學才能夠發揮最大的效用。

杜威曾給教育下了一個定義:教育就是「經驗的改造或重新組織」。他認為,一切學習都來自經驗;教育必須從經驗,即始終從古人的實際生活的經驗出發。

2.「社會個人主義」社會觀

杜威的教育理論同時又是以他的社會學觀點作為理論基礎的。杜威從資產階級人性論的觀點出發，並接受了19世紀實證主義者的庸俗進化論的社會學思想，把人類社會看作個人的結合產物，他把個人與社會的關係比喻成字母與字句的關係。杜威強調，個人的發展在於適應社會環境的需要，也就是說，個人必須服務於社會。從教育這個角度來看，這一觀點即表示通過對個人的教育來達到改良社會的要求。

3. 生物化的本能論心理學

杜威認為，心理活動的實質就在於有機體處於一種本能的需要而採取一定的行動來適應環境，從而滿足自己的需要。這種心理學也叫「機能主義心理學」。

杜威認為心理的研究對象在於研究意識的機能或功用，而反對僅僅研究意識的內容。用杜威的話來說就是心理學家關心的是整個心理的協調作用，而反對心理學內的元素主義。他把這種生物化本能論的心理學作為他的教育、教學論的心理學依據，提出教育的任務就是按照兒童本能生長的不同階段供給他適當的材料，促進本能的表現與發展。

（二）關於教育本質的論述

杜威從不同的角度，多方面地論述了教育本質的問題。他提出了三個重要論點來對教育本質進行概括，三個重要論點分別是「教育即生長」「教育即生活」「教育即經驗的連續不斷的改造」。

1. 教育即生長

杜威從其生物化本能論的心理學出發，認為教育就是促進兒童本能生長的過程，即教育的本質和作用就是促使兒童的本能生長。

在強調教育在兒童本能生長方面的本質作用這一認識的基礎上，杜威提出了著名的「兒童中心主義」的思想，這是他實用主義教育理論的基本原則，這一思想成為他的教育理論甚至整個現代派教育理論中的一個核心要求。

杜威在批判傳統教育弊病的基礎上，明確提出以兒童為中心的響亮口號。他分析說，在傳統教育中「學校的重心是在兒童之外，在教師、在教科書以及在其他你高興的任何地方，唯獨不在兒童自己即時的本能和活動之中」。他提出書本、教師應是為兒童服務的，主張把教育的重心轉移到兒童方面來，使兒童成為教育的主宰。

杜威強調，在教育過程中要重視兒童的本能活動，並把它們作為教育的出發點。杜威的「兒童中心主義」思想是對盧梭自然理論精髓的繼承和發展。當然，兒童中心主義也存在一定的問題，它的主要缺陷在於，它是杜威在其生物化的本能論心理學基礎上提出來的，是在把人的心理活動看成是生物化本能活動的產物，完全否定社會實踐對人的心理發展的作用這一前提下提出來的，因而是不科學的。杜威一味強調教育要順應並促進兒童心理本能的發展，要以兒童為中心，卻忽略了社會因素對教育的制約性。

2. 教育即生活

杜威指出，兒童的本能生長總是在生活過程中展開的，或者說生活就是生長的社會性表現。在杜威看來，最好的學習就是「從生活中學習」，學校教育應該利用兒童現有的生活作為其學習的主要內容。他認為應把教育與兒童眼前的生活結合起來，教兒童學會適應眼前的

生活環境。

根據「教育即生活」的觀點，杜威又提出「學校即社會」的思想。他要求把學校辦成「一個小型的社會、一個雛形的社會」，以便從中能培養出完全適應眼前社會生活的人，這是杜威社會個人主義觀點的具體表現。

3. 教育即經驗的連續不斷的改造

這一觀點是以杜威的主觀唯心經驗論的哲學理論為基礎提出來的。在杜威看來，既然經驗是世界的基礎，因此教育就是通過兒童自身的活動去獲得各種直接經驗的過程。教育的主要任務並不是教給兒童既有的科學知識，而是要讓兒童在活動中自己去獲取經驗。

按照杜威的觀點，在教育過程中兒童經驗的獲得要依靠兒童自身的活動去達到，由此他又提出另一個教育基本原則——「從做中學」，並把它作為教學理論的中心原則。

杜威關於教育本質的論述雖然有一些合理的見解，但從根本上來說是唯心主義的。他在論述教育的本質這一問題時，忽視了教育的社會基礎和教育的階級性，沒有正確地闡明教育在促進社會發展和人的發展方面的重要作用。

### （三）教學論

在批判傳統學校教育的基礎上，杜威提出了「從做中學」的基本教學原則和「教學五步」的教學過程。

1. 「從做中學」的基本教學原則

在教學理論上，杜威提出了「從做中學」這一基本原則。他在論述教學中的一些主要問題（如教學過程、課程、教學方法、教學組織形式等）時，都是從自身的活動中進行學習；教學應該從學生的經驗和活動出發。杜威提出「從做中學」的理論是以其主觀唯心主義經驗論作為理論基礎的。

杜威的「從做中學」理論也是在他批判傳統的學校教育弊端的基礎上提出來的。他批評傳統的教學是「三中心」的教學，即以前人的知識、課堂講授和教師作用為中心，而唯獨忽略了真正的中心，即兒童本身的活動。杜威要求現代學校要用活動教學來完全取代傳統教學，用活動課取代學科課程。

2. 「教學五步」的教學過程

杜威認為，好的教學必須能喚起兒童的「思維」，即明智的學習方法。如果沒有思維，就不可能產生有意義的經驗。因此，學校必須提供可以引起思維的經驗的情境。思維過程可分成五個步驟：一是疑難的情境；二是確定疑難的所在；三是提出解決疑難的各種假設；四是對這些假設進行推斷；五是驗證或修改假設。由此出發，杜威認為教學過程也相應地分成五個步驟：一是教師給兒童提供一個與現在的社會生活經驗相聯繫的情境；二是使兒童有準備地去應付在情境中產生的問題；三是使兒童產生對解決問題的思考和假設；四是兒童自己對解決問題的假設加以整理和排列；五是兒童通過應用來檢驗這些假設。

### （四）兒童中心論

談到兒童教育問題時，杜威深受盧梭的影響，倡導兒童中心論。杜威認為，學校生活組織應該以兒童為中心，使得一切主要是為兒童的而不是為教師的。他強調說：「現在，我們教育中將引起的改變是重心的轉移。這是一種變革，這是一種革命，這是和哥白尼把天文學的

中心從地球轉到太陽一樣的那種革命。這裡，兒童是中心，教育的措施便圍繞他們而組織起來。」「我們必須站在兒童的立場上，並且以兒童為自己的出發點。」在強調「兒童中心」思想的同時，杜威並不同意教師採取「放手」的政策。由於教育過程是兒童與教師共同參與的，是雙方真正合作的過程，因此，在教育過程中兒童與教師之間的接觸更親密，兒童受到教師的指導會更多。另外，杜威認為，教師不僅應該給兒童提供生長的適當機會和條件，還應該觀察兒童的生長並給以真正的引導。他說：「教師作為集體的成員，具有更成熟的、更豐富的經驗，以及更清楚地看到任何所提示的設計中繼續發展的種種可能，不僅是有權而且有責任提出活動的方針」。杜威還特別強調了教師的社會職能，「教師不是簡單地從事於訓練一個人，而是從事於適當的社會生活的形成」，每個教師都應該認識到他所從事的職業的尊嚴。

### 三、對杜威學前教育思想的評價

杜威的教育理論基於哲學和心理學，產生於美國19世紀末20世紀初社會劇烈變革的大背景下，落腳於美國處於不斷變革的社會之中。杜威試圖通過教育領域的改革，促進美國社會生活的變化。他的理論充滿著美國特色與時代特點，體系龐大，涵蓋了教育的各個領域。杜威重視幼兒階段的教育，其幼兒教育思想在其整體的教育思想中占了重要的部分，體現著他的基本教育綱領。杜威的幼兒教育思想儼然已經成為當下美國學前教育界普遍認可的觀點，幼兒園的孩子們很少進行系統的知識學習，而是在「做中學」，從日常的玩耍、游戲中學習和認識生活中的各種事物。

杜威的教育思想對中國產生了深遠的影響。在胡適的邀請下，杜威於1919年到中國講學並停留了2年之久，他的教育思想影響了當時包括胡適、蔣夢麟、陶行知、陳鶴琴等人在內的一大批教育家。無論是陳鶴琴的「五指教育」，還是陶行知的曉莊師範學校，其中都蘊含著杜威教育思想的基本精神，蘊含著對兒童的重視，對實踐和操作活動的重視。杜威的教育思想對中國當代的學前教育仍然有極大的指導和借鑒意義。目前中國仍有不少幼兒園存在著重知識教學輕操作經驗、重教師講解輕兒童探索等不足。杜威在其幼兒教育理論中多次強調要重視兒童的游戲和動手操作，主張兒童應通過自己的探索獲得與日常生活相關的各種經驗和認識，而不是讓兒童過早地以小學階段知識的學習方式進行系統的學習。

## 第二課　蒙臺梭利的學前教育思想

### 一、蒙臺梭利生平

瑪麗亞·蒙臺梭利（Maria Montessori，1870—1952）（見圖12-2）是義大利著名的女教育家、醫學博士、歐洲新教育運動的主將，也是繼福祿培爾之後的傑出幼兒教育理論家和實踐家。她獨特的幼兒學前理論和方法，促進了現代學前教育的發展，對世界學前教育的改革實踐和理論創新做出了重要貢獻。

蒙臺梭利出生在義大利安科納省的希亞拉瓦萊鎮。父母對她要求嚴格，特別是母親對她的個人志向一直給予支持和鼓勵。1886年，中學畢業的蒙臺梭利進入高等技術學院學習。出於對生物學的強烈興趣，1890年她又進入了羅馬大學醫學院，六年後成為義大利第一位醫

學女博士。在1897年起的三年裡,她從事智障兒童的教育工作。1901年,蒙臺梭利離開義大利國立精神治療學校,開始致力於正常兒童的教育。1907年,她在羅馬聖洛倫佐區成立了第一所「兒童之家」。由此,她進行了系統的教育實驗,創立了聞名於世的蒙臺梭利教育體系。《蒙臺梭利方法》於1909年出版後,她開始在國際上產生影響。為了進一步傳播自己的幼兒教育理論和方法,她在義大利國內和許多國家開設了培訓班,培養蒙臺梭利學校的教師。1929年,由她本人擔任主席的「國際蒙臺梭利協會」在丹麥成立,這個協會對蒙臺梭利教育理論和方法在世界範圍的傳播起了很大的促進作用。她曾被提名為「諾貝爾和平獎」候選人,也被荷蘭阿姆斯特丹大學授予名譽博士稱號。在從事教育實踐的同時,蒙臺梭利還撰寫了許多論述幼兒教育理論的著作,除《蒙臺梭利方法》外,還有《蒙臺梭利手冊》(1914)、《童年的秘密》(1936)、《有吸收力的心理》(1949)等。

圖12-2 蒙臺梭利

　　蒙臺梭利對20世紀的教育,特別是學齡前兒童教育的影響十分廣泛,幾乎遍及世界上各個國家和地區。她的事業激起了人們巨大的熱情,先後在美國和歐洲的許多國家興起了蒙臺梭利運動,並紛紛建立了蒙臺梭利學校和蒙臺梭利學會;她的教育理論和教學方法也為當時的公立中小學所普遍採用,她的學生和追隨者遍布天下。

## 二、蒙臺梭利的學前教育思想概述

### (一) 兒童的特點

1. 兒童存在著與生俱來的「內在的生命力」

　　這種生命力是一種積極的、活動的、發展著的存在,它具有無窮無盡的力量。蒙臺梭利認為,生長是由於內在的生命潛力的發展使生命力顯現出來,生命力量是按照遺傳確定的生物學的規律發展起來的。教育的任務是激發和促進兒童的「內在潛力」的發現,並按其自身規律獲得自然的和自由的發展。她主張不應該把兒童作為物體來對待,而應作為人來對待,兒童不是成人和教師進行灌註的容器,也不是可以任意塑造的蠟或泥。教育家、教師和父母應該仔細地觀察兒童,研究兒童,瞭解兒童的內心世界,發現「童年的秘密」,熱愛兒童,尊重兒童個性,在兒童自由和自發的活動中,幫助兒童實現智力的、精神的和身體的、個性的自然發展。

　　蒙臺梭利的教育理論和方法是建立在較少(或盡量減少)干預兒童主動(或自發性)活動的基礎上的。她的培養目標是:運用科學的方法,促進「人類的潛能」的發展,使他們能夠獨立思考、獨立判斷和獨立工作,並能適應現代科學技術和工業發展的時代潮流,保持社會文明和科學進步,成為促進人類和平的強有力的新一代。

　　蒙臺梭利在《有吸收力的心理》(1949)中系統地闡述了兒童生理和心理的發展進程,揭示了身體活動與心理活動、生理發展與心理發展的關係與聯繫。她指出,兒童的「心理胚胎」在發展過程中必須在它的周圍環境中汲取營養,猶如「生理胚胎」在母體的胚胎內一樣。兩

者不同的是:兒童的生理器官在母體內已開始形成;「心理胚胎」則是嬰兒出生時才開始發育的,這時兒童的大腦空無所有,但它有一種積極的、能動的、從周圍環境中吸收各種事物的印象的能力。因此,我們必須設置一種適合兒童內在需要和興趣的、能夠誘發兒童自發學習和自動作業的環境。

2. 兒童是發展著的個體,兒童的發展是個體與環境交互作用的結果

兒童由於內在生命力的驅使或生理和心理的需要而產生一種自發性活動,從而不斷地與環境交互作用而獲得經驗、積累經驗,促進兒童生理和心理的發展。所以,兒童的發展是一個連續的、不斷前進的過程,前一個階段的充分發展是後一階段的基礎,後一個階段的發展是以前各個階段充分發展的積累和延續。這種發展隨著兒童生命歲月的增長,從無意識逐步進行到有意識,從自發活動進行到自由選擇性活動;但是,兒童的無意識(或下意識)的自發活動在發展進程中始終存在著,只是生命的本能衝動在逐步減少,而心理的內在需要在逐步增加。蒙臺梭利強調兒童早期的環境經驗對於以後階段發展的重要性,尤其是對兒童智力發展的重要意義。「特別重視豐富兒童的早期經驗,重視兒童早期教育」,是她在羅馬聖羅倫佐「兒童之家」試圖解決貧民兒童受文化剝奪問題的教育改革實驗研究中得到的重要結論。

(二) 兒童發展的敏感期

蒙臺梭利對兒童心理發展過程中的各種敏感期及其呈現和延續的時間進行了充分的研究。她認為兒童各種敏感期的出現具有一定的順序性和延續性,兒童就是通過經歷一個又一個敏感期不斷得到發展的。

1. 語言的敏感期

蒙臺梭利認為,語言的敏感期是從出生後2個月開始到8歲,其中1~3歲是語言敏感期的高峰時期。兒童在學習語言的過程中,先是對人的聲音感興趣,在感受聲音的基礎上,對詞最後是對複雜的語法結構產生興趣。也就是說,在這一敏感期內,孩子都經歷咿呀學語、說出單詞、將兩個以上單詞組成句子的階段,後來進步到模仿更複雜的句子結構的階段,最後學習和掌握複雜的語法形式和談話技巧。

2. 感覺的敏感期

蒙臺梭利認為,感覺的敏感期是從出生到6歲,其中在2~2.5歲達到高峰。她指出,孩子在2歲時對細微的物體,如對成人注意不到的小東西發生興趣,並給予極大的注意。這種對細節的關心不僅使兒童有選擇地注意周圍的環境,而且引發了幼兒的有關活動,從而使幼兒的感覺更加敏銳。蒙臺梭利認為兒童在感覺的敏感期內,可以毫不費力地學習幾何形體、辨別顏色、方向、聲音的高低以及字母的形體等,而這些均可以為以後更高層次的智力發展奠定基礎。

3. 秩序的敏感期

秩序的敏感期是蒙臺梭利最先發現並論述的現象。蒙臺梭利認為,在兒童的發展中,秩序的敏感期在兒童人格的形成中具有非常重要的意義。它最早出現於兒童2歲左右,大約持續2年,3歲左右表現最為明顯。「環境中的所有物體是否放在平常習慣放置的地方?」「一天的各種活動是否按照自己已經熟悉和習慣的順序進行?」這些問題對於處於這一時期

的兒童來說都是非常重要的事情，他們最大的喜悅是將物品整齊地放回原來的位置。

4. 運動的敏感期

蒙臺梭利認為，運動的敏感期處於出生到 4 歲之間。在這段時間中，兒童喜歡活動而且其動作逐漸完美，為以後的發展奠定基礎。如果兒童能在這一時期完全熟練某一動作，不僅對身體、對精神的正常發展有所幫助，甚至對兒童的人格形成也有影響。反之，如果這一時期兒童缺乏運動，就要導致兒童對運動缺乏自信，性格上缺乏協調性和精神上的不滿足。

蒙臺梭利指出，在這一段時期內，兒童開始時是喜歡爬，然後是學習行走；到 1.5～3 歲時，他們又喜歡經常地抓握東西，如打開、關上、放進、拿出、搭好、推倒等；到 4 歲左右時，兒童又喜歡閉著眼睛靠手觸摸來辨認物體，並用手和身體做各種較為複雜的動作。

5. 工作的敏感期

在蒙臺梭利教育法中有一個非常重要的概念是「工作」。簡言之，蒙臺梭利所謂的「工作」就是指兒童在有準備的環境中和環境相互作用的活動。蒙臺梭利認為兒童必須通過自己的「工作」才能使自己達到心理的健康發展。蒙臺梭利認為兒童「工作」的敏感期是 3 歲到六七歲，在這一段時間裡，兒童像一個「工作狂」一樣以令人驚訝的熱情投入「工作」。蒙臺梭利不僅僅把「工作」的敏感期看作一個獨立的敏感期，更認為「工作」是各種敏感期的主要特徵，是兒童得到各種發展的基礎。蒙臺梭利關於兒童發展具有敏感期的思想，是她兒童觀思想的重要內容，是她兒童觀思想中頗具特色的部分。在她的學說中，沒有哪一部分比敏感期更重要、更具獨創性了。在她之前的盧梭、裴斯泰洛齊、福祿培爾等人也都對兒童早期教育的重要性進行過論述，但只有蒙臺梭利從敏感期的角度展開論述了兒童早期教育的意義，並形成了自己獨特的關於敏感期的教育思想和實踐體系，為早期教育有效地適應兒童的特點，發揮兒童的主動精神提供了理論和實踐依據。

(三) 兒童心理發展的階段性

此外，根據對兒童認真的觀察和研究，蒙臺梭利把兒童心理發展劃分為三個階段：

第一階段是幼兒階段(0～6 歲)。這一階段是兒童為適應環境而自我變化並轉換形象的時期。根據兒童是否有意識地適應環境，這一階段又可以分為無意識地適應環境的時期(0～3 歲)和有意識地吸收環境的時期(3～6 歲)。0～3 歲是兒童身心各種能力發展的奠基時期。在這一時期裡，兒童在無意識之中通過旺盛的「吸收性心理」的作用，大量感受和吸收周圍的環境，獲得大量的關於周圍環境的印象和心理各方面的進步。幼兒出生後的幾周之內，由於身體活動尚未旺盛，因而最初獲得的僅是感覺的使用。在獲得感覺的使用以後，幼兒便開始使用感覺。3～6 歲是兒童在前一階段發展的基礎上各種能力進一步得到發展的時期。蒙臺梭利認為，自然在兒童 3 歲時，畫了一條分界線，兒童滿 3 歲以後，便開始有意識地吸收環境，最典型的表現就是從這時開始兒童有了成為一生回憶的記憶。蒙臺梭利認為這一時期是兒童在前一階段發展的基礎上各種能力進一步得到發展的時期，她認為這一時期的兒童不像前一時期那樣僅僅依靠感覺，更主要的是依靠手的活動有意識地吸收環境。他們有意識地用雙手不停地做事，觸摸和把握各種東西，有選擇地模仿成人的動作，並通過這些活動一步一步地發展自己的心理，直至獲得較為完整、系統的心理發展，使各種心理現象初步形成體系。同時，蒙臺梭利認為這一時期是兒童學習慾望十分強烈的時期，她認為兒童在 3 歲時會有書寫的爆發，在這之後的一段日子裡，兒童對讀、寫、算和動物學、植物學以

及地理、歷史知識表現出極大的興趣和學習願望,他們為了明了許多問題而不斷地提出問題讓成人解答。「是什麼?」「為什麼?」「怎麼回事?」是這個時期的孩子經常提出的問題。另外,蒙臺梭利把這一時期說成是性格形成的時期,認為兒童在各種能力均得到發展並初步形成系統的基礎上,穩定的性格特徵在這一時期就開始出現了。

第二階段是兒童階段(6～12歲)。蒙臺梭利認為這一階段是兒童在安寧幸福的心態下開始有意識地學習的階段,是兒童增長學識和藝術才能的階段。這一階段兒童的主要特徵有三:一是要求離開過去那種狹小的生活圈子;二是開始具備抽象思維能力;三是產生道德意識和社會感。因此,蒙臺梭利要求擴大他們的生活範圍,把對他們的教育從早期的感覺練習轉向抽象的智力活動,並用道德標準和社會規範來要求他們。

第三階段是青春階段(12～18歲)。蒙臺梭利認為這一階段是兒童社交關係的敏感時期。在這一階段,兒童強烈地意識到自己是社會「團體的一員」,並開始具備自尊心、自信心。因此,蒙臺梭利主張在個體發展的青春期,必須重視對他們進行社會性訓練,幫助他們學習適應社會,成為合格的社會一員。

(四) 感覺教育

感覺教育在蒙臺梭利教育體系中佔有重要的地位,並成為她教育實驗的主要部分。蒙臺梭利基於對感覺的極大重視,使感覺教育在她所提出的運動、感覺、語言和智力操練這一程序教學結構中處於十分重要的地位。

1. 感覺教育的內容

蒙臺梭利的感覺教育包括觸覺、視覺、聽覺、嗅覺和味覺等感官訓練。觸覺訓練在於幫助幼兒辨別物體是光滑還是粗糙,辨別物體的冷熱,辨別物體的輕重和大小、厚薄、長短及形體。視覺訓練則在於幫助幼兒鑑別形狀、顏色、大小、高低、長短及不同的幾何形體。聽覺訓練主要使幼兒習慣於辨別和比較聲音的差別,使他們在聽聲訓練過程中培養起初步的審美和鑒賞能力。嗅覺和味覺訓練注重提高幼兒嗅覺和味覺的靈敏度。蒙臺梭利希望通過這種感覺訓練,使幼兒成為更加敏銳的觀察者,增進和發展他們的一般感受能力,以完成諸如閱讀和書寫等複雜的動作。

2. 感覺教育的原則和方法

蒙臺梭利的感覺教育遵循著一定的原則和方法。她認為,感覺教育的實施應當遵循循序漸進的原則,應當根據幼兒在敏感期的特點,把肌肉練習作為感覺訓練的基礎,把對各種感覺的發展作為教育的重點;同時,應當根據幼兒的個體差異採取與之相適應的具有連貫性的步驟和方法,使感覺教育同讀、寫、算等教學活動聯繫起來,使之達到由簡到繁的過渡。

蒙臺梭利認為,感覺教育應當遵循自我教育的原則,提倡幼兒根據自己的能力和需要進行學習,使幼兒在感覺訓練中通過自己的興趣、需要和能力去進行自由選擇、獨立操作、自我校正,去努力把握自己和環境。所以,在她所設計的教具中設有專門的「錯誤檢驗」系統,使兒童在操作過程中能根據教具的暗示進行「自我教育」。同時,她還通過限制感覺教育指導者的活動去增強幼兒活動的積極性和主動性。

蒙臺梭利進行感覺教育主要採取了提供教具的方法,按照由易到難的原則編排教具材料的順序,並使每種教具分別訓練幼兒的一種特殊的感覺,通過有針對性的、分步驟的反覆練習,去增強幼兒對物體的特殊性能的感覺能力,去識別接觸到的、變換著的物體,去增進各

種感知能力。

### (五) 自由和紀律教育

蒙臺梭利還談到自由與紀律的關係問題。她說：「自由與紀律是同一事物不可分離的部分——就像一枚銅幣的兩面一樣。」她認為，自由不是放縱，紀律應該是一種主動的紀律，不是強迫形成的。她指出，當兒童在自由活動中專心於某一件事、某一種活動時，當他專注於表現自己的個性時，他就是在形成自己的良好紀律。因此，自由活動不僅是兒童發展的重要條件，也是形成良好紀律的重要方式。她認為，兒童一旦從活動中獲得樂趣，便會專注自己的活動，兒童之間就沒有了爭吵，良好的紀律就體現出來了。由此可見，活動之所以能促進紀律的形成，根本上是由活動的性質、特點決定的。她主張通過自由活動的方式讓兒童自覺地形成紀律。她明確地指出，紀律必須通過自由而來。

蒙臺梭利批評傳統教育理論把紀律僅僅看作「維持教育和教學的外部秩序的手段」，從而制定出一整套威脅、監視、懲罰、命令和禁止的方法，以壓制兒童天生的「野蠻的頑皮性」。蒙臺梭利指出，「我們並不認為當一個人像啞巴一樣默不作聲，或像癱瘓病人那樣不能活動時才是守紀律的。他只不過是一個失去了個性的人，而不是一個守紀律的人。有獨立自主的精神的人，無論何時何地，當他意識到需要遵從某些生活準則的時候，他能夠節制自己的行為」。她說，「活動、活動、活動，我請你把這個思想當作關鍵和指南：作為關鍵，它給你揭示了兒童發展的秘密；作為指南，它給你指出應該遵循的道路」。自發活動和自由活動不僅為人們揭示了兒童生命潛力展現和自然發展的規律，也為人們指出了培養兒童良好紀律的自由之路。

### (六) 教師觀

在傳統的幼兒學校中，教師是主體，始終處於主動地位；兒童是客體，處於被動地位。蒙臺梭利學校則以自我教育為主，在教育活動中，兒童是主體，是中心，兒童全神貫註地從事各自的「工作」，獨立操作、自我發現、自我教育和自我發展；教師是兒童活動的觀察者和指導員。這種關於幼兒學校教師作用的指導思想和方式方法的改變是對傳統教育的挑戰。

首先，幼兒教師應是一位觀察者，應以科學家的精神，運用科學的方法去觀察和研究兒童，揭示兒童的內心世界，發現童年的秘密。但教育科學的觀察研究不同於一般科學，它的對象不是物，而是人，是富於情感和有思想的活生生的人，特別是活潑好動的兒童，其目的是激發兒童的生命活力，培養和發展其個性，使之成為適應現代社會和科學技術發展的獨立自主的人。蒙臺梭利強調必須在自然條件下，在兒童的自由活動中去觀察研究「自由兒童」及其表現，而不是在「實驗室」或在特殊控制下的兒童。她指出，人是社會的產物，教師不僅要觀察研究兒童本身及其表現，而且要瞭解家庭和周圍環境對兒童的影響。她著重指出，如果要使對兒童觀察研究獲得的結果準確、可靠，結論合乎科學，最重要的是必須與兒童保持親切友好的合作。蒙臺梭利指出，關鍵是要激發兒童的興趣，使其整個人格參與活動。因此，教師要關心兒童，熱愛兒童，尊重兒童的個性，經常與兒童在一起生活和工作。蒙臺梭利在國立特殊兒童學校或在羅馬聖羅倫佐「兒童之家」都是整天和兒童在一起。

教師的觀察研究及其成果是設計、安排及不斷改進與更新教具材料和正確地進行指導的基礎和依據，也是激勵和促進教師更加熱愛兒童、熱愛幼兒教育事業、不斷改進提高、日臻完善的動力。這是一種經常性的極其複雜和艱鉅的工作，教師必須具有堅強的意志、耐心、

毅力和科學家的求實與獻身精神。蒙臺梭利善於觀察和研究兒童,向兒童學習,堅持不懈,耐心細緻,發現問題能及時改進,是她取得驚人成就的原因。她首先是一位優秀的教師,然後才是一位傑出的教育改革家。她的主要教育著作都是她一生中長期觀察研究兒童和進行改革實驗的成果。

其次,幼兒教師必須是一位明察秋毫、反應敏銳、冷靜沉著、精明能幹、有教育藝術才能的、兒童活動的自覺指導者。教師對兒童學習的指導,首先是準備好環境,把教室布置得美觀、大方、整潔,一切陳設(包括教具)秩序井然,符合兒童的心理特點。

再次,兒童運用教具材料獨立操作,教師的指導大致可分為兩種情況:如果兒童開始接觸教具但還不會使用時,先鼓勵其使用,教師可以做一次示範性操作;如果兒童對某些較複雜的教具材料已做過試用,但還不理解教具的內在結構及相互聯繫,使用起來產生困難,這時教師可做適當解釋,但必須簡單、明了、準確。在兒童各自獨立操作過程中,教師可坐在教室裡全體兒童都能看見的地方,也可以在教室裡巡迴走動聽候兒童召喚,以便及時對他們進行幫助、指導、暗示和啓發誘導。蒙臺梭利特別指出,教師的指導要把握時機,恰如其分,避免做直接糾正,以免抑制和代替兒童獨立思考。

最後,教師應注意保持教室的紀律和秩序,制止不良行為。

(七) 課程組織結構

蒙臺梭利的課程組織結構是按照領域進行的。蒙臺梭利為3~6歲兒童設計的學習環境分為4個基本領域:實際生活領域、感覺領域、語言領域、數學領域。此外,音樂、藝術、運動和戲劇等也包括在蒙臺梭利課程中。

1. 實際生活領域

實際生活訓練通常被認為是蒙臺梭利課程中的必要內容。兒童若在參與生活實踐的過程中獲得一些技能,形成一些意願,則有助於他們在其他活動中專注學習。通過經歷熟悉的、類似家庭生活的體驗,如打掃、做針線活、整理花園,兒童開始學會把精力集中在一個活動上,並且學會按順序從頭至尾地做一件事,學會為實現特定的目標協調自己的肌肉運動,接受一項任務後確定並組織工作的步驟,通過自我指導的活動獲得獨立性。所以,像切胡蘿蔔這樣的活動,雖然直接目標是削、切、煮,但潛在的間接目標是培養獨立性、秩序感、專注能力、手眼協調能力、集體生活能力(請別人吃胡蘿蔔)和樹立自尊心。

在實際生活中,兒童可從事一些適合其年齡和生理特點的活動,具體活動包括自理(如刷牙、穿衣服、繫各種扣子或帶子、清潔鼻子、梳頭),看護教室環境(如擺放花、擦桌子、整理花園),鍛煉生活技能(如做針線活、準備食物),進行精細的肌肉運動(如倒水),參加集體生活(如擺桌子、說「請」或「謝謝」)等。

由於沒有標準化的實際生活活動,所以在這一領域中教師們創造的活動最多。不同的蒙臺梭利教室的實際生活活動存在很大差異,因為每個教師都根據本班的需要、興趣和文化結構設計活動。隨著兒童的成熟,實際生活領域包括了更複雜的活動。

2. 感覺領域

從出生之日開始,兒童就處於刺激豐富的環境中。兒童用感官無意識地接收各種經驗,並納入有吸收力的心靈中。根據蒙臺梭利的觀點,滿2歲後,兒童可借助手頭一些為他們精心準備好的具體材料檢驗事物,同時開始具有秩序感,能對經驗進行分類。感覺材料的設計

本身就是出於這個目的。這些材料最初是蒙臺梭利自己設計的。

感覺材料包括一系列操作材料，具有美感，而且設計簡單，便於兒童記憶和分類。感官經驗能改進並迅速增強兒童的感覺，為進一步的智力發展奠定感覺上的基礎。

蒙臺梭利設計的感覺材料涉及視覺、觸覺、聽覺、味覺和嗅覺。每套材料訓練一種感覺，突出一個具體的概念或感覺。例如，長柱子突出長度，彩色寫字板突出顏色，觸摸式寫字板突出結實光滑的質地，聲筒突出音量，嗅罐突出特別的氣味。

每套材料都是由簡單到複雜。操作感覺材料時，最初要鼓勵兒童按教師示範的方法比較或度量事物，但之後應激勵兒童嘗試各種可能的方法，發現不同的東西，或將活動推廣到其他環境中。

3. 語言領域

在蒙臺梭利教室裡，所有的環境都會培養語言的發展；需要交際的社會環境和孩子之間的自由交談；在課堂上由教師提供的準確的專門術語；歌曲、詩歌和小組間談話；圖書館裡值得一看的精品圖書；為促進語言和文學水平發展而製作的專門的教學材料。蒙臺梭利課堂為語言發展提供了豐富的背景材料，這些使得兒童最終掌握了書面語言的結構。

蒙臺梭利還認為，兒童可以在操作自己的木制字母，或用手觸摸貼在石板上的用砂紙剪成的字母的輪廓等活動中，發展寫字的機械運動能力。通過把這些運動與視覺、觸覺、動覺和聽覺(在兒童擺弄字母時教師讀出字母的發音)相聯繫，兒童可逐漸在頭腦中形成字母的概念，並記住每一個字母，這些都是因為在吸收語言和通過觸覺來探索物體的敏感期，兒童的視覺和觸覺印象間發生了聯繫。有了這些符號及它們發音的記憶儲存，兒童開始通過「書寫」(用聲音拼寫)詞彙和句子來表達自己的意圖，起初是用一盒子木制字母(可移動的字母)來書寫，後來他們就用鉛筆或其他的書寫工具來寫這些單詞了。蒙臺梭利是想讓兒童在關鍵的敏感期裡熟悉書寫語言的工具，這樣，到了後來，兒童「爆發」式地書寫語言就成為自發的過程，而不是辛辛苦苦地學習書寫規則和機械練習的結果。

4. 數學領域

數學思考能力起源於許多在學習數學之前就經歷過但看起來與數學毫不相干的活動。蒙臺梭利認為，秩序、精確、注意細節和順序感都來源於生活，而感覺材料為她所說的「數學頭腦」奠定了基礎，在獲得數學能力之前的這些活動為兒童準備好了獲得數學能力所需要的準確性和邏輯秩序。例如，一對一的概念就可以包含在穿衣之中(一個紐扣對一個扣眼)，包含在開鎖之中(一把鑰匙只能開一把鎖)，包含在所有的匹配活動中。

數學上的順序開始於對熟悉的感覺經驗的邏輯延伸。先前，兒童根據紅色小棍的長度將它們排列起來，而現在，他們被引導著按照紅色和藍色把小棍分成兩堆，並數一數每堆有多少根小棍。兒童按從短到長的順序把這些小棍擺好，再把每一堆小棍的數目數清楚。然後，讓兒童用視覺與觸覺來感知數字符號(砂紙數字)，再讓兒童回到小棍活動中來，把數字符號與小棍的數量對應起來。以相似的形式，蒙臺梭利所有的數學材料都是逐漸地從具體的熟悉的物體轉變為抽象的不熟悉的符號，每一次都要解決一個困難的問題；數學材料是抽象概念或稱數學化抽象概念的物體表示。

蒙臺梭利的數學材料分四種類型：一是 0～10 的數字，二是線性數數材料(系統地由小到大數出連串的數)，三是小數系統(用經典的金色小球表示數字中不同位置值的意義)，四

是算術運算(加、減等)。蒙臺梭利鼓勵孩子運用新的和富有想像力的方法來把問題想明白,來使用所學的概念。這種在解決問題時理解和使用概念的能力應當是所有教育的目的,而不應只是數學教育的目的。

5. 藝術表現力

蒙臺梭利是教育中的環境美學的先鋒,她看到了環境中的審美質量和總體平衡對年幼兒童的發展起著重要作用。她喜歡用間接的環境布置法來對年幼兒童實施美育。她感到,在兒童成長的早期環境中,用優美的、精心挑選的藝術作品來布置環境十分重要。通過教室裡教學材料和通過自然界而獲得的廣泛而豐富的感覺經驗,會為兒童以後爆發出創造性和自我表達提供豐富的素材。

### 三、對蒙臺梭利學前教育思想的評價

蒙臺梭利畢生獻身於兒童教育事業,長期從事教育改革實驗研究,對促進學前兒童教育理論與實踐的發展做出了重要貢獻。她熱愛兒童,同情勞苦大眾及其子女的悲慘生活處境和受文化剝奪的不幸遭遇。她尋求在「兒童之家」實現自己的改良主義教育理想。她的後半生為宣傳這一思想而奔赴世界許多國家和地區,特別是一些貧窮落後的國家和地區。

蒙臺梭利的教育理論和著作是她長期觀察和研究兒童與教育改革實驗研究的總結和概括。這些著作對於家長、教師、幼教工作者具有極大的吸引力,它們蘊含著巨大的鼓舞力量。但是,由於蒙臺梭利所處歷史和階級的局限性,她的理論和著作中存在著唯心主義、神祕主義和宗教色彩,在方法論上也存在著一定的主觀片面性。

# 第三課　馬卡連柯的學前教育思想

### 一、馬卡連柯生平

安東・謝苗諾維奇・馬卡連柯(Anton Semiohovich Makarenko,1888—1939)(見圖12-3)是蘇聯著名的教育革新家、教育理論家、教育實踐家和作家,是一個嶄新的教育思想體系的創建者。

馬卡連柯出生於烏克蘭的一個鐵路工人家庭。1914—1917年,馬卡連柯在波爾塔瓦師範專科學校學習,並在克留科夫鐵路學校任教。1920年,馬卡連柯受波爾塔瓦省教育廳所托,為少年違法者和流浪兒創建了一所工學團,名為「波爾塔瓦工學團」,1925年改稱「高爾基工學團」。由於工學團沒有校舍和經費,更沒有任何經驗可循,馬卡連柯決心向實踐學習。他與工學團全體師生勞動、戰鬥在一起,克服了種種困難,使得工學團的物質條件大大改善,團員的精神面貌也煥然一新。1927年,烏克蘭保安部在哈爾科夫郊區建立了捷爾任斯基公社,由馬卡連柯任領導。

圖12-3　馬卡連柯

他運用已有的經驗，將公社建設得有聲有色。世界各地先後有200多個代表團到捷爾任斯基公社參觀訪問，都對公社的教育成就給予了高度評價。1938年，馬卡連柯分別撰寫了《教育詩》和《塔上旗》兩部著作，全面總結了捷爾任斯基公社的發展過程和教育經驗。此後不久，他開始致力於著作，對自己30餘年的經驗進行藝術性的總結，撰寫了《父母必讀》《兒童教育講座》及《家庭教育問題講演》等著作。1939年，蘇聯最高蘇維埃主席團授予馬卡連柯勞動紅旗勳章。

無論是從事教育實踐活動還是總結教育實踐經驗，馬卡連柯總是堅持辯證唯物主義和共產主義方向。他堅信，在社會主義教育制度的巨大作用和力量基礎上，只要建立起積極的教育集體，施以共產主義教育，熱愛、信任、尊重學生，實行社會主義人道主義，並不斷提出要求引導學生前進，就一定能把他們教育好。

## 二、馬卡連柯的學前教育思想概述

### （一）教育的目的

馬卡連柯認為，教育目的是教育理論中的根本問題。他強調，教育工作如果缺乏明確的、人所共知的目的，就會脫離政治，脫離共產主義方向。教育目的應從社會和個人兩個方面來考慮。從社會需要的角度講，蘇聯教育的目的是從蘇聯社會的需要，從蘇維埃人民的意向，從建成社會主義和實現共產主義的革命任務裡產生的，這就是「培養有文化的蘇維埃工人的樸素的理想」。他們是社會主義新人，是共產主義的積極而自覺的建設者，是精力充沛、有思想的社會主義社會的成員。從個人需要的角度講，馬卡連柯要求在全面發展的基礎上還應當注意發展每個人的才能、愛好、特點和個性，認為不可能也不應該「把人硬套進一個標準的模型裡，培養一系列同類型的人」。總之，馬卡連柯強調教育目的既應當有統一性，又應當有特殊性。

### （二）家庭教育

馬卡連柯在家庭教育方面做出了獨特的貢獻。他綜合、系統化了先進的家庭教育的經驗，提供了嚴格和深刻的令人信服的關於家庭教育工作的內容和方法體系。他指出友愛的家庭集體是教育的必要條件，強調父母的行為如父母間的關係、他們的衣著和同兒童談話的姿態將會更有力地影響兒童。他指出，家庭教育工作的真正實質，不僅在於與兒童談話，還在於家庭生活和兒童生活的組織中。兒童在家庭中就應養成遵守制度的好習慣。

1. 家庭中的集體主義教育

集體主義教育觀是馬卡連柯教育思想體系的基礎和核心，如何組織和培養兒童集體是馬卡連柯全部教育實踐和理論研究的中心問題。在兒童的家庭教育問題上，馬卡連柯同樣強調了集體主義教育的重要性。馬卡連柯認為，舊式的家庭是一種父權的家庭，孩子的生活完全服從父親的意志。在社會主義制度下，家庭首先是一個蘇維埃的集體，它與舊家庭的根本區別就在於此。每個蘇維埃家庭，「都是由享有平等權利的社會成員構成的集體，家長與兒童的區別在於家長領導著家庭，兒童在家庭中接受教育」。兒童將成長為怎樣一個人取決於兒童本人的能力和所受的教育。

為了使家庭教育得以順利地進行，馬卡連柯要求家長們懂得：

(1)在家中，家長不是絕對的、不受任何約束的主人。家長必須從孩子幼年起，在孩子的

一舉一動中，在孩子的游戲中，培養他們集體生活的習慣，不可讓孩子成為「利己主義者」。

（2）家長要為自己的家庭、為自己的孩子對「蘇維埃的法律承擔責任」。每個做父母的都應嚴肅地對待自己的生活，任何移情別戀造成的家庭的破裂都會病態地反應到兒童的教育上。

（3）家長應通過自己的心靈、自己的思想，把自己的喜怒哀樂傳達給孩子，讓孩子產生興趣，讓孩子為家長對社會做出的成就感到自豪，從而讓孩子從小就融入社會的大集體中。

（4）家長是家庭集體的領導成員，必須以身作則，這是最重要的和最主要的教育方法。

（5）家庭教育工作的實質不在於家長對孩子的直接影響，而在於家長是如何組織自己的家庭、自己的個人生活和社會生活，如何組織孩子的生活。

2. 家庭中教育的威信和尺度

馬卡連柯指出，沒有威信就不可能進行教育。在孩子的心目中，父母的威信就是父母的價值與力量所在。有些家長錯誤地認為，孩子聽話就說明家長有威信，於是為了達到聽話的目的而去追逐自己的威信，從而培養出了懦弱的孩子。馬卡連柯在《兒童教育講座》中分析了幾種建立在這種錯誤基礎上的威信。虛假的威信儘管有著形形色色的表現，但都是「以故意做作為原則，力圖用任何手段製造出『聽話』的假象」。馬卡連柯指出，真正的威信應該是以瞭解、幫助和責任心獲得的威信。

關於教育中的尺度和分寸，馬卡連柯認為，進行教育工作並不是什麼很困難的事情，只要具有健全的理智就可以了，健全的理智則表現為善於掌握尺度與分寸。一方面，家長本人要善於掌握尺度與分寸；另一方面，家長要從小培養孩子學會掌握尺度與分寸。馬卡連柯直截了當地說，對孩子的愛「需要有尺度、有分寸」。愛，是人類最偉大的情感，但是愛超過了限度就成了溺愛，成為「造就拙劣的人」的原因。他認為「為孩子犧牲一切」是父母所能送給兒童的最可怕的禮物，他強調「無論怎樣，絕對不做任何犧牲，相反，要讓兒童向父母讓步」。他在《父母必讀》中寫道：「在兒童的眼中，父母盡有權先享受幸福的。」「最可怕的事情就是用父母的幸福來栽培兒童。應當教育兒童關心父母，培養兒童這樣簡單而自然的願望，即在父母沒有滿足之前，拒絕自己的享樂。」家長應該培養孩子去追求為父母帶來幸福。

3. 家庭教育中應注意的問題

在談到將子女培養成為什麼樣的人的問題時，馬卡連柯指出，教育一個人，不僅要使他成為一個優秀的工作者，成為一個好公民，還要使他成為一個幸福的人。然而，他認為「這是一個最困難的問題」「因為幸福要由怎樣的性格、怎樣的習慣、傳統、發展、信念來決定，以及什麼是幸福等問題，在實踐中從來還沒有得到解決」。針對這種情況，馬卡連柯認為，在家庭教育中應該注意以下問題：

（1）馬卡連柯強調了早期教育的重要性。他認為，「孩子將成為怎樣的人，主要取決於家長在他5歲前把他造就成什麼樣子。如果孩子在5歲前沒有得到應有的教育，那麼以後就不得不進行再教育」。馬卡連柯認為，這種再教育工作需要花費更多的時間，需要更多的知識、更大的耐心，並非每個家長都能勝任。因此，馬卡連柯忠告每位家長「要始終做好教育工作，力爭將來不必再做任何改造工作，力爭一開始就把一切都做對」。馬卡連柯堅定地認為，在兒童的教育中不允許有任何一個不合格品，不使任何一個兒童由於不良的教育而成為廢品。

（2）馬卡連柯認為，紀律是教育的結果，而制度是教育的手段。為了培養出守紀律的人，必須做許多工作，其中包括建立合理的制度。家長在制定家庭的生活制度時首先要考慮制度的合理性和目的性，還必須具有確定性。馬卡連柯提醒家長們注意，「沒有正確的制度，懲罰本身不能帶來任何好處。而如果有了好的制度，即使沒有懲罰也能如魚得水，只是需要更多的耐心」。因此，馬卡連柯提出要讓孩子從小就在良好的秩序下活動，培養紀律觀與秩序觀。家長應教育子女在任何條件下都要始終善於選擇正確的行為，選擇對社會最有益的行為，讓其能堅定地持之以恆，而不管會遇到什麼樣的困難和不愉快。一個人能愉快地去做自己不願做的事，他就是一個守紀律的人。

### （三）兒童游戲

#### 1. 兒童游戲的發展階段

馬卡連柯把兒童游戲劃分為三個發展階段，強調在每個階段都需要特殊的指導方法。第一階段是室內游戲階段，兒童喜歡獨自玩，以自我為中心，特別喜歡玩自己的玩具。第二階段是群體游戲階段，兒童開始尋求玩伴。馬卡連柯建議家長在這一階段要主動關心兒童和兒童群體，幫助兒童盡可能地尋找和平的辦法解決夥伴間的各種衝突，增進家長之間的交往。第三階段是集體游戲階段，兒童已成為集體的成員，應努力培養兒童的集體意識。在這一階段，家長必須特別關注兒童參與各種活動的熱情，激發兒童的自豪感；同時培養兒童對夥伴力量的尊重，指導他們對成功和失敗都能泰然處之。

#### 2. 兒童玩具類型的選擇

馬卡連柯把兒童玩具分為三大類。第一類是成品玩具，包括各種各樣的汽車、輪船、馬、娃娃等，這類玩具能使兒童瞭解複雜的思想和事物，把兒童引向技術問題和複雜的人類經濟問題。第二類是半成品玩具，主要指各種各樣的帶有問題的畫片、可以裁切的畫片、積木設計箱、可拆卸的模型等，這類玩具的優點是能提出某種任務，要求兒童做出一定的努力才能完成，可以有效地培養兒童的動手能力和意志力等。第三類是玩具材料，包括黏土、沙子、硬紙板、樹枝、紙張、鐵絲等，這類玩具最接近人類的正常活動，可以展現很多很好的現實主義的東西，還可以為兒童提供廣闊的想像天地。馬卡連柯認為，應該根據兒童的年齡、性別、興趣等有針對性地選取兒童玩具，最好是三類玩具結合使用。

#### 3. 兒童游戲環境的創設

首先，要構建和諧的家庭環境。良好的家庭環境不僅可以發揮其隱性教育作用，也有利於家長對游戲的組織，以及更好地發揮游戲的正向教育作用。家庭環境可分為物理環境和心理環境兩部分。其次，要組織良好的周邊環境。馬卡連柯認為，家長對兒童游戲的指導不僅僅在家庭環境內部，還包括其生活和玩耍的其他周圍環境。例如，家長應瞭解兒童的玩伴都是什麼樣的人，兒童在外面和夥伴發生爭吵應怎樣解決，家長之間應該加強溝通，共同組織和指導兒童游戲。

## 三、對馬卡連柯學前教育思想的評價

馬卡連柯把自己的一生獻給了人民的教育事業，為人類留下了豐富的教育學遺產。他從蘇聯的實際情況出發，以高度的責任感和創造精神從事教育新方法的探索與實驗。他所獨創的集體教育理論對於各個年齡階段的兒童教育都具有重要的指導意義。馬卡連柯第一

個建立了蘇聯家庭教育理論的完整體系。他強調兒童集體活動的教育意義,重視家庭教育在兒童發展中的重要性,詳細研究了遊戲和勞動教育等問題,這些思想在蘇聯學前教育理論中佔有重要地位。

由於馬卡連柯培養的集體與蘇維埃一般學校集體在本質上是一致的,加之馬卡連柯以馬克思、列寧主義為指導,對教育實踐活動做了高度的科學概括,因此,他的教育思想的精華又具有普遍指導意義,在一定程度上揭示了社會主義教育規律。但是,馬卡連柯實際上未能很好解決全部教育問題,他的論述中仍存在某些片面性和絕對化的問題。

## 第四課　皮亞杰的學前教育思想

### 一、皮亞杰生平

皮亞杰(Jean Piaget,1896—1980)(見圖12-4)是當代著名的兒童心理學家和教育家。皮亞杰生於瑞士的納沙特爾,幼年時對生物學產生了濃厚的興趣,表現出突出才能,11歲時即在老師指導下發表了一份動物調查報告。中學畢業後他進入大學主修生物學,於1918年以一篇動物分類學論文獲得了納沙特爾大學博士學位。

在攻讀博士期間,皮亞杰的學術興趣發生了轉向,開始著力探究「人是如何獲得對世界的認識」這類哲學問題。對於這個問題,他以為生物學知識和方法不足以解決,於是先求助於邏輯學,後來最終試圖從心理學角度來探討認識的發生和發展。

在取得博士學位後,皮亞杰先是在蘇黎世一所心理實驗室及精神病診所工作。工作期間,他對弗洛伊德的精神分析學說很感興趣,但又認為這是思辨,不是科學,於是前往巴黎,師從實證論者布隆什維克和心理學家熱奈特。1920年他轉入西蒙(和比奈共同開發智力量表的心理學家)在巴黎的兒童心理實驗室工作。皮亞杰在對法國兒童進行智力檢測的過程中,注意到兒童的思維與心理發展,可能是他探索認識論問題的一個「突破口」。20世紀是兒童的世紀,皮亞杰深受盧梭、福祿培爾、蒙臺梭利和杜威等人,以及20世紀上半葉「兒

圖12-4　皮亞杰

童中心論者」教育思想的影響,開創了自己獨特的兒童心理學研究之路,以「日內瓦學派」聞名於世,對普遍的教育觀念和學校機構教學方式的變革影響至深。

1921年,皮亞杰返回瑞士,任教於日內瓦的盧梭學院,教授教育學和兒童心理學。隨著三個孩子的出生,皮亞杰在夫人的協助下觀察兒童,研究嬰幼兒心理發展,發表了《兒童的語言與思維》(1923)、《兒童的世界表象》(1925)。1929年,皮亞杰轉到日內瓦大學教授實驗心理學,隨後發表了《智力的發生》(1936)、《智力心理學》(1947)和《發生認識論概論》(1950)。

## 二、皮亞杰的學前教育思想概述

### (一) 發生認識論的基本觀點

皮亞杰的幼兒教育觀是以其兒童心理學理論作為基礎的。皮亞杰兒童心理學的理論核心是「發生認識論」。所謂「發生認識論」是關於兒童智力(思維)發展的結構理論，其探索和解決的主要問題是：兒童出生後，認識是如何形成、發展的，受哪些因素所制約，其內在結構是什麼，各種不同水平的智力、思維結構是如何先後出現的等問題。

1. 兒童認知結構與智力發展

1) 結構與結構主義

結構與結構主義是皮亞杰理論的邏輯起點。

皮亞杰認為，所謂結構，也叫整體、系統或集合，「是具有整體性的若干轉換規律組成的一個有自身調整性質的圖式體系」。結構具有三個基本性質，即整體性、轉換性、自我調整性。

皮亞杰根據自己的理解，總結出結構主義的兩個共同特點：第一是試圖在每一個研究領域裡找出能不向外尋求解釋說明的規律，也就是說能夠建立起自己說明自己的結構來；第二是實際找出來的結構要能夠形式化，能夠作為公式來做演繹法的應用。

2) 兒童認知結構與智力發展

皮亞杰依據結構主義的原理，從研究兒童智力與思維的整體發展著眼，提出了兒童思維發展結構理論。這一理論又稱為認知結構發展心理學，其核心是「發生認識論」，主要研究兒童認識發展的過程和結構，涉及「圖式」「同化」「調節」「平衡」四個基本概念。

(1) 圖式。圖式即人類認識事物的主觀上的結構。皮亞杰指出，圖式不是神經系統的物質生理結構，而是一種主體活動(包括外部動作和內部思維)的功能和心理結構。一個圖式就是一個有組織的行動系統。如果行為是外顯的運動行為，就叫作感知運動圖式；如果行動是內化的，就叫作認知圖式。各個人所具有的圖式就構成他們理解現實世界和獲得新經驗的基礎。皮亞杰認為，兒童最早的圖式表現為遺傳式的本能動作。後來，兒童在適應環境的過程中，不斷使圖式得到改造和發展。在皮亞杰看來，兒童心理發展的過程，就是兒童動作的圖式不斷完善，由較低水平達到較高水平，從而也使認知結構由較低水平到較高水平不斷發展的過程。

(2) 同化。皮亞杰認為，主體活動對環境的能動適應性，或曰主體圖式在適應活動中的功能，包括兩種形式，其中一種是「同化」。同化是個體把客觀事物納入主體的圖式之中。同化會影響圖式的生長，引起圖式量的變化，但不會導致圖式的質的改變。當個體不能把客觀事物納入主體的圖式之中時，這時就產生了主體活動對環境能動適應的另一種形式——「調節」。

(3) 調節。兒童借助與新奇知識或觀念接觸，促成既有結構、圖式發生改變的過程，或創立足以容納新事物的圖式；或修正原有結構、圖式以容納新事物的過程，均謂之調節。如果說，同化只是圖式的量變，那麼調節能使主體圖式發生質變。

皮亞杰認為，兒童對於外來刺激，一旦發生調節，就會再度用調節後的圖式去同化刺激。這是因結構已發生變化，可以同化刺激了。同化總是兒童主動追尋的副產品。

(4)平衡。在主體對環境的能動適應過程中,同化和調節兩種機能活動之間存在著一定的穩定狀態,可謂之「平衡」。皮亞傑認為,人們的認識活動從出生到成年的每一發展階段都依賴下述過程:兒童每遇到新事物,在認識中便試用原有圖式去同化,如獲得成功,便得到暫時的認識上的平衡;反之,便做出調節,調整原有圖式或創立新圖式去同化新事物,直至達到認識上的平衡。這種平衡不是絕對的或靜止的,而是在同化、調節、平衡之間不斷進行的。在此過程中,個體的圖式不斷發展、不斷完善,個體的智力即從最初的感知活動逐步發展為高級理性思維活動。此即認知結構的形成和發展的基本過程。

2. 認知的基礎及結合點——動作

皮亞傑認為,形成主體的結構或認識客體結構的基礎是主體的「動作」,或譯「運算」「操作」。主體動作在皮亞傑的學說中佔有極其重要的地位。他指出,在認識之前,主客體尚未分化,認識不可能單獨起源於主體和客體,只能起源於二者的相互作用,即主體對客體的動作(活動)。他認為應當在行動中找到一切認識的來源。

皮亞傑把主體動作,即主體與客體的相互作用看作是一切經驗和知識的源泉。這也是皮亞傑認知理論的重要特點之一。由於皮亞傑認為作為認識主體的兒童自身的思維結構,是在與客體相互作用的活動過程中逐步建立、發展和完善的,從而可更有效地把握客體特徵,故他的理論被稱作是一種動態的「建構」理論。

3. 制約兒童心理發展的因素

皮亞傑對制約兒童心理發展的各種因素進行了分析。他認為這些因素主要有以下四種:

(1)成熟。成熟主要指神經系統的成熟。皮亞傑認為,兒童(尤其是嬰幼兒)某些行為模式的出現與生理的發展(主要是神經系統的發展)有直接的關係,因此成熟是兒童心理發展的必要條件。

(2)物體經驗。物體經驗指的是「個體對物體做出動作中的練習和習得經驗」,包括物理經驗及邏輯數理經驗。前者指個體作用於物體,獲得物體的特性知識;後者指個體作用於物體,從而理解動作與動作之間相互協調的結果。

(3)社會經驗。社會經驗指的是個體與社會的相互作用及社會傳遞,包括社會環境、社會生活、文化教育、語言等。皮亞傑認為環境、教育能促進或延緩兒童心理的發展,因此社會經驗同樣是兒童心理發展的必要條件,但不是決定條件。

(4)平衡化。平衡化指的是兒童的自我調節的過程。皮亞傑指出,平衡就是不斷成熟的內部組織和外部環境的相互作用。平衡可以調和成熟、個體對物體產生的經驗以及社會經驗三方面的作用。這種不斷的自我調節及動態的平衡,使得兒童的思維結構或心理結構不斷地變化、發展。他認為,平衡化或自我調節是兒童心理發展中最重要的因素、決定性的因素。

4. 兒童思維發展階段理論

1)認知發展的連續性與階段性

皮亞傑認為,兒童出生開始具有感知運動圖式,在環境教育的影響下,經過不斷的同化、調節和平衡的過程,就得到了發展,最終形成了本質上不同的心理結構。他還指出,這一過程不但具有連續性,而且具有階段性。從總體上觀察具有以下幾個顯著特徵:

(1)認知發展表現為幾個不同水平的連續階段。每一個階段都是一個統一的整體,都具

有特殊的主要行為模式,標誌該階段的智力特徵。

(2)前一階段的行為模式總是要整合到後一階段的行為模式之中。前者是後者的準備,並為後者所取代。前者具有一定程度的交叉重疊,但其次序不能互換。

(3)各階段出現的年齡可因個體和環境的差異而有所不同,可提前或推遲;但無論差異多大,也不能改變智力發展的定向性。

2)兒童思維發展的階段及特點

皮亞杰在大量實驗研究的基礎上,提出了兒童從出生到青年初期思維(包括智力、心理)發展的路線。他把兒童的發展劃分為既相互聯繫,又具有質的差異的四個階段。

(1)感知運動階段(0～2歲),相當於嬰兒期。這個時期兒童尚未掌握語言,他們主要是通過感覺運動圖式來和外界相互作用(同化和調節),並與之取得平衡。其行為發展經過本能反應、習慣形成和智力活動出現三個層次。

(2)前運算階段(2～6、7歲),相當於幼兒期。這個時期,兒童的各種感知運動圖式開始內化,成為表象。語言的出現是這一時期的一件大事。隨著語言的出現,兒童開始用表象和語言描述外界事物,用語言與人交談。隨著生理的成熟,兒童也開始重視外部活動。但這個時期兒童的主要心理特點之一是「自我中心主義」突出,即考慮一切事物都只從自己的角度出發,以自己為中心,想像每一件事物都與自己的活動相聯繫。兒童從4～7歲開始從表象思維向運算思維過渡,但仍要依賴直覺活動的幫助,表現思維的直覺性。

(3)具體運算階段(6、7～11、12歲),相當於小學階段。兒童發展到這個階段,出現了具體運算的圖式,能夠進行初步的邏輯思維。但是這個時期兒童的運算思維一般還離不開具體事物的支持,要依靠具體事物的幫助才可順利解決問題。

(4)形式運算階段(11、12～14、15歲),相當於初中階段。這個時期的兒童思維發展迅速,與成人思維接近。這個時期的兒童能用抽象符號進行邏輯思維及命題運算,形成認知結構的整個體系,它屬於兒童思維的高級形式。

(二)兒童教育的目的、原則和方法

1. 兒童教育的目的

皮亞杰認為,為兒童確立教育目的是社會的職責。他指出,歷來社會通過兩種形式來確立教育目的:一是根據「當權者」的意願確定社會本位的教育目的;二是根據習俗輿論,即「按照前輩們那種靜止的或變動的模型塑造新生一代的方法來規定教育目的」。他對這兩種傳統的外在的教育目的論進行了批評,指出其立足點是根據社會去改造人的生理和心理結構,關心的僅是目的,不關心兒童及其發展規律。皮亞杰認為,在定教育目的時,一方面應服從「社會科學可以分析的規律」,另一方面要認識到它更是「心理學的職責」。他提出,「教育的主要目標就在於形成兒童的智力的和道德的推理能力」。他認為,形成和發展兒童的認知結構是教育的根本任務或最終目的。

2. 兒童教育的原則

(1)教育應配合兒童的認知發展順序,符合兒童的年齡特徵。首先,在實際教學中,要按兒童的認知發展順序編製課程。據此原理編製的課程稱為「皮亞杰式課程」或「發展本位的課程」。其次,教材應不顯著超越兒童現有的認知發展。他認為,兒童接受有關的知識,必須具備能同化它們的結構;否則,會事倍功半。最後,傳授教材時,重點不宜放在加速兒童的學

習進度上。教育的理想不是以傳授最多的知識為唯一目的,而是以兒童學會學習並得以發展為正途。

(2)以兒童為中心,大力發展兒童的主動性。皮亞杰認為,兒童的認知能力不能是外部的,只能從內部形成;教育必須致力於發展兒童的主動性,只有兒童自我發現的東西才能積極地被同化。

(3)重視活動在教育中的作用。皮亞杰認為,認識的形成主要是一種活動的內化作用,兒童只有具體地、自發地參與各種活動,才能獲得真正的知識。例如,物理知識是通過作用於客體的動作而形成的;邏輯數學知識的構成同樣來自對客體的動作,僅憑聽和讀是不可能形成諸如數量、長度和面積等概念的;社會經驗知識的構成也取決於兒童與他人之間的相互作用。

3. 兒童教育的方法

(1)注重科學實驗及視聽教學。教師應為兒童提供合適器材,供他們自由研究、實驗。

(2)重視遊戲在兒童(尤其是幼兒)學習過程中的作用,根據不同年齡階段而安排不同的遊戲。皮亞杰認為,對於學前兒童來說,無論何時,只要能成功地把初步的閱讀、算術或拼讀改用遊戲方式進行,兒童就會熱情地沉迷於這些遊戲中,並獲得真正有益的知識。

(3)每個學科都必須提供產生大量探索活動的可能性,並使之與一定的知識體系相聯繫。首先,要善於應用認知衝突推動兒童思維發展。教師應推崇發現法,強調興趣,重視兒童學習的內在動機。其次,要重視兒童之間交往的教育意義。兒童間的交往,有利於促進兒童認知的發展。交往過程不可避免地涉及辯論、討論、推理和思考,從而有利於兒童養成批判性、客觀性地思考問題的習慣,擺脫自我中心狀態。

(三)兒童道德發展與道德教育

1. 兒童道德發展的階段性特點

(1)0~2歲。這一時期在認知發展上屬於感知運動時期。就道德發展而言,則屬於道德情感萌生階段。

(2)2~6、7歲。這一時期在認知發展上屬於前運算時期,是兒童道德發展的最初階段,可稱作道德的「他律」階段。「他律」是指兒童的道德判斷受他自身以外的價值標準所制約和支配。

(3)6、7~11、12歲。這一時期在認知發展上屬於具體運算階段,在道德發展上則屬於「自律」階段。

(4)11、12~14、15歲。這一時期在認知發展上屬於形式運算階段,在道德發展上則屬於「公道」階段。

2. 兒童道德教育理論

皮亞杰肯定了兒童認知發展是其道德發展的必要條件。在他看來,無論是兒童道德判斷、道德情感,還是對道德規則的學習和理解都要受到認知水平的制約。因此,發展智力和自我評價能力是提高兒童道德認識的必要條件。皮亞杰豐富和發展了兒童道德發展的階段理論,並確定了教育的適當作用。他指出,兒童的道德發展階段是一個不可跳躍的和不可逆的連續過程,兒童道德認識的提高是一個漸進的發展過程。作為教育者,應很好地理解兒童,努力使德育內容適合兒童的認識水平,不能超越發展階段對兒童提出不切實際的要求。

### 三、對皮亞杰學前教育思想的評價

皮亞杰在長期從事兒童心理實驗研究的基礎上，建立了完整的兒童心理學理論體系，明確提出了兒童思維發展的階段說，為兒童早期教育運動奠定了理論基礎。他長期使用臨床法，在兒童的思維、語言的形成和發展等方面做了大量的研究，從中發現了一系列新的教學原則和方法。這些都為美國心理學家、教育家布魯納所吸收。

皮亞杰的理論和實踐在國際教育界備受重視，是20世紀世界教育改革和發展的重要內容。他是當時著名的心理學家中對世界教育影響較大的一位，以他為代表的日內瓦學派也是當時對教育有較大影響的一個學派。但是，皮亞杰僅僅把教育局限在心理學的視角上，沒有從社會、文化等廣闊視野上做考察。因此，他提出的許多教育觀點帶有經驗描述性質，缺乏全面性。

### 思考與練習

1. 簡述杜威的學前教育思想。
2. 杜威的教育思想對中國的學前教育有哪些影響？
3. 簡述蒙臺梭利的學前教育思想。
4. 簡述馬卡連柯的學前教育思想。
5. 簡述皮亞杰的學前教育思想。

國家圖書館出版品預行編目(CIP)資料

學前教育簡史 / 龐釗珺, 楊進紅, 李玉芳 主編. -- 第一版.
-- 臺北市 : 財經錢線文化出版 : 崧博發行, 2018.12

　面 ； 公分

ISBN 978-957-680-295-9(平裝)

1.學前教育 2.教育史 3.中國

523.292　　　107019131

書　名：學前教育簡史
作　者：龐釗珺、楊進紅、李玉芳 主編
發行人：黃振庭
出版者：財經錢線文化事業有限公司
發行者：崧博出版事業有限公司
E-mail：sonbookservice@gmail.com
粉絲頁　　　　　　　網　址：
地　址：台北市中正區延平南路六十一號五樓一室
8F.-815, No.61, Sec. 1, Chongqing S. Rd., Zhongzheng Dist., Taipei City 100, Taiwan (R.O.C.)
電　話：(02)2370-3310　傳　真：(02) 2370-3210
總經銷：紅螞蟻圖書有限公司
地　址：台北市內湖區舊宗路二段 121 巷 19 號
電　話：02-2795-3656　　傳真：02-2795-4100　網址：
印　刷 ：京峯彩色印刷有限公司（京峰數位）

　　本書版權為西南財經大學出版社所有授權崧博出版事業有限公司獨家發行電子書及繁體書繁體版。若有其他相關權利及授權需求請與本公司聯繫。

定價：500元

發行日期：2018 年 12 月第一版

◎ 本書以POD印製發行